高校内部控制
转型与创新研究

沈 烈 谭芳碧 著

中国财经出版传媒集团
中国财政经济出版社

图书在版编目（CIP）数据

高校内部控制转型与创新研究／沈烈，谭芳碧著．
--北京：中国财政经济出版社，2020.12
ISBN 978-7-5223-0197-6

Ⅰ．①高…　Ⅱ．①沈…　②谭…　Ⅲ．①高等教育－学
校管理－研究－中国　Ⅳ．①G647

中国版本图书馆CIP数据核字（2020）第241174号

责任编辑：彭　波　　　　责任印制：史大鹏
封面设计：卜建辰　　　　责任校对：徐艳丽

中国财政经济出版社 出版
URL：http：//www.cfeph.cn
E-mail：cfeph@cfeph.cn

社址：北京市海淀区阜成路甲28号　邮政编码：100142
营销中心电话：010-88191522
天猫网店：中国财政经济出版社旗舰店
网址：https：//zgczjjcbs.tmall.com
北京财经印刷厂印刷　各地新华书店经销
成品尺寸：185mm×260mm　16开　24.75印张　595 000字
2020年12月第1版　2020年12月北京第1次印刷
定价：98.00元
ISBN 978-7-5223-0197-6
（图书出现印装问题，本社负责调换，电话：010-88190548）
本社质量投诉电话：010-88190744

序

高校是知识创造和文化传承的“阵地”，也是多风险的“集合体”。高校目前所存在的行政化严重、治理失衡、权力腐败、价值偏失、风气不正、财务混乱、分配不公、安全失稳、保障失位以及整体教育教学质量下滑等“异象”实际上是高校风险内部控制失衡或失效的外在表现。因此研究转型并创新我国高校内部控制的时空需求与条件具有充分性与紧迫性，其一，是国家“现代大学制度”和“双一流”战略构想的呼唤。高等教育是现代教育体系的重要组成部分。高校担负着知识创造和文化传承的历史使命，是经济和社会发展的重要“思想库”，是文明进步的“播种机”与“发动机”。近一二十年尽管我国的高等教育发展很快，但在质量上与世界先进水平相比还存在较大差距。为此，2010 年出台的《国家中长期教育改革和发展规划纲要（2010—2020）》中明确提出了建立“现代大学制度”的战略构想。现代大学制度的核心是在政府的宏观调控下，大学面向社会，依法自主办学，实行民主管理，其目的是理顺高校内、外部的各种关系，优化高校的治理结构，切实落实大学作为法人实体与办学主体应具有的权力和责任，完善决策、执行、保障、评估与奖罚机制，确保大学文化传承与文化创造的地位，控制办学风险，实现高校的良性与可持续发展。建设世界一流大学和一流学科（简称“双一流”），是中国高等教育领域继“211 工程”“985 工程”之后的又一国家战略，旨在加快我国高等教育治理体系和治理能力现代化，提高高等学校人才培养、科学研究、社会服务和文化传承创新水平，对提升中国高等教育综合实力和国际竞争力，实现“两个一百年”奋斗目标和中华民族伟大复兴的中国梦提供强有力支撑与保障。然而，“双一流”建设呼唤一流治理与机制。我国高校近年来对现代大学制度的探索，是主动呼应“双一流”建设的重要战略配套，是提高现代治理水平与治理能力现代化的鲜活样本。但是中国特色的现代大学制度的内涵和外延到底是什么？如何构建？如何有效运行？等等，还需要国家及地方教育行政管理部门，以及各高校去探索，去实践，去寻找答案。高校内部控制的转型与创新正是基于此使命与责任感的尝试。其二，是高校堪忧的发展与管控现状的触动。进入 21 世纪以来，有关高校的负面新闻一直呈上升之势，且都呈现出以职务犯罪为主，向基建、财务、招生、采购和后勤等权力部门或关键岗位集结，高、中、低层连发，数量金额日益扩大等特点。因此，突破传统内部控制模式与框架的“短板”，对观念与方法陈旧过时，无法适应新的“生态环境”下组织治理与发展的需要的现行高校内部控制机制进行全面升级、转型与创新，构筑新型杜贪防腐的“防火墙”，方能化解办学风险，为高校健康、和谐与持续发展保驾护航。其三，是国家“行政事业单位内部控制规范”推行及其缺陷弥合的需要。财政部针对我国高校、医院等行政事业单位较普遍存在的治理失衡、风气不正、贪腐频发、财务混乱、安全失稳、保障失位以及效率低下等诸多问题与“异象”而出台的《行政事业部位内部控制规范（试行）》（以下简称“规范”），于2014年起正式施行，虽然其使得高校内部控制建设提升到了空前的高度，然而该“规范”倡导的实际上还只是一种“狭义”的财务内部控制，从长远看，其固有缺陷与不足并不利于“现代大学制度”构想和“双一流”战略的全面实现。因此，适当“超前”谋划与“现代大学制度”更为“契合”的新型内部控制型制与框架的构建，更符合未雨绸缪的科学研究精神和高等教育科学与可持续发展的理念。

内部控制理论是随着内控实践的发展而发展起来的，大致经历了内部牵制—内部控制制度—内部控制结构—内部控制整体框架—全面风险管理整合框架五个阶段。相比较而言，近现代西方国家，尤其是美国在内部控制的理论研究与规范制订方面走在世界的前面。美国研究内部控制问题的权威机构——“发起组织委员会”（COSO）先后于1992年9月和2004年9月发布的《内部控制——整合框架》（2013年进行了更新与升级）、《企业风险管理——整合框架》（2017年进行更新与升级）两份重量级的研究报告，对世界范围的内部控制理论与实践产生了里程碑式的影响。我国内部控制理论研究及规范制订工作起步相对较晚，其规范建设上的重大标志是财政部2001年发布的《内部会计控制规范——基本规范（试行）》及其6个具体规范，它标志着内部控制规范体系建设的起步；2006年上海证券交易所和深证券交易所分别出台的《上海证券交易所上市公司内部控制指引》和《深圳证券交易所上市公司内部控制指引》，标志着我国在引进内部控制与全面风险管理理念以加强资本市场规范化管控方面迈出了关键的一步。2008年财政部等五部委联合发布的《企业内部控制基本规范》及2010年发布的《企业内部控制配套指引》，标志着中国内部控制理念的国际对接和我国内控规范体系正式形成。至此，国内外内部控制理论与规范研究虽然取得里程碑式的成果不少，但遗憾的是其关注的对象主要集中于企业。2012年我国财政部发布的《行政事业单位内部控制规范》才标志着促进行政事业单位加强和规范内部控制以提高内部管理水平和风险防范能力的工作已拉开大幕，也意味着过去仅注重企业内部控制建设的时代已然结束，行政机构、事业单位以及非营利性组织的内部控制迎来换代升级的契机。与此同时，国内外相关学者和实务工作者对高校内部控制问题都给予了一定关注，形成了一定的研究成果，主要体现在以下几个方面：第一，是关于高等学校内部控制制度建设。李沫萍（2003）认为“高等学校作为独立的法人实体，健全和完善的内部控制同样是保持学校有效运转的基础”；Regina E. Herzlinger（1979）提出许多国家非营利性组织存在财务脆弱的一个最重要的原因是组织管理者行为不适当。主要表现在许多高层管理者不重视内部控制，或只重筹资而忽视预算、资源分配以及财务评价等，这些都影响了非营利组织的发展。Jan Figel（2010）认为：“与我们的竞争者（特别是美国）相比，欧洲高等教育机构隐藏着重大缺陷。这应通过机制创新解决问题，以充分发挥出其促进经济增长、增强社会融合以及提供更多更好人才的作用”；雷平（2008）认为“必须采取增强意识，健全制度，提高素质，强化监督，实行考评等措施，完善高校内部控制制度”；韩晓蓉（2010）披露复旦大学正在制定《复旦大学章程》，相当于复旦“宪章”，以限制校长和其他行政管理者的权力，设立召见问责制；Cave M. & Hanney S.（1992）提出“绩效指标体系是关于高等院校为达到某一具体目标而使用资源及所获成就之关系陈述，这种陈述通常是定量的”；Romezk（2000）将问责分为四种类型，即等级性问责、合法性问责、专业性问责和政治问责。第二，是关于高校风险管控。郝永红（2007）认为我国高校目前控制环境不健全，尚未建立相应的风险评估机制，内部会计控制方面存在一定的问题，信息搜集存在障碍，不能进行有效沟通，内控监督不到位；熊德明、王建梁（2008）提出“如果风险管理应用不当也许会带来一些负面影响，因此必须进行了高校内部控制的大胆实践与尝试”。胡丹（2009）认为“高校办学形式的变化和业务特点，决定了高校必须强化内部控制制度，强化财务风险管理”；HEFCE（2010）认为“高等教育机构主要面临11类风险，即健康与安全风险、财政风险、财产风险、战略风险、管理信息系统风险、学生事务风险、信誉风险、教职工事务风险、教学风险、海外办学风险和研究风险等”；Colin R. & Elizabeth T.（2003）认为“现代意义的风险概念是对后现代时期不确定性和不可预测性的描述，应该将关注重点从结果转移到原因上，……任何给完成目标、计划带来威胁的事情，任何有损于组织声誉、破坏公众信心的事情都是风险。高等教育机构的风险就像其目标一样具有多样性，并处于不同层次，包括战略（学校）、学院、学系、其他部门和个人等层面的风险”。第三，是关于高校内部控制要素及整合框架。刘付婷（2008）结合深圳大学校园一卡通在数字化校园建设中的应用现状，分析了“一卡通”对高校财务管理信息化产生的深刻影响，提出目前尚需要注意解决的问题及其对策；黄亮、龚岚（2009）认为“内部控制评价体系作为内部控制目标实现及作用发挥的重要环节，是加强高校内部控制建设的必要条件”；Castells（1996）认为网络社会中，基于信息与沟通技术的教育可以使自己更具竞争力，组织可能直接介入，政府则会通过制定政策间接介入。大学面临的最终挑战似乎是寻求技术、教学和组织管理控制之间的最佳结合。Abigail B. & Marcel F. et al（2005）分析了乌干达地区的非营利组织的财务监督情况。他们认为对非营利组织进行信息沟通与监督去消除或尽量减少舞弊行为的发生，维持公众对非营利组织的信心。郝永红（2007）认为我国高校目前控制环境不健全，除治理结构缺陷外，尚未建立相应的风险评估机制，内部会计控制方面存在一定的问题，信息搜集存在障碍，不能进行有效沟通，内控监督不到位；张爽、徐雪婷（2009）认为“设计内部控制制度，第一步要分析单位业务内容，将业务流程加以梳理，分解成若干子系统，搭建内部控制的系统框架”；Regina E. Herzlinger（1996）提出要从完善外部治理环境着手建立非营利组织的内部控制框架。虽然非营利组织存在“市场缺位”情况，但是它的发展受公众、媒体和政府的关注度较高，这样非营利组织的监督更需要政府政策引导和法律制度的完善，通过加强信息披露等沟通手段来改善外部治理机制。第四，是关于高等学校内部财务控制。陈爱东、唐静（2009）认为“高等教育经费来源的多样化和决策、管理自由度的加大使高校的经济活动日趋复杂，但高校的内控制度改革却没有与时俱进，导致引发财务风险的行为频繁发生”；胡丹（2009）“从高校财务管理工作的各个环节分析，财务风险产生的根本原因与单位内部控制极其薄弱有关。因此，通过完善高校内部控制制度来降低财务风险就成为高校控制财务风险的有效途径之一”。里贾纳. E. 赫茨琳杰（Regina E. Herzlinger，2000）在借鉴美国证券交易委员会管理证券交易的成功经验上，通过有力的论证，指出非营利组织出现各种财务违规行为问题的答案在于缺少商业领域中的那种强制性责任机制。需要通过内部财务控制与奖惩措施，帮助它们高效益、高效率和负责任地完成自己的社会使命。并提出一个“披露（disclosure）—分析（anaysis）—发布（dissemination）—惩罚（sanction）”的解决非营利组织诚信问题的DADS方案；本杰明·莱文（Benajmin Levin 2003）精辟指出“我们很难想象任何重大的教育改革不伴随着大量资金的注入。没有财政的润滑剂，要想移动教育齿轮，这架机器就会产生巨大的噪音，高负债和高财务风险在所难免”。综观国内外的高校内部控制的相关发展与研究现状不难发现，高校内部控制与风险管理的理论与实务研究主要存在以下两个方面的不足：一是国内外高校内部控制研究还主要停留在传统的内部控制层面上，没有向目前世界最先进的内部控制成果—全面风险管理整体框架靠拢，因而主要是围绕着财务核心所进行的局部的、孤立的和低层次的风险控制研究，存在大量的误区和空白点，相应的“制衡”与“自净”机制研究与应用则更加滞后，这实际上也是导致我国高校目前生存与发展存在较多较大隐忧与“异象”的主要根源所在。二是虽然近年研究高校内部控制的文献在增多，但单纯、狭隘地研究高校内部控制的文献居多，而将高校内部控制、风险管理与高校现代大学制度构建与运行联系起来的研究项目与文献太少，有囿于内部控制研究内部控制之嫌，因而其研究视野不开阔，思路狭隘，研究成果难以适应建立与运行高校现代大学制度的需要，难有大的突破、出路和效果。基于此，我们敏锐地意识到现代大学制度与内部控制紧密相关，内部控制与高校方方面面、大大小小的事项与人员密切相关，风险无处不在，无所不有，所以更增强了我们依据中国国情和各高校的具体实际，研究内部控制如何向全面风险管理转型、升级与创新，如何全方位地构建常规化、标准化和科学化的风险管控制度体系和运行机制的决心与信心。

本研究以对接“现代大学制度”，控制办学风险，实现科学与可持续发展为目标，尝试构建以现代内部控制与风险管理理论为依托，以“控制取决机制，机制重在活力”为精髓的高校全面风险管理型内部控制机制及全经济活动流程的内部控制矩阵体系。首先，在厘清高校的角色与目标定位、内外形势及变化趋势的基础上，全面梳理与分析高校风险源、风险点、风险新特征以及风险管控现状，全面论证高校内部控制机制转型升级的必然性与紧迫性；其次，通过融入现代风险管控理念构建体现全方位、全时限、全过程和全员性等特征的高校全面风险管控框架与模块组合；最后，通过运行方略与路径的构建，打造具有中国特色的高校新型内部控制的流程体系、保障机制和“自净”机制。其研究的价值主要体现为：第一，对现代大学制度及风险管控等相关理论——融合对接与空间拓展。既对现代大学制度理论及相关交叉学科进行重要的融合、充实与创新，又对内部控制与风险管理学科发展理论进行重要的丰富、完善与应用拓展。尤其是在目前世界内部控制前沿研究与应用已经从传统的内部控制（即低层次、局部的风险管控）向现代的内部控制（即以全方位、全过程与全员性的风险管控，又称全面风险管理型内部控制）升级的形势下，选择高校这一重要领域去研究全面风险管理型内部控制机制的构建与运行问题，不仅能对现代大学制度建设理论研究具有价值，而且还有利于开拓内部控制与风险管理应用理论研究的新天地。第二，对高校风险管控流程及内生效能——基础夯实与活力再造。高校内部控制的领域及对象涵盖学校办学目的与方向的设定与落实，管理体制与治理结构的设计与运行，教育教学方案的制订与实施，教育教学质量的检查与监督，“教风、学风、考风与研风（四风）”的营造与管控，硬软环境的建设与维护，校园文化建设与传承，校园安全与思想维稳，后勤服务与食品安全保障，以及组织人事运作与财务管控等方方面面，因此研究构建高校新型内部控制机制的尝试实际上是高等教育国家层面和校级层面的重要基础性研究，是高校另类“基本建设”与“基础建设”，其对提升高校治理效率，增强高校活力的意义与影响重大而深远。第三，对高教国家与校级战略实施——高度协同与深度保障。建立“现代大学制度”是国家发展高等教育的中长期战略，亦是各级教育行政管理部门和各高校今后较长时期规划、发展与建设的战略方向。而高校内部控制目标既与国家层面的“现代大学制度”的构建与运行的目的具有高度的一致性，又与各高校的具体战略发展方向、目标与过程具有高度的一致性，因此本研究不仅对全面实现国家“现代大学制度”的战略构想具有重要价值，而且对各高校具体制定与实施其发展战略，控制其本身的战略管理风险具有重要的影响。第四，对现行高校内部控制机制——“异象”检视与全面创新。任何机制随着时势的推移与演变均将减效甚至失效。高校目前所面临的种种风险与困难实际上均是现行的、传统的内部控制机制“退化”“钝化”，不能适应当今高校的生态环境的最直接、最集中的反映。“高校全面风险管理型内部控制机制构建”乃“推陈出新”的大胆尝试。它既是对现行高校内部控制的去粗取精，去伪存真的梳理与传承过程，更是对传统的高校内部控制机制的升级换代，不断创新与完善的过程。本研究成果所推崇的“高校全面风险管理型内部控制机制”是借鉴和吸收当今世界上先进的内部控制理论与实践成果，将业已成熟的企业全面风险管理理念与方法移植和嫁接于高校内部治理和管控之中的新型高校内部控制形态。其与高校传统的内部控制相比，至少能凸显四大创新点：一是控制目标创新。在传统的内部控制目标基础上增加了合理保证高校办学效率和效果、促进高校实现办学宗旨和发展战略等目标，其视野更开阔，涵盖面更广，更符合科学办学和持续发展的理念与要求。二是控制主体创新。由传统的高校内部控制偏窄的主体转向为“全员性”控制主体。三是控制的时空范围拓展。由目前在时间上更多集中于事中与事后，在空间上更多地集中于重大事项的控制，转而过渡到以“全员性”控制主体为后盾，以成本效益性为原则，在时间上强调全过程，在空间上实现全方位的新型内部控制。四是控制的方略创新。高校传统的内部控制的方法和手段，相对单一、固化，而转型升级后的内部控制，更加强调战略控制、分权控制、授权控制、电子信息技术控制、运行分析控制和绩效考核与奖惩控制等方法的综合运用，取长补短，实现对控制对象的全覆盖。可见，由“全员性”主体按照这样一套现代公认的风险管理模式，对高校事务进行全方位、全过程、规范化和常态化的控制，较之传统的内部控制更具先进性、创新性和长效性，对解决高校目前所存在的内部控制问题更具针对性，一旦成功实现转型，足以达到脱胎换骨、浴火重生之效。因此，但愿本研究成果的出版发行，能为我国财政部内部控制规范标准的修订与完善，各级教育行政管理部门及各高校尽早规划、部署并实施高校内部控制的转型与创新提供有益的借鉴与参考。

本研究成果共9章，约59.5万字（其中沈烈撰写约39万字，谭芳碧撰写约20.5万字）。它凝集了本研究团队近5年的心血与艰苦努力，并得到了来自各方的大力帮助与支持。感谢华中农业大学副校长王建鸿研究员、华中师范大学党委副书记查道林教授、华中科技大学审计处原处长覃士菊研究员、中南财经政法大学原校长助理邹秉国研究员、中南林业科技大学副校长何学飞教授、湖北第二师范学院校长郑军教授、湖北省审计厅副厅长焦跃华教授、中南财经政法大学科研部赖思源老师、浙江财经学院会计学院院长李连华教授、浙江万里学院商学院院长孟祥霞教授、杭州电子科技大学会计学院王泽霞教授、荆州职业技术学院原副校长陈元芳教授、武汉纺织大学张西萍副教授、浙江万里学院李成艾副教授、湖南第一师范学院郭枚香副教授、湖北工业大学孙德芝副教授、湖北民族大学李庆玲副教授、湖北经济学院郭阳生博士、立信会计师事务所湖北分所汪平平博士、江汉师范学院柯丽副教授等所给予的无私帮助和大力支持，感谢涂翔宇、柳志红、李梦妍、随明星、王茜、张楠、杜普、司文娟、来文轩、黄晓佼、杨永进、冯灿、何璐伶、龚家凤等博、硕士研究生的积极参与和协助完成的大量辅助研究、调研、资料整理及校对工作。我们深知我们的研究还不够完美，欢迎各界朋友、同仁多提宝贵意见！

作者

2020年11月20日·武汉

目　录

第1章　现代大学制度与高校内部控制

1.1　大学的使命与发展目标定位

1.1.1　大学的使命

大学亦称“高等学校”或“高校”，它是各类大学、专门学院、高等职业技术学院、高等专科学校的统称，其使命主要包括文化传承、人才培养与输送、科学创新和服务、国际交流与合作。

“大学之‘大’，在于人德，人爱，在丁大学问，在于有大师……，大学是社会的灯塔；大学是创新的活水；大学是真理的福地；大学是文化的酵母；大学是知识的源泉；大学是道德的高地；大学是良心的堡垒。大学是知识的共同体、学术的共同体、思想的共同体、文化的共同体、道德的共同体。这就是大学的本质所在”（徐明显，2010）。

高校历来即是继往迎新，传承民族文化精粹的主阵地。文化乃民族之魂。以高校的人才与资源优势，挖掘、续写本民族乃至世界的文明，吸取精华，去其糟粕，并不断传承其经典和精髓，是高校不可推卸的历史责任与担当。

高校以人才培养，输送优质人力资源为己任。人才是民族崛起之根本，社会发展之命脉，人才培养是高校最根本的使命。“1088 年意大利的博洛尼亚大学成立，大学的第一功能形成，即大学工作以培养人才为中心”（徐明显，2010）。统计数据表明①，截至 2019 年 6 月 15 日，我国高等学校共计 2956 所，其中，普通高等学校 2688 所（含独立学院 257 所），成人高等学校 268 所。在校学生约 3700 万人（含研究生、普通及成人本专科生），其中外国留学生达 49 万人。高校本专科教育从某种意义上讲仍然隶属于基础教育，是使其成人（即使受教育者应成为具有公平正义、自由平等、民主法治意识的合格公民）、成匠（即使其拥有工匠精神并具备一定工匠技能）和成才（即使其成为社会有用之才）的教育，高校的研究生教育是使其成器（即使其成为具备一定研究与创造精神、具备一定分析问题与解决问题能力的国之高器）的教育，因此，使人成才、成匠、成器是高等教育的根本任务。

学术创新是大学水平的重要标志，亦是评价高等教育的核心价值之一。所以潜心学术

---

① 数据来源于教育部官方网站公告，网址：http：//www.moe.gov.cn/jyb_xxgk/s5743/s5744/201906/t20190617_386200.html.

研究，追求科学创新，促进人类发展与进步是高校的历史责任与担当。学术大体可分为创新性学术、传播性学术、整合性学术和运用性学术等四类情形。其中，创新性学术是其最高代表，可以带动其他三类学术的发展与升级。而学术创新精神与能力的高低是鉴别一所大学的水平高低及影响力大小的核心参数之一。学术原创能力公认超强的大学，才能称为一流；原创能力一般，抑或只能跟进与模仿的大学，充其量只能屈就二流；而毫无学术创新能力，甚至连跟进与模仿能力都不济者只能沦为末流。为社会服务也是大学的基本职责之一。大学既应该是社会进步的发动机，也应该是把握社会发展方向的思想库。立足服务社会初心，推动人类与社会的发展与进步，方能行稳致远。

高校是开展国际交流与合作、推进人类和谐与共同进步的最好使者和平台。科学、知识与先进文化是最好的国际语言，以该“国际语言”为媒介，通过留学、访问、学术交流、网络沟通、联合攻关、信息共享、成果鉴定与发表等形式开展国内外高校及机构学者、学子间的国际沟通、交流与合作，是促进人类和谐与进步的最好、最有效的路径之一。把不同的文化，尤其是文化中具有核心意义的价值观，甚至包括人文、风俗、宗教等，置于同一个平台使其在交流中相互理解、借鉴、吸收和融合，进而消除歧见、敌对与冲突，最终达成共识与和谐。我国高校在世界各地所设立的孔子学院，既是中国大学承担中华文化对外传播职能的载体，也是中国大学自觉履行本项使命的一大创举。随着中国“双一流”战略的推进和若干世界知名大学的建成，中国大学的国际化水平将大幅提高，将极大地助力中华民族文化和世界文化的发展与融合，促进人类包容、大同与和谐的世界的实现。

1.1.2 高校的发展目标定位

（1）高校发展目标的层次。

高校的发展目标即大学在明确自身功能与使命，基于对国际国内高等教育的发展现实和未来变化趋势的基本判断与分析，充分总结高校过去办学历史中的成功经验和惨痛教训，以及准确把脉高校现实校情的前提下，运用科学的方法所提出的中长期发展目标，其目标主要包括治理目标、办学水平目标和培养目标。

①治理目标。2015 年在国务院印发的《统筹推进世界一流大学和一流学科建设总体方案》（国发〔2015〕64 号）中就明确指出“要推动高校综合改革发展进程，完善内部治理结构，加快‘双一流’建设”，可见提高大学的治理能力，推进治理现代化已成为高校发展的重大目标。高校的治理目标是基于遵循高等教育规律、保障学术自由、尊重教育法人人格独立、自律与他律并举等原则而通过建立学校章程及其配套制度安排，合理界定内部行政权力、学术权力以及民主参与管理权力，形成权责分配明确的、党委领导下的校长负责制与法人治理（如董事会、理事会、学术委员会、学位委员会、教授会、校院二级管理、工会、教职代会、学生代表大会等治理安排）相结合的，决策、执行与监督三权充分制衡的法人治理机制，实现多元利益主体的博弈与平衡，科学管理、民主参与与专家治学的协调融合，政府引导、大学自治、市场推动和社会参与之间协调运行。

②办学水平目标。办学水平目标是对高校发展状况的综合性预期与设定，是对高校的学术水平、教育水平和管理水平等要素构成的整体发展水平，以及在国际和国内大学中的地位或排名（如世界顶尖大学或世界一流大学、世界知名大学、国内一流大学、国内知名大学和国内一般高校等）的合理定位。该定位主要受现有发展水平、环境状况、资源占有、管理禀赋以及其他条件等因素的综合影响。由于各高校上述因素的客观条件与影响程度不同，因此其具体办学水平目标定位也呈现出差异性。但不管差异性有多大，构成办学水平目标的维度是基本相同的，即主要基于学术资源和学术成果维度的学术水平目标；主要基于师资队伍、教学资源和人才培养维度的教育水平目标；主要基于综合声誉（学术声誉、社会贡献和社会声誉）、物质资源与效用、学校文化与传承维度的管理水平目标，进而构成其整体综合办学水平的目标。

③培养目标。培养目标即从德、智、体、美、劳等方面对受教育者设定的应该达到的培养规格与标准。该目标可进一步细分为素质结构目标、办学层次目标、办学规模目标、学校属性与办学特色目标。培养目标首先是拟订培养方案的框架及内容体系的依据，形成相应的素质结构目标，如通才或专才等；其次是设定办学层次目标，如教学为主型、科研为主型、教学科研并重型等的依据。该目标是对培养目标的进一步明确的过程，反映在教育对象上则表现为三种办学层次设计：一是表现为以本科全日制教育为主、少量的研究生教育和其他形式教育（如职业教育、远程教育、成人教育等）为辅的教育层次；二是以研究生教育为主、少量的本科全日制教育为辅的教育层次；三是研究生教育、全日制本科教育均衡发展的教育层次。再次是设定发展规模目标，如各类层次的学生人数、教学管理队伍人数等的依据。最后是设定学校属性与办学特色目标的依据，如综合性大学、多科性大学、单科性大学、专业特色和办学传统特色等。

（2）培养目标是高校发展目标的终极层次。

从前面论及的高校的使命中可知，人才培养是高校的核心使命。有了各层次的人才源源不断的培养与输送，才能保证高校其他使命得以实现，如文化传承得以延续、科学研究后继有人、社会需求与服务得以满足，国际交流与合作得以薪火相续。所以培养目标自然就成为高校发展目标的基础与终极，高校的治理目标和办学水平目标的最终归宿也在于实现高校的培养目标。

但由于我国高等教育长期以来受行政化、应试化和排名化导向的影响较严重，急功近利根深蒂固，培养目标设定偏离或执行偏离现象较严重，不进行根本性的改革，将会严重偏离发展目标，甚至有辱高校使命。因此，除严格遵循自然规律和高等教育的自身规律外，还必须遵循市场经济的发展规律，坚持为社会服务，按社会需要（包括高校发展对人才的需要）培养人，培养与市场“适销对路”的人才，高等教育才能实现其培养目标，才有质量可言。这就要求高校应当根据科学（包括自然科学和人文社会科学等）的发展规律，市场经济和社会发展的需要，适时调整学科专业结构，调整和改造与学科发展进步、与市场经济和社会主义发展不相适应的老专业，发展与增设新专业，并定期、适时修订培养计划，进行教学内容、课程体系、教学方法等方面的改革，使之与学科、经济和社会发展相适应，也与《国家中长期人才发展规划纲要（2010～2020 年）》和《国家中长期教育改革和发展规划纲要（2010～2020年）》关于衔接教育与人才培养、实现教育现代化、基本形成学习型社会、进入人力资源强国行列等的规划相适应。另外，综合素质培养是高校培养目标不可忽略的重要内容。综合素质培养首当其冲的是德育。德育的根本任务是帮助受教育者树立正确的人生观、世界观和价值观，是关系到人才培养目标能否实现甚至高等教育成败的大问题。面对科技进步、社会变革与转型的加快以及市场经济的发展提速后对人们所恪守的思维、观念带来的巨大冲击与挑战，高校应探索新形势下的德育工作规律及有效的教育方式，努力培养出与现代社会价值相匹配的德才兼备的人才。我国高校德育工作经过多年努力已积累了许多宝贵的经验与套路，根据新的形势发展要求，在教育中应继续坚持“以科学的理论武装人，以正确的舆论引导人，以高尚的精神塑造人，以优秀的作品鼓舞人”这一行之有效的教育方针，采用以课堂的正面教育为主渠道，以组织学生参加社团组织的活动、参与支教扶贫、劳动见习、国情调查等社会实践活动，以及丰富课余文化生活等途径为重要补充和依托实施德育教育；在具体教育方法和手段上，采取正面灌输、说服教育、榜样示范、亲身体验与自我感悟相结合，以及“走出去、请进来”等理论与实践相结合的教育方式，从而培养出一大批立志为建设有中国特色社会主义而献身的接班人。综合素质培养其次在于智育，即让受教育者能系统掌握科学文化知识、技能，具有一定的认知、分析能力和创造能力的培养过程。高校应不断反思固有教育思维与培养观念，高度重视人才培养模式改革，以造就出合格的专业人才。根据麦肯锡公司曾连续几年发布人才蓝皮书（中国）部分显示，中国高校学生人数第一，但社会适用指数平均却只有10%左右，远落后于西方国家的总体水平。这在一定程度或角度上反映了中国高等教育的状况。所以高校在智育上应就如何合理定位人才培养目标，需要在如何面向社会实际需求、学科交叉融合、实践与应用能力培养、团队协作精神培养、系统思考和创新能力的培养等方面进行全面反思，扎实地推进人才培养模式改革。高校在推进教学改革过程中，应将专业培养方案、课程体系设计与创新人才培养紧密结合。课程设计实际上是教学改革活动中改革观念、改革内容和具体实施过程的统一，是人才培养目标得以实现的关键，其合理性及质量高低直接关系到人才培养目标改革的实现。在课程设计上，美国大学的做法值得我们借鉴：一是十分重视通识课程的作用；二是十分重视创业创新课程的比重。在教学方法上，高校应特别重视启发式教学、讨论式教育方式对培养创新型人才的作用。这种教学方式有利于激发学生学习积极性、主动性，养成批判性思维和创造性习性。同时综合素质培养中的劳育和美育也占有重要位置，要注重受教育者的动手能力的培养，通过动手来开发智力，倡导个别差异发挥，因材施教，将教学的重心从怎么“教”转移到怎么“学”与“用”上来，既强调课内学习，又狠抓课外实践，实现教学与生产劳动相结合；将教学中的单纯的教师活动变成师生的共同活动，达到充分发挥受教育者的积极性与主动性，在普及基本知识的同时培养其个人的思辨能力、鉴赏能力和审美能力等。

还需特别强调的是，培养目标中还应着力体现具有强烈创新意识的人才培养理念，这是我国科教兴国、人才强国、建设创新型国家等一系列重大战略给高校人才培养提出的时代要求，是高校培养目标定位中不可或缺的元素。徐明显（2010）认为创新是一个思想体系，而非仅指“科技创新”。大学创新的最大特点是综合性和基础性。如果把现有的知识体系分为“自然科学”“工程技术”“社会科学”与“人文科学”四大类的话，那么很明显，它们创新的功能和意义是有着巨大差别的。自然科学创新主要是创新知识，产生新概念、新规律、新定理、新范畴；工程技术创新通常是创新方法，发现新工艺、新流程、新手段等；社会科学的创新更多的是创新思想，新判断是新的思想的萌芽，系列新判断形成新理论，理论的系统化就是新思想；人文学科（如文、史、哲、艺术等）的创新是一种文化的创新，即揭示给社会一种更高尚的生活方式和生活目的，使人更明确因为什么而生存和发展。为实现该培养目标，高校应特别注意营造包容、宽松、开放的制度和文化环境，注意发现学生的不同特质，尊重学生的个性差异，注意引导学生的奇特观点和不同习性，透彻认识本科与研究生教育的目标与要求差异，把差异性的创新期许融入不同层次教育的教育教学方案与活动之中，通过课外兴趣小组、开设研讨型课程、完善助教制度、以老带新责任机制、大学生创新项目等形式让学生有更多与教师接触与研讨机会，让其在了解学术前沿动态、体验学术研究过程与甘苦的过程中，熟悉基本流程、累积感性与理性认知，激发学术兴趣和创新潜能，尤其要让低层级学生尽早地接触和参与相对较高层级的科学研究活动，使探究与创新成为不同教学的常态。

（3）影响大学发展目标的基本因素。

影响大学发展目标的因素很多，但基本因素主要包括以下三个：第一，国家政治、经济、文化的发展水平和发展需求决定着大学的办学性质，是大学确立未来发展目标应考虑的前提。现代科技与社会发展日新月异，知识经济的浪潮已经深刻影响着人类社会政治与经济的生态环境，也决定着大学的生存与发展时空范围。大学的教育功能、社会功能和经济服务功能的实现均离不开社会的大环境，如社会发展的环境主导高等教育发展的方向，社会需求构成高等教育发展的动力，社会发展与进步的程度影响着高等教育发展的条件，市场经济对高等教育带来的影响也是多重的，传统文化和时代文化对大学的教育思想、教育目标、教育活动、教育环境都有着显著影响，学校招生仍然受到政治环境的制约，政府拨款仍然是大学办学经费的主要来源，大学生就业仍然受到政府政策导向、经济景气程度和社会各界的支持程度的左右，广大人民群众对文化的需求的热情空前高涨，尊重知识、尊重人才的良好风气的形成，也为大学的快速而健康发展提供了可靠的社会保障等。因此，大学发展目标必须站在时代的大背景下，紧扣社会发展的脉搏，既以国情为前提，又必须以国家需求为己任。第二，高等教育发展的宏观战略与规划决定着大学的发展方向，是影响大学未来发展的重要条件。国家层面有关高等教育的宏观战略与规划部署对高校发展目标定位的影响是巨大的，例如，《国家中长期人才发展规划纲要（2010～2020 年）》和《国家中长期教育改革和发展规划纲要（2010～2020 年）》“科教兴国”战略、“双一流”战略等，无不深刻影响着高校未来发展的方向与预期。再如，教育部先后推动的“百千万人才工程”“攀登计划”“大学生创新创业计划”“一流课程‘双万’计划”“六卓越一拔尖”计划（2.0）等重大部署或项目的建设，无不深刻影响着高校各类人才培养目标的制定。因此，大学确立发展目标时必须充分考虑国家战略、教育方针、政策和财政支持导向等多方面外部条件，切忌缩手缩脚，错过发展时机。第三，高校的自身历史与现实基础是决定大学未来发展目标的根本。任何层次的大学，其发展目标的构建不是凭空想象，必须脚踏实地地建立在自身历史条件和现实发展基础之上。大学自身的历史积淀与传承、自身的软硬件基础与水平决定着其境界、能力与目标。这些主要体现在两方面：一是软件基础，如学校通过长期积累所形成的社会声誉、文化传统、办学理念、校风、校训、校园人文环境和学术氛围等；二是硬件基础，如学科水平、专业门类、学术大师、教师素质、科研成果、学术声誉、研究经费、队伍力量、学生素质、生师比例、管理章程、校长威望、治校特色、办学理念、国际化程度、留学生比例、经费投入、办学设施等方面（陈国顺、李英明，2003），脱离大学自身历史与现实基础的目标只能是盲目的臆测与不切实际的空想。

（4）高校目标定位应注意的问题。

①高校发展目标定位的表述方式的困扰与选择。学校发展目标是学校对整体办学水平的中远期愿景与状态的合理设定与描述，是学校综合办学实力、社会贡献、社会声誉的集中体现。从高校发展目标定位实践来看，大多采用比较参照系的方式进行表述。这一定位表述方式的优点是对发展方向和目标刻画与表述得比较明确清楚，但也存在着明显不足，如在评估学校未来发展状态时，往往是通过采用一些比较具体的教学、科研、排名指标与参照系学校进行比较来表现，这就容易陷入唯“指标论”的发展目标表述模式，从而忽略大学发展的终极目的。就一流大学而言，虽然一流的大学具有一流的办学指标，但更有一流的大学精神与文化，而大学精神与文化往往是无法用指标衡量的，也就是说，即使那些看得见、摸得着的办学指标经过努力达到或超过了，也未必表明大学实现了发展目标。一流大学其内在是办学质量的一流，其外在的则表现为是声望和信誉的一流，而一流的声望和信誉是其获取一流的生源和充足经费的资本与条件，这也就是每所大学都想成为一流大学的根源与动力所在。正是基于这样的考虑，所以有学者（李昕，2000；陈国顺等，2011）认为采用“社会知名度”作为关键词来表述大学的发展目标定位可能更有利于大学的健康发展。这里所谓的社会知名度通常是指社会对大学的综合评价，是对大学办学认可的程度，是大学社会贡献、办学声誉和办学水平的集中体现。因此，高校作为一种代表着人类科学、技术与文化先进方向的组织，在社会上追求并取得高知名度，并将其纳入未来奋斗的目标也无可厚非。况且由于学校社会知名度的提升并非一朝一夕之事，需要长期的日积月累、脚踏实地、老老实实地通过人才培养、科学研究和社会服务等才能赢得社会的赞誉，因此，将社会知名度作为一种目标表达是合情合理的，与高校的使命并不矛盾。而社会知名度能够根据区域的范围进一步划分为国际、国内和省内三个维度与类别，每个类别之下还可以依据知名度的大小再区分为著名高校、知名高校和一般高校等。大学以此方式在表述发展目标定位时，既可以用“著名高校”或“知名高校”的表达，也可以用知名度绝对值（如一流、二流等）来表达，还可以运用未来某某年知名度的提高幅度来表达。由于知名度没有十分具体的衡量指标体系，避免现行各种大学排行榜所产生的误导高校追逐评价指标而扭曲教育价值观，甚至弄虚作假的现象，同时也可以避免一些办学实力与水平不具备可比性的高校因无法采用比较参照系的方式进行目标定位表达的尴尬局面。需要引起关注的是，为了保证相对公正公平，对于高校社会知名度的测评，不宜由政府或高校自己来做，应在教育行政的合理引导下，由具较高认可度的社会中介机构或研究组织

定期评定，权威发布。当然，事物不能一概而论，采用“社会知名度”作为关键词来表述大学的发展目标定位可能对于已有一定社会知名度高校来讲有利，而对于目前社会知名度一般的高校，尤其是给二三流高校带来一定的困扰，同时可能诱发有关为博取知名度及其评价的短期行为，甚至不正当竞争行为。

②高校发展目标定位的变与不变的关系与处理。高校发展目标定位与高校类型定位（如研究型或应用型、专业性或综合性）存在不同特点，类型定位可以保持稳定，甚至是长期不变，而发展目标定位则未必是一成不变的。而且从历史地看，它本应该是一个动态的过程，几乎不存在一个目标一成不变的高校。因为高校毕竟是时空的产物，随着时间的推移、情势的变化以及过去实践的检验，对既定发展目标进行适当变化或调整是必需的，尤其是在我国，高等教育体系发育还不完善，尚未稳固成形之际，各校发展目标定位根据变化的情况作出适当的调整是正常的。但是，变化与调整不是随性的，如果“朝三暮四”，频繁变动，那也是目标定位的大忌。发展目标定位的调整必须是经历了一定时期的检验或一系列事件的洗礼后，按规定流程动议，并经历了充分的论证和深入的思考后而作出的慎重决定。这是因为大学的发展与进步是一个长期投入与转化的过程，并不像某些商业投资那样能立竿见影，成败立显，大学核心竞争力和大学文化的培育需要较长的时间积淀，人才培养目标定位的合理性更是需要较长的时间检验。如果一所大学的发展目标在短短 1 ~ 2 年就进行一次调整，要么表明这所高校当初的发展目标定位本身确实存在一些问题，要么表明现在的调整动议草率，存在不淡定、太过急功近利的问题。但不管怎样，由于既定目标还没有经过足够的时间检验就匆忙放弃而确立新的目标，其结果势必会打乱原有的工作安排与节奏，转而根据新的发展目标重新进行战略部署，会付出巨大代价，既浪费时间，也浪费物质资源。要知道目标变动，可谓牵一发而动全身，从目标的设定到思想发动及相关战略规划与编制，再到战略实施、工作计划的编制和落实，整个链条均需要耗费大量的时间成本、行政成本和资金成本，同时，还会给人造成一种“怀疑”“不安”“观望”的心理，担心还会不会再变，从而极为影响高校师生员工的工作信心和效率，降低了发展目标定位的价值导向作用。因此，这样的变化与调整不是越多越好，而是要尽量地谨慎与克制，控制好时间间隔、发生频率与力度。

③高校发展目标定位的主体困境与选择。在高校发展目标定位过程中，常常存在一种“异象”，即从单一一所学校看，其发展目标的定位是准确的、合理的，且其定位的实施效果也是很好的，但从整个高等教育系统的角度看其目标定位却是不尽合理的，这也许就是协同学所揭示的一种矛盾现象：每个子系统是有序的，但加在一起形成的大系统未必是有序的；每个子系统是无序的，但加在一起形成的大系统未必是无序的。因此，在高校发展目标定位过程中就面临一种困境：是以每一高校自身的合理定位为首位，还是以高等教育系统的合理定位为首位。如果是以每一高校个体自身的合理定位为首位，那么，每所高校在定位过程中就无须过多考虑社会政治、经济、人文发展的状况对整个高等教育环境的影响，以及对高等教育的总体发展要求，而只须考虑高校自身的实际情况就可以了。但这样的后果是怎样的呢？我们实际上是已经在承受由此带来负面影响，因为目前我国高校目标定位实质是以高校个体自身的“合理”选择为首选的，因此出现了高校发展目标定位普遍

"偏高"的现象，如近年来的高校"升格风"一直高涨就是最好的证明。这样一来，必然导致高等教育的某些子系统，如应用层次、专科职业教育层次、教学类型等高校发展可能就会受到削弱或挤压，进而导致整个高等教育系统的人才培养与输出满足国家经济社会发展需要的功能有所下降。但如果是选择仅以高等教育系统的合理定位为首位，那么各个高等学校在发展目标定位时就首先需要考虑高等教育与政治、经济、社会和人文发展的关系，所有的高等学校就不可能仅按照自己的意愿进行定位，甚至有些高等学校还必须为顾及整体布局，或服从地方发展战略需求而作出定位上的牺牲。这样也可能出现了一些新的问题，如从高校的角度来说，高校发展的特色如何得到保护？高校其他利益相关方的诉求或期盼如何得到照顾？高校发展的积极性与主动性会不会受到影响？从宏观角度来说，谁去干预或指导高等学校的目标定位？按照什么样的原则和方式方法去进行什么程度的干预或指导？应该干预或指导哪些高校？这些新问题的核心是高校发展目标定位的主体到底应该是谁的问题。关于此问题早有相关讨论，之前一些研究比较倾向地认为，高校目标定位的主体本应是高校自身，只有这样才能充分体现高校的办学自主权，也只有这样才能真正调动高校的主观能动性，实现高校的特色化办学和多样化办学。现在来看，这一倾向并未得到广泛认同，因为其与国家对高等教育的期望不尽吻合，国家需要的是高等教育系统对政治、经济、社会和人文发展的全方位的支撑与服务，既要有"高大上"的也要有"矮低俗"的，既要有"阳春白雪"的也要有"下里巴人"，各有各的功能，各有各的需求。我国高等学校发展目标定位所出现的普遍"偏高"倾向是存在的，该问题与美国加州高等教育在20世纪50～60年代所出现的问题极为相似。该州就是在政府的适当干预之下实现平衡的。因此，破解高校发展目标定位的主体困境的理性选择是政府与高校之间的沟通、协调，寻求最大公约数与平衡。各高校一方面应在政府及既定的高等教育科学分类体系框架的指导下，增强责任和使命担当，着眼于长远发展，积极回应时代和社会发展的现实需要；另一方面又要根据自身的实际情况，在教育哲学与规律的指导下，具体问题具体分析，知己知彼，扬长避短，从比较优势、核心竞争力、自主品牌、办学特色、教学、科研和社会服务潜质、自身结构与条件等多维度进行反复论证与平衡，最终实现目标的科学定位。事实上，无论是国内还是国外，高校在发展过程不乏传统小弟超越过去大哥的后起之秀，甚至出现高校"竞技场"上的"独角兽"①，其在发展目标定位以及发展模式上都有其不符合传统思维的种种"不切实际"的表现，有的甚至从表面上看还存在与区域甚至国家的现行高等教育规划或发展传统制度不尽协调之嫌，但由于正确性地与政府进行沟通，取得理解，进而脱颖而出，实现了跨越式发展，如澳洲的悉尼科技大学、德国的乌尔姆大学、美国的马里兰大学、加拿大温莎大学、我国的苏州大学等，都是最好的例证。

---

① 这是一种比照资本市场中的相应提法，专指那些建立时间不长，但机制与体制相对独特，成长、进步迅速，在高等教育领域具有一定风向与影响的年轻高校。

1.2　高校发展目标与现代大学制度的关系

1.2.1　现代大学制度的含义与由来

现代大学制度是相对“传统”或“保守”或“古典”的大学治理与运转机制而提出的一种新的制度安排或形制，是人类在一定的历史条件下对大学制度升级的期盼与理想状态的追求的结果。现代大学制度虽然是更科学的、更合理的、更先进的、更适应高等教育与人类发展规律的大学制度，但它并不完全排斥其古典性和传统性的精华，相反，现代大学制度是在古典、传统大学制度的基础建立起来的。现代性与传统性是相互交集的关系，大学制度传统性是不断累积的，现代性是大学制度传统性的延伸和发展（别敦荣，2014）。其“现代性”并非静止的概念，而是一个长期的、动态的、渐变且延续的过程，从欧洲中世纪跨越至今，仍然在渐变与完善之中。现代大学制度一般具有三大共同特质：一是一般均在各自国家的法律框架内建立；二是主要规制大学权力分配与运行；三是表象文字制度与嵌入各种行为的内在机制的统一。因此，认为大学章程是现代大学制度的载体的观点是有失偏颇的。

我国建立现代大学制度，作为一项重要国家战略提出，是《国家中长期教育改革和发展规划纲要（2010～2020 年）》明确的，其核心是在国家的宏观调控政策指导下，大学面向社会，依法自主办学，实行科学管理。现代大学制度涉及规范和理顺大学与政府、大学与社会的关系，涉及大学内部治理结构的完善和改革。现代大学制度的构架虽然均包括宏观和微观两个层面，但在我国现有的法律框架和社会制度环境下，现代大学制度的内涵与外延必然体现出一定的中国特色，既有共性也有个性，宏观层面包括：政府宏观管理、市场适度调节、社会广泛参与、学校依法自主办学；微观层面包括：校长负责、教授治学、民主管理。我国现代大学制度要求高校在党的领导下，为办好人民满意教育，必须以“党委领导、校长负责、教授治学、民主管理”为基本框架，在国家法律、大学章程和党内法规的范围内，合理界定执政党、政府与大学，大学与社会，大学内部（校院之间、部门之间、教学与行政等）之间的关系，明确行政权力与学术权力的关系，构建各利益相关者既相互制约又相互支撑，和谐共进的基本关系与制度。党委是高校的领导核心，正确把握高校发展方向，科学决定高校重大问题，及时监督重大决议执行，全力支持校长依法独立负责地行使职权，确保实现培养中国特色社会主义合格建设者和可靠接班人的人才培养目标和学校发展目标。

历史经验表明，制度建设是高校最根本最基础的软件建设，从某种意义上讲其重要性超过高校的硬件建设。一所大学发展的优势往往取决于其大学制度的优势。我们要想由高等教育大国变成高等教育强国，必须从加强大学软件建设入手，首当其冲的是抓好现代大学制度建设。我国高等教育体制改革的最终目标与核心，就是要建立中国特色的现代大学制度。虽然已经为此做出了许多努力与探索，但效果还不尽如人意，与高校的使命与内在需求仍然不够匹配。因此，我国政府及高等教育界应该继续把完善中国特色现代大学制度，作为未来一个较长时期最重大的改革和发展任务坚持下去，要本着问题导向和实事求是的态度，全面梳理和正确评估目前我国大学治理与运行机制的优势与不足，找出需要完善的方面并采取切实可靠措施予以改进与完善。

1.2.2 现代大学制度与高校发展目标的内在联系

（1）建立现代大学制度是实现高校发展目标的必然要求。

大学的使命决定着高校的发展目标，而发展目标的实现过程实际上是权力与资源耦合的过程与结果。这种权力与资源的分配与使用方式不同，以及相应的管理的机制不同，直接决定着目标实现的程度及差异。因此，高校目标的实现客观上必然要求要有顶层的权力分配框架制度设计及相应的运行机制予以保障，而现代大学制度正是提供这一保障的最基本的制度。所以说建立现代大学制度是实现高校发展目标的必然要求。

（2）现代大学制度是高校发展目标落地的机制性安排。

大学的一切行为都有可以看成是一系列决策与资源配置的集合。其实质是权力分配与行使过程。该过程的结果好坏取决于共有价值观的遵循、客观环境条件、行为人禀赋和权力寻租程度等。大学制度是大学管理与运行这些权力与资源的基本规则体系，它介于高校发展目标与具体行为之间，是更多地针对中上层权力与资源进行分配与管制的制度性安排，所以也称其为顶层设计。它伴随大学的建立而生，并伴随着大学目标的发展变化而不断发展变化。现代大学制度是与现代政治、法律、经济、科技、文化和大学自身条件相适应的，并相对传统大学制度而言更具先进性和适用性，既包括权力分配与运行的基本架构与规则体系，还包含有能动的机制性成分的大学治理框架设计与基础性制度安排，对具体的、细分的行为与权力行使具有指导性与统驭性，因而是高校发展目标落地不可逾越的环节与机制性安排。所以从此意义上讲，现代大学制度的设计与运行需要以高校发展目标为依据与前提，任何脱离了高校既定发展目标的所谓现代大学制度建设注定是失败的、没有意义的。

（3）现代大学制度是高校发展目标实现的保障。

有权力的存在，必然存在权力滥用和寻租。因此权力的分配与运行要有规矩，权力分配和运行的过程更要有监督与制衡，因此，监督与制衡是高校权力基本框架不可或缺的组成部分，是高校发展目标实现的重要保障。

自 20 世纪末 21 世纪初以来，我国政府相关部门、高等教育界对建立现代大学制度的问题一直在进行着不懈的探索，既取得过一些突破，也经历过曲折，初步形成了中国特色现代大学制度体系。但客观地说，现有的管理与运行机制还不够成熟，还不尽适应当代中国特色的社会、政治、经济、科技、文化发展和高等教育自身发展变化的需要，对高校发展目标实现的保障作用还有待提升。我国的现代大学制度还必须在深化改革中进一步修正与完善。

（4）高校发展目标的实现程度是检验现代大学制度是否健全完善的标准。

基于前述现代大学制度的设计与运行需要以高校发展目标为依据与前提，任何脱离了高校既定发展目标的所谓现代大学制度建设注定是失败的和没有意义的认识，那么可以断言，高校发展目标的实现程度必然是检验现代大学制度是否健全完善的最有说服力的标准。

现代大学制度的建立是一项艰难的系统性工程，面临观念的碰撞、利益的冲突，需要经历顶层的设计、较长的检验与磨合等诸多挑战与考验。完善中国特色现代大学制度必须首先要有科学清晰、高瞻远瞩的顶层设计。通过顶层设计明确现代大学制度的目标对接、建设的基本原则和路径方法，克服目前在现代大学制度建设中存在的目标不明、章法散乱等问题。因此，建设中国现代大学制度过程中要注意以下问题：一是紧紧围绕高校发展目标。为实现发展目标服务，这是根本，是主旨，因此高校要将科学的发展目标贯穿建立现代大学制度建设始终。二是要遵循教育规律。包括教学规律、学术规律、管理规律和人才成长规律等。遵循教育规律的顶层设计与治理机制才有科学性。三是要传承大学的优良传统。大学在长期的发展中形成的独特优良传统，实际上是对履行大学使命过程中大学治理实践经验的总结。建设现代大学制度不是一味地否定过去，传承优良文化与管理风格更是义务，任何完全背离大学传统的所谓大学制度不可能是真正意义上的现代大学制度。四是要体现国情特点和时代要求。高等教育是时间与空间的产物，必须与当代和预期的政治、经济、社会发展相适应，必须考虑国情和时代要求。任何被广为认可的大学，无论是研究型还是应用型的、专业性的还是综合类的，也无论上是所谓一类、二类还是三类，都有自己的国情烙印和时代特征。中国特色现代大学制度的构建必须充分考虑我国的国情特点，落后于时代的或过于超前的制度安排都是非科学的。我国大学制度的构建必须体现时代要求。“大学的含义可以说是因时而异，因地而异，它依靠改变自己的形式和职能以适应当时当地的社会政治环境。同时，通过自己的连贯性及使自己名副其实来保存自己的活力。谁都在谈论大学，但是大学作为学者进行教学、科研和从事社会服务的场所，我们只有在不同时代、不同地点的具体环境里才能弄懂大学的这些具体任务是什么”（伯顿·克拉克，2001），这也可以说是体现大学制度的“现代”性的重要体现之一。五是要符合组织学原理。“任何组织都与其相应的制度密不可分，组织要生存和运行，就必须有制度化的安排”（理查德·斯格特，2010），现代大学作为一个具有多元复杂结构的学术组织，其制度体系必须符合组织学原理，特别是要注意组织的系统性、秩序性、协同性和动态发展性，只有这样，大学才能协调有效地运转并充满生机与活力。尽管按上述方面组织建设，仍然会有效果好坏之分，成功与失败之别。但不管建设如何艰难，也要尊重国别之间、地区之间、学校之间在建设成效上的差异。还有一点也是必须坚定不变的，即现代大学制度是为实现高校发展目标服务的，必须定期评价与检讨建设成果，检讨的目的是更好地改进与完善。那么这里就有一个检验与评价标准问题。在此问题上也曾仁者见仁、争论激烈。笔者认为现代大学制度建设的成败，其最根本的检验标准就是高校发展目标的实现程度，高校发展目标的实现程度越高，表明相应的现代大学制度建设越有效，否则，表明相应的现代大学制度建设是滞后的，甚至是无效的。

（5）现代大学制度运行会为高校发展目标的调整与修正提供有益的反馈信息。

尽管从一般理论上讲，高校发展目标定位决定现代大学制度建设，即先有高校发展目标定位，再围绕此目标构建现代大学制度，而不是倒置，但高校发展目标并不是绝对的一成不变的，正如前面所论述的，高校发展目标一经确定，一般要保持稳定，不应随意变动，但并不是绝对不能变动与调整。高校毕竟是时空的产物，随着时间的推移、情势的变化以及过去实践的检验，必须慎重地按规定的流程进行微调或较大调整。这里的“慎重”和“流程”，其主要表现为广泛的调研与论证，而这些调研与论证离不开既往大学制度的运行经验与教训信息。因此记录和收集现行“现代大学制度”设计与运行的点点滴滴，有利于为高校发展目标的未来调整与修正提供有益的反馈信息，起到一定的反哺作用。

1.3 现代大学制度与高校内部控制的关系

1.3.1 高校内部控制是现代大学制度的重要组成部分

高校内部控制是指高校为实现办学目标，通过制订制度、实施措施和执行程序，对其事业发展风险及经济活动风险进行防范和管控。内部控制作为现代组织的重要特征与制度创新，在财政部颁布并实施《行政事业单位内部控制规范（试行）》① 前，并未在高校得以名正而言顺的有效彰显与系统建设。而《行政事业单位内控规范（试行）》的颁布与施行则标志着内部控制作为国家层面在高校的制度安排，也作为高校自身防范和管控办学风险内在机制安排，与现代大学制度的治理理念相通，已成为现代大学制度的重要组成部分，抑或是高等教育担负自身历史使命，连接国家政治、经济及社会发展的必然要求，是大学制度适应和协调社会发展需要的路径规划，是对高校教育、教学、科研和社会服务等事业的风险管控的长效机制安排，还是对高校教育经费进行全过程、全方位监管，落实党风廉政建设主体责任，构建反腐倡廉长效机制，防范高校经济活动风险的重要举措与手段。但两者又并不是等同关系，现代大学制度涉及的内涵和外延边界要大于高校内部控制，既涉及内部治理也涉及外部治理，而内部控制更多的是涉及高校内部的治理、风险识别与管控等；现代大学制度更侧重于高校顶层的制度安排、风险管控机制设计与维护，而内部控制既涉及顶层也要对接和关注中、低层的各种风险的识别、控制设计与实施以及控制效果的评价与监督，所以两者不可相互替代，也不可完全分割。

1.3.2 现代大学制度是高校内部控制建设的前提与依据

现代大学制度的核心是大学法人治理，权力分配与制衡。在大学中，内部控制是在大学法人治理基础之上而承担内部环境优化、制度设计、决策的机能维护、嵌入各项事业发

---

① 《行政事业单位内部控制规范（试行）》系财政部 2012 年 11 月 29 日颁布，要求 2014 年 1 月 1 日起在行政事业单位正式实施。

展中的大小风险点识别及应对、控制监督评价与报告的过程。大学法人治理是大学运作的总体制度构架，属于顶层规划与设计范畴，大学内部控制则在法人治理框架内，实施识别、设计、计划、组织、指挥、协调和控制等职能，以实现大学既定发展目标。层级越高对决策权力制衡的机能要求越高，层级越低对细分的权力控制设计（即风险点的识别与控制）、管理执行的职能要求越大，两者在高校发展战略层面与治理层面实现有机对接。现代大学制度对接高校战略与发展目标，而高校内部控制对接现代大学制度。因此也可以说现代大学制度是高校内部控制建设的前提与依据。当治理结构与机制有效时，将为内部控制提供良好运行平台与氛围；同时，科学的大学内部控制又将促进高校法人治理结构不断优化，实现治理能力的现代化。因此，从此意义上讲两者具有相互支撑与促进关系，而并非纯粹的依存或从属关系。目前，我国大学内部控制侧重于内部的事业发展决策与运行管控，第一责任主体是校长，但要服从校党委会的领导；大学内部控制主要是任务导向的，核心是业务决策与运行管理。而现代大学制度的核心是大学法人治理，党委的主导性更强，且具有外部性与开放性，侧重对大学的主要权力是否得到有效制衡，是否被恰当地决策与运行管理，以及这些决策与运行管理是否得到有效的监督与控制。大学治理与内部控制在我国公办大学的法人治理与内部控制是相互嵌合的，相互嵌合的交叉与对接领域是校级决策层。从治理层面具体来看，公办高校的校级决策层是该组织的最大权力的行使者，是连接大学内部利益相关者与外部利益相关者的一个纽带，既是国家有关大学政策、使命的直接承载、对接与落实者，又是政府直接管控和治理的对象，还是高校内部治理结构的建立者和优化者；从内部控制视角来看，公办高校的校级决策层既是大学内部控制体系的创建者又是推动者，其自身的决策和运行也是大学内部控制的有机组成部分，这也就是为什么高校内部控制要强调“三重一大”规则的渊源；从财务范畴具体来看，大学法人治理与内部控制相联相融主要体现在财务治理的顶层层面，即对高校各利益主体在财权流动与分割中地位和作用的设定上，换句话说，公办高校目前的内部控制是以大学治理理念，对高校经济活动在财权范畴上所做的制度安排。因此，缺乏大学法人治理体系和治理能力的现代化，内部控制将存在严重的环境缺陷，就没有体制框架和机制运行的基础，这样的内部控制必定是“空中楼阁”，将会在体系上失据、机制上失衡、运行上失效。总而言之，构建现代大学制度，形成良好的现代大学法人治理结构，是内部控制在“顶层层面”或环境层面的基础和前提，同时，缺乏内部控制支撑与延伸的高校现代大学制度也将失去价值，进而使大学法人治理失去对高校事务和各项经济活动的有效治理与控制，抑或失去高校经济活动所需的资源弹性与安全。

1.3.3　有关现代大学制度与高校内部控制的争论

（1）高校内部控制的广义与狭义之争。

2012 年 12 月 29 日财政部发布并于 2014 年 1 月 1 日起施行的《行政事业单位内部控制规范（试行）》第三条明确“本规范所称内部控制，是指单位为实现控制目标，通过制定制度、实施措施和执行程序，对经济活动的风险进行防范和管控”。2016 年 4 月，教育部办公厅发布的《教育部直属高校经济活动内部控制指南（试行）》依此界定高校内部控制为“学校为实现办学目标，通过制定制度、实施措施和执行程序，对经济活动的风险进行防范和管控”。这实际上是狭义的高校内部控制，其作用范围主要是对经济活动风险进行防范与管控，而将与经济活动无关或尚未发生关联的业务活动或文化活动排除在外，即财务内部控制，或财务报告内部控制。显然与 2015 年 12 月和 2016 年 10 月财政部分别发布的《关于全面推进行政事业单位内部控制建设的指导意见》和《会计改革与发展“十三五”规划纲要》所提及的“逐步将控制对象从经济活动层面拓展到全部业务活动和内部权力运行”（即广义的内部控制，全面的内部控制）不相一致。看来在财政部等相关规则制定层面对高校内部控制的认识也是有分歧的。行政事业单位业务层面内部控制不能仅仅指经济业务的内部控制（乔春华，2014）。但也有部分专家则认为，目前将公办高校内部控制业务边界仅界定为经济活动领域，既符合高校现阶段实际，也遵循着内部控制发展规律，赞同并接受《教育部直属高校经济活动内部控制指南（试行）》将教育部属高校内部控制的作用范围设定在经济活动层面，并期望将其延伸、拓展、运用到所有的公立高校中。当公立高校内部控制环境与条件发展到一定阶段后，再对控制范围进行拓展，由狭义层面的逐渐过渡到广义层面，但即使内部控制达到广义的高级状态，也不能排除狭义的内部控制的基础地位，主要理由包括：第一，控制范围从经济活动层面拓展到全部业务活动和内部权力运行，是行政事业内部控制的发展方向，是必然发展趋势，是在扎实推进经济活动层面内部控制并取得实效与经验基础上的渐进化过程，而在所有高校全面推行广义的高校内部控制，其环境与条件并不成熟，其中许多高校还做不到。第二，财政部所发布并实施的规范中的“行政事业单位”是整体且较笼统的概念，在行使公权力的纯行政单位，以及承担一定行政职能并从事生产经营活动的事业单位中，目前就比照企业内部控制理念而将内部控制范围进行拓展到全时空范围是必要的。但对于从事纯公益事业发展与服务的公立高校而言，当事业业务活动与经济活动已发生交集时，则纳入内部控制范畴；当事业业务活动不涉及经济活动时，暂不纳入内部控制范畴，而纳入其他管理体系更为适当，待条件成熟时再相接相融。第三，“风险无处不在，无时不有；内部控制就无处不在，无时不有”（乔春华，2014），但在一定程度上混淆了管理控制与内部控制的内涵与边界，内部控制虽以防范和控制风险为基本目标，但并不意味着风险与内控两者关系具有唯一性，防控风险也不只是内部控制的专利。第四，从本质上讲，财产不仅仅只是代表价值，隐藏在价值背后的是一种内在权利与机会的交易和流动，也许将资源等同于权利比等同于财产更能突出其内在属性。“经济活动”是价值层面的表述，“内部权力分配与运行”是权力层面的表达，是内部控制范围的两种表达或描述。其实“经济活动”换一角度看，也是内部权力分配与运行的结果，其风险管控也是基于分权控制（如“三重一大”集体决策、“决策—执行—监督”分离、不相容职务分离等）来实现制衡的。公立高校无论经济活动还是全部的事业业务活动，都直接或间接与财产、资源有关，本质上都是内部权力分配与运行，控制的核心均在于权力制衡。将高校内部控制的作用范围界定在经济活动层面，其将控制点侧重于聚焦于制衡和约束价值层面的财权分配与运行上，毕竟这是高校风险更直接、最外露，且高发的领域。公立高校内部控制以管控经济活动风险为范围，是内部控制在特殊历史时期在高校的“无奈”设计与“权宜”选择。由此可见，我国高校内部控制在认识与建设上还有很长的路要走，并非一蹴而就的过程。

（2）高校内部控制与现代大学制度的主从之争。

沈烈（2010）等认为现代大学制度高于高校内部控制，内部控制是现代大学制度的有机组成部分。乔春华（2014）等认为大学内部控制关注治理规则的“顶层设计”，与现代大学制度相异又相连；现代大学制度内含内部控制，各自目标取向不同，但却相容又相生。内部控制既是行政事业单位的一项重要管理活动，又是一项重要的制度安排，是行政事业单位治理的基石。现代大学制度的核心价值在于维系大学的生存和发展，决定着高校的决策和行为方式及选择空间，大学章程驱动、完善治理结构及制度创新是构建特色现代大学制度的关键。高校内部控制正是大学制度适应和协调高等教育发展需要的创新，国家推动高校建立内部控制实际是要将其纳入现代大学制度体系中。不能把内控视为一个封闭的系统，孤立地研究高校内部控制现象与问题，不能“为内控而内控”。唯有在现代大学制度下研究内部控制，用整体主义思维探寻其与大学管理、大学治理的关联性，找准其自身角色与定位，才能构建出真正科学有效的内部控制制度，发挥制度整合力与协同力，才不至于使内部控制淹没在大学管理制度中，无法彰显其在风险防控上的独特力量。

但也有观点认为现代大学制度与高校内部控制无所谓主从关系，也无所谓谁包容谁。认为大学章程是推进现代大学制度的最好载体和成果展现。推进大学章程的完善既是大学内部控制的重要环节，也是实现大学治理现代化的关键步骤。大学内部控制作为一项关系各利益相关者权益的制度安排，是校级层面的制度设计，制约着各主体的策略互动，并在决策互动中不断地再生。从组织学上讲，大学内部控制主要是规则和治理结构的再造，以及引发的资源和话语权的再配置或争夺，与现代大学制度的理念与目标一脉相承。高校在权力制衡、不相容职务分离实践层面的复杂性，决定着校级层面的治理效率和质量，影响内部控制环境。现代大学制度本身就是在为内部控制重塑治理理念，完善组织架构与多元权力竞争体制，调节价值导向、决策、执行与监督制度间的弹性，主张与保持“价值中立”与“责任伦理”的原则既是大学内部控制的价值逻辑，也是实现大学治理的现代化的主张，因此，现代大学制度与内部控制交叉融合度大，需要统一协调推进，将理念落实到位是关键，区分其主从关系，甚至谁是谁的组成部分没有意义。

（3）高校内部控制、风险管理与现代大学制度的关系之争。

观点一：现代大学制度和内部控制都是风险管理的一部分。持此观点的主要依据是COSO（2004）的研究报告。COSO 认为内部控制是企业风险管理不可分割的部分。风险管理涵盖了内部控制，但并不是对内部控制框架的取代。受此影响，高校内部控制也为高校风险管理一部分，风险管理涵盖范围更大观点的有一定市场认可度；与此同时，由于现代大学制度与内部控制的紧密关系，也被视为另一角度与层次的风险管理而已，与全面风险管理非等同的关系。

观点二：现代大学制度是风险管理和内部控制的动因。即现代大学制度对接高校发展目标，而风险管理和内部控制是现代大学制度的重要内容之一。风险管理与内部控制是相辅相成、相互支撑的关系。现代内部控制是以风险管理为主线、为主调或导向的控制过程，无所谓谁涵盖谁、谁包容谁的问题，都是为构建现代大学制度并最终实现高校发展目标服务的。其中，风险管理与内部控制无所谓谁大谁小的观点主要依据我国已建成的且在国际上有一定影响的企业内部控制规范体系的内在理念，以及国内部分专家学者的研究观点（如谢志华），而建设全面风险导向型高校内控制度，并将其作为现代大学制度的有机组成部分的观点正是本书推崇的主张，是高校内部控制转型升级的目标所在，将在后面的相关章节中进一步论述。

第2章　高校内外生态环境变化与风险特征梳理

2.1　高校内部生态环境描述

据现代汉语大辞典的考证与解释，“生态”一词，源于古希腊语，原指“家”或“住所”或“栖息地”周围的环境。现在则泛指一切生物在自然时空或社会时空条件下的生存发展状态，以及生物之间和生物与环境之间环环相扣的关系。生态环境是指由生态关系组成的环境的总称，或者称为具有一定生态关系的若干生态系统构成的整体。生态系统最早是由英国植物生态学家阿瑟·乔治·坦斯利（Arthur George Tansley）受丹麦植物学家尤金纽斯·瓦尔明（Eugenius Warming）的影响，于1935年首次提出来的，并认为生态系统是一定空间范围内，由生物群落与其环境所组成，具有一定格局，借助于功能流（物种流、能量流、物质流、信息流和价值流）而形成的稳态系统。生态系统的概念很好地解释了要素与要素之间、系统与要素之间的联系。该理论提出后很快被其他学科研究领域广泛引用，形成了如教育生态系统、社会生态系统、政治生态系统、管理生态系统、组织生态系统等概念或语境。因此，组织行为学、管理学及其多个分支领域也自然受到影响，并不断拓展，促进了各自概念框架与应用语境的发展。

一切对高校目标实现有着影响的因素、条件及其发挥作用的方式均是高校生态环境的组成部分，按其影响高校主体主要来源的空间维度可分为内部生态环境和外部生态环境。

高校内部生态环境是一个复杂、综合和立体的生态系统的融合，其各个系统之间不仅存在严密完整的逻辑关系，还存在不可分割的生态联系，它们相互影响、共同作用。高校内部生态环境包括在其环境中活动主体及为其提供服务的环境因素。首先是高校内部生态环境具有复杂性，影响因素也较多。高校内部生态环境包括高校定位、战略、特点、组织体制及校园文化等。高校发展的战略定位分为水平定位和特色定位，并分别从定型、定量、定力、定向四个方面展开。高校发展的模式选择和特点相应也各为四种。高校特点分为教学和科研，分开提供服务，其次是生态依赖形制差异较大。或依赖和突出师生发展及培训构建的内部生态，或依靠品牌待遇和校园环境的影响构筑内部生态，或者是依赖竞争级的大师人物的支撑营造内部生态。最后是大学各类组织与中心引领与创新，多元纷纭呈现。高校学术组织的创新包括跨学科和跨学院创新。高校的管理组织创新又包括大学组织特性、学术体制化的改变。学术体制化的改变成就学术制度化，即劳动分工和职业分化、高校研究机构专业化的学术评价制度、发表制度和基金制度等方式。这些高校间不同定位和模式的选择，决定了高校间的差异性。生态环境的复杂程度不同，决定了某一高校个体与其他高校之间竞争力和影响力也不同。在生态学中，生态环境是指将各种生态因子综合起来，影响某种生物（包括人类）的个体、种群或某个群落的生态环境。环境是有范围和边界的，围绕不同的主体，依据不同的标准，可以划分出不同的生态环境。一般来说，高校生态环境也可以分为各个不同规模的细分的生态环境。高校作为人才培养和继续教育的基地，其内部生态环境更多地表现为高校自发产生的内部生态。创建良好的高校生态的最终目的是服务人才培养，为大学生提供优质的成长环境，促进大学人才培养质量的提升。人才培养作为大学最根本、最基本的职能和任务，其组成要素是大学赖以生存的内生力量。因此，高校生态的创建与呈现必须贯穿和渗透到人才培养的全过程。高校所建立的生态就应该是以学生这一生态主体为中心去链接其相关的生态要素与系统环境，并产生相互作用的生态发展过程。因此，高校教育培养首先要突出学生这一生态主体的地位，关注并发挥人才培养的生态环境作用；其次，要结合自身所处自然环境，对接社会环境、规范环境等的积极因素，围绕学生发展来调整其他环境变量，实现生态主体与生态环境的良性互动，促进高校人才培养与继续教育的可持续发展。

高校内部生态环境的具体梳理、描述如下。

2.1.1 教学生态环境

高校教学生态环境是授教主体、授教客体和教学资源等要素耦合的状态。由于授教主体一般为教师，授教客体一般为学生，所以高校教学生态环境也可以说是由师资生态系统、学生生态系统和教学资源生态系统对接与融合形成的知识传授、教学相长的生态氛围与整体。其中的师资生态系统主要包括师资引进渠道与方式，资质获取与上岗训练，主辅讲帮带与评价，经济待遇与职责厘定，业绩目标考评与奖励，职务职称的晋升条件与评聘，后续教育、培训与访问，业余生活与其他人性关怀，退出与退休机制等；学生生态系统主要包括招收与入学教育、学习方案与计划、专业调整与重选择、学业考核与奖惩、贫困助学与帮扶、健康与卫生保障、社会实践与学术研究、纪律遵循与处罚、休学与退学机制、就业指导与派遣等；教学资源生态系统包括教学楼及其附属设施设备（如多媒体、运动场馆等）、实验室（包括理学实验装置与场地、工学实验装置与场地、模拟实验沙盘、模拟法庭等）、实习基地、图书馆、体育设施等。其中高校图书馆知识资源生态环境遍及所有高校，但差异与状态较大。其构成要素为知识主题、知识资源和内外部环境。图书馆是高校主流的专门存储、整理、传播知识的内部场所，尽管近些年来，随着大数据、云计算与云端存储、网络技术与共享理念的发展与普及，图书资源已突破了单一高校的边界，一些海量的图书资料库与数据库（如 CNKI 中国知网、EBSCOhost 期刊全文数据库、Emerald 电子系列丛书、EPS 全球统计数据分析平台、JSTOR西文过刊全文库资源、LexisNexis 数据库资源、ProQuest® 博硕论文英文全文、SAGE 过刊数据库、SCI 社会科学引文索引、ScienceDirect 数据库、Wiley－Blackwell 期刊数据库、《大英百科全书》网络版数据库、万方数据资源系统、上海图书馆近代期刊全文数据库、中国社科引文索引、中国经济信息网数据库、中美百万册数字图书馆合作计划、人大复印报刊资料全文数据库、人民数据舆情库、国泰安研究服务中心 CSMAR 系列数据库、巨灵金融平台、环球英语多媒体资源库、维普中文科技期刊数据库、超星数字图书馆、道琼斯全球资讯数据库等）相继建成并共享开放，但大多是通过高校个体图书馆这一窗口而实现对外获取与共享的，所以高校图书馆仍然是各高校辅助教学与科研的主场所与知识信息的重要来源，是构建高校知识资源生态系统的重要支撑与条件。高校图书馆的知识资源、知识处理技术、知识服务战略等知识管理要素相互作用，促进了知识的流动与创新，也形成了具备自组织能力的开放生态系统。

上述授教主体生态、授教客体生态及教学资源生态等三大生态系统对接与融合后会派生出各种不同教学生态形式，包括一些颠覆传统新的教学状态与模式，如课堂生态环境会随着以数字技术为基础的新媒体形态的出现并与师生生态系统对接与融合，带来以慕课（MOOC）和微课（SPOC）为代表的多种新兴教学方式的兴起，促进了高校教学模式从“以教师为中心”向“以学生为中心”的转变，与此同时，新模式的介入也使高校教学中的各种关系发生变化，要求授教主体、授教客体和教学管理者等从生态与系统的综合角度来看待教学问题。新的“翻转式”的模式不仅重构了微观教学环境中的要素之间的边界，还重构了宏观与中观环境中高校教学组织之间的边界，因此，有助于数字化的高校微观与宏观教学生态系统的形成。这种以新媒体技术为基础的教学生态系统可以实现多方共同参与、和谐共赢的新兴教育与教学理念与生态。还在有的高校诞生了融合生态学的基本原埋和学习共同体理论而形成的高校共建式课堂生态，从教师角色、学生角色、教学方法和课程资源等不同维度，呈现出不同的发展与课效特征（徐建华，2016）。另外，许多学校业已形成的产学研联合体，既包括与附属企业、附属研究院所、附属教学医院、附属中小学与幼儿园等，也包括非附属的企业、行政事业单位进行的合作，实现教学、科研、生产的深度融合，这些也是高校教学生态的延伸与变异形式，构成高校多元交融的教学生态环境。

2.1.2　学术生态环境

高校学术生态环境由学术生态主体、学术生态客体、学术生态氛围以及学术生态关系四要素构成。学术生态主体指高校从事学术研究活动的研究部门和研究人员，如各类科研机构（如院、系、所、中心、实验室等）、科研人员（如教师、学生，交流与访问人员等）等。学术生态客体指学术研究的对象，涵盖了所有与学术相关的研究领域和各类学术与交流问题。学术生态氛围指学术研究活动中的各种硬软性条件，其中硬性条件包括图书文献、实验设备、辅助设施等，软性条件包括学术道德伦理、学术诚信、学术精神与文化、学术规章制度、研究经费与使用规则、研究风气与氛围、学报及管理（一般由学校主办，内部科学研究部门或专设的学报编辑部经办、学校直接隶属的政府教育行政管理部门院报主管）等。学术生态关系则指学术生态主体、客体、氛围之间相互作用与影响所形成的既独立又融合的复杂系统与状态。高校是我国学术研究和创新创业的堡垒与重要“发散地”之一，其生态环境具有极大的引领性与传染性。尤其是其学术道德伦理、学术诚信、学术精神与文化的发散性特别强，对整个社会的学术与创新的风气影响均很大。学术不端行为会严重污染高校的学术风气，是对学术精神与文化的践踏，会从根本上扭曲高校作为追求真理与探寻科学奥秘的带头人的形象，不利于高校自身的健康发展和整个民族的进步。学术生态环境是社会、高校和学术主体组成的学术共同体生存和发展的空间，维护和治理高校学术生态环境是摆在政府管理部门和高校内部管理者面前的重大而紧迫课题，必须把学术主体的职业操守、相关制度和社会的监督结合起来，建立科学的学术生态和学术水平的评价体系和机制，优化高校学术生态环境，促进学术进步与繁荣。由于该生态环境的建设与维护不可避免地涉及了政府、社会相关组织（如相关基金组织、企事业单位、期刊和出版社以及第三方评价机构改革等）等，因此，从严格意义上讲，该生态环境并非完全的高校内部生态环境，而与高校所面临的外部生态环境也有一定的关系。

研究经费及其管理历来是高校学术界生态中的关键子系统，涉及研究项目的获取、经费预算与执行、结项后经费的处置与使用等，也是学术诚信诟病与腐败现象的高发之地。

2.1.3 “双创”生态环境

高校既是人才培养与输出基地，也是知识探寻与科技研发中心，“双创”（创新创业）引领与辐射中心。高校的这种角色的多元性和职能的特殊性，决定了其独特的“双创”生态系统与环境。高校“双创”生态环境由内、中、外三个层次组成，内层是师资队伍、创新与创业课程体系、时间平台与知识积淀、基础启动资金、科研硬件设施与实验积累等；中间层是创新与创业团队与项目、专项资金、管理机构、创业平台（科研院所、实验室或产学研联合体）；外层是国家政策与孵化机制，合作企业、社会需求与支撑力量等。在高校“双创”系统中，研究团队与合作企业等主体要素不仅在与各层的支撑环境进行不断关联、调试，而且构成“双创”生态的要素与要素之间、要素与环境之间也在进行着物质、技术、能量、信息的交流，形成一个动态平衡的有机整体。高校“双创”生态系统包括高校“双创”生态系统主体和支撑环境两大块。其中高校“双创”生态系统主体包括政府、高校教育科研机构、“双创”产业组织和“双创”团队 4 类主体的集群；高校“双创”生态系统支撑环境主要包括政治环境、国际环境、经济环境、科技和文化环境、自然资源与生态环境。高校创新创业教育包括知识传授，相关意识、能力和素质的培养，是人才培养计划与模式的一个重要部分。高校创新创业教育中的各个系统之间既存在严密完整的逻辑关系，还存在不可分割的生态联系。它们相互影响、共同作用。在高校创新创业过程中，应以高校为主，以政府和社会为辅，通过资金支持、实践攻关、效能检验、技术转移及文化传播等方面的相互作用与影响，使人才、信息、资金、技术资源等在高校、政府和社会之间耦合与流转，从而共同构成利于“双创”实施与发展的生态环境。

有人认为上述三大生态环境共同构成高校的教育生态环境，但观点并非得到广泛认同，教育是高校的根本，高校所有的生态环境归根结底都是为教育服务，所以其他生态环境同样与教育生态环境相关，简单的包容与排除是不科学的，也会影响高校生态环境的建设、协同与对接。

2.1.4　治理与竞争生态环境

高校治理生态包括外围治理生态（属于外部环境范畴，将于后面论述）和内部治理生态，而内部治理生态与现代大学制度的建立与运行紧密相连，主要针对高校权力分配与制衡进行设计并运行的状态而言的，具体见第 1 章的相关论述，在此不再赘述。

竞争生态环境有内外之分，作为内部竞争生态环境是指高校内部的部门与部门、部门与个人、个人与个人之间对于某一资源（包括经济的和非经济的资源）竞争性获取的状态。只要存在资源在规模与结构上的供求矛盾，就必然存在竞争，所以高校竞争生态的存在是再自然不过的现象，其竞争主体与对手也就是部门与部门、部门与个人、个人与个人，其竞争的对象主要包括是教师资源、学生生源资源、学科与课程建设资源、课题资源、职称与职务资源、竞赛与评比资源、国际交流与访问资源、名分与荣誉资源、经费资源、品牌和排名资源以及其他权力与利益性资源等。对紧缺型资源，如职称与职务、课题与经费等，其竞争生态环境愈发表现得更为紧张与激烈。高校竞争生态的存在本身是一件好事，在高校生态大环境中竞争往往是永续的“强心剂”，让部门和个人时时充满紧迫感，进而能够在一定程度上为促进高校整体的发展提供源源不断的动力。但是高校竞争环境生态环境需要高校的正面引导，努力营造一种积极向上、公平公正的竞争氛围。若是在竞争方向、竞争方式方法上出现偏差，“暗箱”充斥、人为操纵、不公平竞争横行，将导致高校竞争生态失衡，难以修补。可见，高校竞争生态环境的存在本身具有两面性，既可能是高校的动力源泉，也可能是高校办学风险的源泉。需要指出的是，高校之间本身也是存在竞争的，其竞争也面临诸多因素的影响，但其更多地属于高校外部竞争生态的范围。

2.1.5　校园生态环境

校园生态环境有广义与狭义之分，狭义的校园生态环境多指高校的自然生态环境。而广义的校园生态环境则是狭义校园生态环境与校园思想文化生态环境的耦合。

高校自然生态环境指主体生存发展所依赖的自然界及其各种物质条件和资源，既包含高校所处的地域地缘环境，又包含如水资源、土地资源、气候资源、大气资源等自然资源，具体来说，包括校园绿化面积、植物种类、水系、大气环境、水体质量以及噪声水平等情况。良好的自然环境对高校的校园环境、文化氛围、组织制度、生源等都会产生积极影响，也是高校其他生态环境的基础。

广义的校园生态环境是高校自然生态环境与校园思想与人文耦合形成的氛围与状态。这样校园生态环境在高校内部生态环境中更具有渗透、导向和制约作用。良好的校园生态环境浸透着积极健康的校园文化，校园生态因文化而灵动。校园生态环境是其物理环境、软件环境的交融，物理环境主要包括校园整体布局、校容校貌、教学与生活设施的配给情况（校园教学楼、实验室、图书馆、学生宿舍、运动场馆、树木绿地、广场雕塑等建筑或自然生态）、宣传设施的数量及空间等物质层面的内容等，软件环境包括教师素质、管理风格、人文风尚、学习环境等。学习环境主要是教材、课程、专业、学术活动等学生能够利用的学习资源。高校的软件环境通常与校园文化生态、思想政治教育生态系统相关，它事关培养什么样的人、培养为谁服务的人的问题，是高校内部生态环境极为重要的组成部分。高校思想政治教育生态系统的主客体并非仅仅是思政人员（如高校各级党委委员、总支书记及干事、支部书记、宣传干部、辅导员等）与学生，还应包括教师、管理者以及各类教辅人员。高校思想政治教育生态系统通过各个平台（如历史教育基地、党校、校长接待日、校园开放日、博物馆、开学典礼、毕业典礼、社团组织、竞赛活动、对口支援支教活动等）整合各种因素，以形式多样的方式，教育传播先进文化知识，传播正能量，落实教书育人理念。大学所培养的人才不仅要有专业知识、创新意识、动手能力，更需要具备符合社会主义核心价值体系要求的价值取向及思想政治素质。高校思想政治教育生态系统是一个应以人为主体，教师、学生、管理者及各类教辅人员等应全员全过程全方位参与，以高校师生为教育中心，帮助其树立正确的人生观、世界观和价值观，开发培养学生德智体美劳全面发展为重点思想政治教育体系；同时，高校思想政治教育生态共同体也是高校思想政治教育生态的重要载体。高校思想政治教育生态共同体作为一种以“入心入脑”为主线、协调联动各方效应来实现对青年师生群体施加意识形态、政治使命、社会责任的教育、感化与影响，以强化大学师资队伍的政治思想觉悟，并将大学生培养成满足社会发展的合格人才的有效途径，它是一个多维的关联系统，主要由校园环境、交往关系以及校园活动三个要素组成，各要素下又内嵌了诸如硬件和软件环境、教师和朋辈群体、学生及朋辈群体、课堂教学和实践活动等微观因素，各关系要素既彼此独立又相互联系，共同构成思想政治教育生态共同体。“立德树人”始终是我国高等教育事业最根本的任务之一，也是高校思想政治教育工作最基本的内涵与要求。高校思想政治教育不应是单一群体或部门的职责，也不是对人进行孤立的单向性灌输与说教，而是充分协调各种影响要素，综合发挥高校教育系统的整体功能以实现对广大青年教师与学生的政治引导、思想引领和价值塑造，提升高校意识形态育人工作的实效，进而促进人的全面发展。思想政治教育生态环境其实就是教育者、受教育者、教育的目标、教育的内容与方法等与环境（如校园、家庭和社会）要素进行有机融合而形成的整体。这些生态构成要素是动态与变化的，并且彼此联系、相互作用，保持着必要的张力与平衡，并逐渐由“环境”向“生态环境”范式演化。

高校要实现思想政治教育“立德树人”的根本任务，就要比以往任何时候都重视“课堂与环境双育人”的问题，特别注重环境对人的思想道德的熏陶，关注人格、人文与自然环境结合中所折射出的文化思想与文化精神，以及由此形成的文化生态环境对人的影响。高校文化生态的发展也总是以系统形式出现。文化行为主体与文化生态环境是系统的两大要素。高校文化生态系统中行为主体包括个体与群体，个体主要是教师、学生、行政管理者和各类教辅员工等，群体主要是院系、教研室、职能部门科室、班级、宿舍、课堂，教工社团、学生社团和网络媒介群体等。高校文化生态系统的发展过程，是主体与日新月异的各文化生态环境因素碰撞与融合的过程。IT 及现代媒体技术的发展，使高校文化生态环境产生了深刻变化，由单一的实体环境发展为“实体环境、现代网络虚拟环境”并生的状态。实体文化生态环境由高校物质投入、规章制度、精神层面建设等要素构成。这是高校在发展演变过程中，根据历史与现实、经验与教训、地缘与时代等多种要素综合对接、应用与选择生成的，具有相对封闭性与稳定性。其中，物质投入是指高校投入的硬件设施条件以及影响高校文化环境形成物质条件的综合；所谓规章制度是高校以文字形式表达出的教师、学生需要遵守的章程以及行为准则；精神建设是高校文化环境建设的核心，由校园文化传统、历史文化精品、社会主流核心价值以及多元文化精神交互形成，它制约着高校物质投入与规章制度的建设，直接作用于高校文化建设主体的心理、精神气质和责任担当，形成主体价值和道德意识与外在行为的关联，既传承文化传统，又与当代社会文化、国际文化环境保持紧密联系，从而决定着高校文化环境的气质与底蕴。

2.1.6 内部其他生态环境

除前面述及的主要内部生态环境外，高校的内部生态环境还包括媒介生态环境、对外交流生态环境、安全卫生保健、廉政生态环境等其他生态环境。其中高校媒介生态环境，包括网络与信息管理生态环境，主要表现为媒介机构及其所处的媒介环境及状态（包括与生态系统中各个影响元素所构成的关系，如高校传统媒体与整个高校管理系统之间的互动关系、高校传统媒体与高校新媒体之间相互竞争构成的行业生态关系、高校传统媒体与个人之间互动构成的受众生态关系等）。高校传统媒体因服务大学人才培养的需要而产生，主要以高校内部为传播范围，以高校校园新闻、方针政策、校园文化生活为主要传播内容，一直在引导校园舆论、教育沟通学生思想及营造欢乐祥和的校园氛围上发挥着重要作用。一般高校校级媒体均呈现出多层次多权属多样受众群体的外在和内在结构形式，包括校报（通常是校党委机关报，由党委宣传部主办，校党委主管）、校广播台（校电视台一般由党委宣传部统一管理，由学生组织完成节目的策划制作播出）、学校官网（官网包括学校主网页及内部部门网页、学校官方微博、官方微信平台、OA 系统等，一般由校办、党办、宣传部、各院系或职能部门办公室主办，校务会、校党委及下属各分党委、总支支部党委主管、校教育网络技术部门提供网络技术支持）、院报（一般由各学院团委主办，学院党委主管，同时接受党委宣传部、学生处、校团委等相关职能部门的监督管理）、社团期刊（一般由社团主办，负责社团管理的相关部门主管）等。高校学报（在前面的“学术生态环境”中已述及）也可归属媒介生态范围。这些高校媒体的运行与管理便形成高校差异化的媒介生态环境。对外交流生态是高校对外交流主体（主要是国际合作部、国际教育学院、科学研究部、研究生部、教学院系及留学生教育管理的其他相关部门等）通过制订国际访问、留学交换、国际学术研究与交流、国际合作办学、国际援助服务、国际竞赛等制度、计划与方案，并落实所形成的各种关系与状态。安全卫生保健生态环境是高校安全卫生保健主体（主要是学校保卫部门、校医院、学生心理咨询管理部门、院系学生辅导员等）通过提供校园安全保障服务、医疗保障服务保险、卫生宣传与疫病预防服务、健康及医疗保险中介服务等形成的各种关系与状态。高校廉政生态是影响高校办学和管理的重要环境因子。高校近年来曝光的各种贪腐案件呈现上升之势，这显然与高校的廉政生态环境不够纯净有关。高校廉政生态环境是高校治理生态的一部分，是引入政治生态学中系统论、权力制衡论、协同进化论等观点和方法来进行反腐倡廉建设而形成的组织制度与机制生态环境，包括学校贯彻落实中央“八项规定”的各种制度与细则、“三重一大”决策机制、干部任前考察与公示、干部财产定期报告或公示、经济责任审计机制、干部离任审计安排以及举报机制等。高校廉政生态环境虽然是内部的，但与内外的政治生态和社会文化生态环境紧密相连，其构建需要内外部的协同推进。

综上所述，高校校园生态环境、治理生态环境、媒介生态环境、文化生态环境、对外交流生态环境是基础，教学和学术生态是核心，高校“双创”生态环境和竞争生态是动力，高校廉政治理生态环境、安全卫生保健生态环境是保证，共同组成高校内部生态环境。每个大的生态环境又由各细小的生态子系统构成。高校内部各大大小小的生态系统，相互整合、相互渗透、相互促进，共同支撑着高校生态环境的发展。

2.2 高校外部生态环境描述

高校外部生态环境主要包括社会环境、政治环境、经济环境等。

2.2.1 社会生态环境

社会环境的多元化深刻地影响着高校的发展。对于高校来讲，社会生态环境的变化主要表现为五个方面，即社会变迁、市场竞争、高校周边环境的变化、校友生态、国际办学与交流等。改革开放以来不断深化的政治、经济与教育管理体制改革和现代化进程引起了社会环境的变化，包括生产力与现有体制的冲突、贫富差距的加大、自然环境的恶化、社会群体矛盾的增多以及社会发展对人才需求层次的变化等。这些变化都给高校发展中的人才培养、专业设置、运营管理等造成不同程度的影响。世界的全球化发展趋势不可阻挡，科技巨大的发展进步改变了人类的生存与生活方式，科技竞争程度越来越激烈，知识爆炸和技术创新，IT与网络技术突飞猛进，互联网即将进入物联网时代，这一切都在深刻地影响人类生存与发展。

全球化加速促进了高等教育全球化，导致营利性高校数目剧增，高校间的竞争力将加大。此外，市场取向导致传统高校开始出现了市场化特征，且高校在新的生态环境中被重新定义为“高教产业”提供“服务商品”，以此逻辑为基础进而认为高校的发展仅依靠政府经费支持难以达到发展目标，因此，高校需要将自身服务与市场需求相结合。换句话说，认为市场取向是高校发展的必然结果，也是为自己取得合法性地位的基础，从而提高自身在社会上的竞争力和影响力。尽管将高等教育产业化的倾向已遭到多方的非议，国家的相关政策也有相对调整与限制，但其影响并非一朝一夕就能消除，所以高校发展的这种倾向性仍然在一定的范围存在，有的甚至还较突出，相互传染性也较强。良好的社会风气可以激发高校廉政主体积极、主动地参与高校的事务活动，形成高校廉政主体内心强大的精神动力和保障力，确保他们始终可以坚持以正确的思想和态度参与高校的事务活动。但糟糕的高校周边社会风气，不仅会影响高校廉政主体，对高校的招生、分配、教学、科研，以及校园学习、生活风气都会有巨大而深远的不良影响。广义的外部社会环境还应包括高校的校友生态、国际办学环境和国际交往环境，这些均是实现高校发展目标所不可忽略的环境因素。

2.2.2　政治生态环境

高校政治生态环境是指国家依据国家意志对高校办学所制定并实施法律法规、行政规章，对高校办学管理体制、办学方向与目标、办学的基本模式等实施的政策干预，行政性和思想意识形态性控制、评估、监督与指导的氛围与状态。政治生态就是各类主体生存发展的政治性环境和状态，是政治制度、政治文化、政治生活等要素相互作用的结果，是党风、政风、社会风气的综合反映，影响着党员、干部的价值取向和为政行为。高校外部政治环境的变化是根据中国社会特征而设计的，又随中国社会特征的变化而变化的。中国社会是后发型外压式发展的社会，政府对高等教育的政策也在不断探索与改革之中，一度市场化导向趋势明显，如政府减少公共拨款，实行学费政策，增加学费在高校中的比例，举办私立高校，并扩大私立高校的规模，激励高校进行技术转让，推动知识商品化，扩宽经费渠道，高校开展培训，网络教育和其他有偿服务。通过招收自费留学生，扩宽海外教育市场、留学教育产业化等。除此之外，政府和社会向高校施加相关压力，签署目标条约，采用量化的绩效考核标准，重视教学评估和学科排名，忽略了人才培养效益的滞后性特点。总之，这些改革与探索有成功也有局限，有的已及时做出调整，但也有仍然保留或残留着继续影响着高校的发展，表现出高校政治环境的一定的起伏特征。但我们也要清醒地看到，基本坚持不动摇的，是高校“党委领导下的校长负责制”，这即体现于公立高校，在民办高校的该项体制也基本确立并落实到位。这是我国高等教育国家意志的体现。

2.2.3　经济生态环境

高校经济生态环境是指社会经济为高校提供的物质基础以及在发展上提出的质与量的客观要求。社会经济发展好会为社会积累更多财富，从而会逐年增大国家对高校拨款的可能，进而为高校发展提供更为雄厚且持续的物质基础，此道理显而易见，不必多述。同时，社会经济发展的向好或向坏，对高校近远期目标定位、专业与课程设置与废止、“双创”规模与力度的规划和实施等也会产生重要影响，最终也会体现在高校发展的质和量上。通过外部经济体制的改变，对经济生态环境分析，洞悉国家和地方经济发展的趋向和动态，了解经济发展对人才的需求结构状况。以市场为参照，优化课程设置，更新教学内容，实现市场需求与人才培养的零距离。搞好继续教育市场调研，了解市场需求，从市场需要出发及时根据继续教育人才市场的需要调整专业设置。研究服务对象，按照发展目标和市场对人力资源的需求，制订人才培养规划和措施。如实行继续教育的项目管理，成立继续教育项目研发团队，立足地区、立足行业，贴近地方经济发展的需要，服务社会经济发展。另外，其对其他生态环境的影响也不容小视。如经济环境的状况和发展趋势会直接或间接地对高校“双创”生态系统产生影响，且多为正向影响关系。具体来说，它包括面临的社会经济条件及其运行状况、发展趋势、产业结构、消费、资源等情况。经济发展水平高、经济活动活跃，就容易推动经济增长，改善“双创”的经济环境，并形成良性循环。

2.2.4 地域与人文生态环境

从一定意义上来讲，现代高校是在东西方文化交融的背景下发展起来的，多元化的文化环境带来了很多的不确定性因素和挑战，对我国高校的影响很大。高校外部文化环境主要包括外来文化、网络文化、流行文化和传统文化四个方面。西方一些文化产品如电影、电视、饮食文化和学术产品等的传入，网络中和当前流行的各种不同的信仰、文化、价值观，引起了一些高校师生对于西方国家的生活方式、价值观念和政治经济体制认知，更直接导致了高校师生的思想躁动与追随。对西方的片面认知、网络时空的泛化、追星与偶像人设等都会对高校师生的价值观和生活习性产生一定的影响。

地域生态环境是指高校所处地理位置、属地经济与人文等所形成的高校发展局域环境状态。高校所处地域环境可能直接导致高校办学理念、招生和学生就业时空、生活场景等烙上较为深厚的地域或民族印记，继而影响高校的生存和发展。一般来讲，高校所在城市的地理位置，也决定或影响着高校学生及高校本身的活跃程度。

总之，高校外部生态环境主要是由社会、政治和经济三者的生态环境构成，共同对高校的发展起到重大影响性的作用。高校的外部社会文化生态和高校所处地域位置对高校生态与发展影响也不可忽略。高校地域位置与文化生态环境还可归属于前述的高校社会生态环境中。

2.3 高校生存发展面临的主要风险梳理

“风险”概念的界定目前在学术界和实务界仍存在一定争议。在传统认知中，风险总是和损失关联，所以最传统、最简单、也是最常见的定义就是：风险是发生损失的可能性。后来又出现了诸如：风险是事项发生并给目标实现带来负面影响的可能性（COSO 风险管理框架，2004）；风险是事项发生并影响战略和商业目标实现的可能性（COSO 风险管理框架，2017）；风险是“不确定性对目标的影响”（ISO 31000 风险管理指南，2018）。在相关研究文献中，风险（广义）为包含目标制定和实施两个层面的 4 种较有代表性的表达：一是未经科学严谨的程序制订，从而使所制订的目标不符合组织的长远和根本利益的可能性；二是未抓住有可能抓住的机会；三是对组织的目标实现产生负面影响的可能性（狭义风险）；四是风险乃狭义的不确定性（刘霄仑，2010），抑或是“影响目标实现的不确定性”（孙友文，2019）。尽管对“风险”的定义有争议，但其中有几点是存在一定共识的：一是风险与特定主体及其目标相关的；二是风险有狭义与广义之分；三是风险不等于不确定性，但与不确定性紧密相关；四是可能性和影响程度是不确定性的一种度量与观察方式，因而与风险的描述相关。本书倾向于风险是“影响目标实现的不确定性”的广义界定，包括正面和负面影响的不确定性，但也不排斥在某些特殊环境或语境下运用传统的、狭义的风险，或者介于广义与狭义之间的风险界定去进行描述与分析。

高校是知识创造和文化传承的“阵地”，也是多风险的“集合体”。高校风险无处不在、无所不有，遍及每一角落、每一事务之中，如学校办学目的与方向的设定与落实、管理体制与治理结构的设计与运行、教育教学方案的制订与实施、教育教学质量的检查与监督、“四风（教风、学风、考风与研风）”的营造与管控、硬软环境的建设与维护、校园文化的建设与传承，还有校园的安全维护与秩序维稳、后勤服务与食品安全保障以及组织人事运作与财务管控等方方面面都充斥着这样那样的风险，而且正以其多样而特有的方式影响着高校运转的轨迹（张西萍、沈烈，2012）。

我国目前绝大多数高校是公立的，其治理结构、资产所有制、运行体制、管理机制以及高校管理者和教师的观念、素养、能力、选拔任命方式等都与国外高校存在较大差异，从而会面临一些特殊的风险。我国的民办高校发展时间相对较短一些，虽然其组织简单，治理机制、用人机制及分配机制相对灵活，但基础相对较弱，办学水平参差不齐，学术影响力不高，社会声誉相对较低，因此其也面临着与公立高校和国外私立高校相比不一般的挑战。

针对高校生存与发展中所面临的风险，过去的相关研究已积累了一定的成果，研究者从不同角度对其风险进行了分类，反映了国内外高校当前的现实，在风险源及特征方面，Colin 和 Elizabeth（2003）认为现代意义的风险概念是对后现代时期不确定性和不可预测性的描述，应该将关注重点从结果转移到原因上。高等教育机构的风险就像其目标一样具有多样性，并处于不同层次；在管控方法与缺陷方面，郝永红（2007）认为我国高校目前控制环境不健全，尚未建立相应的风险评估机制，内控监督也不到位；罗建平等（2011）认为要实现战略匹配来控制风险，必须在整个战略实施过程中，识别那些具有“匹配关系”的各个要素，寻求促进各要素形成和谐一致状态的有效机制；白海泉（2013）认为高校的办学方式和筹资渠道逐步多元化，必须以现代风险管理理论为基础建立高校内部控制机制来控制高校在资产管理、对外投资等方面面临的风险；杜莉等（2013）提出高校控制债务风险，必须转变财务管理模式，变运营资金来源由依赖银行贷款转变为多元化筹资格局，变资金管理模式由敞口管理转变为严格预算约束，变财经管理由重事后管理转变为责任前置并重过程管理。毛新述等（2013）的研究表明，内部控制越有效，组织涉诉次数和涉诉金额越低，面临的担保纠纷、借款合同纠纷等导致的诉讼风险越低。相对而言，既有研究比较突出聚焦高校的财务风险，而对高校组织风险类型及特点没能作出全面梳理与概括。英国的相关研究相对领先一些，HEFCE（2010）认为“高等教育机构主要面临 11 类风险，即健康与安全风险、财政风险、财产风险、战略风险、管理信息系统风险、学生事务风险、信誉风险、教职工事务风险、教学风险、海外办学风险和研究风险等”。此外，英国各类高校面临的风险各不相同，汇总出来的风险点较多，据调查，一个私立高校组织面临的风险就达 2842 种之多，可见风险种类划分和风险点识别的复杂程度。英格兰高等教育拨款委员会经过对风险的整理、分类和排序，把高校面临的风险分为策略、健康与安全、资产与设施、管理信息系统、学生、教职工、教学、研究、海外学校经营以及学校声誉等内容。英国多所高校通过明确的风险识别过程，发现高校现存及潜在的风险类型主要包括学校声誉、学生体验、教职工问题、资产与设施、财政问题、商业问题、组织问题、信息技术等。高校内部控制的实质是风险管理。要搞好高校的风险管理，就必须对高校现存和潜在的风险及管控现状进行全面排查与摸底。尤其是进入 21 世纪以来，社会对大学的普遍关注程度超过了以往任何时代，人们对高等教育在社会进步及国家未来中扮演的角色期许越来越高，进而对高校的要求（甚至是苛求与责备）自然也越来越多，从而使各种形式的高校排名不仅有了其市场，也同时无形中给高校形成了巨大压力，甚至打乱了一些高校的战略部署和工作节奏，从而增添了不少高校发展的变数与风险。我国高校在经历了 20 世纪末期的大规模的扩招、合并、调整之后，越来越多的大学变成了巨型组织，在其日渐复杂的内外部环境和日益错综复杂且频繁发生的经济活动和业务活动面前，高校传统的风险管控体系显得越来越力不从心，其风险大有变异、叠加和扩散之势，亟待进行全面的重新识别与梳理。

2.3.1 高校教育风险

高校教育风险包括教育质量风险和人才培养风险。高校教育教学与人才输出服务是高校核心属性。随着高校的扩招，高等教育的普及率提升，在数量上极大地缓解了社会各界对高等教育人才的市场需要，但质量上和结构上是否真正满足需要，仍然是一大现实问题。高校教育质量风险历来是高校办学风险的集中体现所在。我国公立高校虽然总体教育质量好于民办高校，但总体水平仍然偏低，是我国整体教育、教学、科研与管理综合实力不高的集中体现，与世界先进水平相比的差距更大。对于我国民办高校来说，教学质量风险是民办高校办学过程中重要的风险，除未能解决好公立高校影响教育教学质量的“瓶颈”因素的影响之外，还面临着民办高校投资者对办学社会效益与经济效益、近期效益与远期效益的平衡与倾向性选择风险，对此民办高校的投资者与管理者必须保持清醒认识。因为，教育质量优劣直接关系到学校输出的毕业生是否受社会的欢迎，进而会动摇学校的根本。学校一旦出现教育质量下降，势必会导致培养出来的学生不符合市场的需求，就业能力低，其后果将导致学校名誉受损、生源短缺、财政危机等一系列风险的发生。

2.3.2 高校科研创新风险

科研创新风险也称学术风险，随着各地高校在校生规模扩大，学术资源和研究创新空间供给矛盾日益突出，而社会对高校、高校对师生的科研创新的要求又越来越多、越来越高，因此高校科研风险呈现积聚与高发之势，一方面表现为科研竞争异常激烈，创新难，出成果难，出好成果更是难上加难；另一方面科研过程中的非道德行为盛行。媒介或高校陆续曝光的论文抄袭、代写、买卖、一稿多投、学术发明与鉴定作弊等学术不端行为就是其最典型的表现。前不久，引起热烈讨论“翟某某”博士论文代写事件，湖南某大学硕士研究生抄袭国家基金课题事件，最终都让当事高校、导师和学生为此付出了不小的代价。从另一角度看，类似的不道德行为的大量发生，不仅反映出我国公民的整体道德意识的缺失，更反映出我国相关风险防控的相关政策制度对该行为治理不到位，对其学术不端的处罚还不够严厉，让不少人出现“搭便车”和侥幸心理，这毫无疑问就是内部控制的重大缺陷。不仅对高校的声誉产生极大负面影响，对相关当事师生的未来都将造成难以消退的巨大阴影和心理损害。因此学术风险往往与道德风险、声誉风险具有紧密联系。

2.3.3　高校战略和发展风险

高校战略和发展风险是指高校的战略和发展规划与高校目标不匹配而导致的未来不确定性。其主要表现为高校缺乏明确的发展战略或发展战略实施不到位，发展较盲目，极易丧失发展机遇和动力，难以形成持续发展能力与竞争优势；或发展战略较激进，脱离高校实际能力或偏离核心价值，可能导致高校事业发展失败；或发展战略因主观原因频繁随意变动，可能导致资源浪费，甚至危及高校未来的生存和持续发展；或内外部风险承受能力较差，致使其发展目标与战略对接、战略规划与实施等易受其他不利因素或事件破坏，导致既有发展战略可能无法实现。这些不利因素包括高校外部的和内部的，具体而言大体包括经济环境风险、市场风险、政策制度风险、高校改革风险等。经济环境风险方面，改革开放以来我国经济体制改革较快，对高校作出的相应政策性及体制性调整也不小，但许多配套没有跟上，如政府投入相对不足、招生规模扩大后的生均资源占有率实际上在下降、多元融资难度不小、部分高校因大量举债引发的财务风险很高。在经济发展较好、国家与地方教育投入加大时，未能抓住机遇，在与其他高校的竞争中，因发展目标和相关战略不合理，未能搭上类似“211”“985”“双一流”等的班车，抑或发展项目不被认可而错过争取更多投入与发展的机会。政策法规风险是指由于国家相关法律法规和规章的变化，尤其是带着高等教育方面的变化而导致的相关高校出现战略误判，进而错失战略调整机遇与发展窗口的风险。国外学术界比较关注高校发展中所面临的市场风险。高校处在一个多元、动态、开放且国际化的大环境中，高校面临的市场风险来自高校内外的方方面面。如各大高校面对市场导向压力而继续坚持走多元化办学资源来源之路时，无疑将面临更多的市场力量的考验与挑战。国内学术界近年来对我国高校的战略与发展，尤其是民办高校的发展风险与办学风险也给予了更多关注。民办高校的战略与发展风险首先是办学资金风险。其办学资金来源相对较为单一，初创期主要依赖于举办者个人或者其背后企业财团的资金投入，以及接受的部分捐赠，后期则主要依靠学费、住宿费及其他服务性收入维持。在经济的整体步调放缓或者所依靠企业的行业市场动荡，有时还会产生投资人群的资金供应链断裂的风险，使原承诺的资金无法到位，甚至还会从学校抽挪资金去企业救急。有些学者认为民办高校学费收费标准高与办学质量不匹配，也给高校带来较大的市场风险。其次是民办高校自身发展模式的风险。民办高校都应有自己独特的定位和发展路径。但现实中不少高校在目标定位、治理模式、专业设置和育人特色等方面，却直接照搬公办高校和办学比较成功的民办高校的模式，从而失去自己的特长和比较优势。高校改革风险指高校在发展中为了适应经济的发展和社会的需要而施行单一领域或多领域大规模综合性改革所带来的不确定性。高校进行改革往往应该是深入调研、多方协商，广泛征集和反馈意见，反复论证并履行必要的决策流程的过程。但现实中却可能会出现“拍脑袋”决策或者主观臆断，导致高校改革的利益相关者无法了解改革过程和方案，因而使改革缺乏群众基础而出现阻碍，进而难以实现改革初衷甚至失败。此外，行为经济学研究成果表明决策主体是有情感、认知偏好、价值观取向的人，因此决策除了受决策者情感认知偏好的影响外，还受其价值观取向的影响。价值观主要通过决策者追求的目标和信息接收过程中的价值性取舍来影响决策的结果。高校管理者的价值观取向的差异将导致不同的决策，会对同一决策对象产生不同的决策结果。一旦决策失误就将导致高校战略与发展出现偏离，甚至严重失误，该风险往往是高校个体难以承受的。历史上已有多起案例表明，一些高校管理者受不良社会风气的影响较大，价值观出现了多元倾向，社会责任意识、道德意识、诚信意识发生严重变异，急功近利，决策的目标追求的是近期利益和个人利益最大化，这也是导致高校发展过程中决策失误、发展滞后的重要原因。

2.3.4 高校招生就业风险

高校的生存与发展依赖于高校对招生与就业工作的推进。然而，受经济与社会发展对人才需求市场变化、各高校人才在市场上的竞争力与口碑差异大等因素影响，高校面临着不同程度的招生与就业风险，表现为招生与就业的“双难”困局。高等教育生源竞争日趋惨烈是不争的事实。尤其是自独立学院及民办高校的大量涌现和基本放开国外高校招生机构登陆抢人揽才之后，国内大学招生市场就面临着异常惨烈的局面。其结果直接导致一、二、三流高校生源可选择空间缩小（少数高校除外），生源整体质量有较大降低。尤其是民办高校，因为大部分为专科或二、三类本科层次，所面临的招生风险和代价（有的不得不作出优厚的承诺）则更为严峻。伴随我国人口出生率及数量的相对下降，加之社会对民办高校、非名校公立高校的学生就业存在偏见，甚至把国内一般民办高校、二、三类公立高校以及各类高职高专都打上不正规、低质量、低层次的烙印。另外，不断增长的大学毕业生供应，导致大学毕业生就业所获取的平均工资并不高，也在一定程度上抑制部分家长和学生在国内读大学的积极性，不少人因而选择放弃国内高校的录取机会转而提前就业、经商，或者远赴国外留学，这些都进一步加剧了国内高校招生的风险。就业市场风险是指高等院校确定专业设置，人才培养规格的预期与实际就业市场不符，致使学生就业状况不理想，表现为就业市场面较窄、就业率低、就业者和用人单位双方不满意率高、就业市场波动起伏较大、就业市场信息不透明完整、就业供求市场结构性失衡、竞争性太激烈、就业的宏微观政策不佳，以及就业市场存在较严重偏见或歧视等。我国高校在校大学生和每年学成就业的毕业生均为世界第一的状况也带来了高校毕业生就业压力与不确定性。

2.3.5　经济活动风险

高校经济活动风险是指高校与其事业发展相生相伴的一系列经济业务活动中所存在的可能影响其事业发展目标实现的各种问题与不确定性。高校的经济活动风险可进一步细分为资金营运管理风险、投融资及债务风险、财务收支管理风险、采购（含政府采购）管理风险、资产管理风险、工程（基建）项目管理风险、科研项目经费管理风险、财政专项项目管理风险、财务预决算管理风险、合同管理风险以及监督治理（含对所属企业及单位的治理）风险等。

资金营运管理风险是指资金的调度、营运与安全管控过程中产生的风险。其主要表现为：因资金调度不合理、营运不畅，可能导致高校资金存放结构和债务结构比例不合理，资金综合持有成本偏高，资金冗余或短缺，资金使用效益低下或陷入财务困境，信用受损高；或因资金安全管控不严，可能导致资金被挪用、侵占、抽逃或遭受欺诈。

债务风险是指高校因向金融机构和非金融机构借入各类债务款项所带来的风险。其主要表现为：债务的取得的论证和风险评估不够，决策把关不严，可能导致效用偏低、成本过高或归还压力过大；债务的举借和偿还与高校事业发展规划、中期财务规划及预算不衔接，资金未按审批用途使用，可能导致资金使用效益不及预期；债务管理岗位职责不明确，台账缺失，未能定期核对和检查债务，及时还本付息，可能导致学校信用受损或承担额外的付款义务；债务业务核算不规范，导致无法全面、真实地反映高校债务水平与相应的财务风险。

收入管理风险是指高校为开展教学、科研及其他活动依法取得的各项非偿还性资金（包括财政补助收入、事业收入、上级补助收入、附属单位上缴收入、经营收入和其他收入等）过程中产生的风险。其主要表现为：收入的收取与核算归口管理不到位，或相关收入合同及转账凭证未及时提交财务部门，相关的印章与票据管理制度不严格，可能导致高校收入应收未收、收入金额不实，或者存在私设“小金库”的情形；违规收费，导致因擅自增设收费项目、提高收费标准或扩大收费对象而受罚；违规截留、挤占、挪用各类非税收入；收入核算不规范，导致学校收入不完整、不真实；收入业务核算与管理的相关岗位设置不合理，不相容岗位未实现相互分离，可能导致效率低下，存在发生错误或产生舞弊的隐患。

支出管理风险是指高校开展教学、科研及其他活动发生资金耗费、转移、支出和损失过程中产生的风险。其主要表现为：支出业务未纳入预算或超过预算规定的范围、标准，可能导致经费滥用或无效使用；支出授权审批制度不完善，重大项目和大额资金支出未履行集体决策程序，可能导致资金损失或浪费；业务经办人未提供真实、合法票据，或提供的票据与实际业务不符，可能导致资金被套取或浪费；财务报销审核不严格，支付控制不到位，可能导致资金损失或浪费，或者出现私设“小金库”的情形；应收或预付款长期挂账未清理，可能导致支出不真实、不完整。

采购管理风险是指高校利用纳入预算管理的资金购买货物、服务及支付采购款项等相关活动过程中产生的风险。其主要表现为：采购申请审查不严，无采购计划、无预算，或采购计划和预算编制不合理，可能导致资源的人为短缺，或重复购置、积压、闲置与浪费；采购方式不合规，招投标或定价机制不科学，供应商选择不当，授权审批程序不规范，可能导致采购货物和服务质次价高，出现舞弊或遭受欺诈；合同对方的主体资格和履约能力等未达要求，采购合同存在重大疏漏或欺诈，可能导致高校合法权益受损；政府采购验收不规范，付款审核不严，可能导致采购货物短少或不合格、资金损失或信用受损；采购结束后的售后服务不到位，与采购相关的档案保管不当或丢失，可能导致学校无法享受应有的权利或支付额外费用，造成学校利益受损。

资产管理风险是指高校占有或者使用的能以货币计量的经济资源（包括各种财产、债权和其他权利）不当产生的风险。高校的资产主要包括流动资产、固定资产、在建工程、无形资产和对外投资等。其主要表现为：内部牵制不到位，货币资金可能被挪用或贪污等；实物资产配置不合理、验收盘点不及时或手续不全、使用不当、维护不力、出租出借管理不规范和处置程序不合规等，可能导致资产价值贬损、使用效能低下、资产遗失、出现安全隐患或者资源浪费；无形资产缺乏核心技术、权属不清、技术落后、存在重大技术安全隐患，可能导致法律纠纷、缺乏可持续发展能力；对外投资论证不足，投资科学性、合理性受限，可能导致投资权属存在隐患，投资无效益或负效益，资产的安全、完整无法保障；应计提折旧的固定资产未按规定计提折旧或无形资产未按规定摊销，导致财务信息不真实、不完整。

工程项目管理风险是指高校自行或者委托其他单位所进行的建筑物和构筑物的基本建设、装修、拆除、安装和大型修缮工程，以及基础设施建设和改造工程所产生的风险。其主要表现为：校园建设总体规划、整体修建性规划未获批，立项缺乏可行性研究或者可行性研究流于形式，工程项目仓促上马，可能导致工程项目更改、失败或难以实现预期目标和效益；工程项目设计方案不合理，技术方案未能有效落实，施工图不够准确、完整，概预算脱离实际，可能导致工程项目质量存在隐患，投资失控；工程项目招标存在串通、“暗箱”操作或商业贿赂等，可能导致中标人实质上难以承担工程项目、中标价格失实及相关人员有舞弊行为；项目资金不落实，资金使用混乱，结算管理不严格，可能导致工程进度延迟或中断、资金损失；工程项目施工管理、工程监理不到位，工程变更频繁，可能导致工程质量低劣、预算超支、投资失控、工期延误；工程项目竣工验收不规范，把关不严，可能导致工程交付使用后存在重大安全隐患；工程项目未及时办理竣工决算；决算时虚报项目投资完成额或者隐匿结余资金，竣工决算内容不准确，可能导致竣工决算失真；竣工项目未及时办理产权登记，资产未及时结转入账，形成账外资产，可能导致国有资产流失；竣工项目建设档案未及时整理和移交，导致工程项目后续维护维修困难。

科研项目管理风险是指高校承担的各级政府项目，承接的企事业单位技术开发、技术咨询和服务等科学研究和技术服务项目所产生的风险。其主要表现为：管理制度不健全，责任落实不到位，管理混乱，可能导致科研项目经费流失，或被滥用、挪用的可能性；申报立项论证不充分，项目重复申报立项，可能造成项目无法完成，形成资金浪费；科研项目合同签订不规范、信息虚假、合同条款存在缺陷，可能产生经济损失和法律纠纷；科研经费到款不及时，影响科研工作进度，可能无法按时完成科研任务，造成后续科研经费不能按合同约定到位；未按批复的项目预算，或未按合同约定使用科研项目经费，支出审核不严，项目无法通过验收，可能造成科研经费被收回或减少后续拨款，导致学校信誉受损；对技术成果及档案保护措施不力，高校合法权益受侵害。

财政专项项目管理风险是指高校用中央高校改善基本办学条件、中央高校教育教学改革专项、中央高校基本科研业务费、中央高校建设世界一流大学（学科）和特色发展引导专项资金等财政专项资金开展的各类项目所产生的风险。其主要表现为：在项目立项阶段，因立项程序不合规，项目论证、预算评审不充分，决策程序不合规等因素，导致项目重复立项，资金重复配置，或应纳入财政专项资金支持的项目未及时列入，无法实现项目的预期建设目标；在项目执行阶段，因违反制度规定，擅自变更项目内容、未按规定管理与使用专项资金或挪用资金，导致检查与验收不合格的风险；因项目执行不利，进度缓慢，导致项目资金不能按期使用的风险；在项目验收阶段，因项目验收与绩效评价操作不规范、不严格，可能导致未达到绩效目标的风险。

财务预决算管理风险是指高校根据事业发展规划编制与执行年度财务收支计划，编报年度预决算报表和财务情况说明书过程中的风险。其主要表现为：预算与事业发展规划不匹配，预算与资产配置计划相脱节，预算编制资料不充分，编制方法不专业等原因可能导致预算无法获得批准，影响学校年度工作计划的完成，或影响事业发展目标实现的可能；预算执行不规范，出现无预算、超预算开支，或者预算执行进度严重滞后等情形，可能造成资金浪费或闲置的风险；预算调整未按程序执行，可能导致预算控制失效或产生相关舞弊行为的风险；未开展或实施规范的预算绩效评价工作，可能导致预算资金配置或使用效益低下的风险；编报年度决算报表和财务情况说明书过程中的风险是指高校根据预算执行结果编报反映其某一特定日期财务状况和某一会计期间收支情况的决算财务报告文件过程中的风险。其主要表现为：编制财务报表及其附注违反会计法律法规和国家统一的会计准则制度，可能导致高校承担法律责任和声誉受损；提供虚假财务报告，逃避监管，掩盖违法乱纪事实，破坏经济秩序；会计决算信息不真实、不完整、不准确、不及时，可能导致财务信息无法客观反映高校实际情况和决策失误的风险；不能及时报送并有效利用财务报告，难以及时发现高校事业发展与管理中存在的问题，可能导致高校经济活动失控。

合同管理风险是指高校开展教学、科研及其他活动时，与自然人、法人及其他组织等平等主体之间设立、变更、终止民事权利义务关系的协议过程中的风险。其主要表现为：合同内部管理制度不健全，归口管理部门不明确，未订立合同、未经授权或未按规定的程序签订合同，合同印章管理不规范，可能导致经济资源无法正常流入或形成额外的支付义务；合同内容和条款不合法、不合规，存在重大疏漏和欺诈，或在重大问题上做出不当让步，合同执行期过长，导致学校合法利益受损或承担额外的法律责任；合同生效后，合同执行主体未严格恰当地履行合同中约定的义务，或未能及时发现合同对方当事人未严格恰当履行约定业务并采取适当措施，可能导致合同无法正常履行，学校无法取得应有的经济利益；合同保管不当，泄露合同订立与履行过程中涉及的国家秘密、工作秘密或商业秘密，导致高校乃至国家利益受损。

监督治理风险是指高校对自身经济活动的主要流程、关键环节进行监督管理的风险以及对附属单位的治理风险。其主要表现为：监管技术与手段落后、过时，可能导致监管失效；监管主体疏忽或失职，可能导致监管流于形式；监管资源与手段未能有效整合，未能形成体系与合力，可能会导致监管出现死角或重复监管；相关的管理信息系统缺乏统一规划和归口管理，与业务流程结合不紧密，权限设置与授权管理不当，信息公开度不够，“孤岛”效应严重，缺乏基础数据的标准化，数据无法共享，系统的安全保障不到位，可能导致信息泄漏或毁损，系统无法正常运行，甚至因监管不及时，出现系统阻塞严重，效率低下。对所属企业及单位的治理风险是指高校对附属企业、教育基金会及其他附属单位（如附属医院、研究院、独立学院和附属中小学等）进行治理过程中产生的风险。主要表现为：所投资设立的国有独资企业、国有资本控股公司和国有资本参股公司及其各级子企业内部管理混乱，可能产生无法正常运行、经济纠纷与诉讼缠身，或严重腐败和舞弊问题，而高校未能采取有效措施切实履行出资人职责，因此可能遭受经济损失，承担监管或连带责任；所属教育基金会缺乏科学决策和良性运行机制，资金投融资活动中决策失误，缺乏与学校目标一致的发展战略或因主观原因频繁变动战略规划，可能导致发展方向偏离基金会章程规定，盲目扩展或丧失发展机遇，行事效率低下或出现重大失误（如资金被挪用、侵占或抽逃等），难以实现既定的发展目标；除企业及基金会以外的附属单位内部管理混乱，在资产、财务收支、工程项目、合同管理、采购等业务方面存在制度设计与执行上重大缺陷，可能导致这些附属单位发生腐败和舞弊问题，影响附属单位正常运行，而高校未能及时发现附属单位的这些经济活动问题与隐患，也未能采取切实有效措施予以控制，由此可能遭受经济损失，承担监管或连带责任。

2.3.6 高校健康安全风险

从某种角度讲，高校是以师生为主题的大环境。所以校园的安全稳定工作、师生的卫生与健康工作自然受到社会各界的重视。建设健康与安全的大学校园，是高校管理体系的重要理念与内容。高校健康安全风险主要包括饮食风险、交通及人身安全风险、疾病风险及各种突发事件的风险。其具体表现为校园安全措施不到位，责任不落实，可能导致暴力、斗殴、踩踏、偷盗、火灾、溺水、交通肇事等不良事件时有发生，师生人身与财产安全受到威胁；环境保护不力，校园脏乱差，排污不达标，可能导致环境恶劣、声誉受损或行政处罚；卫生防疫机制缺失或不达标，防病治病存在漏洞，可能导致食品安全卫生事件发生、传染性疾病流行，师生基本医疗健康与生活得不到保障；对师生心理健康的教育与疏导不力，可能导致师生在高校科研、学习压力增大产生不同程度的心理障碍，造成抑郁、自杀或他杀惨剧的发生等。

2.3.7　治理与廉政风险

治理与廉政风险主要指高校治理架构、组织架构和廉政机制缺陷所致的风险。治理架构风险设计与运行所存在的高层权力制衡缺失，权力过分集中于少数人手中，理事会、党委会和校务会、教授会、学术委员会、教职代会、工会等的职能作用不发挥或流于形式，可能导致权力滥用、决策失误、滋生腐败，高校事业发展停滞或缓慢，难以实现发展目标。高校内部机构设计不科学，岗位职责不明确，权责分配不合理，可能导致机构重叠、职能交叉或缺失、推诿扯皮，运行效率低下，关键岗位缺乏控制和监督。近年来，随着高校的跨越式发展和政府支持力度的加大，高校投入在学科建设和校区基本建设方面资金较多，但由于治理架构和组织架构的不完善，权力制衡与监督不到位，高校廉政环境也不乐观，权力腐败案件频繁出现，涉及招生、基建、人事、财务等方面。除此之外，伪造印章与材料骗取科研经费、虚设与侵吞科研设备款、私用科研经费等违规事项也时有发生。廉政问题也一直是高校治理中的热点。在高校的自主招生中，由于存在确定名额、笔试、面试和录取等方面的权力运用，其廉政问题较为集中。基本建设中的廉政环境与风险同样突出，已导致很多高校领导落马。高校内若没有强有力的权力制衡和监督机制，就无从谈论廉政环境，就会出现高校相关决策者与外包施工单位勾结，导致非公平招投标结果、非正常的投资项目计划改变、非正常工程投资预算改变与资金支付、非客观的工程竣工验收与款项结算等。此外，高校私设小金库和挪用公款的现象在一定范围存在，也是廉政环境的一大毒瘤。

2.3.8　高校声誉和道德风险

高校声誉是社会大众对高校的评判。高校声誉风险是高校其他多种风险与因素耦合的集中反映。高校中几乎所有的风险都会直接或间接导致高校形象受损，从而导致高校声誉风险的产生。因此，对于高校来说，除做好教育教学和科研、提升人才培养和办学质量这一核心工作来维护或提升学校声誉外，还应在形象管理方面予以关注。关于道德风险，从理论上讲是代理人运用和委托人的信息不对称，采用隐匿性的非道德手段或行为为自己牟取私利，从而给委托人带来损失可能性和发展不确定性。高校的高中层相对而言更有机会利用信息不对称而为自己谋取信息优势而采取机会主义行为，并可能会在学校经费使用、成本控制、人事安排、工程项目、采购招投标、资产管理、合同管理、招生与就业等方面引发非道德行为牟取私利。但一般教师近年也有如压榨指导学生、与学生建立不伦关系、虚假经费报销、教学敷衍、学术不端等非道德行为，影响极坏。而高校声誉和道德风险与校园文化建设风险也有直接关系，若缺乏积极向上的校园文化，可能导致师生员工价值观扭曲，丧失诚实守信、为人师表的底线，进而给高校声誉造成损害，加剧道德风气恶化，对此必须重视这一风险的识别与应对。

2.3.9 高校人才风险

高校人才风险是指高校影响其师资队伍建设及各层次人才培养目标实现的各种不确定性。主要表现出为：师资缺乏或过剩、结构不合理、开发机制不健全，可能导致高校竞争力难以持续，发展战略难以实现；教职员工激励约束制度不合理、关键学科和研究领域、关键岗位的人员管理与分配机制不完善，可能导致人才流失；教职员工价值观不正确，道德素养偏低，难以正确处理学校事业与个人利益、短期利益与长期利益、公共利益与私人团体利益的关系，可能导致侵占学校资源，泄露研发技术成果、商业秘密和国家机密，或学术不端等行为发生，损害学校利益、声誉和发展大局，或招致法律诉讼；师资及员工的引进、培训、进修、晋升晋级及退出机制不当，可能导致教职员工的教书育人和科研创新积极性受挫。生源质量把控不严、思想政治教育不到位、教育教学方案不能与时俱进、学生管理方式落后，可能导致既定人才培养目标与规格难以达到，“残次品率”居高，毕业生就业状况不佳，用人单位的评价不良，进而影响学校声誉和未来招生质量，形成恶性循环。

总之，高校风险纷呈复杂，上述梳理的也只是主要的风险，除此之外还有诸如政治与法律风险、海外办学风险、与内外的信息与沟通风险等其他风险。其他风险不等于是次要风险。因各高校的具体生态不同，办学现状有别，其主要风险与次要风险各有不同，其划分标准也不是绝对的，要根据其具体情况和历史阶段进行适时动态的分类调整。

2.4 高校生存发展风险特征梳理

高校是一个多元、开放的大生态系统，其中蕴含着各种各样的风险。通过对高校风险的梳理，可发现其大致存在以下特征：客观性、普遍性、交互性和相关性并存，风险的可识别性、动态性和不确定性并存，风险类型的变异性和交互性并存，风险处理的复杂性和持久反复性并存。总而言之，高校风险具有突发性强、持久反复和应对处置难度大等特点。

2.4.1 普遍性和客观性

“高校风险无处不在、无所不有，遍及每一角落，每一事务之中”（张西萍、沈烈，2012），纵观高校事务，学校办学方向与目的的设定与落实、治理结构与管理机制的设计与运行、教育教学方案的制订与实施、教育教学质量的检查与评价，“四风（教风、学风、考风与研风）”的营造与管控、硬软环境的建设与维护、校园文化的建设与传承，还有校园的安全维护与秩序维稳、后勤服务与食品安全保障以及组织人事运作与财务管控等方方面面无不充斥着如前一部分所描述的这样那样的风险，此乃高校风险的普遍存在性。而只要有高校及其活动存在，其风险就无法避免，不以人的意志为转移，此乃高校风险的客观存在性。例如，高校发展离不开教育者和受教育者的存在，那么只要有教育者与受教育者的存在，就必须存在人才引进、开发、教育、滞留、竞争、淘汰、退出的风险、健康与安全风险、道德风险；只要有教学教育活动，就必然存在教育与教学达不到预期目标与规格的风险；只要有经济活动的存在，就必然存在资金浪费、侵占、挪用、贪污、行贿、受贿等的风险。这些风险特征在所有高校甚至社会组织都普遍客观地存在着。且其存在的空间范围在不断扩大与延伸：一是突破高校传统的空间范围向高校的发源地以外的区域扩张与延伸。因近年来高校海外扩张的加速，以及国际交流的日益频繁，使高校的风险源头在时间与空间得以迅速延伸与扩张，如“孔子学院”“中澳班”“中加班（CGA）”“3 +2 国际本硕直通”“2 +2 留学预科”“1 +3 国际本科”“1 +1 硕士留学直招”等联合办学方式所引发的办学风险也一直如影相随，2012 年 5 月就曾发生过美国政府有关部门突然向在美的孔子学院发难的事件，仅湖北就有 9 所在美的孔子学院的正常运作受到一定影响。还有不少高校在国内的异地办学（分校）或在异地与大型企业或组织联合设立产学研联合体或研究机构，增大了高校的管控风险；二是优质生源的抢夺范围由单纯的内地范围高校扩大到港澳台及海外，仅 2012 年高考季香港高校就从内地抢走 25 名省市高考状元。其中仅香港大学一家高校 2012 年就接获逾 1.2 万名内地生申请，最终取录 363 名考生，其中包括多达 21 名内地“省市状元”，为历年之最。

2.4.2 复杂性和不确定性

高校的单体规模越来越大，院系众多，根据对全国高校官网显示的信息进行粗略浏览统计，全国只有 1 个校区的高校越来越少，少数高校校区多达 6 个以上，最多为北京某高校，多达 12 个校区；在校生一般在几千上万人，多则 5 万 ~6 万人，根据对高校官网显示的信息的不完全统计显示达到 5 万人以上的高校多达 17 所，最多的为郑州某高校，在校生人数为 7.26 万人（还是 2015 年的官方数据）。教学、科研、后勤与各项保障服务等业务活动体量可想而知，相应的经济活动的规模也是巨大的。根据教育部官方网站公开的信息统计，仅教育部直属的 75 所高校 2019 年的经费预算总额即高达 4248.31 亿元，校均 56.64 亿元，其中最高的为清华大学 297.21 亿元，最低的为中央戏剧学院 4.86 亿元。经费预算达 100 亿元以上的高校有 8 所。巨大的业务体量和海量经济活动规模中内嵌着与高校发展目标实现相联系的不确定性（即风险）也一定是大量的，且各个风险呈现的形式不同，渊源各异，产生影响的内在机理、概率及影响程度也千差万别，足见其复杂性。我们在全面调研并梳理某一所高校业务流程就有 13 个系列、38 个主流程、142 个子流程，其内嵌风险点高达 986 个（有些风险点实际上还可进一步细分）。从国外的相关研究看，HEFCE（2010）的调查研究表明，英国各类高校面临的风险各不相同，汇总出来的风险点较多，一个私立高校组织面临的风险就达 2842 种之多，英格兰高等教育拨款委员会经过对风险的整理、分类和排序，把高校面临的风险分为策略、健康与安全、资产与设施、管理信息系统、学生、教职工、教学、研究、海外学校经营以及学校声誉等内容。英国多所高校通过明确的风险识别过程，发现高校现存及潜在的风险类型主要包括学校声誉、学生体验、教职工问题、资产与设施、财政问题、商业问题、组织问题、信息技术等。这些都可从中领略其风险的复杂程度。

而且风险大多难以事先准确预知其产生影响的时空点、影响程度及结果，因此不确定性也是其具备的显著特征之一。一是表现为难以捉摸与揣测其发生的“高危”“重点”领域或时间点。许多重大事件、突发事件常常发生于在过去看来非常不起眼的环节、领域或小事情上，冷不丁变成了“导火索”，如一个校园“围观”，或一个“论坛观点”，乃至一起图书馆“占座位”的纠葛，都有可能演变成一场群体性斗殴、民族冲突或国际性大事件，这在过去都曾在一些校园真实地上演过。二是表现为难以测度。尽管既有研究已找到一些测度风险的技术与方法，但现有的技术方法仍然无法较近似地测量其发生的概率、时机和影响力，有的甚至根本就不能量化测度。只有在风险真实发生后才恍然大悟，但为时已晚。三是突发性更强。传染性疾病的突发与蔓延、食物中毒、火灾等事件的发生常常具有此特征。例如，曾有一所学校在校园安全、饮食安全、卫生防疫等方面曾有两年多平安无事的良好记录，但在最近半年之内却连发火灾 1 次、群体斗殴事件 1 次、学生跳楼自杀事件 2 人次、食物中毒事件 1 次、结核病疫病流行事件 1 次，在校内外引发很大震动与反响，可谓焦头烂额、疲于应对。

由于风险的客观性、普遍性、突发性和不确定性，因此，人们既无可奈何，又习以为常；既难以完全规避，又心生敬畏与忐忑，尽力面对。

2.4.3 可识别和部分可控性

尽管高校风险具有复杂性和不可确定性，但不意味着风险本身无迹可寻，也不意味着人类对其完全束手无策。实际上风险是可识别的，它表现为对目标实现存在影响的不确定性，包括既具正面影响又具负面影响的不确定性，也包括只具正面影响的不确定性或只具负面影响的不确定性①。现实的风险管理实践表明，通过对特定对象的目标设定、内外特性及其环境的摸排、梳理和因素分析，是可以识别影响其目标实现的不确定性，至少大部分可以识别并描述出来。同时，经过长期的理论与实践探索，高校风险尽管准确测量很难，但通过一定的技术和手段（如概率技术）也可实现对部分风险（如财务风险、合同法律风险、采购风险、科研项目风险等）的风险源与风险点的近似测度与计量，进而制定出相应应对预案，当风险实际发生时予以适当应对与化解。由此可见，高校风险与企业的风险一样，具有可识别性、部分可测试与可控制性。尽管如此，并不能排除高校中存在少数不可识别、部分存在不可测度（或不可近似测度）与控制的事实。

---

① 只具负面影响的不确定性，即通常所说的“狭义风险”或“危险”，是要尽量规避的风险。

2.4.4 动态性和变异性

高校同一风险在不同的时空条件下会呈现出差异性强度，一旦发生影响，就呈现出不同的影响深度与广度。高校风险的这一特征即为高校风险的动态性，或时空性。如在高校“双创”主体与环境的不断互动过程中，随着稳定性的加强，主体的主动意识、可持续发展能力也得到了不断的增强。同时，也表现为主体之间在相互制约、影响、依存的过程中，仍然保持着整个系统的平衡。如同生态学中由幼体到成熟是一个成长的过程一样，在“双创”生态系统中，高校也追求一种动态且健康的成长过程。在稳定平衡的基础上，系统的内部动力、潜力和创造力都得到了提升，自适应能力增强，促使高校“双创”生态系统进行自我的不断修正、不断调整，保持着旺盛的生长力。高校风险的动态性特征要求其梳理与测度需要设定多个时空维度进行，其应对策略与方法也应根据其强度及可能的影响力进行差异化的设计。社会在发展，经济在提升，高校生态环境日新月异，其面临的风险也随之递进变异，且有加速之势。高校在不断发展变化的过程中，风险的这种或发展或转移或变异，继而不断形成新的风险形态或分布的状态，即风险的变异性。高校风险不变是相对，而变异与发展是绝对的，符合自然界事物发展的内在规律。例如，校园的不和谐不再仅由一般的教与学的期望值落差，管与教方式的失当，利益分配、安全卫生及后勤保障的心理反差等所引起，而更多地可能被民族、国别以及贫富间的误会与摩擦，还有极端非理性行为所取代；另外，各种腐败与舞弊行为也有变化，由招生、后勤、基建、财务等传统聚集区，单纯的行政权力腐败和单兵作战，开始向学术、排名、晋升晋级等多领域扩散，且手段更多样，技术含量更高超，攻守同盟更坚固，反侦查能力更强。

2.4.5 相关性与交互性

高校的风险通常进行分类梳理与识别，但实际上人为分开的风险之间具有很强的相关性、浸透性和交叉性。而且随着生态环境的变化，这些相关、浸透与交叉的特征还进一步增强。一般来讲，过去许多风险的引发因素看起来比较单纯，应对起来也相对简单，但随着环境的变化、IT 与信息技术的快速发展与广泛运用以及风险自身的演进与变异，现在许多看似传统、单一与独立的风险，实际上交互了其他许多相关因素，形成了一个风险组合，交互作用，连锁反应的特性空前突出。例如，一起看似简单的学生纠纷，其背后可能只有单纯的误会与冲动，也有可能是将纠纷作为引信的一场有预谋、有组织行动的前奏，其背后交叉有长期积怨、报复甚至政治、经济、民族、国别、信仰、自由、平等等多风险的交互、纠集与发酵。再如，高校教育生态系统中的“双创”系统包含着两种关系的交互性，一种是群落与环境之间的交互；另一种是群落与群落之间的交互。由此看来，高校的多数风险都是交互的，互相影响的，不是单一独立存在的。因此，这对于高校风险梳理、识别与应对而言，形成了较大的挑战。

2.4.6 持续性和反复性

高校风险具有持续性和反复性的特点，尽管风险的反复性是其本质特性之一，但现今高校风险反复的深度、频度远超过去，形成持久反复发作，逐渐加强。例如，高校的腐败问题，前车之覆，难成后车之鉴，纵使查处力度在逐步加强、相关新闻报道仍不绝于耳，反腐倡廉教育紧锣密鼓，但仍不乏玩弄权力于股掌之士，前赴后继，勇往直前。此外，高校经济活动风险也具有同样特性，尽管不少问题在年报审计或经济责任审计中年年被查出，年年都在处理并纠正，但下一次的审计中仍然死灰复燃，那些问题依然存在。高校风险的这种持久反复性特征要求，高校风险管理必须“警钟长鸣”，必须建立长效的防范、复查与奖惩机制。

第3章　高校现行内控缺陷描述与“异象”透视

进入21世纪以来，随着经济的发展、国力的增强，国家财政对教育的政策倾斜和各级政府对于高等教育的重视力度也随之逐年增加。我国高等教育发展势头迅猛，高校发展规模不断扩大、发展质量也在不断提高。2019年3月5日的《政府工作报告》中表明国家财政性教育经费占国内生产总值的比例要继续保持在4%以上，中央财政教育支出要超过1万亿元。借助于国家财政的推动，高校招生的规模、基本建设规模、科研投入也都随之不断扩大，既使校园规模、环境、基础设施不断满足学校发展的需求，又在一定程度上提升了内部管理的难度，增加了高校内部控制的固有风险和控制风险。高校现代大学制度的确立及“放管服”的推进使高校拥有了更多的办学自主权，融资渠道和手段的日益多元，使大量的资金流入高校。高校自由资金的迅速增加、高校采购（包括物资、设备采购，还包括微课、慕课、精品在线开放课程视频制作、管理软件开发与订制、咨询、审计等服务性采购）和校园建设的推进，高校已经成为供货商、建筑承包商等各相关领域商家互相争抢的对象，这些使高层决策的体量空前，各部门各关键岗位及人员所掌握的资源与权力也成倍增长，在给学校带来良好发展机遇与条件的同时，无形之中也加大了管控风险。尽管国家近些年来出台的一系列加强高校内部控制防范相关风险的文件起到了良好作用，但不可否认的是，由于高校内部控制并未与时俱进，适应并满足当前高校发展与风险管控的需要，致使高校腐败、寻租等行为频频出现。

3.1　我国高校内部控制建设历程的简要回顾

历史地看，内部控制理念及其实践并非近、现代的产物。据考证，内部控制的起源与会计、统计的起源基本相同，可以追溯到原始社会的“结绳记事”和“刻木计数”。但“内部控制”一词的出现及其比较完整的理论与应用体系形成以及其快速发展确实是近、现代的重要贡献。

高校内部控制是高校为实现其内部控制目标，控制办学风险而制订并实施一系列的规章制度、方法和程序的过程。有效的内部控制有利于保障高校资源（包括资金、财产、社会关系等）的安全、完整，有利于提升财务信息及其他相关信息的质量，有利于保证高校各项活动合规合法，有利于促进高校事业发展的效率与效果，进而实现高校发展战略与目标。

自从世间有了第一所高校的出现，应该说就有了高校的管理需求存在，也就必然伴随有现代意义上的内部控制理念与方法的探索与实践。在“高校内部控制”这一提法出现之前，高校所有管理制度、机制、文化等的建设都可以解读为是高校内部控制建设的前身，都在为高校历史上各个时期的发展保驾护航，发挥着重要的合理保障作用。“高校内部控制”这一提法出现之后，高校过去在管理制度、控制机制、文化等的建设积淀与经验传承自然构成了整个社会内部控制理论与应用的重要分支，并日益形成其独具特色的子系统。

我国高校管控以“内部控制”的概念提出并推动进行系统化的建设，首先，要归功于2001年6月财政部出台的《内部会计控制规范——基本规范（试行）》《内部会计控制规范——货币资金（试行）》（财会〔2001〕41号），以及后续于2002~2004年陆续推出的《内部会计控制规范——采购与付款（试行）》和《内部会计控制规范——销售与收款（试行）》（财会〔2002〕20号）、《内部会计控制规范——工程项目（试行）》（财会〔2003〕30号）、《内部会计控制规范——担保（试行）》和《内部会计控制规范——对外投资（试行）》（财会〔2004〕6号）等。因这些规范的适用范围不仅仅是企业，还包括高校在内的所有行政事业单位。而且这些规范名义为“内部会计控制”，其实质是“内部控制”，两者之间的文字差异只不过是财政部面对我国当时改革开放的不断深入，市场经济的影响面不断扩大，全社会的风险尤其是企业、行政事业单位的经济活动风险在急剧堆积的历史背景而急于尽快推行内部控制规范建设，借以提高企业、行政事业单位的风险防范意识与控制能力而玩的一点“文字游戏”而已。因此，这些所谓的“内部会计控制规范”的实施为日后高校全面建设内部控制体系开了个好头，做出了很好的宣传、推动与铺垫。其次，2012年11月29日财政部发布并于2014年初全面实施的《行政事业单位内部控制规范（试行）》（财会〔2012〕21号），使高校大力开展内部控制建设更加名正言顺、有据可依。再次，2015年12月21日财政部发布的《关于全面推进行政事业单位内部控制建设的指导意见》（财会〔2015〕24号）更是进一步明确内控建设中的许多认识问题、路径与方法问题、监督与保障问题，确立了各单位建立与健全内部控制的时间表，并要求定期进行内部控制评价与问题整改，还要求“各单位要将内部监督、自我评价与干部考核、追责问责结合起来，并将内部监督、自我评价结果采取适当的方式予以内部公开，强化自我监督、自我约束的自觉性，促进自我监督、自我约束机制的不断完善”，因此极大地推进了高校内部控制建设的进程。2016年6月24日《关于开展行政事业单位内部控制基础性评价工作的通知》（财会〔2016〕11号）和2017年12月28日《关于开展2017年度行政事业单位内部控制报告编报工作的通知》（财会函〔2017〕15号），又进一步推进了高校内部控制建设的完善和相关信息报告与披露机制的初步建立。最后，教育部为确保其直属高校于2016年底前完成内部控制建立与实施的目标任务，于2016年4月20日发布《教育部直属高校经济活动内部控制指南（试行）》（教财厅〔2016〕2号）。该指南包括《内部控制实施指南》《内部控制应用指南（第1~15号）》和《内部控制评价指南》三个组成部分，是我国第一个直接针对“高校”的内部控制建设的规范性文件。它结合高校的具体情况对高校内部控制建设从“实施—应用—评价”进行了全面指导，其针对性、操作性与实用性更强，不仅对教育部直属高校的内部控制建设起到了极大的促进作用，同时也为全国的其他高校内部控制建设提供了有益引导与示范，价值巨大。

高校作为非营利性机构，其目标和价值与企业均有很大的不同，企业目标是获取最大化的利润或者最大化的股东财富，而高校最高最根本的目标是培养和输送社会需要的人才。因此两者的内部控制的目标与原则自然也不相同，高校作为非营利组织的代表，更注重事业发展效率和社会效益，相对企业而言会弱化内部控制的“成本和效益”原则的地位及运用。高校主要关注点在于办学风险，即办学质量、科研成就及学校声誉，更注重社会的评价和反馈。显然，高校所关注的办学风险与企业的经营风险有着许多不同的外在及内在特征和作用机制，进而决定了高校内部控制理论与应用体系只可以适当借鉴与参考企业的，但绝不能简单仿照企业的标准来设计，许多控制方法与措施也不能简单套用或照搬。

我国现行的内部控制规范体系深受美国 COSO 的内部控制框架的影响。COSO 内部控制框架是当前世界上最为权威、最具影响力的内部框架体系。我国的企业、行政事业单位的内部控制规范与应用体系大多围绕着 COSO 内部控制框架体系建立。但是现行高校内部控制建设进程与水平总体上明显落后于企业的内部控制建设进程及水平，大多还停留在借鉴、吸收西方发达国家公共行政部门内部控制经验的阶段。

按照 COSO 及 ISO 等现代最先进的内部控制及风险管埋埋论与实务研究成果，以及高校目前的发展目标、生态环境和风险控制需求，高校内部控制建设的主要目标[①]应该为：①合法合规性目标。即高校的内部控制体系应当合理保证高校的业务活动和经济活动在国家法律法规规定允许的范围之内开展，防范违规违法、贪污腐败及失职渎职的犯罪行为的发生。②报告性目标。即高校的内部控制体系应当合理保证高校内部的各项事业业务活动、资金活动应当在阳光下运行，相关财务信息及其他信息的采集、加工及处理应当合规、客观、及时与可核，并在规定时间公开披露或报告（法律法规有特别规定的除外）。③效率性目标。即高校的内部控制体系应当合理保证高校依法取得的各类财产的安全与完整，合理配置资源，提高资源的配置和使用效率，全力服务于高校的事业发展和最高目标的实现。④战略性目标[②]。即高校的内部控制体系应当合理保证高校战略方向选择、战略目标的确立、战略规划的制定、战略的实施和战略调整或转型等一系列战略管理的过程中风险控制的恰当性。但现实中，高校内部控制建设的目标设定偏低，或实际偏离了上述目标。具体情况及原因后续将有相关论述。

根据 COSO 及 ISO 等现代最先进的内部控制及风险管理理论与实务研究成果，以及高校目前的发展规划、生态环境和内部控制目标，高校内部控制建设的要素也应该包括控制

---

① 教育部 2016 年 4 月 20 日发布的《教育部直属高校经济活动内部控制指南（试行)》（教财厅〔2016〕2 号）中的《内部控制实施指南》第 1 条对目标的表述为：“高校内部控制的目标主要包括：保证学校经济活动合法合规、资产安全和使用有效、财务信息真实完整，有效防范舞弊和预防腐败，提高资源配置和使用效益”。

② 从教育部 2016 年 4 月 20 日发布的《教育部直属高校经济活动内部控制指南（试行)》（教财厅〔2016〕2 号）中的相关条款表述看，并未提及高校内控的“战略性目标”。但我们认为这一目标是客观存在的，而且随内控与风险管理理论的发展，这一目标的地位还会越来越重要。

环境、风险评估、控制活动、信息与沟通、监督等五要素①。

（1）控制环境。控制环境是指高校内部控制存在和发展的“土壤”、时空、理念、文化与氛围的统称，对内部控制的设计和执行具有基础性、直接性影响。其主要包括高校文化与风气、社会责任理念与践行方式、发展战略定位与规划、内部权力架构、部门设置及职责分配、管理体制及运行机制、管理团队能力与管理风格、关键岗位与人力资源政策、监督体系与运作机制以及高校的校园环境与氛围等方面。

（2）风险评估。风险评估是高校针对控制对象，通过设定目标，识别、评估影响目标实现的各种不确定因素及其影响程度（可能性），并提出减轻或者消除这些不确定因素对控制对象影响的预案，以为后续的“控制活动”提供依据的过程。当前高校内部控制的风险很多（在第 2 章已有梳理），从存在的层面看主要可以分为单位层面的风险和业务层面的风险。整体层面的风险是主要站在高校整体角度而言的、涉及范围更广的那一部分风险，而业务层面的风险主要是高校具体业务及流程的风险。整体层面的风险通常包括发展战略与规划风险、顶层治理框架与权力制衡风险、机构设置与权责分配风险、信息互通与共享风险、管理人员的廉政风险、控制意识与整体内部控制建设方案设计风险、高校公共资源利用率低的风险等；业务层面的风险主要包括预算管理不合法不合规的风险、招投标“暗箱”操作的风险、教学质量下滑风险、科研项目费用失控风险、信息系统的病毒与黑客入侵风险、报销流程不合理等。

（3）控制活动。控制活动就是结合风险评估结果，通过手工控制与自动控制、预防性控制与发现性控制相结合的方法，运用相应的控制措施，将风险控制在可承受度之内的过程②。控制活动贯穿于整个高校业务活动与经济活动的始终，包括整体层面和业务层面。控制活动是否到位直接关系着内部控制整体的有效性。

（4）信息与沟通。信息与沟通是高校及时、准确地收集、传递与内部控制相关的信息，确保信息在高校内部、高校与外部之间进行有效沟通的过程。内部控制的效率受到信息传递效率的影响，信息传递的效率和流通水平也在一定程度上影响着内部控制的有效性。信息的收集包括内部信息和外部信息的收集，信息的传递包括管理层级纵向的传递、不同业务部门横向的传递以及高校与供应商、外部其他利益相关者之间内外部信息的传递。

（5）监督。监督是指高校对内部控制建立与实施情况进行监督检查，评价内部控制的有效性，发现内部控制缺陷，及时加以改进的过程。监督非被动的静态的单一事件，而应努力形成一种制度化、常态化与能动化的监督机制，以保障内部控制活动的活力和长期有

---

① COSO 内部控制—整合框架（2013）［M］. 北京：中国财政经济出版社，2014.

② 不排除某些领域或环节的风险概率极低或具有不可识别性，对其事前的风险评估不足，甚至根本无相关的风险评估，使实际控制活动中对此类风险发生后缺乏控制依据，需要临时寻找应对策略和办法的情形。但这丝毫不能否定“控制活动”应以事先制定的“预案”为依据的“有准备的落地之战”的总体特征，否则难以总体达到内部控制目标，也与现代内部控制理论相悖。再说这些“临时寻找的应对策略和办法”经过检验与总结，后续会纳入新“预案”体系之中，自然弥补了该领域或环节风险评估与控制活动的缺陷，进一步完善了五要素之间的依存关系。

效性。监督主要包括日常监督和专项监督，日常监督主要就是对于日常控制活动实施必要的检查程序、提示和预警，而专项监督对于某些重点的环节和领域实施更为细致、全面的监督程序，是当某一控制对象的发展战略、组织结构、业务活动与流程、关键岗位员工等发生较大调整或变化的情况下，对其某一或者某些方面进行的有针对性的监督检查。专项监督的范围和频率应当根据风险评估结果以及日常监督的有效性等予以确定。高校定期对内部控制的有效性进行自我评价，出具内部控制自我评价报告也属于监督的重要组成部分。高校对内部控制有效性评价应当结合内部日常监督和专项监督情况进行，并对评价过程中发现并认定的内部控制缺陷进行整改。

五要素之间相互关联、相互影响、相辅相成，形成一个完整的闭合环路。控制环境是整个体系的基础，依托一定的控制环境对高校整体及内部各控制对象实施风险评估，进而根据风险评估的结果实施控制程序和控制活动，在环境营造、风险评估、控制活动和监督过程中均离不开信息和沟通的支撑以及完整的监督体系的保证。因此，控制环境是基础，风险评估是抓手，控制活动是核心，信息与沟通是支撑，监督评价是保证，缺一不可。然而现实中高校内部控制要素的完整性、关系处理的协调性以及建设效果并不尽如人意。

高校内部控制体系的建设主要围绕着学校发展规划和办学目标，致力服务于学校的教学、科研和人才培养。通过一系列控制程序、规范制度、追责体系、风险防范机制等支持高校的不断发展。高校领导班子应将建立健全内部控制制度纳入高校长期规划，作为提高高校治理能力的重要组成部分。高校内部控制建设应遵循以下几个主要原则：①全面性原则。高校内部控制体系应当覆盖高校经济活动制定、执行、监督的各个环节，控制活动应当实现对于高校各种业务活动及其相关经济活动的有效控制，应当覆盖到高校风险的尤其是以资金收支管理为核心的经济活动风险的方方面面。②制衡性原则。高校应当在岗位设置、职责分工、业务及流程等方面建立相互制约、相互监督的机制。③重要性原则。高校内部控制体系在全面控制的基础上，着重关注重要领域、环节和易出现问题的步骤，抓住事物的主要矛盾，减少或规避关键领域出现问题的可能及影响。④适应性原则。高校内部控制制度应随着外部政治、经济及社会环境（如法律、法规和政策环境，周边人文及社会价值生态，科技发展与创新生态等）、内部管理人员素质、自身发展目标、经济活动特点和管理要求的变化而做出调整，不断修订和完善。⑤成本效益原则[①]。高校内部控制的设计与实施应评估其成本与效益，力求以适当的成本实现有效控制。然而遗憾的是，现实中的高校内部控制建设在遵循这些原则上也仍然存在较大差距。

---

① 从前面脚注引用的教育部 2016 年 4 月 20 日发布的《教育部直属高校经济活动内部控制指南（试行）》（教财厅〔2016〕2 号）中的相关条款表述看，也并未提及高校内控的“成本效益原则”。但我们认为这一原则是客观存在的，不可忽略。关键是对高校这一非盈利性组织的“成本”与“效益”应作出何种界定，倒确实值得深入探究。

3.2 我国高校内部控制的调查分析

3.2.1 调查设计及过程方法与样本说明

调查的主要目的是考察高等学校①基本情况、内控现状（设计和执行情况）、存在的问题、改进意见和建议等。调查采用现场座谈与问卷调查相结合的方式进行。

调查时间为2015年7月至2016年12月期间。我们先后编写调研提纲及问卷45个（其中问卷24份，除1份是针对高校内控总体基本情况外，其余为业务性或部门性的，具体名目及问卷内容见附件1），组织各种大小实地调研86场次。现场发放纸质问卷432份，回收389份，回收率90.00%；通过问卷星发布网络电子问卷，公开向全国近200所高校发送网络调查问卷链接地址，最终获得近50所高校的774人次的回应，获取有效答卷756份。现场走访调研了18所院校，主要涉及湖北、湖南地区高校，部分涉及西南、江浙、华北、东北等地区高校，其中教育部直属院校4所，省属一类院校6所，省属2类院校7所，省高职高专类1所；从性质上讲，18所高校中除4所为民办高校外，其余均为公立高校。实地走访院校的地域分布，层次及性质结构均基本合理。网络电子问卷调查涉及约50所院校（包含部分实地走访调研的高校），但因部分问卷未填写其完整的院校名称信息（有的仅以字母或数字代替），无法统计其地域、层次结构。另外，先后召开相关小型研讨会3场次，整理调研记录100多份，撰写综合调研报告6份。

调查共得到有效调查问卷1145份（其中网络电子问卷756份，纸质问卷389份），其中有62份是关于高校内控总体基本情况方面的（含纸质的为18份），其余为有关教学管理、科研及经费管理、收入、支出、采购业务、预算管理、货币资金、发展规划与学科建设、工程项目、学生管理与服务、经营性资产、实验室与设备管理、无形资产、后勤服务、档案管理、工会及经费管理等内部控制方面的，但并非在这些问卷中呈均匀状态，有的问卷如预算管理、货币资金、内部审计等方面的多些，有关教学管理、档案管理、后勤服务、工会及经费管理等方面的问卷作答得少一些。

在实地调查访问中，被访问者主要是学校的分管校领导、财务部门负责人、内部审计机构负责人，以及有关问卷涉及的业务或部门的负责人及业务骨干。网络电子问卷调查的对象除内部控制牵头负责部门人员外，主要是问卷所涉及的业务或部门的正或副负责人或其业务骨干。

为确认调查问卷设计及结果的合理性，使调查信息资料能够比较客观地反映我国高校

---

① 高等学校本应包括全日制和非全日制的（如广播、电视、函授及其他远程教育方式实施高等教育的学校），但由于全日制的高校为主流，且其内部控制建设具有典型性，因此本书及调研以全日制高校为对象，对全日制高校中有函授、自修等成人办学形态的才在调研内容之中有所涉及，但未涉及专门从事非全日制高等教育的学校（如夜大、自修学院等）。

内部控制现状及存在的问题，为后续研究提供一定的基础与依据，我们对 1145 份有效问卷中的选项信度系数进行了测试，并运用 SPSS 24.0 分析得到克朗巴哈（Cronbacha）α 系数值为 0.8700，大于 0.6，表明问卷的信度是良好的。鉴于接受现场调查的高校层次及性质存在差异，于是将所有样本分为一类高校与其他高校、公立高校与民办高校两大类，分别进行 T 检验，但并未发现显著差异，进一步表明其信度是可靠的。另对问卷进行了“内容效度”测试与检验，表明效度达到问卷调查的目标要求。

尽管最终收回的有效问卷数量不及原预期，但就本书的研究而言，问卷的目的主要是了解我国高校内部控制目前的“大体”状态，为论证我国内部控制的形制类型定位、内部控制存在的主要困境与障碍，“内部控制手册”的建设状态（该手册包括权力分配、流程、风险点与控制点及应对措施和预案等，是内部控制体系中的一个重要组成部分，此乃本书的重点）与改进方向提供一定的支撑与定性参考，而非进行相关的深度的定量性统计分析，所以从此意义上讲，已能够达到调研的目的。

3.2.2　调查结果及分析

出于篇幅及后续铺垫效用的考虑，本“调查结果与分析”只集中呈现对“高校内控总体基本情况问卷”的分析结果，至于其余问卷的，不通过表格形式在此呈现，其统计分析数据会通过后续的问题总结及“异象”透视的论述，以相关佐证与支撑性材料的形式呈现。对“高校内控总体基本情况问卷”中的 29 个实质性调研问题的分析整理分为“对高校内部控制的总体评价”“对高校治理结构及控制环境的看法”和“贵校内部控制建设的基本情况”三个方面进行，共形成 13 个分析表格（见表 3－1 至表 3－13）。

（1）对高校内部控制的总体评价。

表 3－1

（1）您知道《行政事业单位内部控制规范（试行）》及其在贵校实施时间吗？	频数	占比（%）	累计占比（%）
A. 是	40	64.52	64.52
B. 否	22	35.48	100

表 3－2

（2）您认为贵校内部控制是属于哪一类型？	频数	占比（%）	累计占比（%）
A. 查错防弊型	14	22.58	22.58
B. 财务报告风险导向控制型	19	30.65	53.23
C. 经济活动风险导向控制型	29	46.77	100
D. 全面风险导向管控型	0	0	100

表 3－3

（3）您认为贵校的内控体系总体设计及执行情况如何？	频数	占比（%）	累计占比（%）
A. 很好	3	4.84	4.84
B. 好	15	24.19	29.03
C. 一般	39	62.90	91.93
D. 差	5	8.07	100
E. 很差	0	0	100

表 3－4

（4）您认为贵校内部控制的主要问题和困境有哪些？（可多选）	频数	占比（%）
A. 学校高层重视不够	29	46.77
B. 设计不够完善，执行不够到位	60	96.77
C. 设计与执行成本高	12	19.35
D. 责权利不挂钩，内在动力低	48	77.42
E. 经验不足，人员素质低	35	56.45
选择 1 项的	5	8.07
选择 2 项的	18	29.03
选择 3 项的	20	32.26
选择 4 项的	12	19.35
全选的	7	11.29

（2）对高校治理结构及控制环境的看法。

表 3－5

问题 ＼ 选项、频数及占比	是		否		不知道		占比合计（%）
	频数	占比（%）	频数	占比（%）	频数	占比（%）	
（5）贵校是否设立有助学校实施科学决策、民主监督，促进社会参与的重要治理主体和组织形式——理事会（或董事会）？	45	72.58	10	16.13	7	11.29	100
（6）贵校是否建立并实施“三重一大”的集体决策或联签制度？	56	90.32	5	8.06	1	1.62	100
（7）贵校是否设立专门履行学校法律事务的咨询服务职责的法律事务部门？	41	66.13	17	27.42	4	6.45	100

表 3－6

问题 \ 选项、频数及占比	很好		好		一般		差		很差		占比合计（%）
	频数	占比（%）	频数	占比（%）	频数	占比（%）	频数	占比（%）	频数	占比（%）	
（8）贵校的学术委员会、学位委员会、教学指导委员会等专业委员会的职能作用发挥得如何？	1	1.62	14	22.58	36	58.06	9	14.52	2	3.22	100
（9）贵校的教职工代表大会、工会会员代表大会的职能作用发挥得如何？	0	0	15	24.19	33	53.23	10	16.13	4	6.45	100
（10）贵校教育教学工作实行校院（系、中心、部）两级管理体制的效果如何？	0	0	16	25.81	43	69.35	2	3.23	1	1.61	100
（11）贵校的机构设置、岗位职责及分工情况如何？	0	0	3	4.84	49	79.03	7	11.29	3	4.84	100

表 3－7

（12）贵校内部控制的第一责任人是谁？	频数	占比（%）	累计占比（%）
A. 校长	36	58.06	58.06
B. 党委书记	8	12.90	70.96
C. 总会计师（或履行类似职责的副校长）	9	14.52	85.48
D. 未明确	6	9.68	95.16
E. 不知道	3	4.84	100

表 3－8

（13）贵校是否设总会计师？	频数	占比（%）	累计占比（%）
A. 是	52	83.87	83.87
B. 否	8	12.90	96.77
C. 不知道	2	3.23	100

表 3－9

（14）贵校内部控制建设的主要牵头部门是谁？	频数	占比（%）	累计占比（%）
A. 专设内部控制部（或风险管理部门）	7	11.29	11.29
B. 财务部（处或科）	37	59.68	70.97
C. 审计部（处或科）	11	17.74	88.71
D. 临时设立的办公室	6	9.68	98.39
E. 未明确	1	1.61	100

（3）学校内部控制建设的基本情况。

表 3－10

问题 \ 选项、频数及占比	是		否		不知道		占比合计（%）
	频数	占比（%）	频数	占比（%）	频数	占比（%）	
（15）贵校是否举办过专门的内控规范相关培训？	9	14.52	47	75.81	6	9.67	100
（16）贵校是否建立内部控制工作领导小组并制订内部控制建设方案？	26	41.94	32	51.61	4	6.45	100
（17）贵校是否建立经济活动风险定期评估机制（包括编报风险评估报告）？	13	20.97	38	61.29	11	17.74	100
（18）贵校是否建立包含各种决策流程、业务流程、风险点、控制点、控制矩阵、权力分配指引等内容的“内部控制手册”？	7	11.29	50	80.65	5	8.06	100

表 3－11

问题 \ 选项、频数及占比	很好		好		一般		差		很差		占比合计（%）
	频数	占比（%）	频数	占比（%）	频数	占比（%）	频数	占比（%）	频数	占比（%）	
（19）贵校建立并落实高中低层领导干部、关键岗位工作人员的定期轮岗制的情况如何？	3	4.84	22	35.48	27	43.55	8	12.90	2	3.23	100
（20）贵校各项事务决策、执行及相关经济活动会计核算与管理档案的归档并保管工作如何？	1	1.62	13	20.97	28	45.16	12	19.35	8	12.90	100
（21）您认为贵校的信息化程度及信息共享程度如何？	2	3.23	16	25.81	31	50.00	6	9.68	7	11.28	100

表 3－12

选项、频数及占比 / 问题	是		否		不知道		占比合计（%）
	频数	占比（%）	频数	占比（%）	频数	占比（%）	
（22）贵校是否发生过信息系统安全事故？	21	33.87	33	53.23	8	12.90	100
（23）贵校是否建立了反舞弊机制？	54	87.10	3	4.84	5	8.06	100
（24）贵校内部控制是否定期开展有效性自我评价？	25	40.32	28	45.16	9	14.52	100
（25）贵校否定开展内部控制有效性审计？	4	6.45	53	85.49	5	8.06	100
（26）贵校是否根据内部控制评价结果建立奖惩制度？	8	12.90	47	75.82	7	11.28	100

表 3－13

选项、频数及占比 / 问题	很好		好		一般		差		很差		占比合计（%）
	频数	占比（%）	频数	占比（%）	频数	占比（%）	频数	占比（%）	频数	占比（%）	
（27）您认为贵校当前的信息公开是否充分、及时？	4	6.45	9	14.52	33	53.23	12	19.35	4	6.45	100
（28）贵校内部审计机构的监督、评价与服务的职能作用发挥得如何？	2	3.23	10	16.13	43	69.35	4	6.45	3	4.84	100
（29）贵校对内部控制有效性评价或审计中发现的缺陷进行整改的情况如何？	5	8.06	13	20.97	23	37.10	14	22.58	6	9.69	100

从表 3－1 至表 3－13 可以看出，高校内部控制建设的基本面是好的，势头是可喜的，对高校的发展无疑起到了一定的合理保障作用，但也存在着不同程度的观念落后，型制不适，宣传不到位，规则精神未吃透，规划与建设仍较粗糙，长效机制未真正确立，因而内部控制的有效性不佳等缺憾。

3.3　我国高校现行内部控制“异象”分析

3.3.1　高校现行内部控制“异象”大观

我国高校的内部控制着手进行全面、规范、系统建设的时间不长，加之高校生态与风险均在与时俱进的地发生着变化，因此无论是从整体建设还是具体要素建设，也无论是从设计还是实施的现状来看，高校的内部控制都还存在诸多缺陷（“异象”）。虽然不同地区、不同高校的内部控制建设很不平衡，所呈现出来的“异象”也有差异，不能一一在此梳理，但共性的问题或缺陷是客观存在的，主要包括：

（1）控制环境不佳。

控制环境不佳包括内部和外部两个方面。外部环境不佳主要表现为与高等教育相关的法律法规及监管机制尚不够健全完善，管理体制及外部治理结构存在缺陷，部分宏观政策导向存在偏差等；例如，《中华人民共和国高等教育法》虽然对高校的性质、基本制度、设立、组织形式及活动、管理体制、教职员工、学生、投入及条件保障等进行了明确，但未将高校“内部控制建设”及“控制办学风险”等基本要求“明确地”纳入其中；虽然教育部出台了《教育部直属高校经济活动内部控制指南（试行）》，但其直属高校仅75所，且均为公立，基本上还是“211”或“985”工程建设的高校，其管理基础本身较好，教学与科研实力也较强，而更需要外部进行规范与指引的是其他公立高校和民办高校。因此，以教育部直属高校为背景制订的“内部控制指引”虽然对省属一本、二本、三本和高职高专类的高校有一定的借鉴与参考价值，但毕竟背景不同，何况高校的内部控制及风险管理的范围也非仅仅涉及经济活动，借鉴与参考价值有局限。尤其是民办高校，其在管理体制和治理结构上与公立高校有着较大的差异，办学风险有其自身特点，简单参照教育部直属高校的内部控制指引，其价值更是大打折扣。另外，高校信息公开制度建立的外部环境也有缺陷，从我们调研的情况看，虽然100%的样本表示已按要求建立了信息公开制度，但从其建立的信息公开渠道（主要是各高校信息公开网页）看，外部披露规则对信息披露的内容细化与格式标准要求不够具体统一，致使各高校信息披露的详略程度与形式差异很大，有的甚至故意模糊与遮掩，更为严重的是相关外部规则、制度只要求高校披露其预决算总体信息①，未要求公开高校的资产负债表等其他财务信息，也不要求高校对公开的财务信息必须进行强制性的外部独立审计②，使其可信度及透明度不够，信息公开的预期监督效果难以达到。内部环境不佳主要表现为高校对其发展战略的研究与规划不到位，内部治理结构、机构设置及权责分配不合理，校园文化滞后，激励与分配机制的效用不理想、内部监督体系未能有效整合并运转等。例如，根据我们的相关问卷调查统计，在所访问高校中有高达90%的学校无定期的发展战略报告提交及讨论制度，只有共计24.2%的受访者对其所在学校“学术委员会、学位委员会、教学指导委员会等专业委员会的职能作用”表示满意，有多达22%的受访者认为其所在学校“教职工代表大会、工会会员代表大会的职能作用”发挥得“差”或“很差”；认为“机构设置、岗位职责及分工情况”为“差”或“很差”的比例合计为16.03%，是“满意”度占比4.84%的3倍多；认为其所

① 即仅要求披露收支总额（一级）及其大类构成（二级）金额，未要求披露各项收支的预决算的三级、四级、五级明细信息及其相应的比较信息（即往年相同收支项目的预决算信息）。

② 根据我们的调研统计，在样本总体中仅有15%的高校对外公开披露的信息是经过外部中介机构独立审计的。甚至财务预决算信息也大都只经过高校内部审计而已。

在学校“教育教学工作实行校院（系、中心、部）两级管理体制的实施效果”为“中偏下（含中）”的比例高达74.19%。另外，高校行政人员与教学人员比例不合理的问题也较突出，调研样本中认为其所在学校行政人员与教学科研人员的比例失调的受访者居多，约为65%；认为所在学校引进急需的教学、科研及管理人才的标准“过于偏重学历和科研能力而忽略其职业胜任能力和道德素养”的受访者在省属高校板块尤为突出，比例高达71%。从高校文化环境来看，高校功利化风气或倾向较盛，高校人员为了升职和评职称，将更多的关注点放在了科研和评优上，对于教学和其他的内部控制与风险管理的重视不足，甚至较普遍认为风险仅存在于高校重大事项之中，其他诸如食品卫生、校园安全、师生诉求乃至设立“小金库”之类，乃寻常小事，不足挂齿，无所谓风险，而“高校文化的健康与否，直接关系到高校内部控制效果的好坏”①。因此，高校发展目标与规划不尽切合实际，权力制衡机制弱化，贪腐案件频发，行政化倾向厚重，机构臃肿、权责不清、相互推诿以及“门难进、脸难看、事难办”的“三难”等“异象”日益普遍也就成为必然。

（2）风险评估不到位。

风险评估是高校针对整体及个体控制对象，通过设定目标，识别、度量影响目标实现的各种不确定性与可能性（如概率），并提出应对之策（具体应对预案或措施）的过程，其目的是为后续的“控制活动”提供依据。高校发展与运作过程中充斥着各种各样的风险（在前面已有梳理），主要分为整体层面的风险和业务层面的风险。整体层面的风险通常包括发展战略与规划风险、顶层治理框架与权力制衡风险、机构设置与权责分配风险、信息互通与共享风险、管理人员的廉政风险、控制意识与整体内部控制建设方案设计风险、高校公共资源利用率风险、校园文化风险等；业务层面的风险主要包括教学、科研、招生、采购、财务、审计、后勤、安全、卫生、基建、资产运用、所属企业或附属单位等各业务与环节的风险。然而从我们调研的情况看，风险评估却是我国高校内部控制中最薄弱的领域。主要“异象”表现为：绝大部分高校对其绝大部分的控制对象均沿用传统的“在风险具体发生的情境中依据‘××管理制度（办法）’，边理解判断边想具体的应对办法并付诸实施”的控制思路，而几乎在“控制活动”开展之前事先进行“风险评估”（即对每一控制对象事先按“设定目标—风险识别—风险度量—风险应对”的流程进行充分、细致的事前准备，形成预案——《内部控制手册》）的概念②。根据我们的调研统计，在回答“贵校是否建立经济活动风险定期评估机制（包括编报风险评估报告）”的调研问题时，61.29%的回答是“否”，17.74%的回答是“不知道”，仅有20.93%的回答“是”；在回答“贵校是否建立包含各种决策流程、业务流程、风险点、控制点、控制矩阵、权力分配

① 汪惠兰．高校内部控制缺陷浅析［J］．财会通讯，2010.

② 不排除一些高校对少数突发的重大事件（如火灾、食物中毒等）也事先专门制定了应急预案，但其覆盖面较窄，与现代内部控制中的“风险评估”要求的几乎为全覆盖式地进行事先的“目标设定—风险识别—风险度量—风险应对”，形成针对所识别出的每一风险点和控制点的控制预案矩阵（控制手册），在范围、形式、深度与广度上均有着较大区别。

指引等内容的‘内部控制手册’”的调研问题时，更是有高达 80.65% 的回答为“否”，还有 8.06% 的回答为“不知道”。高校这一内部控制缺陷为紧接着开展的“控制活动”埋下了隐患。

（3）控制活动不充分。

控制活动指依据风险评估结果（已制定的“预案”——《内部控制手册》），由各控制主体对照各具体控制对象在现实时空中所呈现的各风险点与控制点的状态，通过手工控制与自动控制、预防性控制与发现性控制相结合的方法，兵来将挡，水来土掩，有针对性地选取、运用相应的控制措施，将风险控制在可承受度之内的过程。控制活动贯穿于整个高校业务活动与经济活动的始终，是直接关系内部控制整体有效性的重要一环。然而在这一重要环节，高校所存在的“异象”也不少：第一，方法单一。每一个内部控制方法均有其长处与短处。高校内部控制既应是具体落实风险应对策略的过程，也应是将内部控制理念及各种方式、方法连续、系统、全面和综合地运用于受控对象，以取长补短，去实现控制目标的过程。然而现实的状况是控制方法的运用较为单一，多以“内部牵制”理念为基础的传统方法（如实物控制、会计系统控制和岗位轮换控制等）的运用为主，而体现“资源”基础和现代全面风险控制理念的内部控制方法，如分权控制、授权控制、运营分析控制、绩效考核控制、矩阵控制和现代信息系统控制等方法的运用则相对较少，或者运用不彻底，且内生性不强，未能真正做到制度化、经常化和连续运用，因而难以发挥其综合控制效应。这在我们的调研统计数据中也有反映。在我们进行的业务层面的内部控制的 40 项（含子问卷）调研中，均在含有“内部控制方法是否单一”的调查项中的选择为“是”，比例高达 100%。第二，挑肥拣瘦。从职权分配来说，许多重要岗位权力过于集中且权力范围产生冲突。当权力范围出现交叉时，有利的则相互争抢，不利的、棘手的就相互推诿的现象较为普遍。在我们进行的业务层面的内部控制调研中，调查对象在回答“贵校业务层面内部控制是否存在控制死角或盲区”时，有 96% 的调查对象选择了“是”，比例极高。第三，预算管理不到位。一是预算下达时滞较严重，约 80% 的高校年度预算下达时间均在每年的 4 月、5 月，有少数的甚至要到 6 月、7 月才能下达。二是预算没有单独设立类似于预算管理委员会这样的专门组织对预算进行把关。三是预算偏重增量预算法的运用，零基预算与滚动预算法的运用少，难以适应环境和其他情况的变化。四是任意调整预算，超预算使用预算资金或不同项目之间互相挪用预算资金的情况在部分高校，尤其是三四类高校和民办高校还较普遍。五是预算执行不平衡，年度终了突击花钱现象较为严重，影响了资金的使用效率和效果。六是预算考核不到位。从调研的情况看，在样本院校中有近 50% 的高校的预算考核与分析只是走走形式，并未真正与各教学单位和职能部门的业绩与奖惩挂钩。第四，资产管理的问题不少。一些高校疏于对资产的管理，在资产管理上“重买轻管”，导致资产的安全性和完整性得不到保障，资产的使用效率很低。从调查统计看，样本高校中有近 40% 的财务账面资产与资产管理部门的账面资产不符，资产管理部门的账面资产与实际使用部门的资产也不尽相符；有 37% 的高校实物资产未能完全执行定期清查盘点制度；有 28% 的高校对实物资产定期清查盘点发现的账实不符只进行了账面调整，未对其失职行为进行追责与处罚；有 17% 的高校存在不同程度的无形资产纠纷；另外，还在调查走访中发现有部分高校存在资产报废注销手续不全、公产长期私用、私自出租学校房产和私设“小金库”等“异象”。第五，采购业务控制隐患不容小视。其主要表现为与业务需求及预算脱节，采购招投标流程执行流于形式，验收与付款把控不严，与资产管理部门的对接管理不够到位等。第六，教学管理不够严谨。一是学科建设、教材建设与时俱进不够，如不少学校许多专业的教育教学培养方案时隔 4 ~ 5 年才修订一次，教材修订也偏长，严重滞后于现实学科及相应课程的知识与技术的最新发展；二是重科研轻教学现象普遍，课堂教学与管理手段与方式较落后，未能引入先进的教学与管理手段与方法，如在我们调研的学校中课堂上运用翻转课堂、MOOC、雨课堂、SPOC 等进行教学与管理的不足 40%；三是教学质量控制力度不强，听课、评教、教学内容与进度的检查等制度的执行，以及试卷把关、成绩分析等流程也常常都流于形式，其好坏也与年度业绩考评与职称晋升挂钩有限或根本不挂钩，因此总体教学质量不容乐观。第七，科研项目及管理非正常现象较普遍。一是重申报立项而轻研究，存在大量延迟结项项目、中止项目，“投入产出比”远低承诺与预期；二是以次充好、拉帮结盟、巧取豪夺等学术霸凌、学术腐败仍然在一定程度上侵蚀高校科研活动的正常开展；三是巧立名目、弄虚作假、张冠李戴套取科研经费的现象也仍然较为普遍；四是科研的内生动力与高校目标、功能定位、国家“双创”战略等实现存在明显反差。第八，招生与基建仍然是高校腐败案件的高发之地。在我们调研的学校中，在近 5 年内发生过腐败案件的占 30%，其中 80% 的腐败案件与招生、基建、采购相关。第九，对校办企业及其他附属单位（教育基金会、医院、独立学院、中小学等）的管理存在疏漏。或履行出资人的角色不到位，或监管松懈”招致利益受损、承担相关法律责任，或经济与利益关系不清，连带责任与纠纷不断等。第十，其他“异象”。如人事分配机制不合理，阻碍教职员工积极性发挥；收入控制不力，存在乱收费、私设小金库、坐收坐支等乱象；档案管理的归档、调档与销档流程管理不到位，对业务控制与经济活动控制的支撑作用难以到位；债务规模与结构失控，影响支撑学校可持续的资金来源保障（目前在部分民办高校更为突出）等。

（4）信息沟通不畅。

高校信息沟通不畅，表现为对内和对外两个方面：第一，高校对外信息公开程度还有待进一步提升。尽管自 2010 年 4 月教育部发布《高等学校信息公开办法》（教育部令第 29 号，于 2010 年 9 月 1 日正式实施），经过几年的努力，于 2015 年基本在所有高校建立起信息公开制度，开辟了专门网页按教育部规定的“信息公开清单”公开披露了 12 大类信息，但是信息公开的内容与广大需求者的要求还有差距，如经济信息方面只要求公开“财务、资产与财务管理制度，学校经费来源、年度经费预算决算方案，财政性资金、受捐赠财产的使用与管理情况，仪器设备、图书、药品等物资设备采购和重大基建工程的招投标，收费的项目、依据、标准与投诉方式”等，而未要求披露高校经过外部独立第三方审计的“资产负债表”“收入支出表”以及预算与决算的详细信息（涉及三、四级明细项目信息）。另外，因教育部的信息公开办法中未强制规定信息公开的具体形式和详略程度，所以各高校公开年的信息差异大，有的高校甚至有意识地利用教育部规定的模糊性，尽量简化或压缩公开披露信息的信息量，以减轻其披露成本和信息充分披露后可能招致的社会压力。第二，高校面对负面事件（如贪腐事件、突发性事件或群体性事件等）的对外信息沟通与应急处置能力令人担忧。尽管不少高校事先也制定了诸如火灾、卫生与安全、非法集会或斗殴等突发事件或群体性事件的应急预案，但仍然不能满足所有有损学校秩序、形象和声誉的负面事件的处置需要，对一些无预案的事件的应对往往临时手忙脚乱、纰漏连连；对于有预案的事件，由于缺乏对预案的细化和经常化的“实战”预演练，也常常在临时处置时出现这样那样的问题，尤其是对外解释说明工作不够及时、不准确，甚至失当，导致负面效应不减反增。第三，信息采集、加工与传递的流程设计与执行存在瑕疵，信息的对接与共享机制偏弱，日常许多大小事务的运转信息不能及时反馈到相关控制主体，使控制措施出现时空错配。第四，未能有效整合并充分发挥校园局域网、BB 教学辅助系统、OA 办公系统、校园一卡通系统、财务信息系统、教务管理系统、学生学籍管理系统和图书管理系统等主要信息与沟通平台的效用，大部分学校相关资源的效用仅发挥二三成，既浪费了资源又影响管控与服务质量，如某高校医院挂号、处方、划价、交费和发药还是沿用传统的管控手段，而未能充分发挥校园一卡通及其他信息系统的作用，不仅使师生看一次病常常要排多次队，服务质量和效率极低，而且还经常出现非本校师生员工冒名顶替看病取药的现象，造成医疗费用的失控。虽然近年来，不少高校与相关信息服务平台或服务商建立了一定的协作关系，将高校分散的信息系统进行了整合尝试（如与腾讯公司合作打造的“微校园”），但效果仍然不尽如人意。第五，信息沟通形式单一，大多只重视现代网络系统建设，而忽略传统管道的作用与创新。虽然不少学校也保留着诸如举报系统、校长热线、座谈会、代表会议、问卷调查等传统沟通与对话机制，但能长期坚持如一的少，真正解决的问题也十分有限。例如，我们在调查了解到某高校一封举报信在举报箱中沉睡了大半年才被发现，等依此信提供的线索调查犯罪嫌疑人时，其已远遁海外了。还有不少学校的“校长信箱”或“网站”长时间无人负责值守，监督电话常常打不通或者迟迟不处理问题或不反馈问题处理情况。

（5）内部监督乏力。

高校监督存在的“异象”主要表现为：第一，内部监督资源的合力不够。高校目前内部监督的制度安排主要靠党委对行政、纪检监察对党员及党员干部、内部审计对内部各主要部门、项目和岗位的监督组成，应该说也起到了一定的作用，但高校近年来不断发生的违规、乱权、贪腐、低效及群体事件也说明内部监督在分工、整合、层次以及网络体系等方面仍有欠缺，还不能及时防范、发现和纠正高校内部的重大控制缺陷与漏洞。第二，内部审计的力量、独立性与参与方式都有硬伤。一是内部审计机构及人员配备与所承担的职责与工作量不匹配。高校每年的内部审计涉及财务收支与预决算审计、领导干部经济责任审计与离任审计、工程项目审计、采购与招投标审计、专项资金审计、绩效审计和管理审计、内部控制评价或审计等，无论是工作范围还是工作量都在逐年增大，按教育部《关于加强直属高等学校内部审计工作的意见》（教财〔2015〕2 号）的要求：“内部审计部门负责人应具备经济、管理类专业知识，具有从事财经、审计等方面工作经验。内部审计队伍应由具备经济、管理、法律、建设工程、信息系统等专业背景和专业资格的人员组成。应组织内部审计人员参加后续教育，不断提高审计队伍的专业化水平”，但现实中，教育部直属高校无论是从内部审计人员的数量上，还是人员能力结构和素质上均未达到高校内部审计的客观需求，更别谈地方高校了。在我们针对高校内部审计的调查问卷中“内部审计人员配备是否与所承担的职责与工作量相匹配”的回答除 2% 的为“不知道”外，其余 98% 的选择均为“否”。而外购审计服务的规模因受经费及预算的制约，所分担的审计工作量的比例普遍较低，从我们调研的情况看，约七成高校外购审计服务分担的工作量低于 20% 。二是内部审计的独立性相对不足的问题在几乎所有高校都不同程度地存在。从调研的样本统计看，约 22% 的高校未独立设置内部审计机构。在设置了独立审计机构的高校中，约 43% 的高校内部审计归属校长分管，约 36% 的归属于总会计师或履行总会计师职责的副校长分管，约 21% 的归属于党委或理事会直管。我们在调研中还注意到，不少高校的内部审计被要求全程参与学校对重大问题的讨论与决策过程，有的甚至还要求签字认可，这使内部审计人员的工作量与压力空前增大，在力所不能及的情况下，其参与或签字也只会是流于形式而已。更为严重的是，内部审计参与了决策全程并签字认可，其后续相关审计的独立性和审计意见便可想而知，“既当运动员又当裁判员”本身已触碰了内部审计及内部控制之最大禁忌。第三，内部控制评价质量不高，内部控制全面审计几乎还是空白。我们走访调研的统计表明，在样本高校中只有 48% 的高校开展了相对规范的内部控制自我评价并出具了“××高校××年度内部控制报告”，但评价主要以时点性的问题导向进行的，而非时期性的风险导向进行的，且评价范围主要面向经济活动内部控制，而非全方位内部控制的，因此其评价质量是低标准的。评价主体以内部审计为主。99% 未开展内部控制审计。对发现的控制缺陷的整改缺乏系统的方案审查和整改后的监督与验收机制。

3.3.2　高校现行内部控制“缺陷库”

基于前面对高校现行内部控制“异象”的分析，并收集整理相关文献资料、审计案例、官方媒介报道和部分高校信息公开网页中有关高校内部控制缺陷的分类与描述，我们将高校的主要内部控制缺陷集成为比较完整“缺陷库”，其大致形态及要素如表 3 - 14 所示。

表 3 - 14　　高校内部控制缺陷库

涉及领域	内部控制缺陷	缺陷分类	缺陷来源	缺陷后果
组织架构	组织框架与发展规划不协调	设计缺陷	调研	不利于发展战略、内控规则和流程的落实
…	…	…	…	…

因该“缺陷库”的内容较多，篇幅较大，故完整的“缺陷库”列示于附录中。

3.3.3　高校现行内部控制缺陷特征分析

高校上述内部控制问题不仅客观、普遍存在，而且还呈现出以下特征：

第一，“过控”与“失控”并存。一方面，一些权力较大的重要部门、关键岗位，不是完全以“服务、效率、发展”为宗旨，而是弥漫着较浓重的弄权逐利、为“控制而控制”的氛围，将许多本来简单的问题复杂化，层层设限，步步设卡，形成“过控”现象，既影响了办事效率，又隐藏着腐败；另一方面，一些考核弹性大，利益不直接不明显的领域，如师生员工的思想政治工作、学风、教风和科研建设、学科建设、课程建设以及校园文化建设等，则漫不经心，得过且过，抓一阵歇两阵，基本处于“准失控”状态，使一些学校师生长期处于“亚健康”状态，思想或抑郁或偏激，心理障碍多，时有自残、跳楼及暴力相向事件发生；一些老师重科研轻教学，热衷社会兼职或办实业、捞外快，教学不投入或根本就不愿意上课；一些学生则心气浮躁，热衷恋爱、炫富比酷，追求时尚，无暇学习，长此以往，教学质量处于一种什么样的控制状态也就可想而知了。

第二，“控制孤岛”效应明显。当前公立高校主要实行的是党委领导下的校长负责制度，高校自上而下总体上按照“党委书记—校长—副校长（副书记）—各部（处或院）长—教职工”层级化的设置，形成了纵向的管理级别控制。层级式的级别和机构设置带有严格的控制色彩，使高校的内部控制更注重级别和效率，而对于横向部门之间、同级别不同职能部门之间的制约、监督却缺乏必要的重视①。纵向控制有余，横向控制不足，导致“控制孤岛”效应明显。教学、科研、组织、人事、资产、学生、网络、安全、卫生、财务、审计以及纪检监察等各领域的分管校领导之间、部门与部门之间缺乏良好的常态化的信息互通与共享、协同配合与整体推进，常常各拿各的方案，各做各的数据，互不干扰，各自为政，因而彼此口径不一，重复与浪费惊人，矛盾冲突不断。

第三，控制目标偏低，控制范围及主体狭窄。控制目标仅以防错查弊为主的高校的比例仍然偏高；时空范围仅以事中、事后经济事项为主仍然居多；实施控制的力量仅以领导、纪检监察与会计、审计为主的仍然高达85%以上。这些均反映出高校现行内部控制带有浓重的传统特征，与现代内部控制与风险管理的理念与特征还相去甚远。

第四，动态建设滞后，效用普遍偏低，甚至违规违纪违法案件呈高发、多发与蔓延之势。高校的内部控制大多还基于若干年前的学校环境和框架建立的，没有与时俱进，充分考虑到当前高校的生态环境变化而进行动态的修订、补充与完善。例如，高校已进入网络电子化办公时代，但大部分工作流程仍然保留旧有的审批与控制流程操作，使流程冗长，效率低下。另据新华网2015年3月19日报道：“北京近三年查处的高校腐败案件总数较前一个三年上升了一倍”，而且呈现以职务犯罪为主向基建、财务、招生、采购和后勤等权力部门或关键岗位集结，高、中、低层连发，数量金额日益扩大等特点。

3.4 我国高校现行内部控制缺陷原因透视

我国高校存在上述“异象”及问题并非偶然，既有表象的外因，也有深层的内因，既

① 吴冬冬. AM大学内部控制现状及改进研究［D］. 安徽财经大学，2017.

有观念上和理论上的误区所致，也有具体生态环境与操作层面的因素影响，只有全面分析透视，才能有的放矢，进行针对性与根本性的整改与完善。

3.4.1　高校内部控制与风险管理的误区辨析

基于前述的我国高校内部控制异象及缺陷特征，反思我国现行高校内部控制与风险管控存在问题的原因，发现其背景与原因尽管是复杂的，但至少与持有的相关理念和采取的相关控制手段存在一系列误区有关：

误区之一：风险是危险、恶魔、舞弊和损失的代名词。实际上风险包含危险，但不等于危险。风险是目标实现过程中的不确定性，既包含正面转化的可能性，也包含负面转化的可能性。因此风险不可以与恶魔划等号，不是一有风险就一定会产生舞弊和损失，只要管控得当，其完全可能向正面的方向转化，有利于控制目标的实现。只有对某控制对象的控制目标实现的不确定性向负面转化几乎不可避免或可能性较高时才是“危险”。该误区的危害：一是容易只关注与应对达到“危险”程度的风险，而忽略对其他风险的梳理、关注与管理；二是容易对所有风险采取相同的策略与方法进行管控，而忽略分类分级的差异性风险管理策略与方法的运用。这些最终都会使内部控制与风险管理存在缺陷，实施的效果大打折扣。

误区之二：风险只来自内部，只来源于经济事务或基层事务。实际上，高校风险不仅仅来自其内部的、经济的和基层的事务，也来自其外部的、非经济的和高层的事务。有时来自外部的风险、非经济事务和高层决策的风险的影响力更甚至来自内部的、经济的和基层的，如国家相关的法律法规的出台与修订、国家政经体制与教育体制的改革与规划、整个社会经济发展水平、周边文化与生活环境等对高校发展生态及风险大小的影响不可忽视；另外，来自战略、人事、生源、卫生保健、安保、科研、教学及信息等非经济的事务的风险，以及相应的高层重大决策风险更是事关高校的前途与命运。有的虽然暂未与资金、预算产生联系，但绝大部分最终都会产生或多或少的联系。该误区的危害：容易忽略内部控制与风险管理的全面性，忽略主要矛盾和风险源，留下内部控制与风险管控死角、盲点和空白点，给高校发展带来隐患。

误区之三：内部控制中所有风险应对的终极目的是风险规避或最小化。任何行为的存在均有其直接目的与终极目的之分。高校内部控制中的风险应对也是如此。现实中常常因为忽略、偏执或混淆了两个目的的存在或从属关系而出现问题。本误区产生的根源正在于此。其一，风险规避或最小化并不是管控风险的终极目的，风险管控的终极目的或目标是促进效率、效益与发展；其二，风险规避或最小化也不是风险管控的直接目的或目标的全部，充其量只是特定事物或行为在特定时空条件下风险管控的目标选项或目标之一。风险管控的直接目的或目标应该是将风险控制在可承受的限度之内，其应包含规避、分散、降低以及承受等多个选项，所以管控的目标未必都是风险为零或最小化。该误区的危害：第一，容易导致见事就躲，遇事就绕、相互推诿之类的简单的风险管控行为发生，最终将错失机遇（因为任何事物或行为都有风险），一事无成；第二，容易导致为控制而控制的极端、粗暴行为，层层设卡，处处刁难，只做“减法”，不做“加法”，难以促进事业发展。

误区之四：风险应对是高层、会计及审计人员的责任与义务。这是典型的以财务为核心（导向）的传统内部控制与风险管理理念，已完全不能适应现代高校风险管理的需要。现代管控理论认为内部控制与风险管理应该是价值导向、发展导向的全方位、全过程的管理，遍及每一项事务、每一流程、每一细节，涉及宏观与微观、纵向与横向、战略与战术、文化与非文化、经济与非经济、硬件与软件等多层面，“点”与“面”结合，“事”与“人”交叉，既要顾及“当前”，又要面向“未来”，既要顾及“结果”又要注重“过程”，是一个庞大的系统工程。因此，面对如此庞大的系统工程，无法仅仅依靠高校的高层、会计及审计人员来完成，唯有定位“全员性”控制主体，即既包括传统主体，还包括每一位师生员工，将内部控制与反控制的“战争”演变成一场无所不能、无坚不摧的“群众战争”才能堪当此任。此误区的危害：容易忽略广大师生员工的风险管控的主体地位，使高校出现内部控制与风险管控死角、盲点与空白点。

误区之五：风险管控重心是行政权力滥用风险。的确，高校机关化、行政化趋向比较严重，玩弄权术、以权谋私也存在一定的土壤和条件，而且权力腐败的案件也时有发生，防范与管控高校行政权力乱用风险理所当然应成为高校风险管控的重点，但不可以一个重点覆盖、代替其他的重点甚至核心的存在，高校的主要角色除了教书育人外，还要肩负起知识创造、文化传承、“思想库”和“发动机”的历史重任，所以在教学、科研、校园文化建设等方面的行政权力即使未被滥用，但却被消极使用甚至不用，庸懦懒散，安于现状、但求平安，得过且过，同样不可容忍，同样应成为内部控制与风险管控的重点。再者，高校是一个特殊组织，权力滥用、权力腐败的风险还突出地体现于学术权力的滥用甚至腐败，要将防范和管控学术霸权，学术权力寻租等纳入风险管控重点。该误区的危害：容易模糊重点，转移焦点，造成内部控制与风险管控工作顾此失彼。

误区之六：风险应对是制度汇编的过程。存在此种思想观念的高校及其管理者不在少数，他们将高校的风险管理看成是一个制订制度并汇编成册，人手一册，一劳永逸的过程。实际上风险应对是由控制环境、风险评估、控制活动、信息与沟通以及监督与评价等要素构成的一个动态的、与时俱进的、不断总结与完善的过程，也是一个由全员性控制主体运用多种管控方法进行控制与反控制的过程，而制度的制订与汇编只是这一过程的一个环节和载体之一而已。该误区的危害：容易将风险管控看成是静止的、一成不变的、条条框框的东西，忽略环境的变化和被控对象的反制力，忽略控制主体的能动作用与适时应变与创新效能。

3.4.2 高校现行内部控制缺陷存在的内部原因分析

（1）内部控制的固有局限是高校内控挥之不去的变数之一。

现代内部控制理论与实践应用均是建立在一定的假设或前提条件下的。若高校内部连设计与实施内部控制的假设或前提条件均不具备，那么即使按规范要求设计并实施了一整套的内部控制体系，仍然可能出问题，仍然难以达到内部控制的目标要求。例如，现代内部控制理论一般均假定人是理性的，不会串通舞弊，所以基于此建立了内部牵制为主线的一系列权力制衡的内部控制制度。但现实是“理性人”假设毕竟是“人设”，不能保证百分百的人在百分百的时空的理性选择，一旦串通舞弊发生，现有的内控体系必然无法实现有效控制。高校内部控制缺陷的存在一样不能例外要受此固有局限的影响，像永远挥之不去的梦魇，与高校内部控制相生相伴，共进共退。

（2）落后的内部控制与风险管理的观念与手段难辞其咎。

一是高校对于内部控制的宣传普遍不到位，使许多高校领导层、职能部门和教学部门负责人，以及广大的师生员工对于内部控制的认识严重不足，不能正确理解内部控制的作用与意义，缺乏积极参与意识与自觉性。现代内部控制的时空非传统的可比，其面临的环境与复杂性也非传统的可比，由此决定了其主体必然是全员性，必须群策群力，方可显现功效并保持长久。而缺乏积极参与意识与自觉性的内部控制实际上是全员性内部控制主体的缺位，出现这样那样的缺陷也自然不足为怪了。二是对内部控制理论与方法的培训不够，使高校的师生员工对内部控制制度及其内在规律普遍缺乏必要的了解。试想，一个缺乏基本理论、基本知识、基本技能的控制主体如何能理解透彻各项内部控制制度的具体设计意图与控制措施，并与具体的风险与问题对接，以实现适时而有效的控制活动呢？如何能思考控制过程中出现的各种问题并及时进行信息反馈，以为相关内部控制制度的进一步修订完善提供依据呢？所以实践中，即便控制主体的控制意识不错，也常常会出现心有余而力不足，时空控制错配，横向支持与协调配合不到位，进而严重影响到内部控制的执行和有效性这样的窘况也就毫不奇怪了。三是部分主要领导干部“控人不控已”的意识仍然较浓厚，在内部控制规则面前要求别人可以义正词严，赏罚分明，一到自己头上便等同于没有规则了，形成了不良的示范，结果必然上行下效，传染效应极强，对内部控制的环境与监督均造成严重困扰。四是对建设的目的认知不正确，必然导致内部控制的设计与实施出现重大偏差。如有些高校管理层认为内部控制的建设工作不是其内生需要而是上级摊派下来的任务，因此以应付检查的心态对待内部控制建设，或简单地将高校各个部门现有的规章制度进行汇总整合，编印成册就算了事。或整个照搬照抄一家同类型、同规模兄弟高校的内部控制手册，定期向外部中介机构购买一份评价报告上交就算完成任务。

（3）科层化的控制环境滋生高校“顶层”权力滥用风险。

我国高校内部控制普遍采用科层化管理与控制。不可否认，科层化的内部控制体系在一定程度上保证了内部控制的效率，但是也带来诸如官本位、顶层权力失控等内部控制弊端。我国高校内部控制的需求主体和实施主体几乎都是重合的。高校的内部控制是分层级的，而且每个层级之间都是严格的级别关系。高校的内部控制层级大体上分为三类：一是校级行政管理部门，二是院级职能部门，三是基层工作人员①。控制规则和制度是高校经济活动控制的依据与评价标准，合理的管理制度和有效的控制程序有利于维护经济活动的秩序，提升高校资金的使用效率，也有利于学校高层对于行政职能部门、院系教学部门和

① 王超辉，孙支南．高校内部控制的现状——弊端与突围［J］．教育评论，2016.

基层人员的监督，提升内部控制效率与效用。但是当前这种高校科层化的控制体系却缺乏对于高层“一把手”或“各分管校级领导”所掌控实权的有效监督，甚至形成校级与中低层的相互“包容”和“权利交换”，较为容易滋生腐败或寻租等不法行为，甚至形成“窝案”根源。尽管我国高校已在贯彻落实内控规范要求，在高校建立“三重一大”决策规则与流程，但受“顶层权力”内外部监督缺位以及集体决策与联签规则的变通、历史惯性、科层化下的“权”与“利”的包容与互换的隐秘性等多种影响，“三重一大”或有名无实，或大打折扣的现象还会不同程度地存在。所以目前还有不少高校仍然存在“一支笔”决策的方式。也有不少高校重大采购项目和工程项目的招投标过程只是走走形式，招呼满天飞，“暗箱”操作，“一把手说了算”，或内外配合，人为分割项目，“由大变小”变相逃避控制，或先“低价中标”，后“变更”设计和预算，“迂回”操作以达目的等，花样百出，不一而足。近些年来中纪委曝出许多高校违纪违法行为，诸如山东行政学院原党委书记高某案、南昌大学原校长周某案等均是管理层权力过于集中、缺乏监督的代表。

（4）执行力不够或偏差也是导致高校内控难以实现目标的重要根源之一。

一是部分校级高层对内部控制建立与实施在内心上有抵触。因为类似于“三重一大”的规则无疑是一场权力“革命”，而且革的是高级决策层的命，所以对其有天然抵触，自然身体力行，在此心态下对分管部门也自然没有底气严格要求，担心挫伤下属利益与积极性，更影响上下的“权”与“利”的包容与互换，因而内部控制的执行力只会越变越弱。二是全员主体内部控制意识总体偏低，对风险的理解、识别及控制能力差异较大，高校之间的内部控制基础建设水平也不尽相同，致使高校内部控制的执行力总体不高，执行结果与设计初衷及目标相差较大，高校之间悬殊较大。例如，大部分高校都已建立并实施了岗位轮换这一重要的内部控制制度，但是有的高校岗位轮换顺风顺水，激发了活力，形成前后任良好监督机制，降低了领导岗位和关键岗位的风险，甚至及时拯救了某些干部，避免其在错误的路上越走越远。但也有的高校不能从其具体工作实际出发，机械操作，变相操作，或走走形式，或不考虑轮岗前后职位人员的专业技术匹配性，硬性轮换专业或资质不对路的人员进入某些岗位，这样不仅达不到规避风险的效果，还可能造成新的重大专业或技术隐患。更有甚者的是还有将岗位轮换则变成玩弄权术、买岗卖岗的机会。总之，这种内部控制执行的简单化、粗暴化、表面化、形式化以及腐败化的行为，会极大地削减高校内部控制的执行力与效果。

（5）不健全的内控监督评价与责任追究机制加剧不良循环。

任何一个体系或机制，没有评价就没有好坏之分，没有好坏就更无从谈论责任与整改，奖罚与激励。这样的体系或机制就不可能有持久的活力和生命力。高校内部控制本身就是一项庞大的体系，需要全员的参与和辛苦付出。这需要有一个强大机制来凝聚其力量。而全员的凝聚力何在？毫无疑问必须有一个科学、完善的监督评价、责任划分及奖惩机制，确保干多干少、干好干坏不一样。同时借助这一监督评价、责任考核与利益挂钩机制，确保内部控制的缺陷被及时发现与整改，推动内部控制目标的实现，以形成良性的自控、自查、自纠和自净循环。而高校目前不够健全的内控监督评价与责任追究机制实际上加剧“贡献大小不分——缺陷有无不咎——整改好坏不究”的恶性循环。

3.4.3　高校现行内部控制缺陷存在的外部原因分析

外部原因更多的是外部生态，包括政治、经济、社会和文化等生态及其变化对高校内部控制所带来的影响。

（1）政府相关政策配套和舆论宣传欠缺提升缺陷形成概率。

一是政府教育行政管理部门未能及时出台适用于所有高校贯彻落实《行政事业单位内部控制规范（试行）》的实施指南，未能对高校内部控制建设工作进行科学指导。毕竟高校只是行政事业单位中的一种组织形态，其设立与运行有其独特性。尤其是一些建校历史不长，制度与文化积累较弱的公立或民办高校，在构建符合规范要求的内部控制这一庞大的系统面前，在智力、人力、财力和经验上显示出明显的力不从心。二是缺乏必要的专项财政支持。内部控制虽然不是对高校过去的制度基础的推倒重来，但也需要对高校风险进行整体识别与梳理，对总体方案进行规划与设计，对既有内部控制进行整合、补充与完善，增加内部控制日常监督和定期评价，以及对存在的内部控制缺陷的整改与验收等，这些均需要有一定的人、财、物的投入，对高校来说是一笔不小的经济负担，而高校的经费本来就较紧张，目前国家财政也没有相应的专项预算支持，所以在一定程度上延缓了高校内部控制建设的推进进程。三是来自政府部门的相关监督与惩戒力度偏弱。目前各级教育行政行管理部门对所辖高校已开展的几轮巡视检查，力度和作用均不小，毫无疑问对高校内部控制有着重要且积极推动意义，但其主要针对的是贯彻落实中央八项规定、“三重一大”规定等领域，与内部控制所涵盖的风险点及高校内部控制缺陷的全方位的监督与整改还有差距，且其经常化与制度化如何尚难确定。尽管高校已被要求定期报送和公开年度内部控制报告，但缺乏强制审计监督并出具外部审计意见的制度安排，因此其报告的客观性实际上处于自说自话、无人鉴证状态，定期报送和公开的年度内部控制报告也就沦为一种“形式”而已。四是舆论宣传还不到位，未能形成强大的社会舆论监督和新闻媒体监督的氛围，使高校在内部控制建设、相关信息披露、社会责任担当以及高校负面事件的处置等方面所感受的压力不足，也在一定程度上给予了高校过于宽松的环境，导致紧迫感缺失。

（2）高校外部竞争环境恶化加剧其网破效应。

经济与科技的发展一方面促进了社会的发展与进步，提高了人民生活水平，无疑也给高校进一步发展也带来了前所未有的机遇；另一方面，任何事物都是一把“双刃剑”，高校在拥抱经济与科技的发展给其带来机遇的同时，也加大了各高校的竞争态势，争夺较高的声誉排名、争夺高端人才、争夺优质生源、争夺科研资源、争夺政府财政经费资源，争相扩大校园硬软件建设投资规模和政府采购规模，争相扩大后勤安全卫生保障规模和水平等，这其中涉及大量的权力运用，经济与利益的交换，许多情形是高校既有内部控制所未能预见的，也有的是传统手段所无法胜出的，因此出现不少非常规性操作、非理性操作，当然也有一些基于个人利益，借机浑水摸鱼的非法“暗箱”操作。这种因竞争而致的“鱼死网破”效应（简称“网破”效应或“跳墙”效应）无疑会导致高校内部控制不少缺陷的形成。

（3）高校面临的社会文化生态的急剧变化难脱干系。

社会文化生态的多元化深刻地影响着高校的发展。对于高校来讲，社会文化生态的变化主要表现为社会变迁、市场竞争态势、高校周边环境的变化、校友生态结构变化、国际办学与交流范围和规模变化等多个方面。改革开放以来，不断深化的政治、经济与教育管理体制改革和现代“中国梦”进程所引起的社会政治、文化、价值观、就业观、生产力、生产关系等发生深刻变化，这些变化都给高校人才培养目标与规格、专业与课程设置、教育模式及运行管理等都造成较大影响。世界的全球化发展趋向不可阻挡，科技巨大的发展进步改变了人类的生存与生活方式，科技竞争程度愈来愈激烈，知识爆炸和技术创新，IT与网络技术突飞猛进，互联网即将进入物联网时代，这一切都在深刻地影响人类生存与发展。全球化加速促进了高等教育全球化，导致营利性高校数目剧增，高校间的竞争力度将加大。尽管将高等教育产业化的倾向已遭到多方的非议，国家的相关政策也有相对调整与限制，但其影响并非一朝一夕就能消除，所以高校发展的这种倾向性仍然在一定的范围存在，有的甚至还较突出，相互传染性也较强。另外，高校发展不可无视其社会周边环境的影响。而这一影响中不得不提及的一部分是社会的心理生态，尤其是社会风气的影响。它直接影响人们的价值观念和行为。糟糕的高校周边社会风气，不仅会影响高校廉政主体，对高校的招生、分配、教学、科研，以及校园学习、生活风气都会有巨大而深远的不良影响。广义的外部社会人文生态环境还应包括高校的校友生态、国际办学环境和国际交往范围和频率，这些也在不自觉中对高校发展目标、决策风格、风险策略、个人价值与行为产生不可忽略的影响。

第4章　高校内控转型与升级的历史必然与现实选择

4.1　高校新型内控的理论基础、形态与特性描述

4.1.1　高校新型内部控制的理论基础

所谓“高校新型内部控制”，是现代全面风险管理导向型内部控制的简称，其理论基础是现代的“全面风险管理框架理论”。

20世纪80年代末至90年代初，随着国际金融行业和工商企业的快速发展，企业面临的社会环境和经济环境都发生了很大的变化，其生产经营面临的不确定性也更加多样化和复杂化，从墨西哥金融危机到亚洲金融危机，再到拉美部分国家出现的金融动荡等系统性事件出现，从巴林银行到爱尔兰联合银行，再到长期资本基金倒闭等一系列个体事件的发生，都昭示着失败与损失不再是由单一风险造成，而是由特定环境和条件所造就的政治风险、信用风险、操作风险以及市场风险等多种风险因素交织作用而形成的。人们开始意识到，仅仅以零散的方式管控公司所面对的各类风险已经不能满足实际的需要。而且还觉察到，即便是在一个企业内部，其风险及其管控也必须重新反思和认识，因为在不同部门或不同业务，风险也大多呈现出或相互叠加放大，或相互抵消减少的状态，其“相对内部性和外部性”特征明显。因此，企业不能仅仅从某项业务、某个部门的角度考虑风险，必须根据全局性风险组合的观点，从整个企业的角度审视并管控风险。由此，整体风险管理的思想大约形成于20世纪90年代末。1998年10月，美国长期资本管理公司（LTCM）在金融衍生物交易中损失达数亿美元，几乎走到了破产的边缘。这可是一家由华尔街精英、政府前财政官员，以及诺贝尔经济学奖得主等组成的，曾经名噪一时的金融业巨子与红人，而其在世界金融动荡的严重冲击之下也显得羸弱不堪，这不得不引起金融界的警醒，不得不反思过去风险理念及防控方法。1999年，《巴塞尔新资本协议》将市场风险和操作风险纳入资本约束的范围，提出了资本充足率、监管部门监督检查和市场纪律三大监管支柱，其中就已蕴含了整体风险管理的理念。在经过深入考察后发现金融风险往往是以复合的形式存在并产生影响，单一形式的金融风险往往具有相互联动性。因此，得出风险管理不仅仅是对过去的单个业务的单个风险进行管理，而更应从整个系统的角度对所有风险综合管理的结论。整体风险管理理论认为，对一定量级的风险进行控制是金融风险管理的最终目的，其必然涉及风险偏好和风险估价等因素。因此，将金融风险管理中的价格、偏好和概率三要素综合起来进行全面、系统和动态的决策，才可以实现对风险的合理控制。进入21

世纪后，理论界又提出了全面风险管理理论和全面综合的风险管理思想，标志着风险管理理论不断走向成熟。21 世纪初，美国安然、施乐和世界通信等特大恶性企业欺诈事件的相继爆发，使人们对美国反虚假财务报告委员会的发起人委员会（The Committee of Sponsoring Organizations of the Treadway Commission，COSO）于 1992 年发布的《内部控制整合框架》中的内部控制作用边界提出了一些质疑和挑战，因此人们的目光从传统的内部控制转向了更为直接的风险管理，强调内部控制框架的建立应与企业的风险管理相结合。但是，对于许多企业来说，没有一个普遍认同的关于风险及风险管理的定义，也缺乏一个概述风险管理运作程序的全面框架，这使董事会成员和管理层之间进行风险交流变得异常困难。在此背景下，制订全面风险管理框架有着强烈的理论渴求与现实驱动力。为顺应学术界和企业界的呼声和要求，COSO 于 2001 年提出了对企业全面风险管理进行研究的构想，并邀请了普华永道事务所作为合作伙伴，组织各方面的专家进行集体讨论。2003 年 7 月，该委员会发布了企业全面风险管理框架的征求意见稿，后于 2004 年 9 月发布了正式的《企业风险管理——整合框架》（*Enterprise Risk Management：Integrated Framework*）。该框架拓展了内部控制，更加关注于企业全面风险管理这一更为宽泛的领域，并随之成为世界各国和众多企业广为认同的标准与规范。目前世界上已有约三分之一的国家和地区，包括几乎所有西方发达国家和地区，以及一些发展中国家（如马来西亚、南非、巴西等），都依此框架发表了对企业的监管条例和公司治理准则。在各国的法律框架影响下，企业有效的风险管理不再仅为企业经营合规的外在要求，而更多地成为企业的自发行为。由此也标志着企业全面风险管理理论的正式形成和成熟。

全面风险管理整体框架给企业风险管理下了全新的定义：企业风险管理是企业的董事会、管理层和其他员工共同参与的一个过程，应用于企业的战略制定和企业的各个部门和各项经营活动，用于确认可能影响企业的潜在事项并在其风险偏好范围内管理风险，对企业目标的实现提供合理的保证。

全面风险管理理论对现代风险管理的功能定位：风险是相对于目标的不确定性。风险管理所需要做的是了解组织的各种特定的活动中产生的全部风险同时去有效地管理这些风险，努力将风险控制在可承受的限度之内。

全面风险管理理论的核心理念：一是全面风险管理不是“一锤定音”的一次性行为，而是一个不断循环往复、与时俱进的动态过程——其本身并不是目的，而是实现目的的一种方式。二是将风险关注与管控层面拓展至组织（包括非营利性组织）的全方位、全时限。进一步而言，它的管控不仅限于业务风险、工程风险与财务风险等方面，还包括人文风险方面。业务风险层面涉及研发、产供销、售后等；风险工程层面涉及环境、健康与安全技术；财务风险层面则涉及各类并购、风险理财与内部投资决策；人文风险层面涉及人文作业绩效与文化社会因素的影响等。三是将控制主体提升至全员主体。全面风险管理受人的影响成分较重，它不只是企业的政策、流程、调查和表格的设计与运用，还涉及组织内各个层级的员工的积极性与能动性的调动。全面风险管理因是“不断循环往复、与时俱进的动态过程”，且为“全时空范围”，意味着是“持久战”“遭遇战”，需要全员的参与与分工协作才能赢得胜利。四是全面风险管理应在整个组织范围内应用，在每一个经营层面和每一个单位内应用，并应以一种组织总体的风险组合的观点来看待。相较传统的财务型风险管控，将更突出对组织文化、战略、治理以及效率的风险识别与控制。五是以追求风险可合理承受为目标，综合运用多学科的多种管控手段与方法，构建以八要素为链条且相互融合的风险管控机制与体系。风险管理的设计应有助于确认会对组织造成潜在影响的事项并确保在组织风险偏好的范围内管理组织的风险。对组织所面临的风险要求做出一贯、准确和及时的度量；要求建立一套科学严密的程序用来分析系统风险在交易、资产组合及各种经营活动范围内的分布，以及对不同类型的风险进行合理定价和资本配置；还要求在组织内部建立专门负责风险管理的部门，致力于防范和化解这些风险，减少或消化由此带来的损失与成本，形成一个整合性的管理方法体系与过程。六是整合多头监控与考核力量，形成更完整、高效的监督与评价体系。七是风险管理并非完美无缺，不是解决组织所有问题的灵丹妙药，仅为目标实现提供合理保证，而非绝对保证。上述理念的适用对象不囿于企业，而设定为任何组织的任何的决策位阶，包括个人、家庭、公司、社会团体、政府与国际组织等，以及总体社会。

2017 年 9 月 6 日，美国 COSO 正式发布全球管理学领域，特别是风险管控界期盼已久的更新版《企业风险管理——与战略和绩效相整合》（*Enterprise Risk Management*：*Integrating with Strategy and Performance*）（以下简称新版 ERM）框架文件。这个新版 ERM 框架，于 2016 年 9 月发布讨论稿，向全球公开征求意见。原计划在 2017 年一季度发布，后推迟到二季度，并再次延迟到三季度才发布，经历了近一年的讨论和反复修订、上千条意见反馈和几十场研讨会，在外审与内控之间博弈，在战略与风险、绩效与控制之间反复斟酌和权衡。预期它会对现代企业及其他各类组织的发展和风险管理产生深刻影响。

新版 ERM 框架从全球征求意见稿时的《企业风险管理——与战略和绩效相协调》（*Enterprise Risk Management*：*Aligning with Strategy and Performance*）框架到最后正式发布版的《企业风险管理——与战略和绩效相整合》（*Enterprise Risk Management*：*Integratingwith Strategy and Performance*）框架，虽然仅有一词变化，却展示出了全面风险管理理论新的发展与变化趋向，即旨在弥合（Delineate）风险管理和内部控制“两张皮”的鸿沟，明晰组织风险管理与其战略、绩效密不可分的整体理念，且贯穿于整个新版 ERM 框架内容之中，既体现了现实世界对次贷危机和金融风暴以及网络技术革命等社会经济技术变化给组织带来重大风险意识冲击的思考，也融合了后金融危机时代人们对企业及其他组织的核心价值、文化等重大背景理念性问题在风险管理中的影响的重新认识。

全面风险管理理论的新发展主要体现在以下几点上：一是防患于未然是风险管控的最高境界。企业风险大多肇始于董监高对企业战略、风险偏好、企业文化的最初设定，以及企业资本和资源的承受能力，所以企业风险控制的位阶要从传统的中后期控制而向中前期控制转型。风险管理的初始点需要提升（Elevate）至设定战略和目标的董监高层面。要强化董事会对主体的风险控制的首要责任，合理确定董事会和管理层对风险治理的责任分配。二是传统的财务报告内部控制更多的是从财务报告视角关注主体运营对于相关法律法规的遵从性风险，而难以识别并控制与财务报告非直接相关的风险，但这些风险迟早会影响运营和财务报告，若不能在其影响运营和财务报告之前对其进行识别，并控制其可能的负面发展势头，后续的控制再好也将无法取得理想的效果。三是厘清了企业追求最大利润或价值的风险制约条件。即受战略及风险偏好设定，以及抗风险能力等因素风险制约条件的影响，企业并不能无限追求利润或价值最大化。风险约束条件与绩效变动区间的示意图如图 4 – 1 所示①。

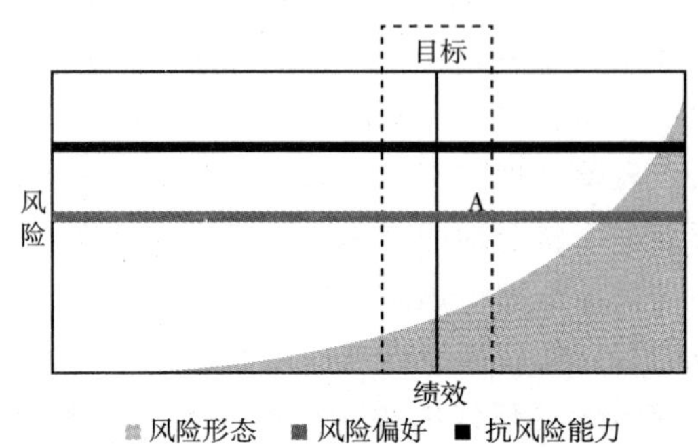

图 4 – 1　风险约束条件与绩效变动区间的示意图

资料来源：孙友文“COSO – ERM 十大变化与五大误解” http：//m. sohu. com/a/209109158_100008614.

“企业的绩效往往跟风险正相关，并且随绩效的增长风险呈加速增长态势。而企业的可利用资源多寡决定了其抗风险能力高低。最大抗风险能力限额、企业经营战略、风险偏好一经设定，企业的绩效目标就基本确定。因为市场波动带来的绩效波动可能带来的最大风险点 A 必须控制在市场风险形态和抗风险能力边界范围内”。四是强调贯彻一致的组织文化乃实施全面控制与全员控制，实现规避风险，提升绩效的关键。历史的经验一再证明，一个组织的重大风险管控的成败往往在最终取决于是坚守组织使命、愿景和核心价值，还是屈从诱惑或威胁而丧失初心，所以主张全面风险管理要从组织文化出发，将风险管理主体定位始于董事会，监事会、经理层，直至每一位基层员工，要求全体员工坚守使命、愿景和核心价值，增强主人翁责任和风险担当意识，并将全员控制主体的基于组织文化所开展的风险管理作为其绩效管理不可分割的组成部分，而不仅仅是风险管控部门业务工作及业绩考核范围。要求组织机构应致力吸引、发展并留住优秀的员工，基于组织战略和发展目标构筑人力资本，通过建立不同层面的人力资源管理体系招募、培训和指导人才，创新机制合理运用与开发人才，科学评价和留住人才，建立符合人文关怀与组织社会责任的人才退出机制，以最大限度地激发全员主体的风险管控责任感、积极性、能动性与创造性。

COSO Hirth 主席在新版 REM 框架发布后曾明确表示，虽然该框架名为《企业全面风险管理》，但希望它可以适用于任何类型、任何规模的组织，包括营利性机构、非营利性机构以及政府部门等。其期望的主体适用性已经从单纯企业主体转而面向了各类型的主体，且在该框架正文部分的描述中有意识地回避了“企业”一词，以此来显示该框架对不同主体

① 该图引用于孙友文“COSO – ERM 十大变化与五大误解” http：//m. sohu. com/a/209109158_100008614.

本框架的包容性。从理论上来讲，只要一个组织有其明确的组织使命、愿景和核心价值观，设定了其所要期望达到的目标，就具备了实施该框架的条件。

高等院校的内部控制本身就是一个识别、度量与应对风险的管理过程。因此，以当今世界最先进的全面风险管理理论为基础，设计、改造、实施与评价其内部控制体系，无疑是我国高校内部控制转型升级的不二选择。

4.1.2　高校新型内部控制的形态与特征描述

基于全面风险管理框架理论及其最新发展，并结合前面第 1 章对我国高校现代大学制度与内部控制关系的辨析、第 2 章我国高校内外生态环境变化与风险特征梳理以及第 3 章对我国高校现行内控缺陷描述与“异象”透视，我们认为我国高校内部控制必须转型，由传统的内部控制向全面风险管理导向型的内部控制迭代升级。转型升级后的“全面风险管理型内部控制”（以下简称“高校新型内部控制”或“新型内控”）可以描述为“是借鉴和吸收当今世界上先进的内部控制理论与实践成果，将业已成熟的企业全面风险管理理念与方法移植和嫁接于高校内部治理和管控之中的新型高校内部控制形态”。其内容、框架结构和运行机制等虽然还有待结合高校实际作进一步的探究，但可以肯定的是，其与传统的高校内部控制至少存在着以下不同特征：

（1）控制目标更高远，更贴近组织目标。

传统的内部控制目标主要以查错防弊，促使合规合法、资产安全和财务报告的真实完整为目标，眼界偏窄，要求偏低，难以起到标杆和引导作用；而转型后的内部控制目标以合理保证高校运作合法合规、资产安全、财务报告及相关信息真实完整、提高办学效率和效果、促进高校实现办学宗旨和发展战略为目标，其视野更多开阔，涵盖面更广，更符合科学办学和持续发展的理念，指导价值更大，更符合现代高校内部控制的内在要求。

（2）控制主体更多元，更利于控制目标实现。

传统的高校内部控制实际上仅将控制主体锁定于学校高中层管理者、纪检监察人员及会计审计人员等，而高校的工作涉及面广，大小节点繁多，每个节点均隐藏着不同程度的风险，仅靠传统的控制主体实施控制，力量明显不足，无法应对，这既是传统高校内部控制本身的缺陷所在，也为高校内部控制存在前述诸多问题的原因所在；而全面风险管理型内部控制将控制主体定位为高校的每一分子，既包括传统主体，还包括各职能部门、后勤保障部门的每一位员工、教学部门的每一位老师乃至第一位学生，即“全员性”主体。

（3）控制时限前移，涵盖的空间更宽广。

控制的时空范围决定着内部控制的客体（对象）。传统的高校内部控制在时间上集中于事中、事后，在空间上集中于重大事项，其结果是有相当比例的事务先天控制不足，即使后天付出了再大的努力也效果不佳甚至于事无补；或者存在大量的控制死角、盲点和空白点，使事前、事中和事后全过程均处于失控状态。而全面风险管理型内部控制则在时间上强调全过程控制，且重心提前，更关注事前的控制，在空间上强调全方位控制，即不论高校的大小事务，只要符合成本效益原则，一律应纳入控制视野实施适当的控制，以将其风险控制在可承受的限度以内，而且其“全员性”控制主体的设计也可保证这种全方位和全过程控制成为可能。

（4）控制的方略更科学，耦合联动效果更佳。

高校传统的内部控制主要以实物控制、会计系统控制、预算控制和内部审计等为主要的控制方法和手段，相对单一、固化；而全面风险管理型内部控制则在传统的方法和手段的基础上，更加强调战略控制、分权控制、授权控制、电子信息技术控制、运行分析控制和绩效考核与奖惩控制等方法的综合运用，取长补短，实现对控制对象的全覆盖。而且在综合运用上述一系列方法的过程中，坚持以风险管理为主线贯穿始终，坚持遇事有风险，内部控制的过程就是风险管控的过程，风险管控不是一味地回避风险或追求风险最小化，而是将风险控制在控制主体可承受的限度以内等重要理念。在具体风险管控时，坚持依托现实的控制环境去设定特定控制对象的控制目标、识别特定对象的影响因素和风险类型、测试特定对象的风险大小，然后依风险态度和承受能力确定特定对象的风险的应对策略，最后据之开展具体的风险控制活动、评价、考核、监督和奖惩。因此，由高校“全员性”主体按照这样一套现代公认的风险管理模式，对高校事务进行全方位、全过程、规范化和常态化的控制，较之传统的控制方，更具先进性和长效性。

上述目标、主客体及方略等方面的不同点对解决高校目前所存在的内部控制问题具有很强的针对性。因此，一旦成功实现高校内部控制的转型，足以达到脱胎换骨、浴火重生之效。高校新型内部控制与传统内部控制的对照分析如表 4 – 1 所示。

表 4 – 1　　高校传统内部控制与新型内部控制对照分析

比较项目	高校传统内部控制	高校新型内部控制
管控主体	管理层、会计、财务和内审人员	组织机构中的任何人（全体师生员工）
管控目标	追求风险最小化	追求风险可承受（可接受）水平与效率和效果的平衡
管控领域	偏重财务报告风险	全方位（财务报告的和非财务报告的）风险
控制时限	更关注事中和事后的控制	关注全时限（事前事中事后）的控制
风险评估	为后勤支持性的非持续性行为，常常于事中与控制活动同时联动进行（不形成事前控制预案或手册）	为高校风险控制活动前的持续性前置行为，该行为的结果会事前形成风险库、控制预案或内部控制手册
管控方式	松散性、局部化、碎片化，常常由各业务或职能部门独立行事，更倚重于管理监控系统与程序	以流程所涉业务部门和职能部门为纽带，在高层的组织、协调与监督下相互配合进行，更倚重控制技术手段的组合和风险管理文化
管控要素	3 要素或 5 要素	5 要素或 8 要素
管控政策	通常无或不明确	按权限和一定流程制订，明确且清晰可理解
管控监督	事中事后检查、预防、应对与整改	事前事中事后全程评估、预防、监督与整改

4.2　我国高校内部控制转型的必然性与紧迫性

4.2.1　以先进替代后进乃事物发展的必然趋势

在人类社会发展的历史长河中，之所以出现朝代更迭，经济与社会的不断进步，根本上的原因是先进治理理念、先进科学与生产技术的不断迭代与应用。我国始于 20 世纪 70 年代的改革开放之所以取得成功，是我国顺应科技革命和经济全球化浪潮，不断追赶时代发展潮流，遵循历史发展规律、化解社会基本矛盾，以先进的国家治理与发展理念不断纠错与创新，不断调整老的生产与社会关系，不断解放与发展生产力，大胆吸收和借鉴西方先进科技以及人类社会创造的一切优秀文明成果的必然结果。因此，以先进替代后进，此乃人类社会及具体事物发展的必然要求，是不能违逆的历史规律。由前面对高校传统内部控制与新型内部控制的对比分析可知，新型内部控制更具先进性，其植根于来源于实践又高于实践的最新企业全面风险管理理念，结合我国高校目标的治理生态、目前主要风险及控制现状，对内部控制在控制目标、控制主体、控制时空、控制要素和控制方略进行了全面升级与改造，理论底蕴深厚，“地气”对接自然，集科学性、针对性与可操作性于一体，一旦成功实现高校内部控制这一形制转换，足以达到脱胎换骨、浴火重生之效。

4.2.2　新型内部控制实际是高校内部控制的本位回归

也就是说，高校内部控制原本就应为全面的风险管理。

全面风险管理绝对不是企业的“专利”。之所以说高校全面风险型内部控制是对企业全面风险管理理念与方法的移植与嫁接，主要是基于企业已先行实践了全面风险管理，并取得了许多可供借鉴的经验与教训，但这并不意味着全面风险管理仅仅适用于企业。事实上，风险无处不在，无所不有，只要哪里有风险，哪里就存在对风险进行全面管理的需求。

高校本身是一个多风险的集合体。其风险遍布于高校每一工作领域、每一大小事务和每一工作流程之中。作为为高校保驾护航的内部控制本应就是一个调动全员力量进行全方位、全过程的风险管控的过程。只是由于过去高校的生存环境远没有企业的严峻，使其内部控制实践落后于企业，一直停留在一个较低级的、局部的、碎片化的风险管理层面上，而随着情势的改变，高校内部控制升级换代的紧迫性才日益显现，因此，从这个角度而言，向全面风险管理转型实际是高校内部控制的本位回归。

需要强调的是，我们并不完全赞同西方理论界与实务界对内部控制与全面风险管理的关系的定位。以 COSO 为代表的西方理论与实务界关于内部控制是全面风险管理的一部分，内部控制无法企及的但又会影响组织目标与战略实现的非财务报告风险，应由全面风险管理来化解的观点，会客观上导致内部控制与风险管理概念的无谓论争，以及实践上

“两张皮”现象的加剧。财务报告风险与非财务报告风险并非割裂关系，非财务报告风险大多最终会转化为财务报告风险，只有将内部控制与风险管理合体，秉承内部控制本应为全面风险管理过程的理念，对组织或机构进行整体、全面、系统的风险识别，并进行一体化的风险控制设计与实施，才能达到全方位、全过程、全流程控制之效，真正实现风险控制的最终目标。实际上，从我国颁布并施行的内部控制相关规范的内在认知来看，至少在企业层面的规范中实质上是按全面风险管理理念构造的，并未照搬照套西方对两者的认知与模式。我国已施行于行政事业单位的内部控制规范虽然与全面风险管理理念有一定出入，但也不可解读为在该领域有将内部控制与全面风险管理进行区分建设的倾向，甚至可理解为是在我国行政事业单位特定历史时期的权宜之计，并不排除在未来会予以转型升级的可能性。这也甚至是本书极力主张我国高校内部控制应提前转型升级为全面风险管理型内部控制的底气之一。

4.2.3 内部控制的转型升级是破解我国高校治理与发展难题的迫切需要

（1）这是实现国家“现代大学制度”和“双一流”战略构想的呼唤。“百年大计，教育为本”。高等教育是现代教育体系的重要组成部分。高校担负着知识创造和文化传承的历史使命，是经济和社会发展的重要“思想库”，是文明进步的“播种机”与“发动机”。我国的高等教育发展很快，高校数量、在校生人数居世界第一，对推进我国政治、经济与社会的发展与进步起了积极作用。然而受主、客观原因的影响，我国的高等教育质量与世界上许多国家相比还存在较大差距，追赶压力大，路程长远。为此，2010 年出台的《国家中长期教育改革和发展规划纲要（2010 ~ 2020 年）》中明确提出了建立“现代大学制度”的战略构想。这是实现我国高校赶超先进，实现其应有的角色功能定位的进军号角，也是摆在我们面前的长远而重大的课题。“现代大学制度的核心是在政府的宏观调控下，大学面向社会，依法自主办学，实行民主管理”（袁贵仁，2010），其目的是理顺高校内、外部的各种关系，优化高校的治理结构，切实落实大学作为法人实体与办学主体应具有的权力和责任，完善决策、执行、保障、评估与奖罚机制，确保大学文化传承与文化创造的地位，控制办学风险，实现高校的良性与可持续发展。建设世界一流大学和一流学科（简称“双一流”），是中国高等教育领域继“211 工程”“985 工程”之后的又一国家战略，2015 年动议并启动实施，2017 年正式确认公布了我国首批世界一流大学和一流学科建设高校及建设学科名单（“双一流”建设高校共计 137 所，其中世界一流大学建设高校 42 所，世界一流学科建设高校 95 所；“双一流”建设学科共计 465 个。我国推动“双一流”国家战略，旨在“加快我国高等教育治理体系和治理能力现代化，提高高等学校人才培养、科学研究、社会服务和文化传承创新水平，使之成为知识发现和科技创新的重要力量、先进思想和优秀文化的重要源泉、培养各类高素质优秀人才的重要基地，在支撑国家创新驱动发展战略、服务经济社会发展、弘扬中华优秀传统文化、培育和践行社会主义核心价值观、促进高等教育内涵发展等方面无疑会发挥重大作用”①，对提升中国高等教育综合实力和国际竞争力，为实现“两个一百年”奋斗目标和中华民族伟大复兴的中国梦提供强有力支撑与保障。该战略的初期目标是 2020 年若干所大学和一批学科进入世界一流行列，若干学科进入世界一流学科前列；中期目标是到 2030 年，更多的大学和学科进入世界一流行列，若干所大学进入世界一流大学前列，一批学科进入世界一流学科前列，高等教育整体实力显著提升；远期目标是到 21 世纪中叶，一流大学和一流学科的数量和实力进入世界前列，基本建成高等教育强国。然而，“双一流”建设呼唤一流治理与机制。我国高校近年来对现代大学制度的探索，是主动呼应“双一流”建设的重要战略配套，是提高现代治理水平与实现治理能力现代化的鲜活样本。但是中国特色的现代大学制度的内涵和外延到底是什么？如何构建？如何有效运行？等等，还需要国家及地方教育行政管理部门，以及各高校去探索，去实践，去寻找答案。内部控制转型升级正是现代大学制度建设与运行的内生机制探索的重要内容之一。

新一轮科技革命与产业变革加速演进，人工智能、大数据、云计算、物联网等新技术新应用新业态方兴未艾，迫切需要高等教育创新，不创新就是发展风险，就是最大的办学风险。2019 年 7 月 16 日，我国教育部部长陈宝生在以“教育报国”为主题为教育部直属机关党员干部讲党课时讲道：“创新：高等教育的生命线。除了创新，高等教育别无选择，无路可走！除了革命，高等教育别无选择，无路可走！”可见创新是为求生，求变是形势所迫。高校内控转型与创新何尝不是如此。

（2）这是扭转高校堪忧的发展与管控现状的迫切需要。高校是知识创造和文化传承的“阵地”，也是多风险的“集合体”。进入 21 世纪以来，有关高校的负面新闻一直呈上升之势，如 2001 ~2015 年曝光的原武汉大学副校长陈某、副书记龙某贪腐案，原武汉科技学院校长张某、副校长王某“双规”案，原广东湛江师范学院院长郭某经济犯罪案，北京吉利大学等 25 所民办高校曾发生的违规招生案，浙江理工大学曾发生的贪腐串案，原西安电子科技大学副校长陈某贪污受贿案，原浙江大学副校长褚某贪腐案，四川大学原副校长安某案，上海理工大学原校长许某案，吉林大学原副校长王某案，南方医科大学原副校长陈某案等，中南大学原党委常委、副校长胡某涉嫌受贿犯罪案，南昌大学原校长周某腐败案，中央民族大学音乐学院原院长孟某涉嫌招生腐败案等等，可谓举不胜举。据《法制晚报》记者的不完全统计（截至 2015 年 11 月 25 日），该年度被中纪委通报涉嫌违纪违法的高校领导干部就达 32 名。2016 年曝光的山东行政学院原党委书记高某涉嫌受贿案，哈尔滨理工大学原党委书记高某严重违纪案等；2018 年曝光的中国石油大学（北京）教授王某伙同他人套取科研经费案，2019 年曝光的广州中医药大学第三附属医院系列腐败案等也都曾在社会上引起了不小的反响。纵观高校所发生这些案件，不仅呈高发与上升之势，而且呈现以职务犯罪为主，向基建、财务、招生、采购和后勤等权力部门或关键岗位集结，高、中、低层连发，数量金额日益扩大等特点。实际上，高校所存在的直接或间接影

① 参见国务院 2015 年 10 月 24 日以国发〔2015〕64 号文发布的《统筹推进世界一流大学和一流学科建设总体方案》中的总体目标。

响其健康发展和目标实现的问题还远非如此，高校管理体制及治理结构问题、校园的安全与稳定问题、教育教学质量的持续保证问题、学习风气与科研风气问题、重大采购及财务管控问题、后勤服务与食品安全保障问题以及人事与分配管控机制问题等诸多方面也都存在较大隐忧，极大地威胁着国家战略实现及各高校的生存与发展。高校所存在的上述隐忧与问题，归根结底是其内部控制机制失衡或失效的问题。因此，突破传统内部控制模式与框架的“短板”，对观念与方法陈旧过时，无法适应新的“生态环境”下组织治理与发展需要的现行高校内部控制机制进行全面升级、转型与创新，构筑新型杜贪防腐的“防火墙”，方能化解办学风险，为高校健康、和谐与持续发展保驾护航。

（3）这是进一步能动地贯彻落实“行政事业单位内部控制规范”的迫切需要。财政部针对高校、医院等行政事业单位较普遍存在的治理失衡、风气不正、贪腐频发、财务混乱、安全失稳、保障失位以及效率低下等诸多问题与“异象”而出台的《行政事业部位内部控制规范（试行）》（以下简称“规范”），于 2014 年起正式施行。而该“规范”倡导的实际上还只是一种“狭义”的财务内部控制，从长远看，其固有缺陷与不足并不利于“现代大学制度”构想和“双一流”战略的全面实现。因此，适当“超前”谋划与“现代大学制度”更为“契合”的新型内部控制型制与框架的构建，更符合未雨绸缪的科学研究精神和高等教育科学与可持续发展的理念。而况且“规范”仅是一些原则性要求，虽然财政部于 2015 年出台了《关于全面推进行政事业单位内部控制建设的指导意见》①，但毕竟是就所有行政与事业单位提出的指导意见，相对高校类事业单位的控制生态而言，其针对性仍然不够强，教育部虽然也于 2016 年出台了针对部属 75 所高校《教育部直属高校经济活动内部控制指南》（以下简称《指南》）②，但相对全国近 2700 所高校而言，其实施范围有限，外加《指南》本身存在观念与类型的局限，与高校内部控制建设的实际需要相隔较远。因此，要确保高校全面建设符合其历史使命与责任担当的内部控制体系，必须进一步反思高校各项管控机制，重构与完善高校内部控制的型制与框架、流程与控制手段。

4.2.4　我国高校内部控制的转型升级的理论与实践价值不同凡响

（1）对现代大学制度及风险管控等相关理论：融合对接与空间拓展。

首先，对现代大学制度理论及相关交叉学科具有重要的融合、充实、创新价值与意义。具有中国特色的现代大学制度主要涉及管理学、高等教育学和系统控制等多学科的浸透与交集。其构建与运行既是对这些学科相关理论原有观念与方法在新形势新领域中的运用有效性检验，也是对这些学科在新形势新领域中的再交叉、再融合与再创新。因此，高校内部控制转型升级无论是对这些相关学科本身的理论延伸与发展，还是对中国乃至世界范围现代大学

① 财政部 2015 年 12 月 21 日以“财会字〔2015〕24 号”文件发布，从总体要求、主要任务和保障措施三个方面为行政事业单位开展内部控制建设提出了指导意见。

② 教育部办公厅 2016 年 4 月 20 日以“教财厅〔2016〕2 号”文件发布，共分为内部控制实施指南、内部控制应用指南（第 1～15 号）、内部控制评价指南三个部分组成。

内外治理结构理论重构、制度建立与运行理论的修补、充实与完善均具有重要的价值。

其次，对内部控制与风险管理的理论与实务具有重要的丰富、完善、应用拓展价值与意义。目前内部控制的理论研究成果主要集中于企业内部控制方向，而在高校这一特殊领域内的内部控制理论与实务的研究及应用则比较落后。尤其是在目前世界内部控制前沿研究与应用已经从传统的内部控制（即低层次、局部的风险管控）向现代的内部控制（即以全方位、全过程与全员性的风险管控，又称全面风险管理型内部控制）升级的形势下，选择高校这一重要领域去探究全面风险管理型内部控制机制的构建与运行问题，不仅能对现代大学制度建设理论研究具有价值，而且还有利于开拓内部控制与风险管理应用理论研究的新天地，在帮助高校适应其新的“生态环境”、优化高校治理与发展模式、彻底解决高校所存在的种种现实与发展问题、化解高校办学风险的同时，丰富和完善内部控制应用理论研究疆界与方法论体系。

（2）对高校风险管控流程及内生效能：基础夯实与活力再造。

高校内部控制的领域及对象涉及“宏观”与“微观”、“纵向”与“横向”、“战略”与“战术”、“文化”与“非文化”、“经济”与“非经济”、“硬件”与“软件”等多层面，“点”与“面”结合，“事”与“人”交叉，既要顾及“当前”，又要面向“未来”，既要顾及“结果”又要注重“过程”，是一个庞大的系统工程。具体而言，它涵盖学校办学目的与方向的设定与落实，管理体制与治理结构的设计与运行，教育教学方案的制订与实施，教育教学质量的检查与监督，“四风（教风、学风、考风与研风）”的营造与管控，硬软环境的建设与维护，校园文化建设与传承，校园安全与思想维稳，后勤服务与食品安全保障，以及组织人事运作与财务管控等方方面面，这些方面既相对独立，又相互浸透，无不与高校的正常运转息息相关，因此其风险何在，控制机制是否健全、有效，绝非小事。面对如此庞杂的控制对象，如果不能形成长期、能动、有效的自我控制机能和机制，是难以将其风险控制在可承受的范围之内的。因此，尝试构建高校新型内部控制机制实际上是高等教育国家层面和校级层面的重要基础性探索，是高校另类“基本建设”与“基础建设”，其对实现国家高教发展战略和高校可持续发展的意义与影响重大而深远。

（3）对高教国家与校级战略实施：高度协同与深度保障。

高等教育是整个国民教育极其重要的部分。建立“现代大学制度”是国家发展高等教育的中长期战略，也是各级教育行政管理部门和各高校今后较长时期规划、发展与建设的战略方向。而高校内部控制是涉及高校治理结构、校园文化、战略规划与实施、风险评估与应对、过程与流程控制、信息与沟通以及内外部监督的一系列方法、程序和管理机制的总和，其目的是全面管控高校各层面风险，确保学校目标的实现，实现依法科学治校、良性循环和长远可持续发展。可见其既与国家层面的“现代大学制度”的构建与运行的目的具有高度的一致性，又与各高校的具体战略发展方向、目标与过程具有高度的一致性，因此，实现高校内部控制的转型升级不仅对全面实现国家“现代大学制度”的战略构想具有重要价值和意义，而且对各高校具体制定与实施其发展战略，控制其本身的战略管理风险具有重要的价值与深远影响。

（4）对现行高校内部控制机制：“异象”检视与全面创新。

没有不变的情势，也无不变的机制。任何机制随着时势的推移与演变均将减效甚至失效。前面第 3 章所述及的高校所面临的种种“异象”实际上均是现行的、传统的内部控制机制“退化”“钝化”，不能适应当今高校的生态环境的最直接、最集中的反映。“高校全面风险管理型内部控制机制构建”乃“推陈出新”的大胆尝试。它既是对现行高校内部控制的去粗取精、去伪存真的梳理与传承过程，更是对传统的高校内部控制机制的升级换代，不断创新与完善的过程，具有良好的创新价值和意义。高校全面风险管理型内部控制机制借鉴和吸收了当今世界上先进的内部控制理论与实践成果，是将业已成熟的企业全面风险管理理念与方法移植和嫁接于高校内部治理和管控之中所形成的新型高校内部控制形态。其主要创新点包括：在传统目标的基础上增加了合理保证高校办学效率和效果、促进高校实现办学宗旨和发展战略等目标，其视野更开阔，涵盖面更广，更符合科学办学和持续发展的理念与要求；将控制主体定位为“全员性”主体，既包括传统主体，还包括每一位师生员工，实际上是将内部控制与反控制的“战争”演变成了一场无所不能、无坚不摧的“人民战争”；以“全员性”控制主体为后盾，以成本效益性为原则，在时间上强调全过程控制，在空间上实现全方位控制；在控制方法和手段上，更加强调战略控制、分权控制、授权控制、电子信息技术控制、运行分析控制和绩效考核与奖惩控制等方法的综合运用，取长补短，实现对控制对象的全覆盖。而且在综合运用上述一系列方法的过程中，坚持以风险管理为主线贯穿始终，坚持内部控制的过程就是全面管控风险的过程，风险管控不是一味地回避风险或追求风险最小化，而是将风险控制在控制主体可承受的限度以内等重要理念。在具体风险管控时，坚持依托现实的控制环境去设定特定控制对象的控制目标、识别特定对象的影响因素和风险类型、测度特定对象的风险大小，然后依风险态度和承受能力确定特定对象的风险应对策略，最后据之进行具体的风险控制、评价、考核、监督和奖惩。可见，由“全员性”主体按照这样一套现代公认的先进的风险管理模式，对高校事务进行全方位、全过程、规范化和常态化的控制，较之传统的内部控制更具针对性、先进性、创新性和长效性。

综上所述，实现高校内部控制转型升级换代，对于对接国家建立“现代大学制度”的战略部署，丰富与扩展内部控制与风险管理的理论及应用疆界，有效控制高校办学风险均将产生积极而重大影响，具有重要而深远的理论、基础、战略与创新价值与意义。

高校内部控制转型创新的价值及意义简略图示如图 4－2 所示。

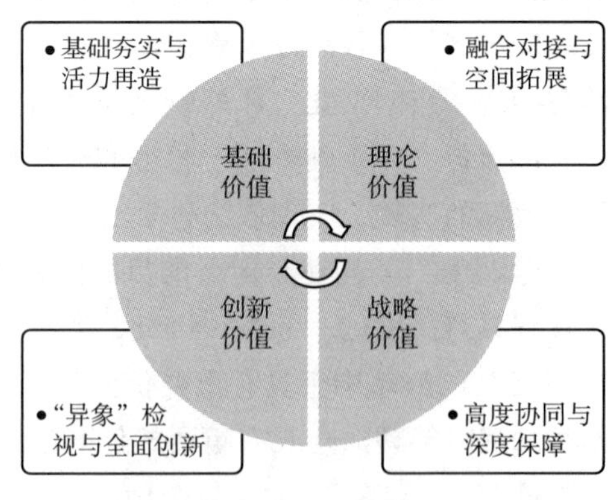

图 4－2　高校内部控制转型创新的价值及意义示意图

4.3　高校内部控制转型与升级的现实可能性分析

（1）高校完全具备建设全面风险管理型内部控制的基础与能力。

高校毕竟是信息集中、智力密集、人才济济之地，在这样一块热土上推行全面风险管理型内部控制，其基础和成功潜力几乎是不容置疑的。首先，高校所聚集的超强的社会责任感和使命感，始终是高校推进先进理念的强大精神力量；其次，高校素有新生事物的“思想库”和“发动机”之称，其接受先进理念快、领会深、转化能力强、推广应用迅速等特质必将为高校推行全面风险管理型内部控制提供重要技术支撑；再次，高校建设全面风险管理型内部控制的起点和基础，尤其是内部控制主体的整体素质、管控技术含量及运用状况等总体上要好于企业，也为高校内部控制全面转型奠定了坚实基础。过去许多企业管理实践（如成本核算、绩效考核与激励控制等）被成功吸收、移植于高校并开花结果就是最好的例证。

（2）高校存在推行新型内部控制的内生动能。

内部控制建设在公立高校最初可能主要体现为外力强制推动的行为。但一味靠外力推动是不可持久的，而且外力推动必须仰仗强有力的外部监管与相关信息披露，所以很多高校自觉不自觉地就陷入内部控制建设是做给“外人”看的，成天忙于应付与满足各种监管和合规检查的“怪圈”，没有心思基于真正的控制目标去做内部控制设计、实施、评价与整改。但好在民办高校内部控制所呈现的另类“风景”打破了这一“异象”。由于受民办高校产权关系、委托代理关系及治理结构的影响，其办学风险意识普遍浓于公立高校，其控制风险的内在动能也较公立高校强烈，所以其高层（甚至中低层面及其利益相关方）大多秉承“实施风险管理工作并不是一味地满足外部监管和合规要求”（孙友文，2017），而是内生需求，其真正的目的是实现价值和达成业绩，支持高校使命、愿景和核心价值的实现的认知，所以内部控制不全是外部“要我搞”，而更多的是内部“我要搞”。另外，公立高校随着内外生态的悄然变化，生存与发展的“瓶颈”与羁绊更加突出，而且防腐倡廉形势严峻，源于“双一流”竞争或高校排名竞争压力空前，所有这些也激发了公立高校寻找更先进的“风险识别”“风险预警”“风险隔离”和“风险对冲”等机制的内生需求，而且可以预期，再假以时日，这一内生需求会以点带面，逐渐超越外在需求，大有不可阻挡之势。因此，无论公立高校或民办高校均客观存在着的这种内生的动能是驱动高校自觉自愿进行内部控制转型升级并取得成效的根本保证。

（3）高校内部控制转型升级存在获取重要技术与路径支撑的外部条件。

高校内部控制建设既是一种法定义务，也是一种内生需求。既然不存在“要不要搞”的争论，也自然不应该存在在传统的内部控制已不适应现有生态环境的条件下“要不要转型升级”的问题。那么“如何搞好”和“如何转型升级”理应成为讨论与关注的焦点。尽管前面提及“高校完全具备建设全面风险管理型内部控制的基础与能力”，但仅有内在动能和具备相应的基础和能力，与建设好并运转好，达到转型升级效果并不是一个概念。

新型内部控制毕竟是绝大部分高校未曾有的尝试，环境与技术要求会更高，而经验却相对不足，所以实现转型的过程会是怎样的，转型后又是否立竿见影，预期各高校会呈现较大差异。但这些均不能成为否定或推迟转型升级的理由。各高校均各自有各自的优劣短长，完全可以“八仙过海，各显神通”，而不可强求整齐划一。但适当“借力”是现代组织实现某些特定目标共同的理性且高效选择，也是现代社会分工协作和社会服务体系赖以存在的基石。我国大量的管理咨询服务机构、中介服务机构（如会计师事务所），以及高校科研机构，长期关注、研究国内外有关内部控制和全面风险管理的理论与实务，收集了各行各业的相关信息与案例资源，承接了各类企业、机关、高校等组织机构的内部控制与风险管理方面的咨询与设计服务业务，具有深厚的理论功底和丰富的实战经验。因此，较为成熟的外部社会相关咨询服务业的存在为高校内部控制转型升级提供了重要技术与路径支撑。另外，IT 技术的不断进步与裂变（如互联网技术即将向物联网进化，大数据及区块链技术的开发与应用等）也为高校内部控制转型升级构筑了良好的外部条件。

总之，新型内部控制是现代全面风险管理导向型的内部控制的简称，其理论基础是“全面风险管理框架理论”。它是借鉴和吸收当今世界上先进的内部控制理论与实践成果，将业已成熟的企业全面风险管理理念与方法移植和嫁接于高校内部治理和管控之中的新型高校内部控制形态。其具有控制目标更高远，更贴近组织目标；控制主体更多元，更利于控制目标实现；控制时限前移，涵盖的空间更宽广；控制的方略更科学，耦合联动效果更佳等特征。我国高校内部控制转型升级具有必然性和紧迫性、较高的理论与实践价值，以及很强的现实可能性。当然，事物并非完美无缺，新型内部控制也不例外，肯定存在其局限性，且在高校这样的非营利机构实施还是一个新的领域，探究并努力降低其局限性影响，缩短与高校的对接与磨合期，还需要理论与实践的共同关注与探索。

第5章　高校内部控制转型与升级构想

5.1　转型与升级聚焦与总体思路设计

基于第4章高校内部控制转型与升级的历史必然与现实选择的理论分析与推绎，我们已深刻认识到在新时代新的形势和背景下，高校内部控制不应仅仅停留在财务报告相关风险或经济活动风险控制的层面，而应向全面风险管理型高校内部控制转型和升级。而依据现代风险管理理论及内部控制理论，并结合高校目标及高校内部控制目标，我们认为高校内部控制转型与升级的总体思路大体应该为：高校内部控制转型与升级最终主要聚焦于两点：一是“纵横向基本控制框架的优化再造与对接检视”。即应立足于“全面性调查研究”和“先导性理论研究”，植根于系统论、控制论、博弈论、行政学、教育学等多学科的交叉浸透与融合，着力打造出高校具有现行针对性及未来预见性的全面风险管理导向型纵向内部控制框架与制衡关系、横向控制模块组合与制衡关系，以及纵横向框架与顶层治理结构及权力分配框架的对接关系等。其中“横向控制模块组合与制衡关系的构建”主要是进行保障性控制框架的系统构建与升级。其构建与升级过程应对接“纵向基本控制框架优化再造”和“先导性理论研究”的思维，利用“全面性调查研究”的资料数据，吸纳行为学、心理学、法学、信息经济学及生命循环理论等多学科的精髓，着力打造以基于事（业）务流程刻画或优化再造的，具有更强横向支撑与制衡力的控制模块重构，更具黏性的岗责职能对接整合的横向控制模块构建，完善可靠的IT系统、权力嵌入与授权框架构建，高效及时的信息采集、沟通传递与披露框架构建，缜密规范的运行分析、风险预警与应急处置框架构建；适时有效的内部监控、自我评价与审计框架构建，科学合理的缺陷认定、业绩考核与奖惩框架构建，以及与时俱进的系统发现、动态修正与完善框架构建等为内容的保障与“自查、自纠与自净”系统。二是基于内控要素建设的转型与创新，再造新的控制框架下的“血肉”与“肌能”。“基于内控要素建设的转型与创新”是贯穿于纵横向控制框架或模块的“血肉”及机能的重赋，即有了框架和模块的重构，只是理顺了高校内控的“骨骼”问题，还必须在其上面进行血肉的协调与匹配，去除“赘肉”，放掉“败血”，消除“肿胀”，“活血化瘀”，恢复和提升机体功能，焕发生机与活力。上述“纵横向基本控制框架的优化再造与对接检视”和“基于内控要素建设的转型与创新”均不是对高校现行内部控制体系与机制的简单改造，也不是对企业全面风险管理型内部控制机制的简单移植，而是根据高校实际，结合“全面性调查研究”和“先导性理论研究”的成果，依托全面风险管理理论的机理和内部控制研究的最新进展进行多学科交叉浸透融合的全面优化或深度再造（包括再论证与重新定位），按照“万事皆流程”理念最终形成“框架及流程大全”。而且其“优化或再造”过程也不是“一蹴而就”，而是多轮次的反馈、论证与调整的结果。

5.2 实现内控纵横向框架优化再造与对接检视的构想

5.2.1 定位与预期

本章主要以前述有关研究结论为基础，结合运用全面风险管理理论及其他相关学科的理论与知识，梳理、优化与创新高校新型内部控制的框架体系与相互关系、框架中每个构成单元（项目）内部的基本要素与结构。其一，侧重反思、研究高校一般应建立哪些内控单元（项目），每个单元的纵向与横向作用定位与相互关系？高校至少应建立哪些类别、层次的控制制度与流程，各类别与层次的相互关系是什么？单一控制单元内部至少应包括哪些基本要素与形式？等等，即主要研究内部控制的内、外在“骨架”（流程），形成指导性或引导性的“项目或流程大全”。其二，框架构建并非完全的另起炉灶，否定过去的一切，而更多的是在广泛调查研究的基础上，依托高校原有的一系列管理制度、惯例和做法，按全面风险管理导向型内部控制思路与要求，进行全面梳理，有破有立，有保有压，去粗取精、去伪存真，重新洗牌、整合与修补，以此来构建相对独立又互相关联，相互制衡又互相支撑、数量与能力对接、疏而不漏、行之有效的新型内部控制框架体系。其三，构建的内控框架与模块至少应包括纵向控制框架和横向控制模块、外在控制框架与内生架构等类别，其级次一般为3~4级，少数的为2级，最多的可达6级，且相互有交融与浸透，相互支撑与牵制，主次分明、布局合理、疏而不漏。

5.2.2 新型内部控制的纵向控制框架与制衡关系重构设想

新型内部控制的纵向控制框架构成内部控制的基本主骨架（板块），可从多个维度去重构或优化，主要包括：

（1）高校纵向治理架构及相互关系重构设想。

高校治理结构决定着高校内部“控制生态”及结果。目前一些高校所存在的重大决策失误、贪腐、违法乱纪和办学效率与质量低下等内部控制问题无不与不合理的高校治理结构和生态相关。而且随着内、外环境的变迁，高校之间的竞争日趋激烈，筹资渠道日趋多元化，委托代理关系也日趋复杂化，愈发彰显出高校尤其是公立高校现行以党委会、校务会、工会和教职工代表大会为主要架构的传统治理结构的缺陷和风险。然而，高校作为非营利性社会组织，担负着社会的“思想库”“发动机”知识创新和人才培养的重任，也不能简单套用公司制企业以股东大会、董事会、监事会和经理层为主要元素的治理结构与模式。因此必须举全社会之力去探寻与创新高校治理结构。本研究基于对中外高校治理的过去、现状及未来发展趋势的分析，并结合公司治理的部分理念进行研究后认为，适应中国高校全面风险管理型内部控制的纵向治理主架构应为以各类人才培养为归宿，以“三会”多层结构为核心的治理架构，其结构及相互关系如图 5－1 所示。图 5－1 所展示的纵向治理架构的主要特点是：以各类人才培养为归宿，以“三会”，即“利益相关者代表大会”“理事会”和“校务会”为权力主骨架，以各“专业委员会”“工会和教职代会”和“职能部门和教学院系”为多个支撑层级，相较于现行治理结构更为先进，权力制衡力度更强大，符合高校去“行政化”改革方向，更利于控制决策层面风险，防范违规和贪腐事件发生。其中的“利益相关者大会”是在充分考虑高校筹资渠道日益多元化、民办高校数量与规模日益扩大、委托代理关系日趋复杂化等高校生态现实，并认真吸纳企业股东大会和高校原职工代表大会与工会的某些合理元素与功用的基础上提出的，定位为高校的最高权力组织，决定着高校的办学方针和规划、治理结构与风险管控、权力分配与制衡、重大筹融资、重大采购和基建计划方案，审议批准理事会报告，审议批准学校年度财务预决算，选举和更换理事（教职工代表担任的除外）等，其成员主要由政府教育行政管理部门、出资者、主要捐资者、校友会代表、教职工代表和学生代表等组成，以形成利益相关者共同治理态势。“理事会”相当于企业的董事会，甚至可定位为“利益相关者大会”的常设机构。其成员主要由提名委员会提名，交由“利益相关者大会”选举产生或更换（其中的教职工理事由教职工代表大会和工会会员代表大会选举产生）。其“理事长”从理事中推选产生（公立高校可直接指定党委书记为理事长，以与目前公立高校“党委领导下的校长负责制”对接）。理事会主要负责执行“利益相关者大会”的决议，定期或不定期召集

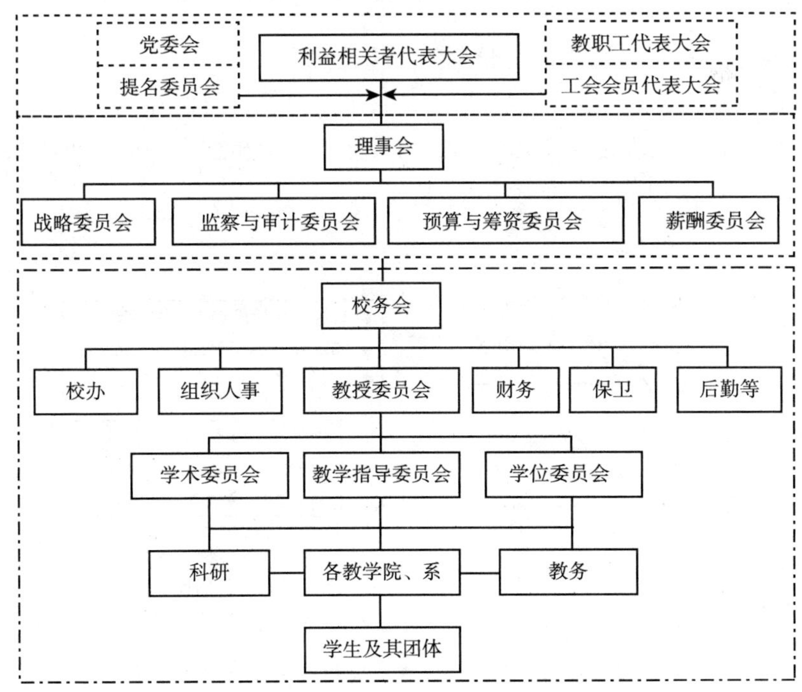

图 5－1　高校纵向治理主架构及相互关系

“利益相关者大会”并向其报告工作，制订学校年度财务预决算，决定学校内部机构设置，决定聘任或解聘学校校长及其报酬事项，并根据校长的提名决定聘任或解聘学校副校长、总会计师及其报酬事项，建立健全学校内部控制制度等；“校务会”是由校长、副校长（含总会计师或财务总监）等组成的高校管理层行使日常行政管理权的形式。其对校“理事会”负责，主要职权包括组织实施理事会决议、组织实施经批准的年度工作计划和各项方案，运行、落实理事会建立的各项内部控制制度，决定聘任或解聘除应由理事会决定聘任或者解聘以外的管理人员及教学科研人员等。

除重构上述治理主骨架外，高校还应构建其他治理框架，如高校对校属（控股、联营、合营等）企业的治理架构，如图5-2所示。

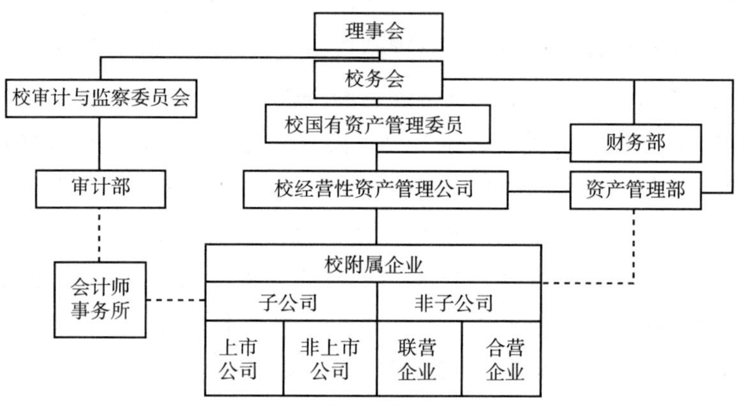

图5-2 高校对附属企业纵向控制框架及相互关系

（2）高校纵向层次性内部控制主骨架的重构设想。

高校纵向层次性内部控制主骨架及相互关系虽然源于科层制理论、古典组织理论和组织现代理论，但通过这些理论与企业内部控制目标与逻辑相整合，即可重构出一个“老树新枝”的纵向层次性架构形态，如图5-3所示。

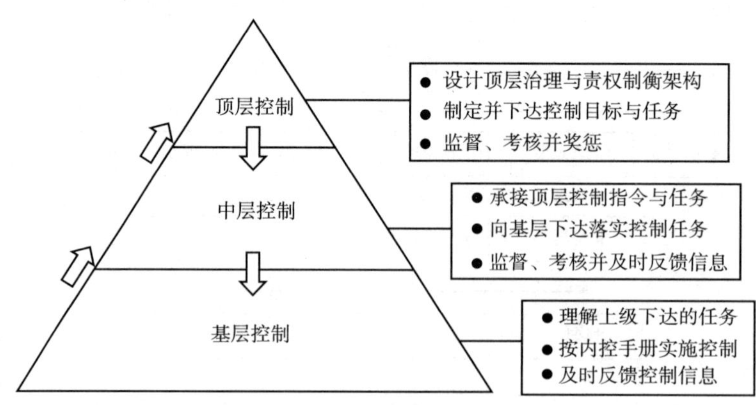

图5-3 高校纵向层次性内部控制主骨架及相互关系

从图 5－3 可以看出，重构后高校内部控制层次性纵向主骨架及相互关系与原有的呈现出不同点在于：有更完善规则和规章，更合理的权力分层和控制授权①、等级结构、职权结构和劳动分工，更理性的“非个人的对待”② 和终身职业承诺等，使古老的科层组织结构在内部控制纵向层次性重构中焕发新的生机与活力，进而使无序、无效率的组织因层次控制得当而变得有序和高效。

（3）高校纵向流程性内控建设主骨架的重构设想。

高校纵向流程性内控建设主骨架的重构设想如图 5－4 所示。

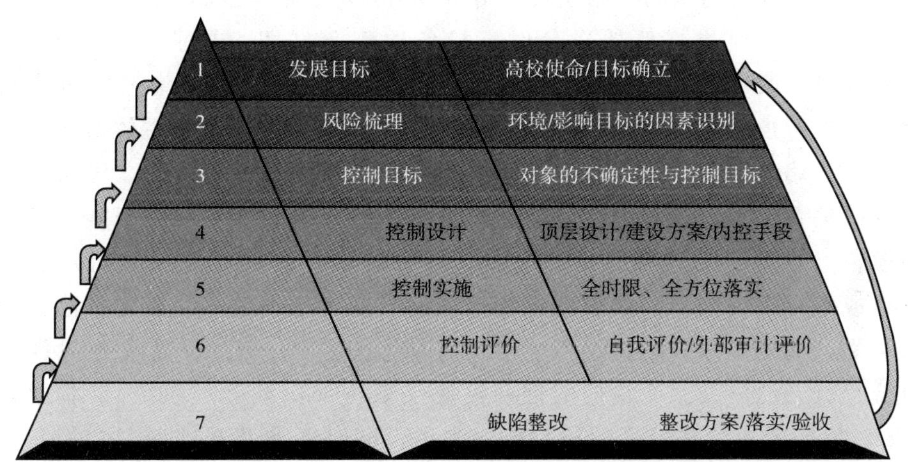

图 5－4　高校纵向流程性内控建设主骨架及相互关系

根据图 5－4，其与高校现行内控建设流程的纵向主骨架至少存在以下改进：一是以高校发展目标为依据，确立内部控制目标，以此指导高校内部控制的建设过程，评价高校内部控制的成败和改进方向；二是以全面的风险管理为导向，将风险梳理、识别、计量与应对贯穿内部控制建设的始终；三是流程涵盖“目标——设计——实施——评价——整改”全过程，既凸显纵向顺位关系，又明确了纵向逆位反馈关系。

从某种意义上讲，高校内控建设流程性纵向主骨架及相互关系，也可说是基于内部控制五要素（即控制环境、风险评估、控制活动、信息与沟通和内部监督）构建的纵向框架，既是整体控制转型升级的脉络，也是单一对象控制转型升级的重要纵向切入线路；其中，前三大要素的顺位关系更是一个较为完整的纵向闭环，后两大要素则既对纵向重构有影响，也对横向重构有重要影响。这些将在本章 5.3 节中进一步述及。

另外，高校内控纵向重构还有一个重要维度就是基于控制“过程”，即以“事前——

---

① 属于“金字塔”顶层的人，拥有终极权力和控制力，其向中层授权，中层再向其下属基层授权，为此，每个个体都必须向其下级授权完成特定的工作，每个个体都对自己的职责范围内的任务和功能负责，向上一级报告其权力行使与职责履行信息。

② 每个人的工作被清晰地定义，个体较少自主感与随意感，严格按流程及预案办事，并受到严密的监督和非参与式的管理。

事中——事后”的系统梳理与完善为脉络而纵向推进整体和单一个体控制转型升级，这些从图5-4、图5-3和图5-2中也都能辨认出该维度的某些元素与浸透，在此不再细述（其对高校内控框架重构的影响将在本章5.4节中有所述及）。

5.2.3 高校新型内部控制的横向控制模块与制衡关系重构设想

（1）新型内部控制的横向控制模块、制衡关系界定及重构逻辑。

内控的横向控制模块（框架）是以高校各项事业（即主要业务或活动，如教学、科研、工程项目、政府采购等）为纽带，以该纽带中的权责（风险点）对应的控制点为控制对象，以各控制点涉猎的经办或管理岗位、部门为控制责任主体所形成的节点控制目标、控制策略与预案、控制活动的集合。横向控制模块（框架）与纵向控制框架是交叉、支撑关系，不能相互取代。事业或业务的风险既要接受纵向框架的控制，又要接受横向模块（框架）的控制。一般来讲，一项事业（主要业务或活动）会因其流程推进而先后或平行接受来自多个横向控制模块的管控。这里的多个横向控制模块之间非纵向隶属关系，而更多地表现为平行、平等的兄弟关系①。例如，高校的“教学”事业单元的全流程就必然涉及多个横向的控制模块（平行部门或管理系统）。它通常以接受“教学”的对象的专业所在院系的控制模块为主，同时还涉及基础课（包括几乎所有专业都开设的外语、思政、体育课等）所承担的院（系）部、专业公共基础课涉及的院系、教学督导与评价中心、教务部、研究生部等；再如，“工程项目”的全流程以基本建设部（或校园建设部）控制模块为主，还会涉及战略与发展规划部、法律事务部、预算与财务管理部、政府采购等。财务、预算、资产、审计、信息、档案等综合管理部门几乎可以横向参与到高校任何的事业或事务的管控中去。这些涉及的横向控制模块的控制职责履行情况直接关系该项事业或事务的风险控制效果，进而影响整个学校的办学风险管控效果。

新型内部控制的横向控制模块及制衡关系重构，就是从横向视角探究高校在确保各项纵向内部控制框架或业务规程得以落实到位、各控制节点的控制活动得以始终处于多方监督控制之下，控制的结果得以与各控制主体的切身利益挂钩的进一步优化与完善的空间，并确保整个内部控制系统具有“自查、自纠和自净”机能和旺盛的生命活力。

横向控制模块的控制效用的发挥通常是与其自身的服务、监督与保障功能紧密相连的。所以高校新型内控横向模块（框架）的重构，也可称为是以岗位职责、预算管控、信息与沟通、监督评价等为主要内容的服务与保障性框架重构，即基于前面各章节的讨论结论，以及“效果源于控制，控制依托框架，框架重在服务与保障”的理念与逻辑，侧重于研究如何运用现代风险管理与内部控制的先进理论与技术，真正调动全员性力量，分别从

---

① 由于横向控制模块的控制主体表现为业务关联的不同责任部门，因此业务所涉横向控制模块之间的关系也大多体现为部门之间相互支撑及相互制约的兄弟关系。

IT 系统、权力嵌入与授权框架，信息采集、沟通传递与披露框架，风险评估、财务预警与应急框架，内部监控、自我评价与审计框架，缺陷认定、业绩考核与奖惩框架，系统发现、动态修正与完善框架等多个方面入手，形成全方位、全时限、多层次和多环节的内控服务与保障的引导性意见与建议，并深度且合理地“嵌入”控制框架、流程及信息系统之中，全面提升高校普适性的内部控制框架与流程的完整性与有效性。

由于过去高校普遍偏于重视经济活动的一般性制度的建设，不太重视纵横向控制框架及事务流程的设计、执行、监督、评价及信息公开等保障性制度及机制的系统建设，因此，从此意义上讲，本部分的重构探索的内容对许多高校而言更具修补与参考意义。

（2）新型内部控制的横向控制模块及制衡关系的具体重构设想。

下面我们就围绕流程管理、岗位职责分工、信息与沟通、预警与应急、监督与评价等多个维度谈谈重构设想①：

第一，事（业）务流程刻画或优化再造，重构横向支撑与制衡力更强的控制模块。尽管事务流程是纵向控制框架和横向控制模块的统一体，但对事务流程的再梳理、刻画或优化再造仍然是横向控制模块及制衡关系重构的重要抓手之一。每一内部控制对象都要遵循的基本流程是：开始、计划、实施、监督、反馈和收尾。内部控制对象的风险点散落于这些基本流程之中，要基于控制目标与要求对组织、牵制、审批、合同、进度、预算、费用、结算、质量、验收与责任解除、信息传递与归档等主要关注点中去挖掘并描述风险点，进而确定控制点。前后两者结合，才构成业务控制流程。这其中涉及多个部门、多个岗位、多个任务和程序，其在一定的信息与沟通环境下的连接线路、方式与组合不同，如哪个先安排哪个后安排，哪个直线通过，哪个需要曲线迂回通过，哪个合适先实施，哪个次后实施，还有哪些可并行同时实施，必然表现出不同效率、成本、风险控制程度和最终效用。而且流程刻画与程序描述的最大区别在于：流程不仅要刻画出任务实施的先后次序、风险点和控制点，还要明确每个节点的责任主体是什么部门什么岗位甚至具体责任人，以及其在什么样条件或情形下应采取的应对策略和具体措施。而高校在传统条件下，要么只有制度与程序，而无上述意义的流程，要么有流程，但流程环节、线路组合方式、风险点、控制点以及控制策略和措施不全或者不合理，控制缺陷明显。所以高校新型内控横向控制模块及其关系重构的首要内容之一，就是在既有控制流程的基础上对照上述规范与标准进行回顾、梳理、反思、优化甚至再造，以使该事务的流程刻画在所涉部门和环节、点线及连接、策略与措施、责任与控制要素上更全，效率、成本、风险控制程度和最终效用上更优。在实践中，这是一个费时费力、循序渐进的过程，所以并不要求高校对现有所有业务在同一时刻一齐开展，可结合定期评价或审计，或某一特定事件的整改而分期分批地有序推进完成，并在推进中履行优化或再造方案的“提出——论证——测试——验收——审批——施行”的流程，不可冒进和随意为之。

① 至于其他维度的（如有关预算、报账、科研等相关的）将置于第 8 章进行专题探讨。

第二，重构明岗理责，对接整合职能更具粘性的横向控制模块。在事务流程优化与再造完成以后，就必须触发流程中涉及的部门或管理系统对其在流程履行中所扮演角色的职能定位、作用发挥路径及方式的反思，启动明岗理责，职能对接整合，这也被视为新型内控横向控制模块及制衡关系的具体重构的重要一环。因此，应从两个大的方面着手：一是要进一步明晰院（系、所）和职能部门权责及关系。通过明确风险点、风险控制目标及权限分配安排设定，明确各院系权责与行政职能部门、教育教学辅助及保障部门的权责的关系（详见第 7 章权力分配指引及流程中相关院系及职能部门的风险点及责任设定）。实际上，各高校大多有一定的存在历史，其组织架构及其岗位职责并不是空白，大多已通过制度建设对高校内部控制体系中各个院系的权利和责任、各项重大事务模块（或业务单元）的职能与责任，以及行政职能机构的职责以及双方之间的关系有界定，责权范围和界定基本上是清晰的，且彼此也在各尽其职，得到基本贯彻落实。但为什么效果仍然不尽如人意？在不同的高校间形成的反差较大？显然是组织框架及其岗位职责存在优劣之分，存在横向控制模块重构或改进的空间。例如，高校基本都是院（系、所）作为最主要的教学业务单元，并实行校院（系、所）两级管理体制。校院（系、所）两级管理体制的本质就是要求搭建起高校各职能部门同院（系）之间的责、权、利相互对等，既相互匹配、支撑，又彼此监督和制约的工作方式。同时，院（系、所）间也存在协调与风险整合控制需求，该需求主要体现为学科、专业、课程方案建设与实施的相互分工和支撑，辅修教学与管理的协调、支援上。院（系、所）同时作为高校教育教学职能的具体和直接实践者，在人才培养、立德树人、研究创新、文化传承及社会服务方面有着重大的责任与担当，因而也是高校人、财、物等主要的教育和学术资源投向，以及办学风险控制的目的地和落脚点。教育教学与学术研究资源的供给是院（系、所）开展教育教学活动、落实科研计划和为社会培养和输送合格人才的基础条件和物质保障。教育教学及学术研究资源的配置不得当或缺位，就是最大的风险所在，必然会影响高校目标的实现。因此，在如何恰当授予院（系、所）的基本职权和必要的办学自主权（赋能），并加强院（系、所）职能优化和彼此之间（包括专业与专业之间）的教学协同与改进的同时，还需要高校行政职能部门转变观念，按新型内控的要求把工作注意力从过去较单纯的行权管理转变为行权管理、督促检查、协调服务等并重，明岗理责，实现与教学单元之间职能的对接整合，更好地体现高校的办学宗旨。二是打破传统设置，整合部门职能、强化横向控制粘性。正如前面第 2 章、第 3 章所分析的，我国高校较普遍存在职能部门数量较大、职责划分偏细、职能相互交叉重叠较严重、管控效率偏低、权利导向驱动明显（权力大的相互争抢，权力小或无的则相互推诿、扯皮）等一系列问题。那么在高校面临较严峻的生存环境，需要对风险管控进行转型升级的当下，急需思考并解决此类控制问题。许多高校已开始在这方面采取行动，如 ZN 大学就曾在 2015 ~2017 年花较大力气抓了学校顶层设计和推进“明职理责”，明确岗位职责，划清各二级单位之间的职能边界，实行内部定编定岗，且在实施中不断优化改进。我们注意 2020 年 3 月底该校财务部发表的公告，对财务部的组织架构及内设机构职能又进行了较大幅度的改革与调整，公告所明确宣示的宗旨为：“为提升财务现代化支持高校治理的能力，转变角色、化被动为主动，以“立规矩、提服务、强管控、重绩效、助决策、信息化”为目标，在前期已经建立的部务会领导下的专业技术中心（办公室）具体负责的管理体制基础上，进一步完善内设机构岗位职责梳理，优化顶层设计，完善制度建设，落实责任到人，更好地服务学校“双一流”建设①，其内部架构和岗位职责改革与调整力度是空前的，值得学习、研究和借鉴。另外，高校借助内控转型升级的契机而根据职能大类整合现有事业和行政职能部门的分工，尝试推行大部制，也不失为高校横向控制模块重构的可选择方向之一。即依据高校事业发展的战略与发展规划，针对新型内控的要求和具体实施步骤，通过不同维度的合并与调整，将学科、专业和课程建设及日常教学管理、科研创新与项目管理、学生事务与考核、资源及后勤保障、党务与纪检、监察与审计等进行大类重组、合并与优化，分别设立相应的服务部与事业群。初步的设想及具体实施步骤为：把主管教学的教务处、研究生处、教学督导与评估中心、学科建设评估中心等部门加以统一规划、合并，成立教学管理部。将科技处、社科处、学科建设办公室、高等教育研究中心、高校期刊社等合并，成立科研管理部，将招毕办、学工办、院系研究生工作办及本科生辅导员办公室等部门合并成学生事务部。将国际交流处（含港澳台交流办公室）、财务处、法律事务处、资产管理处、校园建设处、后勤处、保卫处、校医院、资产经营管理处、图书馆等部门融合为大的事业服务与保障部。将战略与发展规划部、校办、人事处、监察办、审计等相关部门整合成行政事务部。将党办、组织部、党校、宣传部、纪检办、统战部、校友工作与社会合作部、工会、团委等整合成党团事务部。在大部制管控背景下，通过制度和控制流程重新明确、规范和落实这几大部之间的横向分工和相互协调的关系，从而增强部门之间的反应效率以及部门与院（系、所）之间风险化解与控制的协调能力与实效。

第三，全面升级信息系统及管理，重构基于“数字与智慧校园”支撑的横向控制模块。我们面临的是一个信息化的时代，也是一个信息爆炸的时代，更是信息技术迭代升级速度惊人的时代。高校的所有事业的维系与发展都与信息和沟通息息相关，高校治理及环境、风险的评估与控制，监督与评价等内控的方方面面都离不开信息与沟通的强力支撑。因此，随着信息科技的发展，1G 到 5G，AL、区块链、大数据和云计算等概念相继出现并落地，也就有了高校“数字校园”和“智慧校园”的战略部署和实践推进。但这是一个艰巨的过程，也是为什么要呼吁引起足够重视，并在高校内控转型与创新中列为特别提及并有所探究的模块的原因之所在。我们认为目前最紧迫的转型与升级工作突出地集中在以下方面：一是切实做到统一领导、统一规划和归口管理。鉴于信息化在高校内控纵横向框架、模块中的重要支撑地位与作用，各高校均必须成立信息化建设领导小组和信息化安全领导小组，实行统一领导和一把手工程管理体制，并改变过去高校信息化多头管理，缺乏统一规划，标准不统一，兼容性差的局面，将信息化管理的基本职能统一归口到专门部门

① ×××大学财务部组织架构及内设机构职能公告。http：//cwc. zuel. edu. cn/2020/0329/c3062a240414/page. htm.

（名称可为信息管理部或中心），按“1234”① 的基本思路，有效整合校内外资源，覆盖“人、财、物、教、研、管、基础”七大领域，引入“生命周期管理”理念，授权其对内和对外代表学校履行信息化管理职责。这些职责包括：负责全校信息化建设的整体规划，制订和实施学校信息化建设统一标准和统一规范，负责学校公共数据平台（如管理平台、服务平台和展现平台等）中的基础平台②的规划、建设、运行与维护管理，以及安全保障；负责全校网络基础设施（有线、无线网络和机房等）的规划、建设、运行与维护管理，保障校园网络的畅通与安全；负责全校通讯基础设施（主要是办公电话）的规划、建设、运行（包括提供长年每天 24 小时的办公电话查询服务）与维护管理，保障学校通信系统的畅通与安全。二是促进系统高度集成，信息共享。目前不少高校数据很不完整，不同端口数据格式不统一，数据采集及传递不及时，基础数据与服务平台的集成度不高，极大地影响了数据的共享与利用。我们在调研中发现有的高校最多的多达 8 个基础数据平台，35 个应用系统，为其提供系统开发的公司多达 20 家，且这些公司的技术标准与规范不尽相同，加之大数据平台运用的基础不足，内部只有约 25% 的结构化与标准化数据被收集起来入库管理，另有 75% 因属于非结构化或标准化数据无法收集入库，外部协议交换或购买的数据资源也不充足，由此进行数据分析充分性差，采信与参考价值不高，存在较高的信息集成障碍和共享风险。因此，急需筹划建设或升级各种公共平台，建立、完善大数据中心（大数据、云计算、互联网 + ）③，统一标准、统一规范及接口，优化升级各应用系统，提升公共平台数据的系统兼容度和信息集成度，以利交互共享。例如，我们在调研中注意到不少高校对原有 OA 系统进行了全新升级，系统集成度和信息共享度均大大提高，且一个账号通行，在集成的系统之间切换无感知。还有不少高校引入了腾讯公司开发的手机移动“微校园”平台，也实现了较好的系统与信息集成效果，使用方便快捷，信息共享体验大大提升，用户登录访问人次呈现几何级数的攀升。有的高校还尝试通过公共平台进行系统与数据信息集成，在校内开办了类似于政府为方便市民的“政务大厅”“市民之家”模式的“学生事务大厅”，实现学生中途休学或复学、转为国际合作生、转专业、就业离校等事项的一站式服务，极大地简化了办事流程，提高了服务质量和效率。三是确保系统与信息安全，完善责任追究。信息化程度越高，信息安全就越重要。数据平台中系

① 即“1”是一把手工程；“2”是两个前提（理职明责、边界明晰）；“3”是三个主导（技术、协调、管理）；“4”是四个原则（数据信息标准规范统一、谁产生谁维护、管理唯一使用共享、安全可靠）。

② 至于学校公共数据平台中的各种应用系统（如 NC 系统、OA 系统、人事管理信息系统、学生管理信息系统、审计信息管理系统、教学与教务管理信息系统、科研管理信息系统、合同管理信息系统、政府采购信息管理系统、资产管理信息系统、师生员工卫生保健管理信息系统、校园安全信息管理系统、图书管理信息系统等）的建设则按“使用单位主导需求，信息管理部配合建设”，在后续使用过程中按“谁主导数据信息产生谁更新与维护，信息管理部协助进行技术指导与分析利用”。

③ 每所高校不一定都要独立建立自己的大数据中心或开发建设云产品，那样成本太高，很多高校也不具备相应的人财物力资源，所以对于不具备条件的，可与相关高校、企业、社会机构进行协作，购买其服务。

统与信息的安全问题主要包括技术性崩溃、病毒或黑客攻击、人为过失或蓄意篡改、密码失控、内鬼作祟或人为泄密、备份不当等，这是高校信息化永恒的挑战，必须紧盯这些风险的变异和反制技术的创新或应用，一刻也不能放松。在高校新型内控条件下，尤其是要注意强化常态化机制，关注相关国家标准和行业标准的新要求和升级动态，及时升级和调整校级规范、标准和技术手段，强化系统漏洞和病毒监测、数据加密和防火墙管理；强化授权及痕迹管理，尤其是系统后台管理、维护的进出及操作，以及外部访问的登录、浏览、复制、退出等的授权控制和留痕管理；加强密码管控，杜绝二级以上系统的弱密码控制现象，校外登录采用 Ldat 或类似的先进控制技术（只有用户自己知道密码，管理员也不能进行控制或重置），进一步完善密码丢失处理流程和安全措施，化解密码管控风险提高安全性；重新梳理和比对新的技术形态和网络生态条件下各种数据和信息备份的形式（硬备份和软备份、后台备份和远程备份、自备份和云备份等）的优劣短长，以及 CDP（持续数据保护）及 SaaS（Software as a Service）应用范围，基于安全和互补原则，选择、规划并建设形成最佳组合；对所有安全管理的措施必须嵌入相关业务流程，落实到具体部门、岗位和个人，进一步强化责任和考核，明确缺陷或事故认定标准及认定流程，以及问责与惩罚力度，一经认定，严惩不贷，确保令行禁止和长效问责机制的落地与维护。四是构建更高效、及时、可靠的信息采集、沟通传递与披露框架。信息对运行分析、决策支持、监督预警和风险识别与管控的作用是勿容置疑的，但它必须是以信息的及时且可靠的采集、加工、整理、传递和披露为前提的，因此，构建更高效、及时、可靠的信息采集、沟通传递与披露框架既是纵向控制框架重构的要求，也是横向控制模块重构的重点内容之一。在传统信息采集、加工、传递、和披露方式与责任制度的基础上，要重新审视现代网络与 IT 技术发展，大数据平台、云计算、区块链技术及信息储存技术的发展、以及票证形态（包括电子票证）日趋多元等所带来的结合点和提升空间，在成本效益框架下，重新检视高校每一业务流程中的第一节点、每一数据信息的记录方式、系统录入的适时性和完整性，储存介质的容量性与安全性、加工整理的合法性与合理性，信息标准化与传递路线合理性，信息披露的及时性、合规性和可靠性等。在近年大力推进业财内控业务的共享、共治、共管为主要内容的“业财融合”的基础上，还要思考和结合推进“业管融合”“业财管审融合共享”的信息适时采集、流转、监管与有条件共享①的新模式。在现有信息公开制度的基础上，进一步丰富与完善信息公开的清单，增加公开信息的可信度，提升信息公开效应。五是优化信息管理及信息应用系统辅助各项事务管控风险的路径及效能。事务主要是由经办单位（包括教学院、系、所和其他事务主体）会同有关部门完成，所以具体业务必须由经办单位主导，提出业务需求，设定业务流程，信息管理部（或中心）则应协助提供技术支持，统一规划建设配套的存储资源、网络资源、计算资源，审查各业务流程和信息系统的数据标准、接入标准，优化与其相关的人力流、资金流和数据信息流的连接与传递路线，尤其是要帮助将业务流程各环节的每一个风险点与控制点的权力行使（包括

① 因为毕竟有部分信息有分级授权才能享用的要求，甚至还有涉密制约，所以共享并不是无边际的，这在各行各业都是通例。

动议、审批、授权、实施、审核、验收、签字、预算把控、结算、监督、归档等）尽可能地合理嵌入信息系统，实现业务流程和信息系统的高度耦合，只要其中一个环节、一个控制点中的权力行使不到位或越位，直接由系统发出提醒或预警，或停止系统进一步反应，或提示执行重做或走设定的补充流程，从而避免人情业务、面子操作、灵活处理等所导致的制度虚设、控制缺位、内控失效的问题泛滥。或者利用现代技术成果和条件，帮助各经办单位简化或改进流程，创新办事方式，提高办事效率；或者协助建模进行大数据分析和项目可研论证，为高层决策和部门改进服务提供参考。总之，信息管理及信息应用系统辅助的空间巨大，在学校决策、预算、资产、教学、科研、财务、内控、审计、图书、安全卫生及后勤保障、运行分析等事务及管理中均大有可为。例如，我们在调研中发现，北京航空航天大学曾利用三年时间，耗资 7000 余万元对学校内部各部门的业务流程和相关信息管理进行改造，仅流程梳理和改造就花费 1 年时间，170 多个流程简化了 1/3。还专设了科研项目事务大厅，集成了科研项目及人员所有相关事务（立项申报、经费到账、科研经费预算及调整、经费借支及报账、中期检查与考核、结项评审等）的办理窗口，且取消了原报账需要科研部副主任的审核签字等控制点，大大简化了流程，增强了办事效率。信息管理部门还在高校财务部门创新学费缴纳方式（学费批扣或网上缴纳）和流程，为宿管部门创新住宿日用物资网络购物车模式，为学生部门创新新老生报到注册流程，为资产管理部门进行资产出入库识别、转移、调拨、折旧、毁损、清查等相关信息的录入与更新，并确保与财务账面一致，从信息技术与管理角度实现资产协调管理与牵制等诸多方面提出非常专业的改进意见。更有部分院校已利用大数据、云计算等技术在升级和改造校内数据平台及其运维管理，并尝试对校内外以往教务、就业等数据进行挖掘，然后构建数据模型，以帮助领导决策。还有将图书馆的借阅数据、学生课程数据、就业数据等结合起来，通过建模做深度分析，为学校教务和教学部门进行学科建设规划、专业调整和教学培养方案修订提供重要参考意见。所有这一切都是值得肯定与借鉴的横向控制模块重构尝试或设想。

第四，构建更加缜密规范的运行分析、风险预警与应急处置框架。运行分析是控制活动识别风险状态的手段。风险预警更是风险计量达到设定值的警示状态。应急处置则是对控制对象采取某项既定的应急处置举措予以应对的过程。这三者往往是由多部门、多环节、多设备或系统联动的，因此，也可视为一个横向控制的框架，其控制对象可大可小，但该联运的框架和次序大体一致。其构建或完善的大体设想为：运行分析要根据对象建立分析模型，充分利用前面所讨论的高校信息系统和管理形成的数据库，运用匹配的运算分析硬件设备和手段进行，可简单可复杂，可单一可综合，如高校的债务分析，可只简单进行负债与资产数据的比对与计算，以资产负债率、流动比率、速动比率进行相关分析与判断，也可综合学科发展、专业、招生、就业、现金流、金融环境、授信额度、筹资来源储备、资产抵押与变现率等进行更全面的分析和预测。风险预警必须在预警流程、预警指标体系构建、阈值设定、警示方法（分类）和警示传递范围等方面进行优化，合理警素、警情和警兆设置，改进预警指标和模型解释变量的筛选和参数的动态维护，合理选择警讯呈现形式（如“黑色—蓝色—红色”或“绿色—黄色—红色”的形式递次升级），在运行过程中不断通过时间序列分析、横向耦合等技术来检验其有效性，包括数据源和数据结构的改善。应急处置应处理好常规授权和应急授权的关系，按内控手册中既定举措应对和适度赋能，允许其根据临场状况灵活采用手册中没有或不适用的处置举措的关系，以匹配内控评价和事后问责机制的公平合理性。

第五，构建更加适时有效的内部监督、业绩考核与奖惩框架。无论什么类型的内控，一旦缺乏监督、评价及业绩考核与奖惩，必将失去生命力。因此新型内控也不例外。广义的内部监督包括纪检、监察、工会、教代会、内审、财务等主体，甚至从新型内控的角度来讲还包括全员（即所有师生员工）主体，所开展的监督与评价，既包括日常监督与评价，也包括定期的监督与评价，属于内部监督体系的概念。而狭义的内部监督主要指内部控制的日常监督与定期评价和审计。内部监督既包括纵向监督，又包括横向监督，两者既有区别，又有紧密的联系，甚至交叉。但是就许多业务流程的角度而言，流程上下游之间既有上游对下游的监督，也有下游对上游，即后者对前者的监督，形成相互监督关系。但由于上下游往往又是平级关系（即部门与部门、岗位与岗位之间的关系），因而这种名义上的纵向监督关系从某种意义上是讲具有横向监督的实质，可以视为横向控制的一部分。另外，纪检、监察部门的职能行使，内部审计部门开展的预算审计、工程项目审计、领导干部（尤其是中层及以下的）的经济责任审计（包括离任审计）、财务收支审计、科研项目与经费审计、内部控制审计等，或进行内部控制评价，往往是受校级机构的委派或授权进行的，显然属于纵向监督与评价的范畴。但这些职能的具体履行主要是内部审计、纪检、监察等部门开展的，其与被监督、检查的对象在行政级别上是相等的或平行的，从此意义讲也带有一定的横向监控和评价的意味或形式，因此将这些内部监督纳入横向控制模块进行规划或重构也无特别不妥。如何使其更有效和更有生命力才是关键。首先，内部监督必须是全时空和全员性的监督。一是内部监督必须具有时效性，更多地体现为时期监督特征而非时点监督。因此必须注重日常监督的制度化和长效化，要努力纠正过去只注重年末监督与评价的现象。每年年初必须制订整个内部监督体系下的监督计划方案，明确监督类型（日常监督、专项检查、定期评价和审计等）、责任分工、时间进度安排和形成的监督文档类型（一般记录、简易报告、详细报告等）及传递、报送和归档路线。二是内部监控必须是对所有业务流程及其相关的所有部门、所有岗位、所有环节的全方位监督或评价的活动。虽然受成本与效益原则的制约，所监督的时空对象可以有重点和一般，投入资源可以有多与少的区别，但不能留有死角和盲点，且要定期评估重点与一般，监督投入多与少的适用性，并按程序进行必要的调整。三是内部监督必须对全员监督主体提出要求，提升技能。全员监督主体中的个体受教育程度、社会阅历、风险与监督意识、职业禀赋及对岗位职能与操作规范的理解、分析处置能力等存在非常大的差异。所以要明确其基本工作内容和流程的同时，必须明确其监督工作任务完成也是其工作业绩的重要组成部分，并针对不同的个体或群体，分门别类地开展学习与培训，提升其风险与监督意识，让其掌握监督与评价的基本手段和技能，增强其对异常情况的敏锐感、发现能力和及时报告和处置的责任感。其次，进一步强化内部控制自我评价和内外部审计的流程和管控质量体系。内部控制评价和内外部审计是内部监督的重要组成部分（子系统），其作用力度和影响最大，且规范要求、技术要求和工作难度也最大，务必要在外部相关规范要求指引下，切实将其相关工作做实。一是确保该监督子系统的工作人员或机构的资质达标，以及不相容职务分离。内部监督中的内部控制评价和内外审计是技术活，需要专业的人办专业的事。内部控制的自我评价工作组必须从高校内部抽调熟悉业务、懂管理、政策及规则理解与运用到位、风险意识强、有丰富工作经验和评价实战经历、办事公正、责任感强的精兵强将组成。若该工作组成员整体无法达到前述的人力胜任力，也可由具备相应胜任力的高校内部审计机构来完成其内部控制的自我评价工作；高校内部审计在担任高校常规的内部财务收支审计、经济责任审计、预决算审计及各种专项内部审计外，也可担当起进行高校内部控制审计这一重任①。可见高校内部审计队伍必须具有高水平的内部审计技术、能力和职业操守，必须精挑细选，精心打造和磨练才能胜任。二是高校内部控制的外部审计目前是内部监督外化的表现②，在高校内部人力资源（包括内部审计资源）无精力或能力胜任内部控制的自我评价或内部审计的情况下，高校内部控制的自我评价或部分内部审计工作可以通过向外部合格的中介机构服务的形式实现。但按照不相容职务相分离原则，若高校内部审计机构单独或牵头担纲了高校内部控制自我评价职责的，则不得再由其进行高校内部控制审计工作；若高校购买了某外部中介机构为其进行内部控制自我评价或内部审计服务的，则一般不得再聘请该外部中介机构承接该高校被要求进行的大部分外部独立审计业务合同③。因此，这些有关确保该监督子系统的工作人员或机构的资质达标，以及不相容职务分离的规则，必须在进行横向控制模块重构过程中，于相关流程和控制事务中予以明确、补充及完善。三是完善内部控制自我评价和内外部审计的方案与流程。方案及流程必须关注内部控制自我评价或审计的组织领导，机构与人员职责，评价或审计的方法与技术组合，重点关注领域或事项，重要性标准、缺陷认定标准及程序，整改方案厘定、实施与验收，工作底稿形成与整理，评价或审计报告的撰写、沟通、批准或送达，相关资料信息的系统录入与归档，时间进度安排等，在有外购服务的情况下，还应关注服务采购与政府采购流程的对接，合同厘定、把关、批准和签订等方案内容与流程完善。四是不断总结完善内部控制认定标准、认定流程和整改验收。对于内控评价与审计中发现的问题，根据问题严重程度的不同确定不同的认定权限。根据内部控制缺陷的认定标准划分为重大、重要和一般缺陷，分别采取不同的整改措施。整改后要经过穿行测试和严格的验收流程，必要时必须聘请外部机构或专家协助进行。对于整改责任不落实，整改措施不得力，整改验收不到位，或长期拖延不实施整改的，应视为严重的失职行为，纳入考核与奖惩体系进行处理，以切实扭转“问题年年查，年年犯，兜兜转转又一年”的局面。最后，内部监督必须纳入业绩考核体系，并与奖惩挂钩。高校要想做到内部监督（包括日常监督评价、定期评

① 或由内部审计机构为主，牵头担当起高校内部控制审计的任务。甚至也可购买外部审计机构担任高校内部控制自我评价的服务。

② 尽管长期来看，要求高校财务报表和内部控制报告必须由外部独立的中介机构审计可能是一个发展趋势，但是至少目前国家尚无此强制性的外部监督性规定。

③ 否则便极大损害外部独立审计的独立性，即有“既当运动员又当裁判员”之嫌。

价和审计等）的适时有效和长期坚持，关键在于赋予全员监督职责，并纳入个人、单位的业绩考核范围和指标体系，与奖惩（包括人员职务晋升和作用）挂钩。业绩考核的具体操作务求客观、公平、公正和公开。在考核过程中，坚持定性与定量相结合，考核评价的时效性与导向性相结合，定期检视考核指标的合理性并按规定程序予以优化和调整。对于考核群体的不同，如学校领导层、中层干部、基层科研和教职人员以及职能部门工作人员，尽管都要将内控业绩因素融入以“德、能、勤、绩、廉”等设计的各项考核指标体系之中，但其履职的赋权有大小，岗位的风险管理要求有差异，业绩载体也有不同，因此必须对于不同群体和关键岗位，在指标权重上应体现一定的差异化，以体现公平和公正。内部监督纳入业绩考核体系的设计过程、业绩具体考核的操作，以及相关考核结果及奖惩等信息务必高度公开、透明，关注各层面的意见反馈，及时恰当采纳或妥善回应。

第六，构建与时俱进的系统发现、动态修正与完善框架。如前所述，高校新型内控由全员实施，贯穿于高校全方位与全过程的各项活动（包括事务开展和管理，既包括日常活动也包括定期活动），旨在通过各种活动推动事务运作等，促进高校达成使命和目标，实现可持续发展。通过前述的一系列纵横向的控制框架或模块重构，似乎即可满足高校新型内控的建立与运行的需要，并达成其目标，但实际上高校的各项事务是复杂且多变的，其复杂性可能导致既有重构不可能一步到位，或存在重构或执行缺陷，多变性则可能导致既有重构或设计不完全适应新的环境和事态，因此决定了高校新型内控的建设是一个动态的与时俱进的过程，需要不断地系统发现、动态修正与完善。一是充分借助前述的几大保障框架重构效应来实现系统发现和动态修正完善，否则支撑不够，难以长久。尤其要突出前几大保障框架重构中有关信息及时、透明、公开和共享，以及内外部监督、评价和整改、验收等对与时俱进的系统发现、动态修正与完善框架构建，形成“自查自纠自净”机制的关键作用。就如同“我们的见识常常受限于我们的生活经历和环境，但我们不可能亲临其境去认知每一件事物，因此获取全面的信息就变得至关重要。不幸的是我们因防火墙无法获得客观的信息，因处在同温层里拒绝不同的信息，更不要说我们因缺乏透明度难以接收真实的信息”①，必须努力改变这种状况。实际上，我们在日常生活中已经享受到许多基于及时、透明、公开和共享信息所带来的便利或好处，如我们从集电子地图、道路拥堵信息（以绿色—黄色—红色标注的）以及卫星导航系统于一体的交通信息共享平台享受到了交通出行路线的系统选择、设置、发现、修正和完善的便利，极大地帮助我们控制了拥堵和安全风险；再如我国公共卫生及疫情信息共享平台更新并发布的《新型冠状病毒肺炎诊疗方案》② 及警示疫情严重程度的地区分级信息（低、中、高风险地区），以及由有关 IT 企业运用多来源信息集成技术与地方政务平台合作打造的《湖北健康码登记系统》所随时

---

① 刘宁荣．新冠病毒全球大流行：我们缺乏的只是疫苗？［EB/OL］．http：//www.xici.net/d5e87e30493d07a26d62ddea4，2020.04－04.

② 2020 年 2 月 19 日，国家卫生健康委员会发布了“新型冠状病毒肺炎诊疗方案（试行第六版）”，3 月 4 日，国家卫生健康委办公厅、国家中医药管理局办公室又印发“新型冠状病毒肺炎诊疗方案（试行第七版）”，预期第八版将会在 4 月上旬发布。

申请生成并备查的个人健康码（“绿—黄—红”码），更是为武汉、湖北、全国乃至世界作出疫情防控、复工复产、人员流动管制等决策或具体控制操作提供了重要参考与支撑，其本身就是一个典型的与时俱进的系统发现、动态修正与完善的范例。类似的情形和做法正是我们期待通过内控重构契机而嫁接和推广到高校纵横向控制框架或模块中来的思路与设想之一。二是紧紧依靠全员主体的主观能动性和创造性。例如，打造激发全员主体主观能动性和创造性激励机制，对发现并报告工作流程漏洞并提出有效应对措施者除给予即时物质和精神嘉奖外，还给予年度业绩考核加分奖励，对于连续两年获得加分者给予同等条件下职称或职务晋升优先等长期利益激励。三是除传统的问题发现和动态纠正路径的使用外，要做到风险与问题的发现与修正的技术和手段的现代化、持久有效性和刚性。这里的所谓“现代化”就是要抓住业务流程与现代网络技术、终端技术、储存技术、大数据分析与云计算技术、万物物联技术、人工智能技术和信息系统的深度嵌入与耦合，实现全天候、无断点、铁面无私式的业务信息记录、传递、储存、计算、分析与警示，甚至开发并运用类似于现代“智能驾驶”的智能化信息系统，直接捕捉全程所有节点的风险状态并发出管控指令，减少人力操纵可能出现的失误或滞后偏差；对于系统所发现新的未曾识别和设定对策（控制矩阵）的风险，迅速形成报告并传递给设定的责任主体及时研究处置；对出现的人为业务执行偏差，由系统及时提示，并根据不同情形设定不同的反应模式，或暂停人工操作等待更高级别授权；或系统暂停反应等待重新正确操作；或干脆停止错误的人工操作直接启动系统设定的自动反应系统。但无论是哪种模式，均必须由信息系统即时（主要是针对重大或突发的情形）或定期（每周或每旬或每月）生成“系统发现与纠正报告”，按规定路线递送，按规定流程对报告中列示的系统警示和纠偏、追加的针对新的风险采取的临时应对举措等进行认真细致的分析、评估，论证其适当性，要不要修改系统中的设置或追加至正式的控制矩阵之中，真正做到动态的跟踪、修正与完善。例如，在现实高校业务流程中，审批或授权是流程中不可或缺的风险点和控制点，且为了提高效率，一些审批或授权嵌入有关办公系统或信息管理系统之中。但现实常常会发生审批（或授权）人可能连看都未看具体内容而直接通过这种“偷懒式”审批（授权），尤其是在一些业务负责人甚至分管领导中出现类似情况的概率不低，有的甚至造成了一定后果。此事被相关系统记录并形成定期报告后，内控及风险管控部门提出了修正与完善思路，经过论证和试用后，决定对该控制点的控制措施进行修正与完善，如不得在5秒内就审批（或授权）通过，或不把有关报告或单据从头看到尾不得审批（或授权）通过，或不打开附件审阅至少5分钟以上不得审批（或授权）通过等。所谓的持久有效性正是基于前述的系统及时发现，并动态修正与完善而实现，从而确保各项控制措施的设计与执行具有很好的时效性。所谓的刚性则是指内控框架和业务流程与现代化的技术与手段深度嵌入与耦合后，使问题的发现及处置、控制系统的修正与完善工作更加及时和坚决，大大减少了人情面子的干扰，或人力主观操作的一贯性偏离困扰，呈现“机器（系统）铁面无私，办事一视同仁”状态。另外，实行轮岗常态化，并以制度的形式固定下来，也有利于系统发现、动态修正与完善框架的建立与完善。实践经验告诉我们，定期的岗位轮换，会使新到岗人员花一定的精力去熟悉新的工作岗位的工作流程和职责权限，会研究过去的工作档案或记录，会厘清所接手岗位的现况、遗存问题及责任归属，并积极向有关主管和领导汇报并撇清关系，并修正前任或现有流程中不妥当的做法，在报经批准后执行，所以既实现了对前任的监督与牵制，又无形之中给了责任的工作压力，力求将工作做好，否则在下次轮岗时会被后来者“告状”或“揭露”，影响自己的评价和形象。因此，轮岗的这一效应自然起到了对横向控制模块、对流程设计与执行所存在问题的系统发现、动态修正与完善效果，形成了一定的“自查自纠自净”内在机制，是良性循环和持续有效的内存驱动因素。

5.2.4　新型内部控制的纵横向框架浸透及与顶层对接重构设想

高校的内控框架实际上既无纯粹的纵向框架，也没有绝对独立的横向模块，两者的划分只是相对的。实务中纵向和横向往往是浸透和融合的。因此，在新型高校内部控制转型与升级的构想中，需要通过横向与纵向的控制模块的匹配、重新整合、对接与创新，实现高校内控项目的网格化管理，使其形成一个立体的、全方位的内部控制管理体系。该过程虽然一校一情，千校千法，没有统一的技术套路，但共性的规律或原则还是有的。第 ，以实现控制目标（关于高校新型内控的目标是什么，在第 1 章已有论述和结论，在此不再赘述）和高校发展目标为前提或最终检验标准，任何不利于高校控制目标和发展目标实现的所谓匹配、整合、对接与创新都是无意义的。第二，梳理、匹配、整合、对接与创新需以新的风险定义为基础。即风险是“影响目标实现的不确定性”，属于包括正面和负面影响的不确定性的广义界定①。这是目前世界范围内对风险界定认同度更高的定义，也是本研究所认同的风险概念与定义。第三，纵横向框架或模块的匹配、整合、对接与创新要基于高校价值创造、保持和实现，结合高校使命、愿景、战略和核心价值等顶层设计，以及管理文化与绩效管理实践，将相关控制工作从“一种过程或程序”层面上升到“一种文化、能力和实践”层面，从一个单一“控制体系”层面上升到了“管理体系”层面去浸透与对接。对接过程中应注意处理好三个方面的关系：一是处理好整体与局部的关系，高校硬软件建设、教学与科研事务等一定是多方参与、共同发力的系统工程。在处理高校与外部教育行政管理机构、兄弟单位、服务机构的合作事项的内控问题上，要把战略规划、年度计划与预算、任务的合理分配与执行等与部门利益和师生员工的诉求合理结合起来考量，并配合以审计监督、内控评价同时执行；在处理校内上下级之间和部门与部门之间业务开展、相互协同、相互制约关系问题时，应力求避免高校内部机构之间因权责划分不清出现的相互推诿、互不配合的情况，进而降低高校的办事效率，影响教学和科研等核心事务的开展。二是要处理好短期与长远的关系。要用发展的眼光认识事物、看待问题，如高校的学科、科研和硬件建设一般都是要经历一个较为漫长的过程，需要夯实基础，厚积薄

---

① 当然也不排斥在某些特殊环境或语境下运用传统的、狭义的风险，或者介于广义与狭义之间的风险界定去进行描述与分析（见第 2 章的相关论述）。

发，不可能一蹴而就。在建设推进过程中，一定要有长远的发展眼光，不要过于看重眼前的利益，急功近利，对于耗资虽然巨大且见效周期较长的基础性建设或项目要舍得投入，要着眼于其长远的成效及可持续的投入产出比。三是关注整体与环境之间的关系。高校如果不及时洞察其发展环境的变化及趋势，及时地调整学科发展、专业设置、人才培养方案和规格，科研重点，服务质量，业务流程、资源配置，组织架构和管理模式，那高校将是很危险的，不管原来发展得多么成功，名气和影响有多大，均将不断消减其本来就不多的优势，逐渐由一流沦为二流，直到末流。环境分为高校内部环境和外部环境，在申报或批准高校建设项目时，一定要密切关注国家宏观政策走向，以及国家相关政策与法律法规的变化导向，适时调整高校办学的方针与战略，对高校纵横向业务流程及其内部控制制度进行审慎而适时的修订，以适应宏观环境的变化。第四，要从“治理与文化、战略与目标设定、绩效、审查与修订、信息沟通与报告”（COSO，2017）等多视角将高校新型内部控制工作嵌入高校文化、管理与业务活动的环境与流程之中，浑然一体，天人合一，发挥其对高校创造、保持和实现价值的支持与保障作用。

基于以上共性进行高校新型内部控制的纵横向框架浸透及与顶层对接重构后形成的状态，可以图 5 – 5 和图 5 – 6 进行大体展现。

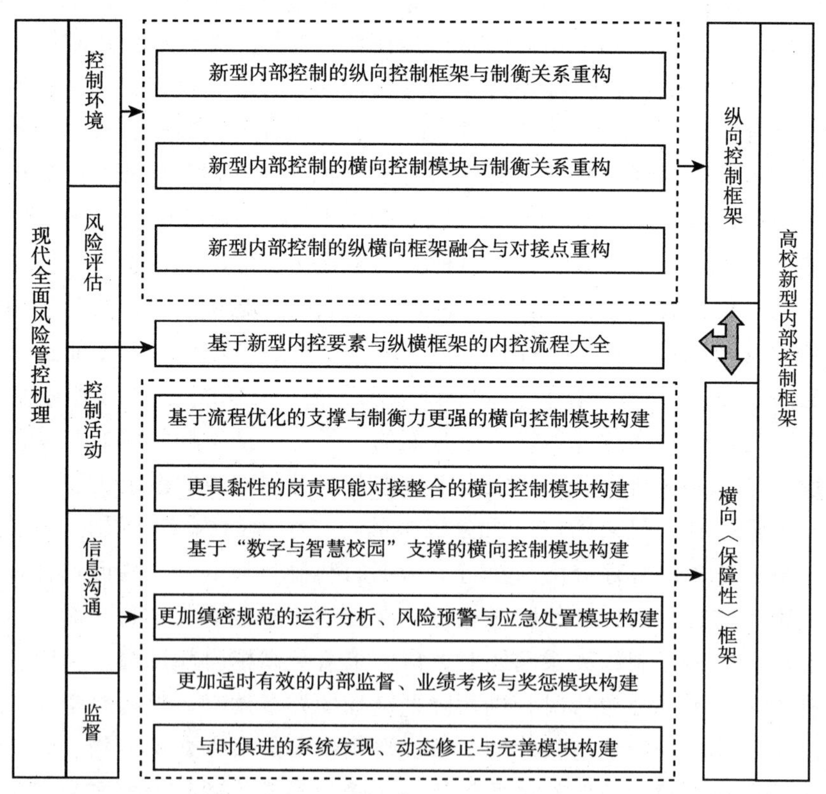

图 5 – 5　现代风险管理理论和高校新型内控框架重构的关联

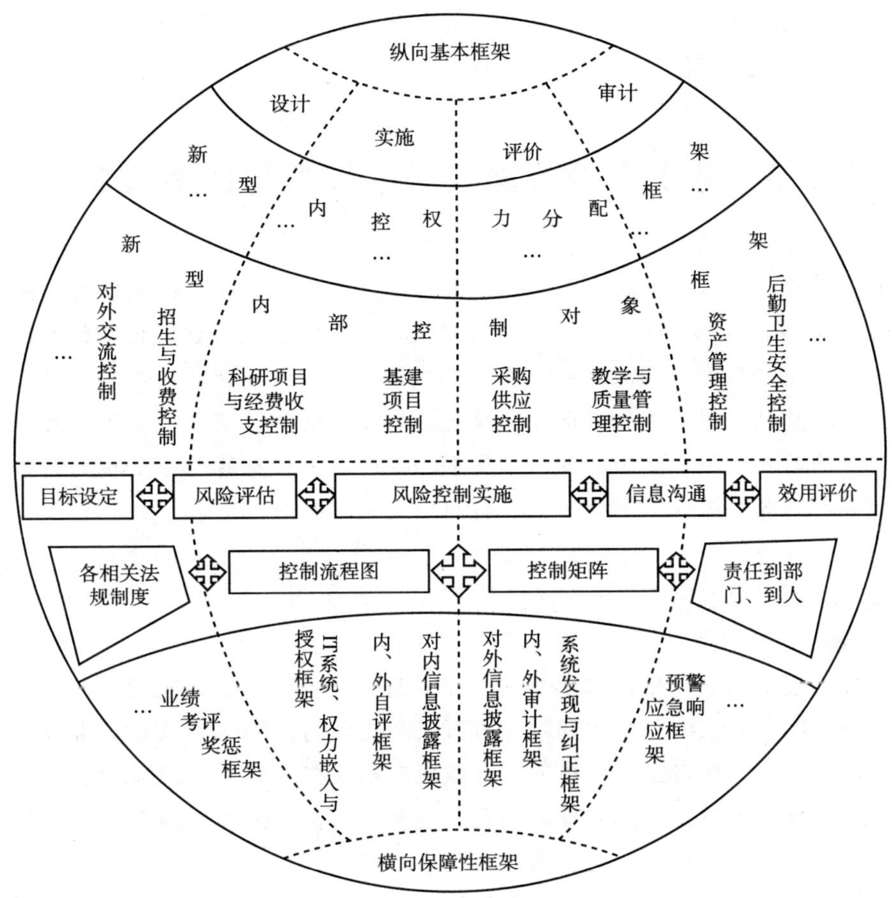

图 5－6　高校新型内部控纵横向制框架重构及多元对接关系图

从图 5－5 可以看出，高校新型内部控制的纵横向框架浸透及与顶层对接重构的最佳承载载体和归结点是“内控流程大全”。因为基于“万事皆流程”的认知，高校所有的理念、治理、监督和控制的方式和方法必须通过具体的决策行为和事务落地，也只有如此才能使高校内控实现系统化、制度化、经常化。至于高校内控流程大全的全貌是怎样，将于第 6、第 7 章进行相关探究与展示。

从图 5－6 可以看出，高校新型内部控制纵横向框架重构及多元对接关系是一个非常复杂的过程，其结果大体呈现如下特点：①全空间。覆盖高校所有的经济与非经济活动。②全时限。覆盖高校每一活动的事前、事中和事后全过程。③全交叉。不同框架、对象之间的相互关联、浸透与检验关系紧密，且与战略及文化对接，具有较强的立体性与制衡性。④全员性。需要调动每一与高校经济活动相关的部门与人员的全面介入。⑤全流程化。即按“万事比流程”理念，力求高校事务全流程刻画，全流程管理，实在不能流程化和矩阵化的，在大的内控原则前提下适当“赋能”。⑥全风险导向。所有框架均以风险识别、计量、应对、控制评价为基础设计，将风险控制区域和时段普遍地向前后延伸，且注重风险间的整体关联与分析。⑦全动态修正。即每一框架的给出不是简单的例举与罗列，也非一成不变，而是借助于监督与评价、考核与奖惩机制逐一梳理、对接，定期检视、论证并修正，形成动态的有规律的集合。⑧全保障与高效能。按此框架更能全时空、全过程高效地构建与实施内部控制，实现控制目标。

5.3　基于内控要素建设的转型与创新设想

探究高校内控的转型与创新，不能回避内控要素在高校纵横向控制框架与制衡关系重构中的地位（渗透）与影响的思考。从某种意义上讲，高校内控建设流程性纵向主骨架及相互关系，也可说是基于内部控制五要素（即控制环境、风险评估、控制活动、信息与沟通和内部监督）构建的纵向框架，既是整体控制转型升级的脉络，又是单一对象控制转型升级的重要纵向切入线路；其中的前三大要素的顺位关系本身就是一个较为完整的纵向闭环，后两大要素则既对纵向重构有影响，也对横向重构有重要影响。

5.3.1　控制环境层面的转型与创新设想

无论是公立还是私立高校，均要抓住治理体制问题、战略规划问题、社会责任与文化问题、人力资源问题、组织部架构问题等进行风险梳理与控制缺陷认定，重点对治理的框架、权力分配与制衡、战略定位与规划、价值取向和管控理念、岗位职责与人员考核等关键点进行流程优化或再造，形成支撑高校教学与科研为核心的人才培养的各项工作与流程的良好管控氛围。在此过程中，尤其要注意以下几点：

（1）注意贯彻落实中央有关“放管服”的部署。各级单位和组织在“放管服”思想的指导下，将高校内控转型工作放在重要位置，不断提高对内部控制工作的理解和认识，主要就高校工作的薄弱和问题环节“下功夫”。所下的功夫要特别注意体现在组织上，即加强党对高校组织工作的统领与督导作用，确保高校内部控制工作要做到有效执行和长期有效。

（2）必须突出控制主体的全员性。新型内控控制主体的全员性定位与落实关系各项重构工作的成败。因此要通过对高校各单位各层级的教师、管理及后勤人员等进行全面培训和定期检查，使国家和部门的法律法规、上级政策规定、学校或学院的制度规章、日常工作规范、工作流程以及保密条例等深入人心，增强各内控主体的内部控制意识、目标意识和责任意识；在重视全员性主体的同时，应突出领导干部的核心责任担当，尤其是应强推一把手责任制度十分关键。因为高校新型内控是一项系统工程，特别需要统一的组织与规划，需要调动各方面的资源及全体师生员工的智慧与积极性，但要做到这些，如果没有强大的行政力推动是不可能完成的。所以设法通过改变高校内外的政策环境，强制推行高校内控为“一把手工程”① 是核心与关键。其一，唯有“一把手工程”才能明确高校风险管控的第一责任主体，将一把手的前途命运和高校风险管控与事业发展紧紧联系在一起，确

① 这里主要是指的校级“一把手工程”，至于校内的二级、三级单位，以及附属单位或组织，也可比照实行“一把手工程”模式建立分级的内控目标责任制度。

保风险管控的常抓不懈、常抓常新；其二，唯有“一把手工程”的定位才能调动人事、财务、审计、教学、科研、后勤、宣传、卫生、信息等部门的行政与人力资源的全力参与，有效对付高校风险的持久重复发生，使风险管控实至名归；其三，唯有“一把手工程”才能将高校高层的权力与决策真正纳入风险管控架构之中，有利于控制“三重一大”（重大决策、重大人事、重大事项及大额资金运用）上的风险，有利于动态跟踪高校风险的形态与特征变化，不断更新观念、纠正误区，丰富、转型、升级、完善高校内部控制的体系。当然，要想将“一把手工程”设想落到实处，必须要有国家层面制订的高校内控规范配套指引作为后盾①，以将高校落实该规范指引情况纳入高校一把手的责任目标体系，定期考核与评价，与一把手的任期奖惩、晋升晋级挂钩，从而形成高校上下真正重视内控、落实内控、强化内控的目标实现的生态与环境。

（3）必须营造良好的控制氛围。控制氛围从某种意义上讲实际是高校文化的外在体现，也是高校内控“软实力”的基础。所以营造良好的控制氛围的核心在于高校文化的建设与创新上，应努力倡导责任、进取、创新、奉献和团结协作的大学精神，形成良好的价值取向和核心价值观；倡导科学发展、和平发展和和谐发展理念，提升师生员工的风险意识、危机意识和风险识别与应对能力；倡导严谨治学、治教和治管，形成行为有规范、工作有程序、考核有标准和执行有力度的风气；倡导民主、开放与透明，教书、管理与育人并重，形成具亲和力和人性化的管理作风，以及公正、公开、公平的竞争环境上实现突破与创新。但高校文化创新并非易事，它是一个长期不懈努力与坚持的过程。因为高校不同于其他营利或非营利性组织。根据沈烈（2010）的相关研究，高校的特殊性不仅体现在其使命及“产品”、运作流程、竞争环境和方式等的特殊性上，而且还突出地体现在其文化背景和氛围上。不同的文化氛围对应着不同的风险因素、控制风格、控制方式、方法和控制效果。目前，世界上比较成熟的全面风险管理型内部控制植根于企业文化基础。企业文化是在一定的历史、社会、法律、经济和技术背景下，以产业化、盈利性为目的，努力实现产品创造、企业及股东价值最大化的文化。而高校校园文化是在一定的政治、历史、社会、法律、经济和人文背景下，以非产业化、非营利性为目的，努力实现人才培养质量及社会价值最大化的文化。要将已在企业成功实践的全面风险管理型内部控制的观念与方法运用于高校，所面临的首要问题是“水土”的调适与更新，首先，必须改变过去主要靠刚性制度和强压式、铁腕式的“硬控制”的思维模式，而去寻求控制思维和理念的突破，强化“软控制”② 的比重，形成“软硬兼施”的格局。其次，将提升“软控制”的关键与重心放在校园文化的建设与创新上。而校园文化的建设与创新又应努力在“三宣讲、三抑制和三提高”与“六倡导与六反对”上寻求突破。所谓“三宣讲、三抑制和三提高”，一是大力宣讲大学精神，抑制大学精神虚脱势头，提高

① 现行教育部直属高校内部控制指南中对教育部直属的 75 所高校对此已有明确，其他公立高校，以及民办高校则还没有外部的政策文件对此予以明确。

② 所谓的“软控制”主要是通过引导道德力、文化力、感召力、意志力、人生观、价值观和世界观等所实现的控制，其具有净化控制“土壤”，增强“全员性”控制主体的向心力、责任感、使命感、自觉性和“免疫力”的功效，是控制的最高境界和最佳“土壤”。

师生员工的使命感；二是大力宣讲核心价值观，抑制功利主义倾向，提高师生员工的责任感；三是大力宣讲风险理念，抑制冒进和保守作风，提高师生员工的风险意识、危机意识和风险识别与应对能力。所谓“六倡导与六反对”，一是倡导教书育人、管理育人，反对教学、管理与育人相分离，坚决杜绝“才子加流氓”的教育者与教育人才“产品”；从校长到一般管理工作者，从学术泰斗、学术权威到一般老师，既要体现管理者才智和大师的学术权威，又要展现教育家的情怀和人格魅力，形成良好的大学精神传承。历史上蔡元培、李大钊等之于北京大学，竺可桢等之于浙江大学，其宣导与实践的民主、开放与求是的遗风对这些著名高校本身以及中国其他高校的影响力至今尤存就是最好的例证，当代的“根叔”之于华中科技大学，其展现出的思想光焰、行事风范及熏陶效应也一直在中华大地发酵，这些都不得不引起高校及整个教育界的思考。二是倡导进取、创新和团结协作精神，反对极端个人主义、英雄主义和学术霸权作风。三是倡导奉献与责任，努力用崇高的精神鼓舞人，用先进的事迹感染人，用榜样的力量带动人，弘扬孟二东、赵小婷、钱易、周其林、孙贤林、桂卫华等先进人物的精神，形成良好的价值取向，反对狭隘、极端自私和“精致利己主义”的行为与倾向。四是倡导民主、开放与透明，如网络问政、问教、问学、问事，网络论坛、网络公示、网络直播、网络举报、校长邮箱、校长博客、校长网络对话室、微信校园等就是值得广为推广的创新尝试之一，以形成具有亲和力和人性化的管理作风，以及公正、公开、公平的竞争环境，反对专权、封闭和“暗箱”操作。五是倡导严谨治学、治教和治管，真抓实干，形成行为有规范、工作有程序、考核有标准和执行有力度的管控风气，反对“假大空”，极端自由主义和松散作风。六是倡导寓教于乐、寓教于行等形式多样的教育教学方式，反对强行灌输和硬性说教等单一教育教学方式。总之，高校只有通过以上环境层面的创新与努力，才能培育出开展新型内部控制的一方“沃土”和良好根基。

5.3.2 风险评估层面的转型与创新设想

在风险评估层面，必须通过制度的设立和技术的提升建立起高校内控风险评估长效机制，形成定期与不定期的风险评估与报告制度，并长期一致地坚持。内控制度的设计应从问题的源头溯源，形成控制预案（即形成控制手册），如高校在教学楼、图书馆、科研与实验楼、大型运动场馆、学生宿舍、食堂等耗资较大的基建或翻修工程项目上往往会潜藏许多风险，过去所产生内控问题之所以比较集中于此，与相关的风险评估不到位或风险评估缺乏长效机制直接相关，因此，在高校纵向控制框架重构中，必须重视风险评估层面在所有领域的初建①或重建。例如，在工程项目的相关管控框架与流程重构中，须由相关归

① 为什么会是初建？正如前面第3章所分析的“我国高校的风险评估却是高校内部控制中最薄弱的领域。主要‘异象’表现为：绝大部分高校对绝大部分的控制对象均沿用传统的在风险具体发生的情境中依据‘××管理制度（办法）’，边理解判断边想具体的应对办法并付诸实施的控制思路，而几无在‘控制活动’开展之前事先进行‘风险评估’（即事先按设定目标—风险识别—风险度量—风险应对的流程进行充分、细致的事前准备，形成预案——《内部控制手册》）的概念”，即此层面是缺失的，所以需要在转型中“初建”。

口部门牵头组织项目从立项到项目竣工的全过程的风险梳理与评估，并与时俱进做到风险评估的动态化，而不仅仅只是在项目立项前进行风险评估。同时，应建立常设的风险评估组织与领导机构，确保该项工作的常态化。对于某些未设立相关风险评估领导机构（小组）的高校，需要通过相关制度的设计将高校内控风险评估机制真正建立起来。在贯彻的方式方法上，针对参与主体，要使高校的财务人员、管理人员以及师生代表参与进来，甚至可以聘请校外专家或中介，长年担任顾问或协理，以确保风险评估的力量与代表性，确保评估结果的权威性，为后续的控制活动的开展打下坚实的对策基础。

5.3.3　控制活动层面的转型与创新设想

在控制活动层面，首先是要形成依据内控手册实施控制活动的共识。内控手册是在新型内控理论指导下通过全面的风险评估基础上形成的，也是事物内在规律和控制历史经验高度整合与总结的产物。不按内控手册实施控制活动，不仅会使风险评估的努力白费，而且会使控制活动失范、失据，其隐患或后果可能是巨大的。尽管事物是变化的，控制手册中的策略与手段未必百分百正确、恰当，现实的问题也未必在控制手册中找到完全对应的控制策略与措施，有时需要现场具体情况具体分析，突破教条和框框，临危施策，急中生智，力挽狂澜于既倒，扶大厦之将倾，但毕竟这样的情形与概率是极低的，绝大部分情况下尊重控制手册中策略与措施会更理性更可靠，所以务必要形成依据内控手册实施控制活动的共识。其次是要掌握好控制活动的火候，使各项控制策略和措施实施尽可能精准，不早不晚，恰到好处。这在风险度量技术成熟、计量、传递、预警和触发控制措施迅速且精准的领域或事物上不是什么难事。但现实中仍然有相当领域的生态环境、计量技术、信息传递与沟通条件未达到精准、迅速的程度，于是尽管事先有控制手册，但何时才是采取手册中的某一或某组控制策略和措施的最佳时机，一直是困扰广大理论与实务界的难题，现实中的很多控制失败与悲剧往往也因此而发生。可见其与信息与沟通层面的建设直接相关，与内部监督也有关系，必须实现多层面的联动与配合。要综合利用传统（座谈、台账、适时记录、报表、举报等）与现代的信息与沟通技术和方式（如网络大数据、云计算、AL、痕迹管理、区块链、业财共享等），打通控制活动与风险评估的对接障碍，监督与控制活动的互动促进通道，打破“信息孤岛”，实现评估、预警、控制和监督评价，以及缺陷整改验收的高度融合和高效运转，使单一控制项（包括教学与科研、预算、资产、工程项目、校企关联交易、后勤安全卫生保障等）和学校整体控制项在纵向上高度契合和高效运作。最后是要抓住主要的控制领域和对象去建立有效的实施控制活动的“裙带关系”。这里所谓的“主要的控制领域和对象”是指那些涉及部门与系统、人力、物力和财力较多，问题与风险较集中的控制领域与对象；这里的所谓的“裙带关系”是指高校特定事务所牵涉的与上下左右错综复杂的关联关系，大有牵其“一角一带”而动全身的效应。高校的控制活动层面只要抓住了这些主要的领域和对象，就可依其“裙带关系”搞活全局的控制活动，形成带动效应和良性循环。高校的这些领域和对象主要有预算管理、教学与科研管理、工程项目及资产管理、财务核算管理和审计等。

5.3.4 信息与沟通层面的转型与创新设想

在信息与沟通层面，要明确信息与沟通风险控制的目的是努力实现及时、准确地收集、传递与内部控制相关的信息，确保信息在高校内部、高校与外部之间进行有效沟通，使各具体控制主体及时进行运行分析，发现问题，纠正偏差。信息纵向的自上而下的规则性、指令性传递和自下而上的反馈性均是内控纵向框架不可或缺的组成部分，信息通过组织内部的记录、整理和横向传递与共享是使高校内控横向框架搭建的重要纽带。因此，在配合进行高校整体或单项、纵向或横向的控制框架重构时应反思和全面梳理信息与沟通形式、分类和作用边界，以及与其他四个内控要素的关系，分析纵向信息和沟通与横向信息和沟通的作用机理和差异，进而对高校现行信息与沟通的规划、建设方式及效用发挥路径进行修正与完善。在确定信息与沟通的形式、分类及组合时要注意，尽管随着科技的进步，出现许多现代的信息与沟通技术和方式，如网络大数据、云计算、AL、区块链、业财共享以及基于这些技术的各种管理信息系统等，但并不意味着传统的信息与沟通技术和方式，如广播电台、座谈会、促膝谈心、对话热线、信息台账、适时记录与痕迹管理、工作日报与定期报告、信息公示、举报系统等作用的失去，两者是各有短长的，必须全盘规划并综合利用，建立起信息采取、传递、沟通与共享的大系统才能构筑新的符合新型内部控制要求的内控环境条件、更好支撑开展风险的评估、更好服务于控制活动和内部监督。另外，按落实“放、管、服”的要求，紧跟新时代的高校发展需要，需要我们不断提高高校信息管理与服务水平，高校信息管理委员会要通过其网络信息技术中心牵头，依据高校战略和可资利用的现代信息技术条件，加强信息与沟通建设的长、中、短期规划，有计划有步骤地推进建立、集成或升级各类信息管理与服务平台，如“微校园”信息集成系统、手机 OA 系统、移动财务及共享信息管理系统、教学与教务综合管理系统、网课教学与课堂管理系统、学生综合（包括招生、学籍、成绩、住宿、网络、证书、就业分配等）集成管理系统、图书资源及数据检索与支持系统等，提升效率，满足各类需求，加强业务及其运行管理，减少误会和状态误判，精准把控，精准施策，以达到最佳风险控制效果。信息与沟通在面对具体服务对象时应努力做到对控制对象的立项（或动议）、审批、实施、考评（验收）与监察（审计）等全流程进行信息与沟通手段的参与，更恰当地把控各环节控制的时机，最大限度地发挥信息沟通与共享系统的作用。现在流行“业财融合”就是信息与业务高度捆绑的一体化管控形态。高校在这方面相对企业来说起步较晚，是一个寻求突破和创新的重要方向之一。只有建立起高校的“业财融合”、财务共享、信息共享，才能为高校内控做到项目和资金的共享互通，教学与科研管理数据与风险发现对接，业务和控制痕迹与归档管理系统呼应，工程项目与合同管理系统匹配，财务管控制度与内部控制体系相融合，使高校从纵横向角度对其各项事务全过程了如指掌，互通有无，全面化解各类风险，大大减少以权谋私、渎职贪腐等现象发生的可能性。

5.3.5　内部监督层面的转型与创新设想

在内部监管层面，高校纵向控制框架重构中离不开内部监督要素的考量与参与。监督与评价是任何管理制度安排不可或缺的策略与要素之一。离开了监督与评价，必然就会伴随庸散与懈怠，模糊对与错、好与坏的界限，长此以往，即使内控初衷再好、设计再好，也不可能有效落实；缺陷无人认定，无人整改与验收，过去再有效的内控体系，也会变成一幅徒有其表的无用皮囊，终将难逃失败厄运，而且事物均是在不断变化着的，高校风险总在不断变异与耦合，其时空范围不断在扩张，若无监督与评价与时俱进地发现缺陷，不断改进与完善，就会因时过境迁而丧失其源源的生命力与效果。实际上高校过去的内控并不是一张白纸，有的高校内部控制的制度大部分是健全的，控制流程也在一定范围内存在，但为什么还出现那么多的问题？内部监督的缺失是重要原因之一。因此，要真正实现高校纵横向控制框架重构的目标，就必须进行监督与评价体系的重新整合以及策略上的重新规划与设计。

（1）监督建立明确的控制主体，落实控制环境优化、风险评估与预案制备、控制活动实施、信息与沟通以及内外监督等一系列责任，完善权责分离与追查制度。对于项目决策、执行和监督过程要做到相互分离，互不干预，但又相互牵制，互相促进，通过定岗定责、外部评价和内部监督的方式使运用的权力被关在“笼子里”，所创造的业绩晒在阳光下，所受到的奖惩公平、公正、公开且透明。如对于违法乱纪、以权谋私的科研项目参与者，要按照国家法律规定给予相应的处理，绝不姑息；对于项目完成状况超出预期、对于资金使用严格管控的科研项目参与者，高校相关部门应该给予口头甚至是物质方面的奖励，通过奖惩两套措施使科研人员与管理人员不断提高自身的内控意识，全面提升高校内部控制的管理水平。同时，建立监督体系内部的责任考核与奖惩挂钩机制。厘清新的监督系统内部的分工，明确各监督岗位职责，各相关监督人员应对于自己责任范围内的监督活动负完全责任并签字，如果监督范围有重大问题未被发现或未被揭露，有关人员应负失职责任，按规定程序严肃处理；而对坚持原则，勤勉敬业，能发现问题或隐患，并能提出良好应对措施或合理化建议者予以精神与物质奖励。

（2）整合形成更强大的监督与评价体系。一是应将原有的会计、审计、教学督导、纪检监察、工会、职代会等监督与评价资源按新的风险分类及特征进行重新整合与分工，以提高其监督效能与效率；可考虑在整合现有监督资源、理顺关系的基础上，形成以内部审计（查）委员会为主导，“审计委员会＋纪检监察＋内部审计”的监管模式。内部审计直接归属内部审计委员会，作为其下属常设机构；审计委员会直接对理事会负责，不受校务会干预；该模式通过实行内部监督的统一组织，合理分工，彻底解决内部审计过去多头监管、力量分散、成本提高以及某些监管“空壳化”问题。二是要进一步落实日常评价与定期评价、内部审计与外部审计的结合机制，确保评价和审计监督工作开展的时间、流程、责任和报告的制度化、常态化，可考虑构建“日常监督——定期自我评价——外部审计——责任考核与奖惩”的多层监督评价机制。其中，定期自我评价是由内部评价机构

（如内部审计部门）定期对内部控制制度本身及实施情况进行的自我评价，评价结果由校长签字后以书面报告形式上报理事会。外部审计是指聘请高校外部的具有相关审计资质的中介机构对高校内部控制建立与有效实施情况所进行的审计。外部审计机构不得由自“校务会”及其下属部门决定其续解聘，而应由内部审计委员会负责续聘或解聘，以增强其独立性。责任考核与奖惩是将各控制主体的责任目标与定期评价结果相对比，将控制工作的优劣与每个控制主体及其成员的工资、奖金、职务职称、福利等的升降挂钩，以增强内在动力性。同时转换角色，改造高校内部审计职能，发挥内部审计在内部监督中的核心作用。内部审计要从过去“监督者”或“内部警察”角色转化为全面关注高校风险、评价和完善内部控制的“评价和建议”角色。超越过去以实质性测试为主的查错防弊型内部审计，转为以战略介入、预防控制为重心，以证实性鉴证为补充，以评价和完善内部控制为手段，以控制高校各类风险为目标的新型内部审计。三是通过国家教育行政法规形式强制向公立高校派驻监事人员，或强制民营高校建立监事会或类似机构，以补强高校内部控制及全面风险管理的监督与评价体系与力量。四是通过国家教育行政法规形式强制要求高校定期（至少每年进行一次）进行内部控制自我评价及自我评价报告的审计，并定期公开披露这些经审计的内部控制与风险管理是否有效的信息①。五是要突出处理好自监（各受控对象的自我监督检查与整改）与他监（党委、纪检监察、工会、教职代会、审计等对内部受控对象实施的日常监督与检查，以及定期评价、整改、验收与奖惩等）相结合问题，监督留痕记录与传递问题，监督资源及形式的覆盖整合问题（既不留死角，也不可过度重叠，既相互支撑与结果共享利用，又相对界线明确，相互比对与印证），缺陷认定、整改、验收与责任追究（奖惩）问题，网络监督（审计）及预警、大数据分析诊断技术与模块开发与运用问题等，这里的每一问题，对高校内控的转型、升级和创新都是一大挑战。六是严把监督人员资格审查和选聘程序关。例如，审计委员会主席及成员必须具有较高政策水平，熟悉高校管理，通晓相关监督知识、方法与技能，具备丰富监督经历的人员担任，严格选聘程序，做到公开、透明，条件成熟的应向社会公开招聘；“校务会”成员不得成为审计委员会成员。内部审计机构负责人必须具备审计中级技术职务资格或注册会计师（非执业会员）资格，具有良好的审计从业经历和组织领导能力等。

5.3.6 强化控制方法多样性的结合运用的设想

在基于内控要素进行纵横向控制框架重构过程中应强化方法多样性的结合运用。强化

① 高校目前虽然依据《行政事业单位内部控制报告管理制度（试行）》（财会〔2017〕1号），已初步建立了年度内部控制评价与报告制度，并每年报送了其内部控制报告，但由于其评价过程仍然不规范，过程及报告无独立监督鉴证的安排，不要求对所报送的报告进行审计并附审计报告，所以其良莠难分，质量参差不齐，实际上只是一个形式而已，并不是我们所主张的真正意义上的内部控制评价报告。外加教育部有关调集信息公开制度中并未将高校内部控制年度报告纳入高校信息公开清单，所以该报告的信息未见公开，公众对其监督实际也处于缺位状态。

具体控制方法的多样性是适应风险的变异与耦合的有效方法。风险不断变异与耦合是风险的内在特性之一。而风险管控的各种具体方法的功能与作用半径有长有短，适应的“症候”也呈现出时空变化，因此，为避免风险管控方法的简单化与单一性，在风险评估、管控预案及具体控制活动中要有意识地在基本方法（如分权控制法、授权控制法、实物控制法、会计系统控制法及内部审计法等）的基础上嵌入多个其他管控方法，如综合运行分析控制法、绩效考证分析法、信息系统纠错预警法、网络问政与问学法以及内外检查举报法等，以达到取长补短，交叉融合，实现管控效果最大化之目的。

5.4　高校内控转型升级中应注意的问题与建议

5.4.1　坚持党对高校的领导是高校内控转型升级的关键

坚持党对高校的领导，以此为基础着眼于自上到下的控制关系设计，重构高校的治理结构与高校组织结构，这一初心是经历了检验的，不能动摇。

改革开放以来，政府对高校的管理方式由严密管控渐渐演变为以法律为导向的“放管服”的办校方针，对于高校办校自主权不断放开。1989 年，中共中央教育工作会议明确了“在接下来相当长的一段时间内，高校应当坚持在党委领导和监督下的校长负责制方针”。1998 年，出台的《高等教育法》使这一方针得以进一步贯彻和落实。我国现代公立高校的治理结构可以概括为十六字方针，即“党委领导、校长负责、教授教学、民主管理”。再后来习近平总书记于 2016 年 12 月在北京举行的全国高校思想政治工作会议上又明确指出：“办好我国高等教育，必须坚持党的领导，牢牢掌握党对高校工作的领导权，使高校成为坚持党的领导的坚强阵地”。公立高校对内实行校、院两级领导架构。在学校一级，校党委是高校最高领导与决策核心，从整体上把握学校的发展方向，对重大事项进行决策；校长作为高校的法人代表，对高校的发展战略落地和行政管理事务总体负责；学术委员会则对学生和老师的学术活动进行指导、评议、咨询与考核；教职工代表大会和学生代表大会对学校的工作进行民主监督和参与，对规定的部分关系师生员工切身利益的事项行使民主决策与管理权力。目前，我国高校的组织结构扁平化不足，呈现狭长型的发展态势，上中下级组织关系日趋复杂，部分高校迷失正确的办学方向，忽略专家治校的元素，甚至出现了对于学术重视程度不足、行政权力滥用等问题，这在一定程度上使高校治理结构出现失衡，对于高校事业发展、学术水平和综合办学能力提升产生了极大的制约作用。因此，坚持党对高校的领导，着眼于高校自上而下的控制关系的优化设计，重构高校的治理结构与组织结构的初心不能动摇。

我国民办高校是我国高等教育的一支重要力量，也必须成为党领导的坚强阵地。中共中央组织部、中共教育部党组早在 2006 年就下发了《关于加强民办高校党的建设工作的若干意见》（教党〔2006〕31 号），要求各地各民办高校要提高政治站位，重视民办高校的党建工作。截至 2018 年末，我国民办高校 750 所，在校生已达约 650 万人，占全国普通高校在校生的近四分之一①。因此，面对如此庞大的“阵地”，努力提高对民办高校党建工作的认识，完善体制机制，积极探索党参与和监督民办高校管理与决策的有效途径，对改善民办高校的治理结构，凝聚社会力量共同建设人才强国具有重要意义。

5.4.2 不能忽视外控内化和内控外化的治理效用

高校内部控制与外部控制是相互联系和促进的，内部控制需要外部控制营造更好的政策环境（如治理体制、巡视整改、信息公开等）来推动（即内控外化），外部控制则需要借助内部控制落地（即外控内化）。当国家或社会赋予高校以使命，寄予某些期待，或要求高校执行某项重要国家部署、战略或规划，必须借助建立高校相应的内部控制机制来予以保障，否则无法落地；当高校内在的控制需求难以通过内部环境实现时，往往可通过设法营造良好的外部环境与氛围，进而影响内部环境和执行力来迂回实现某一特定的内部控制目标。例如，高校曾对各级行政和院系领导干部超标使用办公用房和装备的风险早有觉察，且还注意到该风险已在高校之间、高校内部部门或领导之间形成相互攀比，越演越烈之势，与高校办学目标和文化建设初衷相背离，因此早有建立相关内控制度，推动全面清理和整顿之心，但囿于各高校的情形大都如此，强行推动，其阻力和难度会非常大，甚至可能会因触及不少人的利益而得罪一大批人，引起群起而攻之的不利局面，因此迟迟未动，陷入“囧境”。但责任感驱动有心推动此项工作者摆脱“囧境”的新思维——“内控外化，外控内化”，通过向上级教育行政管理部门和中央廉政建设部门反映情况，争取支持，形成统一的外部政策推动和宏观巡视整改环境，然后高校再内化为相关内控行动，从而较为轻松地化解了相关风险。类似的情形在治理体制、信息公开等方面都有很好的体现，是高校纵向控制框架及其相互关系重构中的有效策略。

5.4.3 处理好严格按流程、按“锦囊”办事与适度“赋能”的关系

高校新型内控，比较强调“万事皆流程”，“遇险对‘锦囊’”，即大大小小的事务都按既定流程办理，办理中遇到的各种状况应按预先制订的预案（即按预先进行的风险评估所制订的内控手册中准备好的控制措施——“锦囊”）应对，这样比较理性，可避免打无准备之仗，降低临阵磨枪、仓皇应对而致忙中出错的概率。但世界是瞬息万变的，具体事务也是错综复杂的，面对这样的控制生态，完全准确地预测所有高校事务的可能出现的状况实际上也不可能。所以常常会碰到超出内控手册意料的状况而不知所措，或内控手册中虽然有对应的应对措施，但由于时过境迁，风险已发生一定的变异，原有的应对措施不完全适用。这时处置起来出现慌乱也是很自然的。因此，需要处理好严格按流程、按“锦

---

① 数据来自2019年7月24日教育部公布的《2018年全国教育事业发展统计公报》。

囊”办事与适度“赋能”的关系。一方面，在内控手册中的控制措施仍然适用的情况下，仍然要坚持严格按“锦囊”办事，不可自我膨胀，自作主张地任意而为，这对确保秩序、敬畏规则、理性控制、减少人为失误至关重要。另一方面要给情况相对复杂业务一线的控制主体适当“赋能”，即进行决策权力的适度“去中心化”，赋予特定的控制主体在特定的环境下拥有更多更大的权力（裁量权或决策权），让他们发挥潜在的能力，给予他们更大的舞台来展现能力，从传统的“控制—命令式”转变为“赋能—分布式”，以适应日益复杂多变的高校生态环境变化，取得更好的风险控制成效。当然，为了减少“赋能”失控，赋能要控制在一定的范围（包括空间范围和时间范围）内，授权途径要适当，有的可以是特别授权（以规定流程签署特别授权书），有的可以是制度授权（如“火灾应急处置预案”明确控制人除规定动作的应急处置之外可以拥有的临时根据现场状况而进行非规定动作的处置授权）。另外，必须建立依赋能所采取的控制行为及后果透明化规则和即期或定期评估机制。透明化是评估和问责的前提，评估是问责和完善相关“锦囊”的必要环节。通过评估可评价赋能的恰当性，确定追责和免责主张或建议，还可将赋能中所形成的有效应对措施总结、补充进入相关风险控制矩阵，成为日后相关控制的“规定动作”，也不失为对事务流程控制的一种良性动态修正途径。

除上述三点之外，高校内部控制转型升级中应注意的问题与建议可进一步挖掘的地方还很多，例如，如何处理好高校内控纵向框架重构与事前、事中和事后控制设计的关系，如何抓住治理架构及权力分配为脉络展开纵横向控制的转型与升级，如何体现高校上中下层级关系管理体制安排实现组织架构扁平型还是狭长型的关系处理，信息纵向的自上而下的规则性、指令性传递和自下而上的反馈性对信息横向的传递与共享的影响问题，等等，限于时间和篇幅的制约，在此不一一展开探讨。至于高校内控流程的全貌是怎样，如何进行控制矩阵的要素设计和措施刻画，因属于高校内控转型与创新的重要落脚点和载体之一，将于第 6、第 7 章进行相关探究与展示。

第6章　高校内部控制流程名目大全

6.1　研究并梳理高校内控流程名目大全的初衷与思路

古希腊数学家与哲学家毕达哥拉斯（Pythagoras）的旷世名言——“万物皆数”，是对世间万物科学的抽象与总结，亦预示着后世计算机及数码时代的到来，进而改变着整个世界。我国古代著名的孙子兵法有云：“谋定而后动，知止而有得，万事皆有法，不可乱也”，告诉我们军事皆有其不确定性，但只要明确目标，遵从其内在规律，事先准确周到谋划而后再行动，方有胜算，千万不可乱来，世间万事何尝不是如此。凡物都有本有节，凡事都有始有终，只要摸清其各类影响因素（包括有利的和不利的因素）及其发生规律（环节及概率），提前按合理的先后次序，“兵来将挡、水来土掩”，制定好各种预案（即应对方法与措施），然后付诸实施，自然会增大事物成功可能性，这也是被现实所证明的有效的管控之道。由此，我们不难推论——“万事皆流程”，即世间万事皆可流程化，通过流程化既尊重事物内在规律，又积累“前人”的探索与经验，规避“后人”重新摸索的成本和可能造成的缺失，既可明确涉事主体的目标和责任，又可大大提高效率，降低随性风险。高校作为一个有目标、有风险、有担当的组织，其大小事务也都有其内在规律，也都可以流程化管理，只不过过去高校只就少数所谓“重要”的事务制定了白纸黑字的流程，而其他所谓“简单”或“次要”的事务，则仅有制度规定（少数的连相关制度规定都找不到），而无图文格式化的具体办理流程，具体办理时仅由涉事主体自我理解与掌握，然后将“流程”的“片段”置于自己的意识之中。实际上所谓“重要”“简单”和“次要”都是相对的，且片段化的流程记忆易于淡忘，前后也易于脱节，不符合现代全面风险管理导向内部控制的理念。因此，要真正实现高校内控的转型与升级，其重要的转变之一就是“万事皆流程”，这是高校内控的“基本建设”或“基础建设”，虽然工作量巨大，非一朝一夕之功，但至少要逐渐朝此方向努力。

依此初衷，本章在收集国内外高校既有办事流程或管理流程的基础上，结合前面第1章~第5章对高校内外生态、使命与目标、风险及特征、现行内控“异象”，以及应转型的新内控必然性及升级构想等的论证，全面、系统分析高校治理、组织架构、战略与发展规划、人力资源、教学与科研、后勤卫生与服务、政府采购、合同管理、基本建设、资产管理、图书与数据资源管理、预算与收支管理、学生与就业、附属企业与单位管理、校友与教育发展基金、债务管理、财务与审计、档案管理等事务的内容、内部构成单元及相互关系，从全面风险管理导向控制视角进行梳理、剥接和覆盖，既尊重既往经验积累，又对接先进内控理念与要求，既关注其周延性又顾及其互斥性，既相互包容又力求级次分明，彼此相扣，最终形成“高校内控流程名目大全”（以下简称“流程名目大全”）。该研究与梳理思路可大致描述如图 6－1 所示。

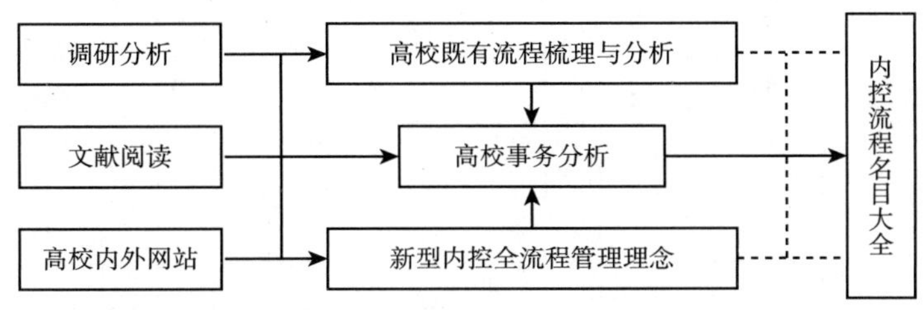

图 6－1　高校内控流程名目的梳理线路

通过研究和梳理，本章所形成的“高校内控流程名目大全”，涉及高校 24 个领域，近 700 个流程名目（其中一级流程名目约 75 个，二级流程名目约 215 个，三级流程名目约 410 个）。可以说，这是目前国内外唯一涵盖高校几乎所有事务的“内控流程名目大全”。其意义在于一定程度上实现了“万事皆流程”的起步性探究，即应该建立哪些内控流程，其大致名称是什么。这有利于引导各高校对其现有流程的评估和补遗。实际上，从我们的高校调研、大量文献搜集和高校网站公开的信息阅读，以及部分高校非公开信息资料收集等得到的情况来看，高校现有真正建立（但并不一定都完全运行，因为有的只是为建而建而已）的内控标准流程①只约 150 个，其中符合新型内控（包括财务内控和非财务内控）意义上的标准流程只有约 50 个。

需要说明的是，本章“高校内控流程名目大全”所列示的内控流程名目，仅为其第一、第二、第三级的名目，实际上不少事务在三级流程往下还可以再细分，形成第四、第五级，有的甚至还可以到第六或第七级，最末级的通常是就一个业务或事项的某一个细节（如银行对账单的保管、记账凭证的复核等）所形成一个特定岗位的工作流程，也就是说，本“大全”是相对的，高校内控流程的个数远不止 700 个，但要穷尽它是一个非常大的工程，且各高校的具体情况还有差异，管控目标和风险偏好也不尽相同，需要更多的调研，需要更多的经验和业务积累，需要更多的投入和时间，但由于受本项目研究人力、物力、财力和时间的制约，我们无法企及与穷尽，只能寄望理论与实务界的共同努力去实现。

另外，本章只是抛砖引玉，进行了这方面的初步梳理与研究尝试，对流程的第一、第二、第三级的分级也并不一定完全合理，名称也并不一定都完整、贴切，欢迎各路高手和同仁多提宝贵意见，采取多种途径进行交流、探讨与改进。

---

①　内控标准流程应是包含特定事务始端与终端，有过程和步骤的文字描述，风险点和控制点的标注，且综合运用框图、线条在所涉相关部门及岗位中进行多维表达和线路连接的框、形、标、文、线的有序集合图。因此，从严格意义上讲，许多高校对某些事务制定的仅仅以文字列示的办理步骤不是标准的流程图，或者只能称为简易流程描述而已。

6.2 高校治理、战略与组织架构方面的内控流程名目

高校治理、战略与组织架构方面的内控（设计与执行）流程名目如表 6－1 所示。

表 6－1　高校治理、战略与组织架构方面的内控（设计与执行）流程名目

涉及领域	一级流程	二级流程	三级流程	四、五级…	流程编码	与其他流程的关联
组织框架	学校章程诞生与修订流程	章程起草与初审流程	章程起草调研流程			治理架构落地、党委会、理事会、校务会、纪监、教授会等
		章程终审与表决流程	章程报备流程			
		章程修订流程	章程修订动议与调研流程			
	治理架构落地流程	机构及部门设置一般流程	权力分配指引厘定流程			同上
	校党委会工作流程	党委会议事决策流程	中层领导干部任免调整决策流程			治理架构落地、人力资源、“三重一大”决策管理、校务会工作等
			校级领导分工调整决策流程			
			重大党务安排决策流程			
			审议校务会提交的重要事项流程			
		党委统战工作流程	校领导联系民主党派、无党派工作流程			治理架构落地
			重大事项征求民主党派、无党派意见流程			
			对民主党派、无党派意见或建议回复流程			
	校务委员会工作流程	校务会议事决策流程	工程项目决策流程			治理架构、党委会决策
			机构设置调整决策流程			
			薪酬分配方案决策流程			
			学科建设总体方案决策流程			
			大额资金支付决策流程			
			战略规划与校园建设规划决策流程			
		校务会议题申请流程	周会议表安排流程			

续表

涉及领域	一级流程	二级流程	三级流程	四、五级…	流程编码	与其他流程的关联
组织框架	校纪检监察委员会工作流程	校纪检监察常设机构设置流程	二级纪检监察机构设置流程			治理架构落地
		校纪检监察议事与工作流程	廉政风险预警流程			
			受理违纪线索与材料流程			
			案件查处工作流程			
			案件申诉复查工作流程			
			年度工作报告流程			
	校董事会（理事会）工作流程	校董事会（理事会）议事流程	校董事会（理事会）办公室工作流程			学校章程、治理架构等
	教授委员会工作流程	教授委员会议事流程	二级院系教授会产生与议事流程			学校章程、治理架构、院系管理等
		各级学术委员会产生流程	各级学术委员会议事流程			
		各级学位委员会产生流程	各级学位委员会议事流程			
		各级教学指导委员会产生流程	各级教学指导委员会议事流程			
	教代会产生与工作流程	教代会议事流程	常务委员会议事流程			学校章程、治理架构落地、薪酬福利、教职工权利、院系管理等
			日常议案承接与回应流程			
			代表大会议事流程			
	工会会员代表大会产生与工作流程	工会会员代表大会议事流程	妇委会产生与议事流程			
		二级分工会工作流程	二级院系分会议事决策流程			
			附属企业事业单位分会议事决策流程			
	校友总会工作流程	校友总会议事流程	会员入会流程			教育发展基金管理
	部门及机构设置调整流程	调整审批流程	调整动议及方案编纂流程			党委和校务会决策
	组织（体制性）架构调整流程	调整审批流程	调整动议流程			学校章程、治理架构落地、高层决策等
			调整方案编制流程			

续表

涉及领域	一级流程	二级流程	三级流程	四、五级…	流程编码	与其他流程的关联
发展战略	发展战略制定流程	学科建设总体方案报批流程	学科建设总体方案编制流程			校董事会（理事会）、党委会、校务会、教代会、工会等决策
			学科建设总体方案内外论证流程			
		校园总体建设规划报批流程	校园总体建设规划编制流程			
	发展战略实施流程	对接年度计划的制定与落实流程	与年度预算对接流程			校务会、教代会、工会、预算等决策
			年度计划落实进度反馈流程			内审
	发展战略调整流程	调整动议与方案议定流程	发展战略定期研究报告编制流程			高层、教代会等决策

6.3 高校人力资源部内控流程名目

高校人力资源方面的内控（设计与执行）流程名目如表6－2所示。

表6－2　高校人力资源方面的内控（设计与执行）流程名目

涉及领域	一级流程	二级流程	三级流程	四、五级…	流程编码	与其他流程的关联
人力资源	教研人员招聘流程	高层次人才招聘流程	海外招聘流程			教学与科研管理
			国内招聘流程			
		一般教研人员招聘流程	面试（试讲）工作流程			
		荣誉（客、讲座）教授聘请流程				
	党政教辅人员招聘流程	学生辅导员社会公开招聘流程	笔试和心理测试流程			党团、学生及行政管理、财务核算与管理、审计、图书管理、后勤与卫生服务保障等
		医技人员招聘流程				
		图书管理人员招聘流程				
		财务管理人员招聘流程				
		内部审计人员招聘流程				
		编外用工管理流程				
		安置转业、复员军人工作流程				

续表

涉及领域	一级流程	二级流程	三级流程	四、五级…	流程编码	与其他流程的关联
人力资源	新进教职员工入职流程	报到流程				党团、学生及行政管理、财务核算与管理、审计、图书管理、后勤与卫生服务保障等
		岗前培训流程	普通话测试流程			
	干部选拔及运用流程	行政科级干部选拔任用流程	内部考核交流流程			教学与科研管理、行政管理、轮岗管理、社会责任管理等
		行政处级干部选拔任用流程	处级干部试用期考核流程			
			民主推荐与测评流程			
			政治审查与外调流程			
		教学单位院长选拔任用流程	系及教研室主任选拔任用流程			
		接受军转干部安置流程				
		干部述职流程	干部工作表现民主测评流程			
		干部下派（挂职）锻炼工作流程				
		干部对口援藏援疆或支教工作流程				
	人才管理流程	教职员工培训进修流程	教师资格认定工作流程			行政管理、科研管理、教学管理、薪酬管理等
		职称晋升晋级评审流程	教师系列职称晋升晋级评审流程			
			其他系列职称晋升晋级评审流程			
		教职员工评价考核流程				
		教师出国进修、访问考核流程	进修、访问协议及待遇确认流程			
		国内访问学者录用与考核流程				
		国务院特殊津贴专家推荐流程				
		省突出贡献中青年专家推荐流程				
		国家（省）教学名师推荐评选流程				
		长江学者聘任流程	聘任待遇沟通流程			
			考核与续聘流程			

续表

涉及领域	一级流程	二级流程	三级流程	四、五级…	流程编码	与其他流程的关联
人力资源	薪酬管理流程	薪酬基本工作流程	考勤管理流程			行政管理、财务管理、预算管理、内控评价等
			住房公积金缴交流程			
			五险缴交流程			
			绩效奖励核发流程			
			房改购房补贴发放流程			
		年薪制工作管理流程	年薪制人员的协议签订流程			
			年薪制人员考核与薪酬兑付流程			
		薪酬调整工作流程				
		其他薪酬管理流程	遗属领取丧葬费、抚恤金及其他补贴流程			
			互助金核发流程			
			困难补助核发流程			
	定期轮岗工作流程	梯级领导定期分工调整流程				高校治理、行政管理、廉政管理、财务管理等
		中层正副职定期轮岗流程				
		基层科级干部定期轮岗流程				
		关键岗位定期轮岗流程				
	教职员工退出流程	教职员工离退休工作流程	节假日慰问离退休专家教授流程			行政管理、科研管理等
		教职员工解聘（调出）流程	人事档案转移流程			
	出国（境）管理流程	因公出国（境）进修访问审批流程	在职证明开具流程			
		因私出国（境）审批流程	护照及通行证集中管理流程			
		归国报到流程				
	劳动人事争议处置流程	校内调解流程				合规管理
		法律仲裁调解流程	申诉复议流程			

6.4　高校教学、科研及图书管理事务内控流程名目

高校教学、科研及图书管理方面的内控（设计与执行）流程名目如表 6－3 所示。

表 6－3　高校教学、科研及图书管理方面的内控（设计与执行）流程名目

涉及领域	一级流程	二级流程	三级流程	四、五级…	流程编码	与其他流程的关联
教学管理	专业管理流程	专业申报与审批流程	专业可行性研究报告编制流程			学校章程、学科发展、行政管理等
		专业教学培养方案修改调整流程				
		辅修专业申报与审批流程	辅修教学培养方案编制流程			
		专业清理与注销流程				
	日常教学管理流程	教学任务下达流程	课表安排流程			
		学生选课工作流程				
		教学进度计划编制流程				
		调、停（补）课审批流程				
		教室借用流程				
	课程管理流程	精品课程建设流程	校级精品课程建设流程			学科发展战略与规划、质量管理、科研管理等
			省级精品课程建设流程			
			国家级精品课程建设流程			
		慕课建设及开放流程				
		SPOC 课程建设与开放流程				
		精品视频公开课建设与开放流程	国家级开放流程			
			校级课程建设流程			
		精品资源共享课建设与开放流程	国家级开放流程			
			校级课程建设流程			
		网络直播课程开设流程	申请与审批流程			
		现场公开观摩课程开设流程				

续表

涉及领域	一级流程	二级流程	三级流程	四、五级…	流程编码	与其他流程的关联
教学管理	考试管理流程	考试安排流程				质量管理、科研管理、诚信管理等
		命题、审核与制作流程				
		试卷收发与保管流程				
		阅卷与成绩评定工作流程	成绩登录、分析与公开工作流程			
		监考巡视流程				
	教学事故认定与处置流程	事故处置结果公示流程	事故处置复核流程			
	学生论文（设计）管理流程	学年论文指导与管理流程				
		毕业论文指导与管理流程	论文查重管理流程			
		论文盲审管理流程	盲审论文抽取流程			
		论文答辩流程	论文答辩后的复审流程			
		论文存档流程	论文上传网络文库流程			
	教学工作量统计汇总流程	教学单位统计流程	个人统计上报流程			薪酬管理
		教务部汇总复核流程				
		超课时计算与津贴发放流程				
	教学研究项目管理流程	项目申报、评审与立项流程				科研管理
		项目中期检查流程				
		项目结项（中止）流程				
	教材管理流程	教材（含教辅材料）采购流程	教材征订工作流程			政府采购、存货管理、预算管理、财务核算与管理等
		教材（含教辅材料）发放流程	发放教师教学用书工作流程			
			学生领用教学用书工作流程			
		自编系列教材申报与建设流程				
		教材库房管理流程	教材盘存流程			

续表

涉及领域	一级流程	二级流程	三级流程	四、五级…	流程编码	与其他流程的关联
教学管理	实验教学管理流程	实验室立项建设流程	设备及服务器采买流程			资产管理、学生管理等
		实验室开放运用流程				
		实验教学计划开启与执行流程				
		实验室日常维护管理流程				
	质量管理流程	教学督导管理流程	听课请教流程			学校章程、学科发展战略与规划等
		学生网络评教流程				
		讲课竞赛工作流程				
		教学事故认定处置流程	处置复议流程			
		教指委工作流程				
	合作办学管理流程	合作办学协议审批流程	合作办学协议起草流程			
	教学奖励管理流程	教学成果奖的评选流程	教学成果统计工作流程			科研管理
		教学质量奖励评选流程				
	教学信息管理流程	教学成绩登录流程				信息管理
	其他工作管理流程	补办学历学位证明书流程				教务管理
		辅修学位课程申请流程				
科研管理	科研项目归口管理流程	科研项目信息系统运转流程				教学、行政、合同、信息等管理
		产学研基地建设流程	三方协议签订流程			
	博士后流动站管理流程	博士后进出站流程				
	纵向科研项目管理流程	课题申报、评审、立项流程				预算、合同管理等
		项目经费预算编制流程				
		课题年度检查/中期检查业务流程	项目预算调整流程			合同、收入、支出、财务、审计、行政等管理
		项目经费支付与报账流程				
		课题结题业务流程				

续表

涉及领域	一级流程	二级流程	三级流程	四、五级…	流程编码	与其他流程的关联
科研管理	纵向科研项目管理流程	科技成果鉴定、验收（评审）流程	成果出版流程			合同、收入、支出、财务、审计、行政等管理
		科研成果保护流程	专利申报流程			
			研究成果转化流程			
		大创项目管理流程				
	横向科研项目管理流程	项目合同签订流程	合同印章使用流程			
		合同执行监督流程				
		项目经费办理流程	学生劳务费支取流程			
		项目变更流程				
		对外科研合作业务流程	项目经费转移支付流程			
		项目结项验收流程				
		科技成果保护与转化流程				
	科研项目经费监督检查流程	科研项目经费审计流程	科研经费外聘中介审计流程			内部审计
	科研奖惩流程	科研统计与甄别流程				合规、合同、薪酬及诚信管理等
		科研奖项评审流程				
		学术不端处罚流程	行政复议流程			
	科研档案管理业务流程	项目任务书归档流程				档案管理
		科研奖励申报材料归档流程	文献资料归档流程			
	学术活动管理流程	研讨会、报告会、论坛办理流程	国际性会议办理流程			行政管理、人力资源、预算管理、财务管理等
			国内会议办理流程			
			院系学术沙龙办理流程			
		校报（刊）管理流程	组稿与审稿流程			
			出版与发行流程			
		学术活动经费预算与报账流程				财务管理、审计等

续表

涉及领域	一级流程	二级流程	三级流程	四、五级…	流程编码	与其他流程的关联
图书管理	图书（数字资源）采购流程	图书采购招投标流程	图书采买需求征集流程			预算、政府采购、资产管理等
		图书验收流程				
	图书（数字资源）维护流程	纸质图书的维护流程	善本使用与维护流程			信息管理、科研管理、教学管理等
		电子数字资源维护流程				
	图书（数字资源）阅览流程	图书借阅流程	图书清退索赔流程			
		电子资源阅览流程	外文电子数据库资源使用流程			
			校外远程访问服务流程			
	文献检索与传递服务流程	文献资源收录检索服务流程	收录检索证明开具流程			
		图书资源检索与传递服务流程	文献目录检索服务流程			
			非返还式中外文献复制与传递流程			
			返还式馆际借阅服务流程			
		文献重复率检测服务流程	检测报告打印服务流程			
	学位论文上传流程	硕士论文上传图书馆数据库流程				
		博士论文上传图书馆数据库流程				
		学位论文上传知网（同方）流程				

6.5　高校学生、党团及行政管理事务内控流程名目

高校学生、党团及行政管理方面的内控（设计与执行）流程名目如表 6－4 所示。

表 6-4 高校学生、党团及行政管理方面的内控（设计与执行）流程名目

涉及领域	一级流程	二级流程	三级流程	四、五级…	流程编码	与其他流程的关联
学生管理	招生工作流程	招生信息公开流程				
		招生录取工作流程	本科生招生录取工作流程			
			硕士生招生录取工作流程			
			博士生招生录取工作流程			
		招录免推攻读硕（博）士研究生工作流程				
	学籍管理流程	新生报到注册流程	健康体检流程			信息管理、卫生管理、后勤保障服务、行政管理等
		老生报到注册流程				
		休学复学流程				
		保留学籍流程	参军入伍流程			
		勒令退学流程	行政复议流程			
		开除学籍流程	申诉复议流程			
		博士后进出站流程				
		转学转专业流程				
	勤工助学管理流程	助教助研助管岗位申请流程				财务核算与管理、人力资源管理、行政管理等
		特困补助申请发放流程				
		助学贷款申请流程				
		援疆助学金申请与发放流程				
		国家助学金评定与发放流程				
	职业教育与心理疏导流程	职业规划指导流程				教育教学管理
		心理测试与辅导流程				
		心理咨询流程	咨询预约流程			

续表

涉及领域	一级流程	二级流程	三级流程	四、五级…	流程编码	与其他流程的关联
学生管理	奖罚管理流程	免试推荐攻读硕（博）士研究生工作流程				合规管理、行政管理等
		国家奖学金评定与发放流程				
		荣誉称号评定流程				
		违规违纪处罚流程	处罚公示与复议流程			
	毕业就业及遣散流程	就业信息接收与发布流程	就业管理信息系统维护流程			信息管理、行政管理等
		毕业生信息发布流程				
		毕业生大型推介会组织流程				
		毕业就业协议签订流程	改签改派流程			教务管理
			网签流程			
		在校修读成绩单开具流程	本科生在校修读成绩单开具流程			
			硕士生在校修读成绩单开具流程			
			博士生在校修读成绩单开具流程			
		毕业生档案寄送流程				
		离校遣散流程	宿舍清退流程			后勤服务保障、财务管理、图书管理等
			图书清退归还流程			
			欠费清缴流程			
			户口转移流程			
	证书管理流程	毕业证、学位证书发放流程	证书信息网络查询流程			学科发展规划、教学管理、信息管理等
		结业、肄业证书发放流程				
		补办学历学位证明书流程				
		外语四级、六级考试证书管理流程				
		计算机等级考试证书管理流程				

续表

涉及领域	一级流程	二级流程	三级流程	四、五级…	流程编码	与其他流程的关联
学生管理	其他相关工作流程	学生图书证（卡）领（退）流程				党团与行政管理、图书管理、信息管理、资产管理等
		学生校园一卡通管理流程				
		学生社团管理流程	社团成立流程			
			社团挂靠管理流程			
			社团运行与监管流程			
			社团变更与注销流程			
党团及行政管理	内部控制流程	内控建设总体规划方案编制流程				高校治理、财务管理、各类业务管理、审计等
		内控手册制定流程				
		内控实施与日常监督流程				
		风险评估报告编制流程				
		内控自我评价工作流程	内控缺陷认定流程			
			内控缺陷整改与验收流程			
			内控年度内部控制报告编制流程			
	发展规划的制定流程	外聘中介机构开展评价流程				高校章程、预算等
	信息传递与公开流程	内部控制信息公开流程				信息管理、财务管事、信息公开管理等
		财务信息公开流程				
		招生信息公开流程				信息管理、财务管事、信息公开管理、人力资源管理等
		教职员工招聘信息公开流程				
		招投标信息公开流程				
		预决算信息公开流程				
	公文管理流程	公文行文流程	电子公文处理流程			高校治理、信息管理、信息公开等
			公文制作流程			
		外收文件处理流程				
		公文的发布流程				

续表

涉及领域	一级流程	二级流程	三级流程	四、五级…	流程编码	与其他流程的关联
党团及行政管理	校内请示报告处理流程	书面请求报告流程	书面请求报告回复流程			信息管理、业务管理等
		电子请求报告流程	电子请求报告回复流程			
	印章使用与保管流程	校级印章管理流程	学校公章使用流程			合规管理
			合同专用章使用流程			合同管理
			财务专用章使用流程			财务管理
		院系处室印章管理流程	职能部门印章使用流程			合规管理
			二级院系印章使用流程			
	校园一卡通管理流程	校园一卡通申领流程	校园一卡通充值消费流程			信息管理、图书管理、校园安全保卫、财务等
		校园一卡通挂失补办流程				
	信房举报的处理流程	信访举报的一般处置流程	匿名举报处置流程			高校治理、纪检监察、审计等
			实名举报处置流程			
		信访举报的特殊处置流程				
	突发事件应急处置流程	地震应急处置流程				后勤卫生服务保障、财务、审计等
		火灾应急处置流程				
		防台防汛气象灾害应急处置流程				
		食品卫生突发事件应急处置流程				
	党团日常管理流程	党（团）员发展工作流程	党（团）费收缴流程			高校治理、组织架构、人力资源等
		党（团）员组织生活工作流程				
		党校培训工作流程				
	宣传管理流程	新媒体审查备案流程	橱窗、LED 显示屏申请使用流程			合规管理、信息管理、信息公开等
		广播台发稿流程				
		学校官方微博、微信公众号信息发布流程				

续表

涉及领域	一级流程	二级流程	三级流程	四、五级…	流程编码	与其他流程的关联
党团及行政管理	宣传管理流程	学校及二级单位部门网站新闻发布流程				合规管理等
		校报发稿流程				
		接待来访的校外媒体的办理流程				
		校内宣传媒体采访活动办理流程				
	公务接待管理流程	公务接待费用报销流程	接待服务外包流程			财务核算、合规等

6.6 高校预算及收支管理事务内控流程名目

高校预算及收支管理方面的内控（设计与执行）流程名目如表 6-5 所示。

表 6-5　高校预算及收支管理方面的内控（设计与执行）流程名目

涉及领域	一级流程	二级流程	三级流程	四、五级…	流程编码	与其他流程的关联
预算管理	预算编制与下达流程	二级单位预算编制流程	业务与收支需求摸底流程			信息管理、合同管理、财务管理、资产（含工程）、负债及专项等
		预算一上一下流程	预算一下修订流程			
		预算二上二下流程				
	预算执行与监督流程	预算执行分析报告编制与报送流程				
	预算调整流程	预算调整申请流程				“三重一大”决策管理等
	预算收支情况审计流程	工作底稿编制流程	预审流程			内部审计、信息管理、信息公开等
	决算报告上报与批复流程	决策报告上报流程	决算报告编制流程			
	预算绩效管理流程	预算考核评价流程	预算考核结果应用流程			
收入业务	一般公共预算拨款收入流程					预算管理、财务管理
	政府性基金预算拨款收入流程					

续表

涉及领域	一级流程	二级流程	三级流程	四、五级…	流程编码	与其他流程的关联
收入业务	事业收入业务流程	本（硕、博）学费收入流程	财政电子票据开具与查询流程			预算管理、合规管理、教学与科研管理、资产管理、后勤服务管理、财务核算与管理、审计等
			学费标准核定与审批流程			
		本（硕、博）住宿费收入流程				
			住宿费标准核定与审批流程			
		委托培养费收入流程				
		考试考务费收入流程				
		培训费收入流程	培训协议签订流程			
		科研项目经费收入流程				
		科技咨询、协作、转化费收入流程				
		其他事业费收入流程	网络服务费收入流程			
	经营收入业务流程	资产出租收入流程	招待所承包出租流程			预算管理、合规管理、教学与科研管理、资产管理、后勤服务管理、财务核算与管理、审计等
			门面出租流程			
		校园电瓶车摆渡收入流程				
	附属单位上缴收入业务流程					
	上级补助收入业务流程					
	其他收入业务流程	利息收入流程				
		接受捐赠收入流程	捐赠协议签订流程			教育发展基金
	收入票据管理流程	收入票据申请监制和保管流程				财务核算管理、审计、档案管理等
		收入票据申领收发核销流程				
		收入票据的开具与传递流程				
	收入退付流程					

续表

涉及领域	一级流程	二级流程	三级流程	四、五级…	流程编码	与其他流程的关联
支出业务	一般公共预算支出流程	工资福利支出流程	基本工资福利支出流程			预算、人力资源、财务核算管理等
			社会福利与救济支出			
			助学金支出流程			
			离退休费支出流程			
		住房改革支出流程	住房公积金支出流程			
			购房补贴支出流程			
			提租补贴支出流程			
		商品和服务支出流程	办公用品采购领用流程			
			中介服务性支出流程			预算、政府采购、合同管理等
			水电费用支出流程			
			差旅费用报销流程			
		基本建设支出流程				预算、工程项目等
		事业发展专项计划支出流程				财政专项、教育发展基金、内审、预算等
		专项业务费支出流程				
		大型修缮项目支出流程				
		科技研究机构运行支出流程				科研管理、预算、财务核算等
		科技研究支出流程	基础研究支出流程			
			应用研究支出流程			
			其他研究支出流程			
		结转下年支出流程				财务核算、预算等
		财政直接支付季（月）度用款计划申报流程				财务管理等

续表

涉及领域	一级流程	二级流程	三级流程	四、五级…	流程编码	与其他流程的关联
支出业务	经营支出流程	经营人员薪酬支出流程				人力资源等
		经营资产的运转维护支出流程	房产租金支付流程			资产管理等
		服务耗材支出流程				政府采购等
		水电及通讯支出流程				后勤服务等
		网络与通讯支出流程				信息管理等
		税费支付流程				合规管理、廉政管理等
		其他经营性支出流程	差旅支出报销流程			

6.7　高校资产、债务及财政专项相关管理事务内控流程名目

高校资产（含采购与工程项目）、负债及财政专项管理方面的内控（设计与执行）流程名目如表 6－6 所示。

表 6－6　　高校资产（含采购与工程项目）与负债管理方面的内控（设计与执行）流程名目

涉及领域	一级流程	二级流程	三级流程	四、五级…	流程编码	与其他流程的关联
政府采购	采购预算流程	编制最高限价流程				信息管理、财务核算与管理、预算、合同管理、工程项目等
	公开招投流程	公开招标数额标准制订与发布流程				
		物资设备类采购招标流程	物资设备采购招标信息发布流程			
		工程项目招标流程	工程项目招标信息公布流程			
		服务类采购招标流程	服务类采购招标信息公布流程			
		开标会议工作流程				

续表

涉及领域	一级流程	二级流程	三级流程	四、五级…	流程编码	与其他流程的关联
政府采购	邀请招投流程	变更政府采购方式流程				信息管理、财务核算与管理、预算、合同管理、工程项目等
	竞争性谈判流程	采用竞争性谈判方式申请流程	进口产品采购专家论证流程			
	询价采购流程	中额快速采购项目流程	网上商城定点采购流程			
	单一渠道采购流程	单一来源方式采购专业论证流程				
	小额分散采购项目流程	分散采购限额标准制订与发布流程	供应商投诉处置流程 意见答复回馈流程			信息管理/财务管理/合同管理
	廉政管理工作流程	政府采购廉政责任书签注流程				
		政府采购质疑和投诉流程				
	采购验收结算流程	一般采购验收流程				
		特殊采购验收流程	外聘质量检测机构验收流程			
		采购结算流程				
	采购档案归档流程					档案管理
资产管理	货币资金管理流程	银行户头管理流程	预留银行印鉴管理流程			收入业务流程
		零余额账户用款额度管理流程	向财政部门申报季（月）度用款计划流程			
		货币资金收入流程				收入业务、资产管理等
		货币资金的支付流程	电子支付流程			预算、支出管理等
		库存现金每日自清流程	库存现金清理结果处置流程			财务、审计等
		库存现金定期清查盘点流程				
		银行存款定期对账清查流程	银行存款余额调节表编制流程			
		其他货币资金清查核对流程				
	实物资产管理流程	实验室仪器设备购建流程	大型精密贵重仪器设备配置论证流程			合同管理、信息管理、财务管理/教学管理、后勤服务、科研管理、工程项目、审计等
		实物资产验收流程	库房出入管理流程			
		存货管理流程	存货领用流程			
			特殊实验材料（生物）安全管理流程			

续表

涉及领域	一级流程	二级流程	三级流程	四、五级…	流程编码	与其他流程的关联
资产管理	实物资产管理流程		管控试剂的特别领用与监管流程			合同管理、信息管理、财务管理/教学管理、后勤服务、科研管理、工程项目、附属企业管理、审计等
		固定资产归口管理流程	资产操作使用流程			
			固定资产卡片管理流程			
			周转房租赁使用申请流程			
			实验室开放使用流程			
		固定资产出租出借流程	固定资产出租出借协议拟定流程			
			经营性房产（含门面房）招租流程			
		固定资产大修理流程	固定资产日常维护保养流程			
		存量实物资产调剂调拨流程	办公房产调剂申请流程			
		实物资产定期盘点流程	盘点结果处置流程			
		实物资产的处置流程	固定资产处置流程			
	无形资产管理流程	专利申请流程	专利台账管理流程			
		专有技术管理流程	保密协议签订流程			
		土地确权与登记流程				
		冠名权管理流程				
	对外权益性投资管理流程	投资立项流程				
		投资执行与归口管理流程				
		投资处置流程				
	其他资产管理流程	债权管理流程	定期函证流程			
			催收及坏账处置流程			
		冻结资产管理流程				

续表

涉及领域	一级流程	二级流程	三级流程	四、五级…	流程编码	与其他流程的关联
工程项目	工程项目立项与审批流程	项目申报立项书编制流程	项目可行性研究论证			战略与发展规划、合同管理、政府采购
			许可证办理			
			工程项目需求确认流程			
		项目勘察设计与概预算流程	项目勘察设计招标流程			
			项目概预算编制与审核流程			
			编制最高限价流程			
	工程项目招标工作流程	招标信息发布流程				
		施工单位资质鉴定流程				
		施工合同签订流程				
		开标会议工作流程				
	工程项目施工执行流程	施工用电用水审批流程				合同管理，预算管理、支出业务、财务核算与管理等
		项目监理工作流程	外聘监理公司工作流程			
			对工程监理单位履责监督流程			
		项目施工进度检查与结算流程	工程价款国库集中支付流程			
		项目设计变更与审批流程				
	工程项目竣工决算流程	竣工项目产权登记流程				资产管理、财务核算与管理、审计、档案管理等
	工程项目后评估流程					
	工程项目档案材料归档流程					
债务管理	向金融机构融资管理流程	债务风险评估流程				“三重一大”决策管理、资产管理、合同管理等
		一般金融借款业务流程	外币借款汇率管理流程			
		资产抵押融资业务流程				
	融资建设项目决策流程	筹资方案编制与审批流程	项目资金概算及缺口评估流程			决策、工程项目管理等

续表

涉及领域	一级流程	二级流程	三级流程	四、五级…	流程编码	与其他流程的关联
债务管理	结算性债务管理流程	应付款项管理流程				财务核算与管理、合规管理等
		预收款项管理流程				
		代管款项管理流程				
		应缴税费管理流程	代缴个人所得税流程			
	债务台账管理流程	定期与债权人对账流程	函证流程			预算、资产、财务管理等
		还款计划编制与审批流程				
		债务担保物台账管理流程				
		外部第三方担保流程	担保协议签订流程			合同管理等
	债务纠纷处置流程	应对债务诉讼流程	应对庭外和解流程			合规管理等
	债务档案归档流程	债务信息公示流程				档案管理、信息管理等
财政专项管理	财政专项立项管理流程	申报立项流程	改善高校基本办学条件专项申报立项流程			规划管理、教学管理、科研管理等
			教育教学改革专项申报立项流程			
			高校基本科研业务费专项申报立项流程			
			“双一流”大学（学科）建设专项申报立项流程			
			高校特色发展引导专项申报立项流程			
		项目预算编制流程				预算管理等
	财政专项建设管理流程	项目建设过程管理流程	项目采购与招标流程			项目管理、政府采购、财务核算与管理、预算管理等
		资金专户管理与支付流程				
		财政专项变更与审批流程				
	财政专项结项流程	项目验收流程	项目效用评价及奖励问责流程			教学管理、科研管理、资产管理等
		财政专项清理与退出流程				

6.8 高校后勤安全卫生保障事务内控流程名目

高校后勤安全卫生保障事务内控（设计与执行）流程名目如表6－7所示。

表6－7　高校后勤安全卫生保障事务内控（设计与执行）流程名目

涉及领域	一级流程	二级流程	三级流程	四、五级…	流程编码	与其他流程的关联
后勤安全卫生服务保障	宿舍管理流程	宿舍报修流程				资产管理、安全与卫生管理、预算管理、财务核算与管理等
		本科生宿舍登记入住管理流程				
		研究生宿舍登记入住管理流程				
		留学生宿舍登记入住管理流程				
		宿舍访客登记与注销流程				
		宿舍配套服务项目管理流程	宿舍空调服务管理流程			
			网络申请开通与使用流程			
			开水供应与使用流程			
			电费充值与使用流程			
	食堂管理流程	物资采购控制流程	粮油生鲜副食供应渠道检核流程			
			食用油统一采购配置流程			政府采购、卫生安全管理、存货资产管理等
			大米面粉统一采购配置流程			
			食用盐及调味料统一采购配置流程			
			副食统一采购配置流程			
			厨、餐具统一采购配置流程			
		窗口招租运营服务流程	窗口招租运营服务协议签订流程			合同管理、卫生安全管理、财务核算与管理、审计等
			从业人员身体健康检查流程			
			价格检查与违规处罚流程			
			窗口及后厨环境卫生检查处置流程			
			窗口售卖及价款结算流程			

续表

涉及领域	一级流程	二级流程	三级流程	四、五级…	流程编码	与其他流程的关联
后勤安全卫生服务保障	医疗卫生保障流程	学生医保集中管理流程	学生出险处置流程			学生管理、预算管理、财务核算与管理、审计等
		校医院就医流程	一般挂号问诊交费取发药流程			
			化验检验流程			
			X 光检查流程			
			急救处置流程			
			转诊流程			
		医药费报销流程	医保报销流程			
			公费医疗校外就医报销流程			
		定期体检流程	校外医院体检流程			
		定期防病防疫工作流程	突发重大疫情处置与报告流程			
			疫苗接种流程			
		计划生育管理工作流程	计生用品发放流程			行政管理、社会责任管理等
		社区医疗服务工作流程				
	安全保卫流程	门卫管控流程				人力资源管理、学生管理、预算管理、财务核算与管理、审计等
		门禁及收费流程				
		户籍管理流程	新生落户流程			
			教工户籍迁移管理流程			
			留学生滞留管理流程			
		校内车辆违规处置流程				
		校内伤亡、失窃事件处置流程	现场保护流程			
		校园安全巡逻工作流程				
		校内重大室外活动安保工作流程				

续表

涉及领域	一级流程	二级流程	三级流程	四、五级…	流程编码	与其他流程的关联
后勤安全卫生服务保障	安全保卫流程	配合社区联防联控工作流程				资产管理、预算管理、财务核算与管理、审计等
		白蚁防治流程	聘请外部服务流程			
		安全防火检查流程	消防设施设备定期检查维护流程			
	运输服务业务流程	公务派车服务流程				资产管理、合同管理、预算管理、财务核算与管理、审计等
		通勤车辆服务流程				
		货物运输服务流程	货物运输外包流程			
		驾校报名培训服务流程				
	水电服务业务流程	水电安装报修服务流程				合同管理、预算管理、财务核算与管理、审计等
		水电费充值结算流程				
	服务外包业务流程	保洁服务外包流程				
		绿化服务外包流程				

6.9 高校对附属企业及其他单位管理事务内控流程名目

高校对附属企业及其他单位管理事务内控（设计与执行）流程名目如表6－8所示。

表6－8　高校对附属企业及其他单位管理事务内控（设计与执行）流程名目

涉及领域	一级流程	二级流程	三级流程	四、五级…	流程编码	与其他流程的关联
附属企业管理	归口管理机构（部门）设立及赋权流程					组织架构、治理架构落地、人力资源、财务管理、审计等
	归口机构（部门）行使出资人管理权限流程	对附属企业派驻关键管理人员流程	派驻董事流程			
			派驻监事流程			

续表

涉及领域	一级流程	二级流程	三级流程	四、五级…	流程编码	与其他流程的关联
附属企业管理	归口机构（部门）行使出资人管理权限流程		派驻高管流程			组织架构、治理架构落地、人力资源、财务管理、审计等
		参与附属企业重大事项决策流程	参与附属企业董事会议事决策流程			
			参与附属企业股东会议事决策流程			
			参与董事会各专门委员会议事决策流程			
		外聘中介对附属企业审计或评估流程	外聘中介对附属企业进行审计流程			
	对归口管理机构（部门）经济责任审计流程	内审部门开展经济责任审计流程	外聘审计机构开展经济责任审计流程			
其他附属单位管理	对附属学校管理流程	对附属小学的管理流程	经费预算与核拨流程			预算管理、资产管理、行政管理与审计等
		对附属中学的管理流程				
		对附属中小学内控与风险管理督导流程	对附属中小学内部审计流程			
	对附属医院的管理流程	对直属附属医院的管理流程	人事任免流程			战略规划与发展、人力资源、预算管理、教学与科研管理，内控协同与评价、审计等
			经费预算管理与核拨流程			
			教学管理及学生培养流程			
			科学研究及临床应用流程			
			内控与风险管理督导流程			教学、科研、学生管理等
		对非直属附属医院管理流程	教学协理及学生实习流程			
			科学研究协作及临床应用流程			
	附属研究院所管理流程	人事任免流程	院所负责人定期述职流程			战略规划与发展、人力资源、预算管理、教学与科研管理，内控协同与评价、审计等
		经费预算管理与核拨流程				
		定期工作请求与报告流程				
		开展内部监管与审计流程				

续表

涉及领域	一级流程	二级流程	三级流程	四、五级…	流程编码	与其他流程的关联
其他附属单位管理	对附属独立学院管理流程	派驻管理人员的任免流程				人力资源、教学与科研管理，合同管理、内控协同与评价、审计等
		对学科建设指导流程	对培养方案指导流程			
			对教学及管理督导流程			
		对毕业证书授予及署名审查流程				
		对学位授予及署名审查流程				
		对经济活动与内部控制监管流程				
		对协议履行及风险评估流程	纠纷调解与处置流程			
	教育发展基金会管理流程	基金会设立流程				校友管理、院系管理、项目管理、学科建设、学生实习就业管理、预算管理、财务核算与管理、审计等
		基金会理事会议事流程	二级院系基金会设立与动作流程			
		接受捐赠业务流程	捐赠信息反馈流程			
		基金资助项目管理流程	限定性留本基金项目管理流程			
			限定性非留本基金项目管理流程			
		基金保值增值决策流程	非限定基金项目管理			
		费用报销流程				
		收支核算流程				
		财务收支内部审计流程				
		年度报告编制与报送流程				
		基金终止与剩余财产处置流程				

6.10 高校财务会计与审计事务内控流程名目

高校财务会计与审计事务内控（设计与执行）流程名目如表 6 -9 所示。

表 6－9 高校财务会计与审计事务内控（设计与执行）流程名目

涉及领域	一级流程	二级流程	三级流程	四、五级…	流程编码	与其他流程的关联
财务核算管理	会计核算基础工作流程	财务会计岗位管理流程	岗位职责厘定与发布流程			组织框架、人力资源、内控评价等
			财务会计关键岗位定期轮岗流程			
			财务会计人员后续教育管理流程			
			财务会计人员技术考核流程			
			财务会计工作交接流程			
		报账管理流程	工程项目支出报账流程			工程项目、科研、行政、教学、教辅、预算等管理，以及后勤服务保障等
			科研经费报销与审批流程			
			公务经费报销与审批流程			
			报账叫号系统运转流程			
		资产核算管理流程	资产增加核算流程			资产管理、预算管理、内控评价、审计等
			大额资金支付与核算流程			
			实物资产使用及处置核算流程			
			资产折旧（摊销）核算流程			
			资产明细核算流程			
			库存现金清点及结果处置流程			
			实物资产定期清查盘点处置流程			
			债权资产函证流程			
		负债核算管理流程	贷款取得与核算流程			负债管理、资产管理、审计和内控评价等
			其他负债核算管理流程			
			负债函证流程			
		会计报表编制工作流程	会计凭证填制与复核流程			信息公开、内控评价、审计等
			会计账簿登记流程			
			会计软件选择与启用流程			
			对账复核流程			

续表

涉及领域	一级流程	二级流程	三级流程	四、五级…	流程编码	与其他流程的关联
财务核算管理	收入核算流程	一般公共预算拨款收入核算流程				预算管理、收入业务管理、审计及信息公开等
		政府性基金预算拨款收入核算流程	预借发票流程			
		事业性收入核算流程	学费收入核算流程			
			其他事业收入核算流程			
		经营收入核算流程				
		其他收入核算流程				
	支出核算流程	一般公共预算支出核算流程	资本性支出核算流程			预算管理、支出业务管理、审计及信息公开等
			费用性支出核算流程			
		经营支出核算流程	产品（服务）成本核算流程			
			经营税费核算流程			
		经费预支流程				
		其他支出核算流程				
	事业基金核算流程	事业基金提取核算流程	未分配结余转入核算流程			预算管理、收支业务管理、审计及信息公开等
			专项拨款结余留用转入核算流程			
		用事业基金弥补收支差额核算流程				
		投资转出资产评估增减值调增或调减事业基金核算流程				
	成本核算流程	教育培养成本核算流程	本科生生均成本核算流程			预算、教学、科研、学生、资产、信息、后勤安全卫生服务等管理
			硕士生生均成本核算流程			
			博士生生均成本核算流程			
		项目研究成本核算流程	纵向项目成本核算流程			
			横向项目成本核算流程			
		职能责任中心成本核算流程	运输中心成本核算流程			
			餐饮中心成本核算流程			

续表

涉及领域	一级流程	二级流程	三级流程	四、五级…	流程编码	与其他流程的关联
财务核算管理	成本核算流程		医疗项目成本核算流程			预算、教学、科研、学生、资产、信息、后勤安全卫生服务等管理
			信息中心成本核算流程			
			实验中心成本核算流程			
			宿管中心成本核算流程			
	其他核算与管理流程	出具个人所得税完税证明工作流程				人力资源等
		在职人员公积金的提取、贷款、扣划工作流程				
		退休人员公积金提取工作流程				
内部审计	内审业务流程	财务收支审计流程				预算管理、收支业务管理、工程项目管理、行政管理及信息公开等
		预决算审计流程				
		离任经济责任审计流程				
		基建工程审计流程	招投标审计流程			
			工程项目结算审计流程			
			工程项目预决算审计流程			
			竣工结算送审流程			
		科研经费审计流程	科研经费结项审计流程			预算管理、收支业务管理、科研管理、工程项目管理、合同管理及信息公开等
		资产管理审计流程				
		其他专项审计业务流程				
		内审业务外包流程				
		内审意见反馈沟通流程	审计结果整改流程			

6.11 高校合同、信息及档案管理事务内控流程名目

高校合同、信息及档案管理事务内控（设计与执行）流程名目如表6-10所示。

表6-10　　高校合同、信息及档案管理事务内控（设计与执行）流程名目

涉及领域	一级流程	二级流程	三级流程	四、五级…	流程编码	与其他流程的关联
合同管理	合同归口管理流程					组织框架
	合同的签订流程	合同文本选择流程	合同编号流程			合规管理、政府采购、资产管理、内控评价、档案管理、财务与审计、信息管理等
		合同内容与条款的审核流程	咨询法律或技术专家意见流程			
			重大或复杂合同会审流程			
		授权签署流程				
		合同用印管理流程				
		特定合同向上级报备流程				
	合同信息管理系统运用流程	合同信息管理系统启用流程	合同信息管理系统后续信息更新维护流程			
	合同执行监督流程	合同款项结算流程				
	合同补充、变更、解除流程					
	合同纠纷管理流程	起诉或应诉流程	庭外和解流程			
		仲裁、调解流程	授权代理流程			
	合同履行情况评估流程					
	合同档案归档流程	合同归档交接流程	合同流转、借阅和归还流程			

续表

涉及领域	一级流程	二级流程	三级流程	四、五级…	流程编码	与其他流程的关联
信息管理	信息化建设整体规划流程	信息化建设总体规划编制流程	数据标准化建设流程			战略与发展规划、合同管理、资产管理、教学与科研管理、招生与学生管理、预算管理、财务与审计、信息公开等
	信息化项目立项与建设流程	信息项目申报流程	项目数据标准化管控流程			
		信息项目自主研发流程				
		信息项目外包建设流程	保密协议签订流程			
	信息系统验收及上线运行流程	资产管理信息系统验收上线流程	信息分级授权与使用流程			
		合同管理信息系统验收上线流程	服务器托管流程			
		OA 信息系统验收上线流程				
		财务管理信息系统验收上线流程				
		学生管理信息系统验收上线流程				
		教学管理信息系统验收上线流程				
		招生就业管理信息系统验收上线流程				
	信息系统日常维护流程	信息备份流程	远程云备份流程			
		系统垃圾清理与加速流程				
		系统病毒查杀流程				
	信息系统安全维护流程	局域网运行环境安全监测流程	接口及关键数据访问加密流程			
	信息系统升级改造流程					
	信息传递与公开流程	内网传递与访问流程	VPN 访问流程			
		外网传递与访问流程				
档案管理	档案归档流程	重大决策档案归档流程				高校治理、人力资源、合同管理、政府采购、财务与审计等
		人事档案归档流程	年度考核结果归档流程			
			职称职务晋升晋级归档流程			
			薪酬分配方案决策流程			
			离退休办理流程			

续表

涉及领域	一级流程	二级流程	三级流程	四、五级…	流程编码	与其他流程的关联
档案管理	档案归档流程	合同档案归档流程	经济合同档案归档流程			高校治理、人力资源、合同管理、政府采购、财务与审计等
			其他档案归档流程			
		会计档案归档流程				
		政府采购招投标档案归档流程				
		党委会档案归档流程				
		校务会档案归档流程				高校治理、教学与科研管理、合同管理、政府采购、财务与审计等
		教学档案归档流程				
		科研档案归档流程				
		其他档案归档流程				
	档案后续管理流程	珍贵（重点）历史档案维护流程				
		档案日常维护流程				
		档案查阅利用流程	档案远程访问服务流程			
		档案销毁流程				
	校史博物馆管理流程	校史博物馆日常维护流程	校史博物馆参观流程			

第7章　高校业务流程图及风险控制矩阵

7.1　定位及文件建模

7.1.1　业务流程图刻画及风险控制矩阵绘制的定位

高校内控标准业务流程图是其风险评估的产物，是对各具体事务（或业务）始端与终端、过程与步骤、主要风险点和控制点、所涉相关部门及岗位等，进行多维表达和线路连接的框、形、标、文、线的有序集合图，是以可视的方式展示（刻画）具体事务（或业务）的方式。

高校风险控制矩阵与特定的业务流程相联系的，是在确定具体业务流程控制目标的基础上将流程中涉及的风险点、控制点及对应的控制措施进行描述，明确控制依据、控制活动属性、具体责任岗位和控制文档及流向的一种矩阵表格。

研究并展示高校的业务流程及风险控制矩阵，其初衷正如第6章所论述的，凡物都有本有节，凡事都有始有终，只有事先合理安排好业务步骤和进程，摸清其风险点及其发生规律（环节及概率），制定好各种相应的应对方法与措施（即预案），然后付诸实施，才能增大事物正常运转的概率或胜算，这也正是现代风险控制理论及高校新型内控所积极推崇的有效管控之道。而从我们的高校调研、大量文献搜集、高校网站公开的信息阅读，以及部分高校非公开信息资料收集等得到的情况来看，我国高校现有真正建立并有效运行的业务流程占比很低，其中符合新型内控（包括财务内控和非财务内控）意义上的标准业务流程及风险控制矩阵则更少。大多高校通常只就少数所谓“重要”的事务制定了白纸黑字的流程，而其他事务则仅有制度规定，少数的连相关制度规定都找不到，这样的风险控制是很不科学的。其一，大多数事务的办理和风险控制，或依靠临时对制度的理解和消化去应对，或凭借过去的经验与记忆行事，然而临时的理解是容易出现偏差的，历史的控制经验和流程记忆易于消减和淡忘，前后也易于脱节。其二，事务的风险存在时空性和变异性，其“重要”“简单”和“次要”分类都是相对的，会在时空变换中变异。其三，实际上目前高校现有的大多数流程只是办事步骤的文字描述，与标准的业务流程并非一回事，且无匹配的风险控制矩阵，风险控制“预案”的功能实际上是缺失的。有一部分高校有时也能拿出与本章所推崇的样式一样的流程图和风险控制矩阵来，但仔细研读后会发现徒有其表，大多只是为应付外部检查，而按企业相关业务模板套改的，实际上与高校相应业务的内在关联性相差较大，甚至风马牛不相及。其四，同一事务的控制主体往往具有一定的流动性，“前人”对某一事务的风险控制的经验与教训再丰富，若不能通过有效的载体予以记录、总结和积累，“新人”（即接手人）则需要重新熟悉和摸索，有时甚至可能出现理解偏误而造成风险控制失当，其成本和代价是很大的。因此，要真正实现高校内控的转型与升级，其重要的转变之一就是“万事皆流程”，刻画和绘制真正意义上的业务流程和相应风险控制矩阵。这是高校内部控制的“基本建设”，通过刻画事务流程、绘制风险控制矩阵，定期检讨风险点、控制点及应对举措，积累既有的风险控制经验，节约“新人”重新熟悉业务和摸索有效控制方法的时间成本，增加新的创新成果与举措，从而达到减少控制差错，提高办事效率的效果。

需要强调的是，虽然我们推崇“万事皆流程”，以符合现代全面风险管理导向内部控制的理念，但是流程图的刻画和相应的风险控制矩阵的编写的要求较高，不仅要熟悉相关业务，懂得风险管控原理，还要具备一定风险敏锐性、洞察力、控制经验积累和思考，以及一定的制图技能，加之高校事务流程名目繁多，有的事务可分解出多达六七级流程，所以流程图的刻画和相应的风险控制矩阵的编写工作量巨大，且还要与时俱进，定期修订与完善，可见要实现真正的“万事皆流程”式的风险控制，任重而道远，非一朝一夕即可实现。因此，将其作为循序渐进朝此努力的方向，才是高校理智且现实的选择。也正是这一原因，本章研究并展示高校的业务流程及风险控制矩阵的定位也是理智和现实的，只是抛砖引玉，在本研究项目能力、时间、经费和成本允许的范围内，进行这方面的一些初步尝试，所刻画出的业务流程图和编制的匹配风险控制矩阵在数量、涵盖面、恰当性和合理性上都是有限的。不求全，不求好评，但求引起共鸣，希望有更多的高校、研究机构、政府机构和相关实务工作者关注这一关系高校内部控制转型成败的“基础建设”，为早日实现真正意义的“万事皆流程”的风险导向型高校内部控制而共同努力。

7.1.2 业务流程图及控制矩阵的文件建模规范

为了统一和规范业务流程体系文件（主要包括流程图和风险控制矩阵等）的编制，高校在刻画和绘制业务流程及控制矩阵前应制定“业务流程体系文件建模规范”，以明确业务流程体系文件中的格式、标准、图例含义、要素、各栏目描述要求以及填写规范等。

本章所包括的流程图和风险控制矩阵等文件建模规范如下：

（1）流程图。

刻画目的：帮助清晰认识重要交易生成与执行环节、获得授权并处理、痕迹记录与文档流转以及善后的全过程，有助于与其他流程图相联系来解释相关的控制活动，有助于发现、收集和处理数据，有助于分离可能出现问题的区域或点，有助于向不熟悉业务的人解释流程或帮助熟悉业务的人积累管控经验，便于风险管控工作的开展以及业务操作的规范化。

标准化的业务流程图至少应具备以下要素：①流程步骤（起点、过程环节、线路及终点）；②每个流程步骤的执行部门及岗位；③每个具体步骤的操作内容及授权；④每个步骤的输入和输出文档；⑤流程风险点与控制点。

流程图标准图例：各高校流程图所用图标不尽一致，但要事先定义说明。本章业务流程图标准图标名称及定义如表 7－1 所示。

表 7－1　　本章业务流程图标准图标名称及定义

图标	图标名称	含意说明
	开始	流程开始的准备工作
	职能带区（垂直）	职能分区；统一用垂直流程图实现职能分区（虚线）
	阶段带区（水平）	流程阶段分区
	进程	流程中具体步骤（动作）
	虚线组合框	流程中同时进行的步骤
	连线	流程节点间的连接线（指向线）
	判定	条件判断（是或否）
	子流程	表示流程与流程之间的关联关系；流程中出现子流程，理解为流程的输入或输出
	文档	流程输入、输出等相关的文件
	文字	在连线上加入说明文字
	结束符	流程结束

（2）风险控制矩阵。

本章风险控制矩阵（RCM）主要包括的要素：①流程名称及级次编号；②控制目标，控制目标是流程对具体风险管控的要求；③风险点编号及等级；④风险描述，风险描述是对流程中影响目标的潜在因素或不确定性的描绘与记述，尤其是关键风险必须描述；⑤控制点编号及控制措施描述，控制措施为高校已经制定的控制对策与方法的描述；⑥控制活动属性；包括控制频率（定点/定期）、控制类别（预防性/检查性）和控制方式（人工/系统）；⑦责任单位；⑧控制文档及流向。

本章风险控制矩阵编制基础：以三级业务流程为基础，通过表格形式完整体现控制矩阵要素。它不仅仅是一张表格，更是一个工具、一种方法、一套机制，它凝集每个流程的具体控制目标，每个步骤中存在的风险和已建立的控制，为业务操作人员以及风险控制主体发现流程层面的缺陷、评价控制的有效性提供了清晰明了的思路，并为进一步补充、修订与完善控制机制提供依据和载体。

风险控制矩阵编制的大体执行步骤是：

第一步，建立风险控制矩阵编制规范。为了统一和规范风险控制矩阵的编制，高校一般应制定“风险控制矩阵模板”，明确风险控制矩阵中各要素项目及描述要求。

第二步，建立业务流程的风险控制矩阵。由内部控制牵头部门组织相关部门对业务流程各环节的风险和控制进行描述，形成风险控制矩阵。也可通过购买服务形式，借助专业机构力量一起合力完成。

第三步，穿行测试和实施过程中动态补充、修订与完善。内部控制牵头部门（财务部）组织相关部门对风险控制矩阵进行分析，通过与行业标准、规章制度等各个方面的对比，穿行测试，查找风险点与控制点的定位、控制措施厘定、控制活动属性及控制责任划分等的缺陷和不足，予对动态整改与完善。

7.2 高校业务流程图及风险控制矩阵示例

本节将展示本项目组所刻画的高校“部分”业务流程及相应的风险控制矩阵。之所以是“部分业务的”，一是因受项目容量、能力、时间、预算及成本的限制，本项目本身就未刻画出涵盖高校全部业务的所有流程图及相应的风险控制矩阵；二是受本章篇幅所限，也不可能将本项目组在研究期间所刻画出来的所有流程图及风险控制矩阵全部展示出来，只能有所挑选，作示范性、引导性展示；三是各高校的具体情况有别，对具体业务对象的控制目标有一定差异，对相应流程的理解、相关风险判断以及控制举措的设计也不尽一致，本节的展示仅期望在业务流程刻画原理和矩阵编制要素等方面提供一定的示范与参考，所以也就无全部列示出来的必要。但我们会将项目组在研究期间尝试刻画出来的高校24个领域部分业务流程图及风险控制矩阵“汇编成册”，一方面作为本章内容的支撑性材料；另一方面有利于未来提供给对此有兴趣的高校、研究者或教育行政管理部门作为参考。这24个领域部分业务流程图及风险控制矩阵名目如表7－2所示。

表7－2　　流程图及控制矩阵大类名称

序号	流程图及控制矩阵大类名称	序号	流程图及控制矩阵大类名称
1	LC01 发展战略管理流程及风险控制矩阵	13	LC13 后勤保障服务务流程及风险控制矩阵
2	LC02 预算管理流程及风险控制矩阵	14	LC14 科研管理业务流程及风险控制矩阵
3	LC03 人力资源管理流程及风险控制矩阵	15	LC15 信息管理流程及风险控制矩阵
4	LC04 支出业务流程及风险控制矩阵	16	LC16 附属企业管理流程及风险控制矩阵
5	LC05 收入业务流程及风险控制矩阵	17	LC17 财务核算管理流程及风险控制矩阵
6	LC06 政府采购业务流程及风险控制矩阵	18	LC18 教学管理流程及风险控制矩阵
7	LC07 资产管理流程及风险控制矩阵	19	LC19 图书管理流程及风险控制矩阵
8	LC08 工程（基建）项目管理流程及风险控制矩阵	20	LC20 内控评价业务流程及风险控制矩阵
9	LC09 合同管理流程及风险控制矩阵	21	LC21 财政专项管理流程及风险控制矩阵
10	LC10 学生管理流程及风险控制矩阵	22	LC22 其他附属单位管理流程及风险控制矩阵
11	LC11 债务管理流程及风险控制矩阵	23	LC23 教育发展基金会管理流程及风险控制矩阵
12	LC12 内审业务流程及风险控制矩阵	24	LC24 档案管理流程及风险控制矩阵

7.2.1　高校发展战略流程图及风险控制矩阵

高校发展战略流程图及风险控制矩阵见图 7－1 至图 7－3 和表 7－3、表 7－4。

表 7－3　　发展战略管理流程及风险控制矩阵

<table>
<tr><td colspan="2"></td><td colspan="2">流程编号：LC01</td></tr>
<tr><td colspan="2">发展战略</td><td colspan="2">生效日期：</td></tr>
<tr><td colspan="4">1. 流程目标
此流程规范发展战略制定、实施、调整的相关流程，旨在确保发展战略的科学性、合理性和规范性。
2. 适用范围
此流程适用于所有高校发展战略的制定、实施、调整。
3. 流程责任部门
战略管理部门负责本流程的有效性。
4. 流程图
见图 7－1 至图 7－3。
5. 风险控制矩阵
见表 7－4。</td></tr>
<tr><td>流程责任部门</td><td colspan="3">战略管理部</td></tr>
<tr><td>负责人（签认）</td><td></td><td>日期</td><td></td></tr>
</table>

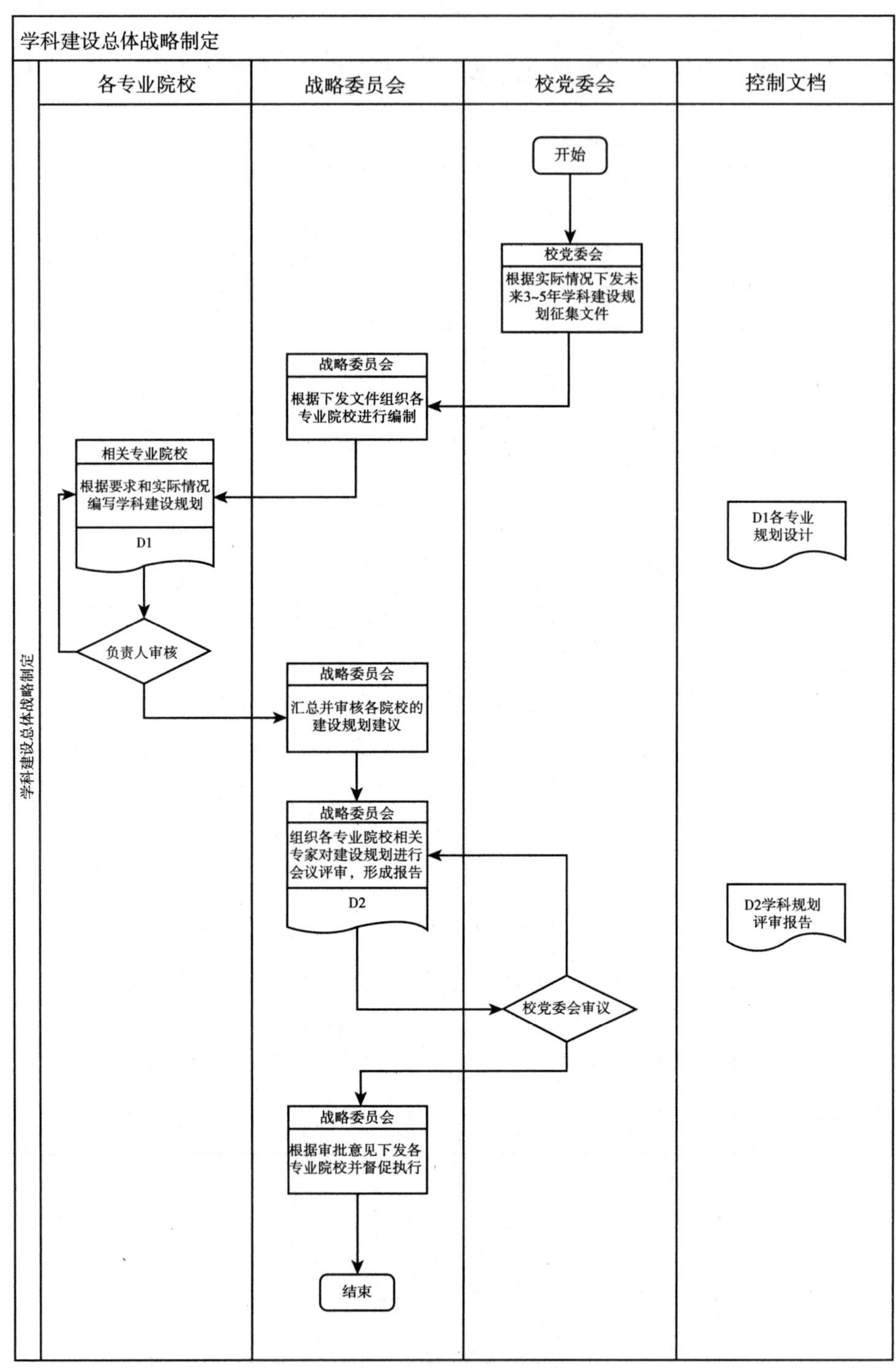

图 7－1　学科建设总体战略制定流程

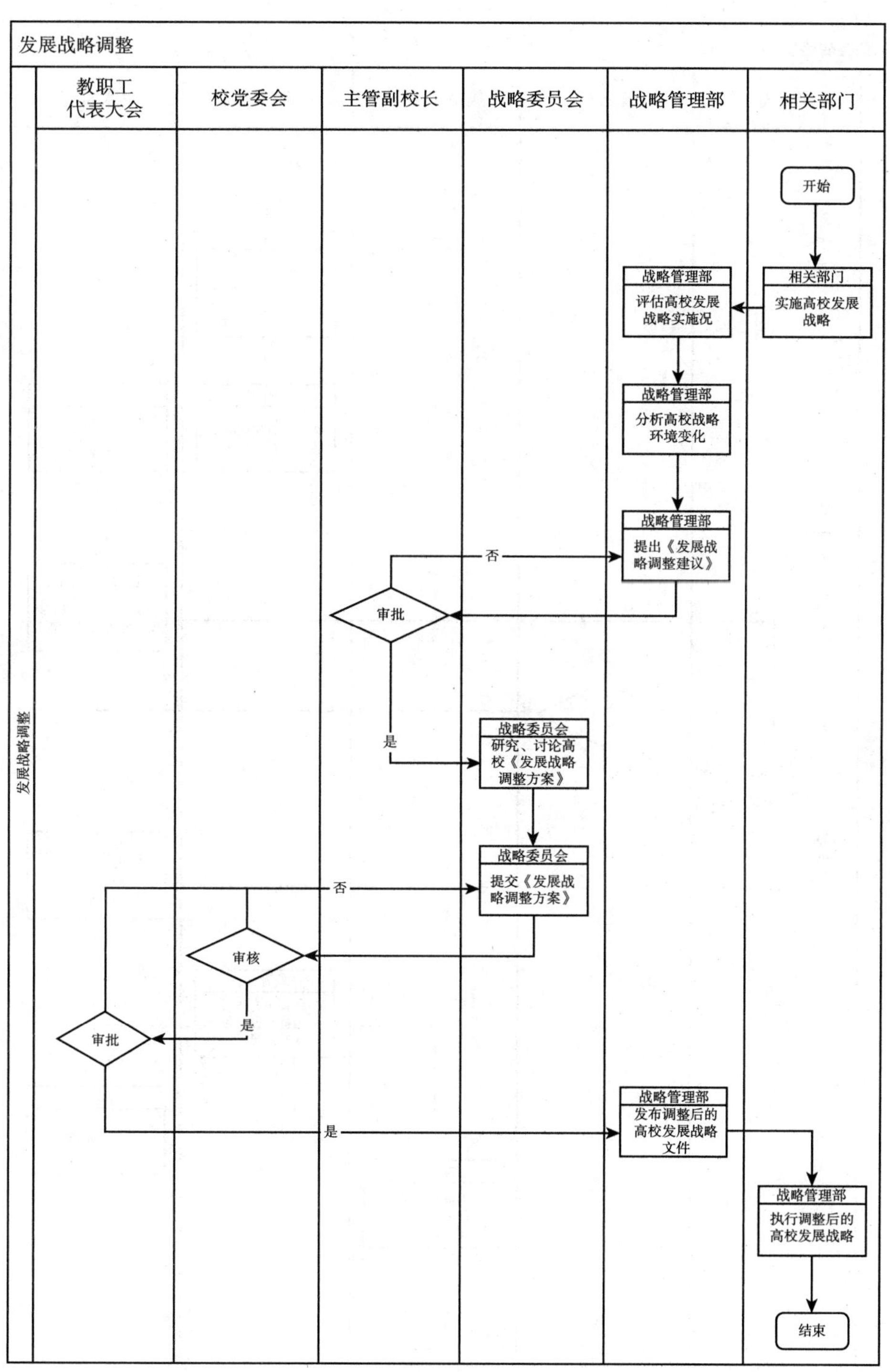

图 7－2 发展战略调整流程

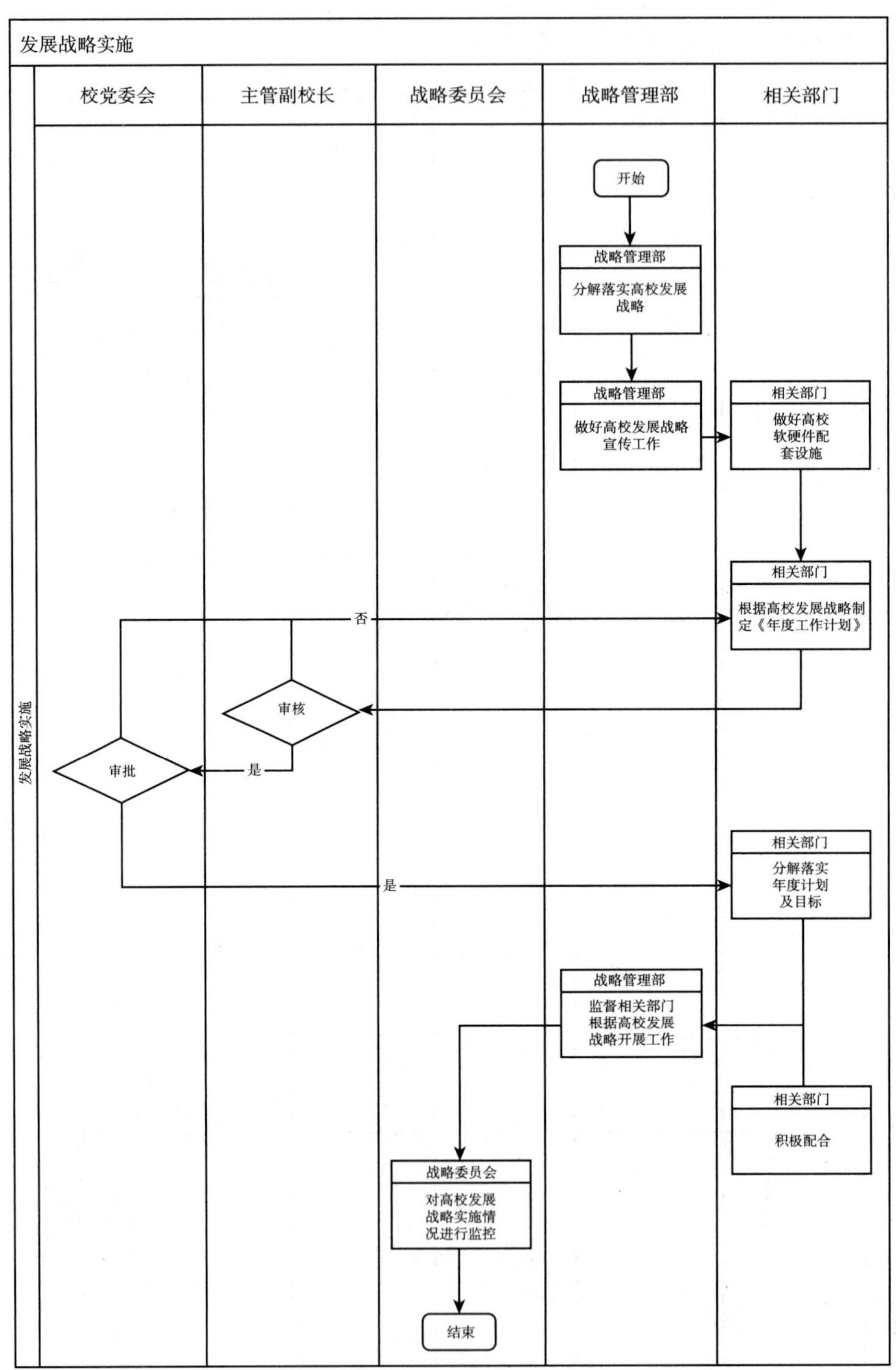

图 7－3 发展战略实施流程

表 7－4 发展战略管理风险控制矩阵

流程名称			风险编号	关键风险	风险等级	控制编号	关键控制描述	控制活动属性			相关部门岗位	控制文档
一级流程	二级流程	三级流程						控制频率	控制类别	控制性质		
LC01 发展战略	LC01.01 发展战略制定	LC01.01.01 战略组织机构设置及职责	R.01.01.01	战略组织机构不完善、职责不明确，可能导致战略工作流于形式	低	C.01.01.01	战略管理部门是高校战略日常管理部门，负责编制高校战略目标草案，组织相关部门对高校发展战略进行研究并提出建议，编制高校战略规划方案及调整方案，对战略执行情况进行监控与分析，组织开展重大战略课题研究与咨询等具体工作	业务发生时	预防性	人工	战略管理部门	《战略规划管理办法》
LC01 发展战略	LC01.01 发展战略制定	LC01.01.01 战略组织机构设置及职责	R.01.01.02	战略目标没有突出主业或目标过于保守，可能会影响企业发展战略的制定的合理性和科学性	中	C.01.01.02	战略委员会负责对高校发展规划、经营目标、发展方针进行研究，制订战略实施方案，对发展战略的实施情况进行监控，定期对实施效果进行评价	业务发生时	检查性	人工	战略管理部门、战略委员会	《战略规划目标草案》《战略规划编制大纲》
LC01 发展战略	LC01.01 发展战略制定	LC01.01.01 战略组织机构设置及职责	R.01.01.03	未按照规定的权限和程序对发展战略方案进行审议和批准	中	C.01.01.03	战略管理部门负责人根据高校中长期战略发展方向和发展目标，编制《战略规划目标草案》。战略目标应包括：①对未来政策法规、竞争环境、经济环境的展望；②未来将要进入的竞争领域，包括业务及地理范围；③竞争优势的来源	业务发生时	检查性	人工	教职工代表大会、校党委会	《战略规划管理办法》
LC01 发展战略	LC01.01 发展战略制定	LC01.01.02 学科建设总体战略制定	R.01.02.01	未能对学科建设进行总体规划或规划不合理可能导致学校发展无法满足社会需求	高	C.01.02.01	校党委会根据国家社会需要结合本校实际情况、国家政策等下发对未来3～5年的总体学科建设滚动规划征集文件，战略委员会协调组织全校各专业院校进行学科建设战略规划的编制	发生时	预防性	人工	校党委会、战略委员会	学科建设战略规划征求意见文件

续表

流程名称			风险编号	关键风险	风险等级	控制编号	关键控制描述	控制活动属性			相关部门岗位	控制文档
一级流程	二级流程	三级流程						控制频率	控制类别	控制性质		
LC01 发展战略	LC01.01 发展战略制定	LC01.01.02 学科建设总体战略制定	R.01.02.01	未能对学科建设进行总体规划或规划不合理可能导致学校课程设置无法满足社会需求或教学落后	高	C.01.02.02	各专业院校根据下发的文件结合本专业的未来发展需要，国际社会的发展趋势，就业需求等各方面，对本专业设置的各科目进行评审，并提出增加、减少科目设置等的相关需求，由专业院校领导组织会议评审后形成文件上报	业务发生时	预防性	人工	各专业院校	各专业学科规划设计
LC01 发展战略	LC01.01 发展战略制定	LC01.01.02 学科建设总体战略制定	R.01.02.01	未能对学科建设进行总体规划或规划不合理可能导致学校课程设置无法满足社会需求或教学落后	高	C.01.02.03	各专业院校的学科建设规划经院校领导组织评审通过后上报校战略委员会，战略委员会进行汇总，并组织各专业院校专家进行评审，评审通过后上报校党委会审议批准，校党委会审批通过后的学科建设规划由战略委员会以校正式文件下发各专业院校，各专业院校按照规划执行	业务发生时	预防性	人工	校党委会、战略委员会	学科建设战略规划下发文件
LC01 发展战略	LC01.02 发展战略调整	LC01.02.01 战略调整申请	R.02.01.01	战略规划过时，不能根据内外部环境变化及时更新，影响战略目标偏离实际；调整程序不合规，导致上下目标衔接不紧密	中	C.02.01.01	①战略委员会每年对高校整体运行状况、内外部条件变化进行评估，分析讨论是否需要对总体战略做出调整，形成评估报告提交校董事会。 ②由于经济形势、社会需求、高校生态等因素发生重大变化，或者战略执行结果与战略目标出现了重大偏差等情况时，战略委员会应当及时组织专题战略研究，提出战略规划调整建议，由战略管理部门编制战略规划调整方案。战略规划调整审批流程同战略规划审批流程	业务发生时	预防性	人工	战略管理部	发展战略规划调整申请

续表

流程名称			风险编号	关键风险	风险等级	控制编号	关键控制描述	控制活动属性			相关部门岗位	控制文档
一级流程	二级流程	三级流程						控制频率	控制类别	控制性质		
LC01 发展战略	LC01.02 发展战略调整	LC01.02.02 战略调整审批	R.02.02.01	未按照规定的权限和程序对发展战略方案进行审议和审批，可能导致战略规划的调整与高校目标不符	中	C.02.02.01	教职工代表大会、校党委会对进行审核，主要关注《发展战略调整方案》内容的完整性与表述的适宜性。主要关注是否与战略目标一致、内容是否完整、依据是否充足。 主管副校长主要就战略管理部提出的《发展战略调整建议》审批，与战略委员会研究探讨出高校《发展战略调整方案》	业务发生时	检查性	人工	教代表会、校党委会、主管副校长	发展战略规划调整审批
LC01 发展战略	LC01.02 发展战略调整	LC01.02.03 战略调整下达	R.02.03.01	战略调整后未能及时传达或未能贯彻执行，可能导致高校发展偏离预期	中	C.02.03.01	战略委员会向相关部门下达经批准的发展战略调整方案，并组织协调相关部门（专业院校）对调整后的战略方案实施	业务发生时	预防性	人工	战略委员会、相关部门	发展战略规划更新版
LC01 发展战略	LC01.03 发展战略实施	LC01.03.01 发展战略规划分解	R.03.01.01	发展战略分解无法落实，战略实施保障措施无效，不能确保发展战略顺利实施	中	C.03.01.01	将中、长期战略规划分解落实变成年度工作计划，并依此编制年度预算	业务发生时	预防性	人工	行管部门	年度分解工作计划
LC01 发展战略	LC01.03 发展战略实施	LC01.03.02 战略实施方案评估	R.03.02.01	未按照规定的权限和程序对发展战略方案进行审议和批准	中	C.03.02.01	主管副校长对《高校发展战略规划》进行审核，主要关注内容的完整性与表述的适宜性。关注是否与战略目标一致、内容是否完整、依据是否充足。 校党委会审议《高校发展战略规划》，主要就战略选择方案进行评估，筛选最佳战略方案并明确战略规划具体内容，包括高校中长期的业务、主要战略举措、关键资源需求、财务目标预测等	业务发生时	检查性	人工	主管副校长、校党委会	方案评估

续表

流程名称			风险编号	关键风险	风险等级	控制编号	关键控制描述	控制活动属性			相关部门岗位	控制文档
一级流程	二级流程	三级流程						控制频率	控制类别	控制性质		
LC01 发展战略	LC01.03 发展战略实施	LC01.03.03 战略实施过程评估	R.03.03.01	战略实施监控不到位，致使战略执行不力，或战略实施监控结果未能有效利用	中	C.03.03.01	应加强对发展战略实施情况的监控，战略管理部门主管领导组织相关部门对战略实施情况进行评估，评估结论纳入年度经营计划总结中。相关部门编制年度计划执行总结报告时对上一年战略实施情况进行总结分析，查找问题及相关解决办法，预测未来外部与内部环境的变化，以及战略目标达成可能遇到的挑战	业务发生时	检查性	人工	战略委员会、战略管理部	实施评估

7.2.2　高校资产管理流程图及风险控制矩阵

高校资产管理流程图及风险控制矩阵见图 7－4 至图 7－9 和表 7－5、表 7－6。

表 7－5　　　　资产管理流程及风险控制矩阵

<table>
<tr><td colspan="2"></td><td colspan="2">流程编号：LC07</td></tr>
<tr><td colspan="2">资产管理</td><td colspan="2">生效日期：</td></tr>
<tr><td colspan="4">1. 流程目标
此流程规范高校发生货币资金支付后的入账处理，以及资产管理的请购、采购及验收、内部领用、日常维修与保养、报废的工作流程和账务处理，确保已支付的货币资金及时、准确入账，资产管理经过严格的审批，并且及时准确入账。
2. 适用范围
此流程使用于高校货币资金业务；固定资产、实验室材料、无形资产的采购及验收、使用、处置、盘点等程序。
3. 流程责任部门
资产管理部、财务部负责此流程的有效性。
4. 流程图
见图 7－4 至图 7－9。
5. 风险控制矩阵
见表 7－6。</td></tr>
<tr><td>流程责任部门</td><td colspan="3">资产管理部</td></tr>
<tr><td>负责人（签认）</td><td></td><td>日期</td><td></td></tr>
</table>

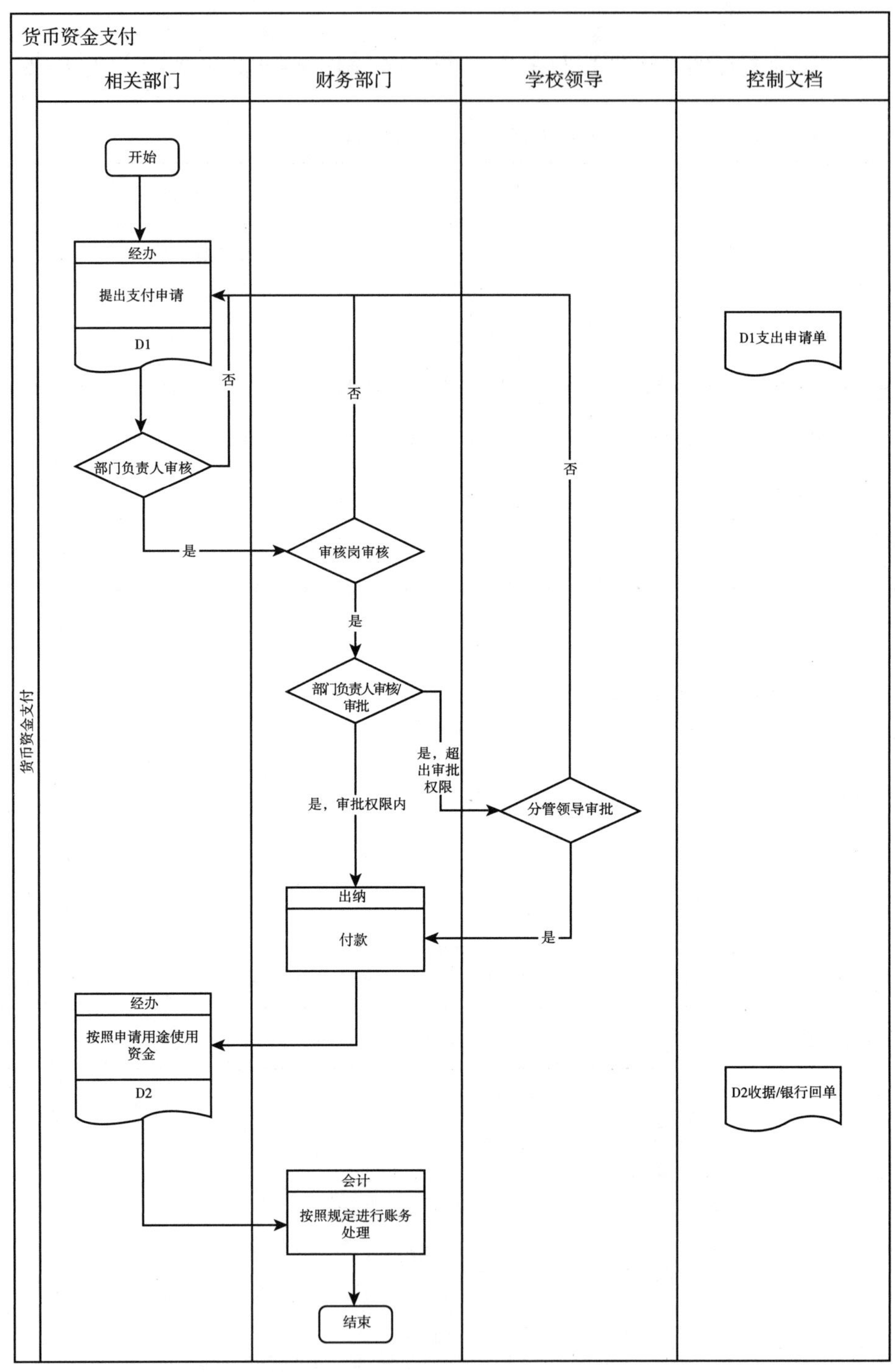

图 7－4　货币资金支付业务流程

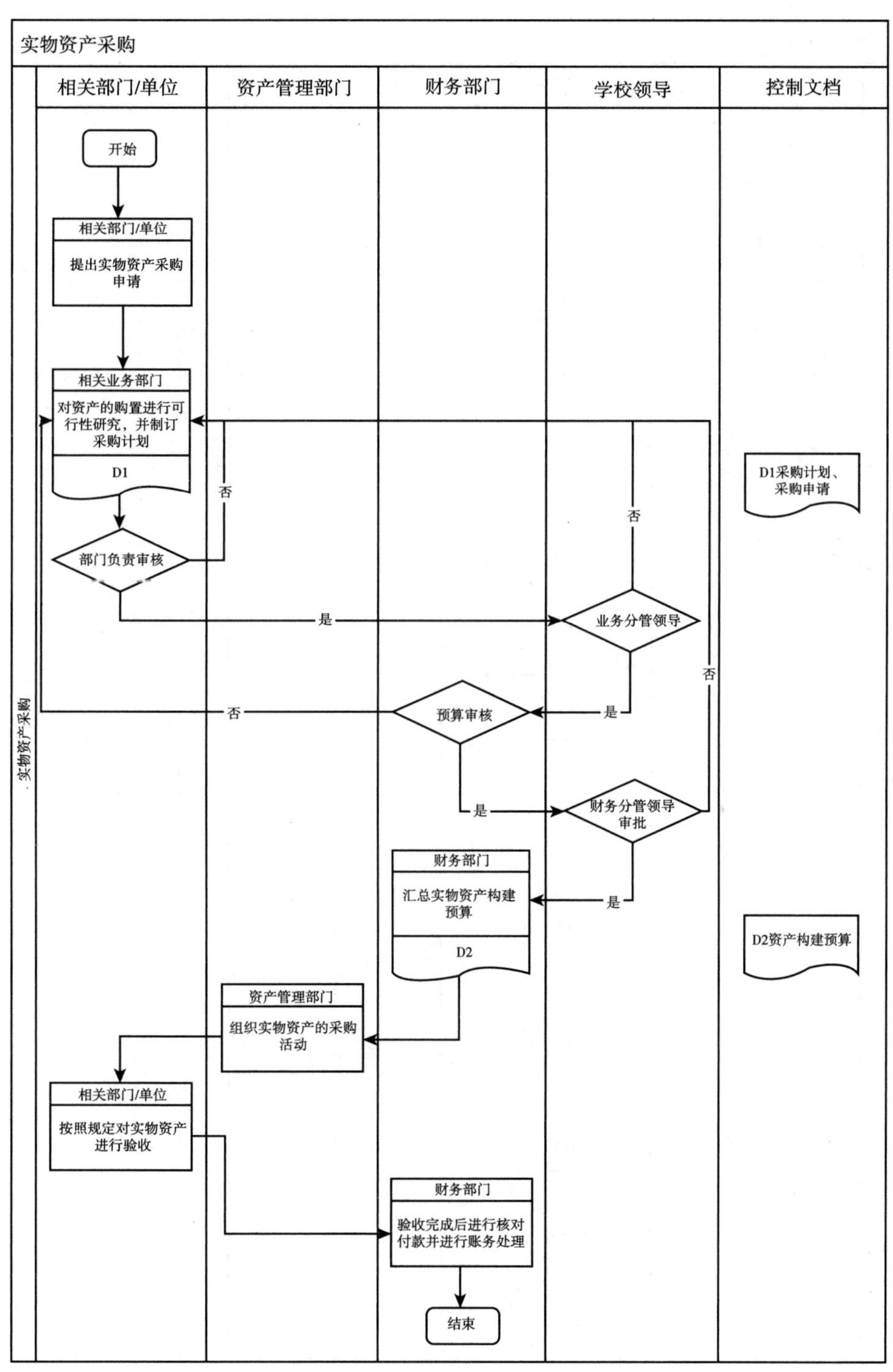

图 7－5　实物资产采购业务流程

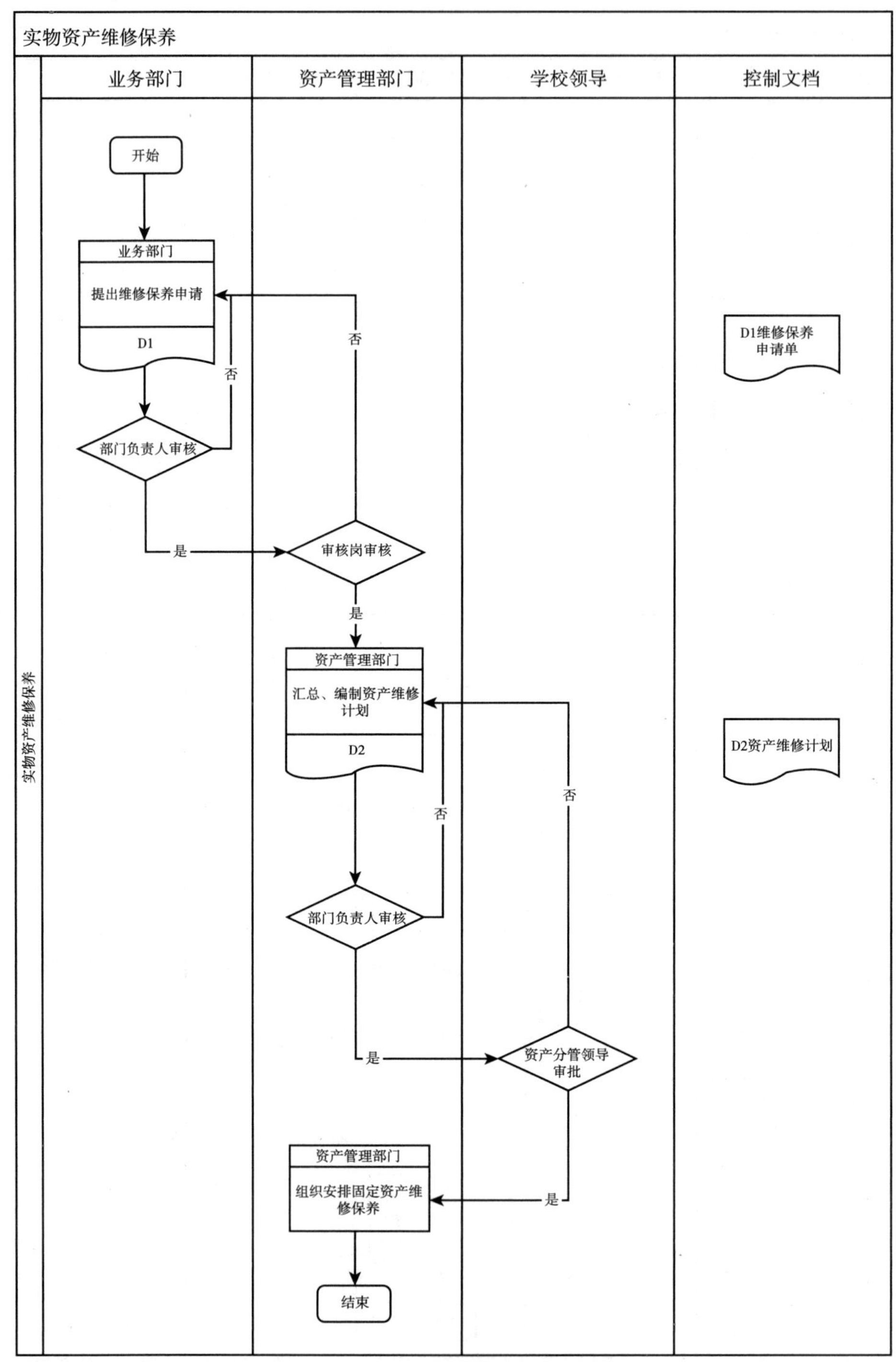

图 7-6　实物资产维护保养业务流程

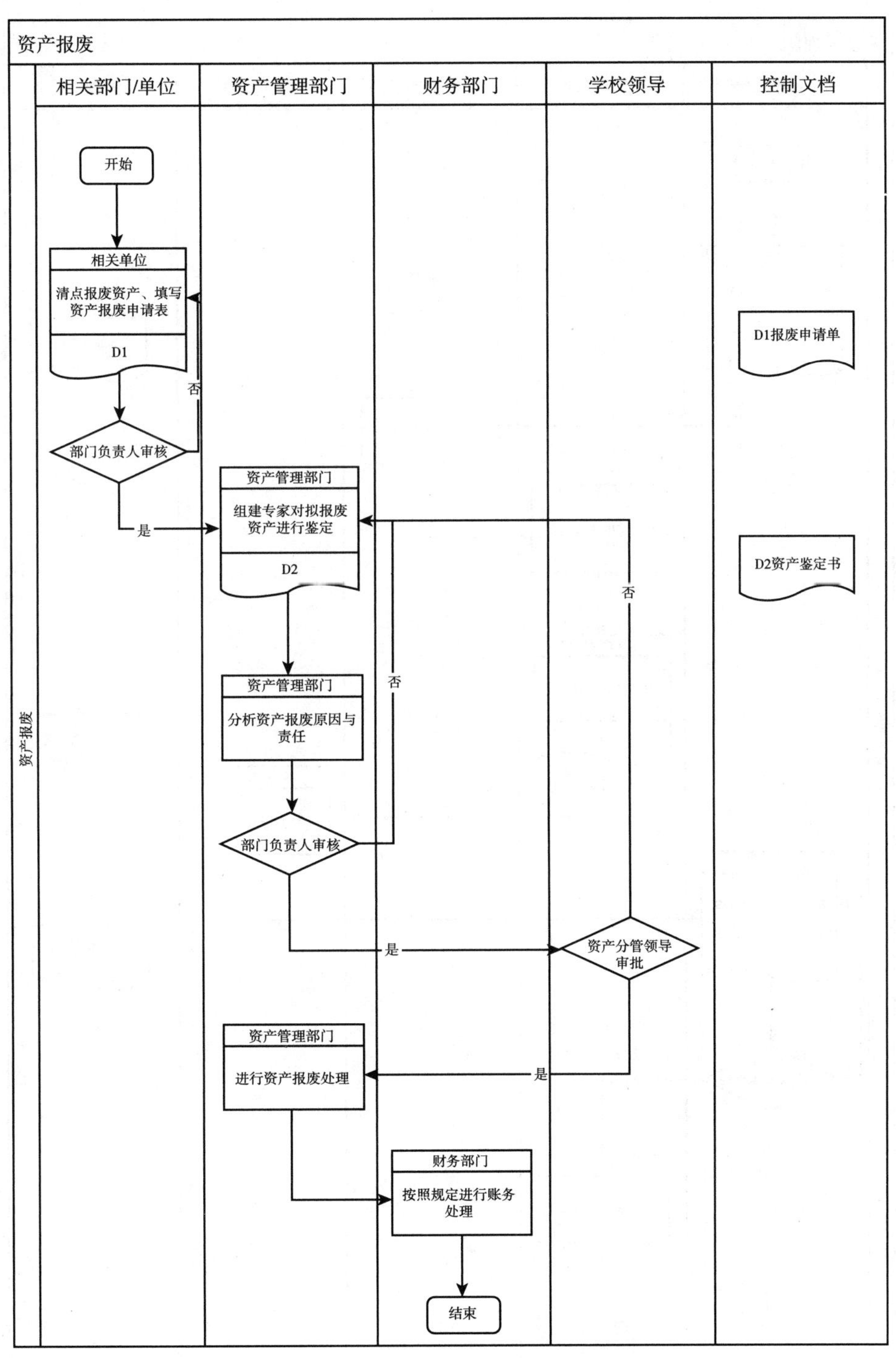

图 7－7　资产报废业务流程

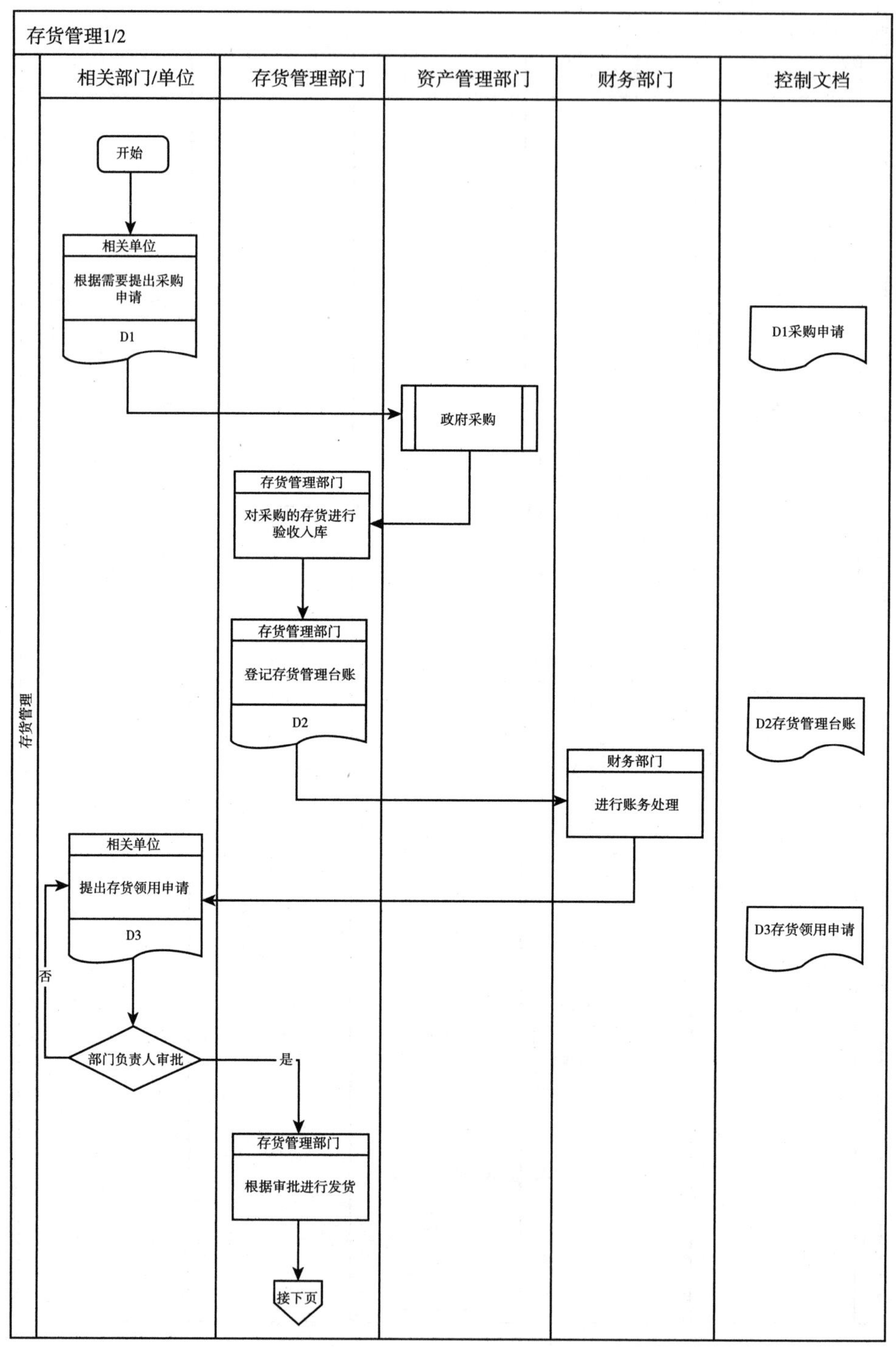

图7-8 存货收发管理流程

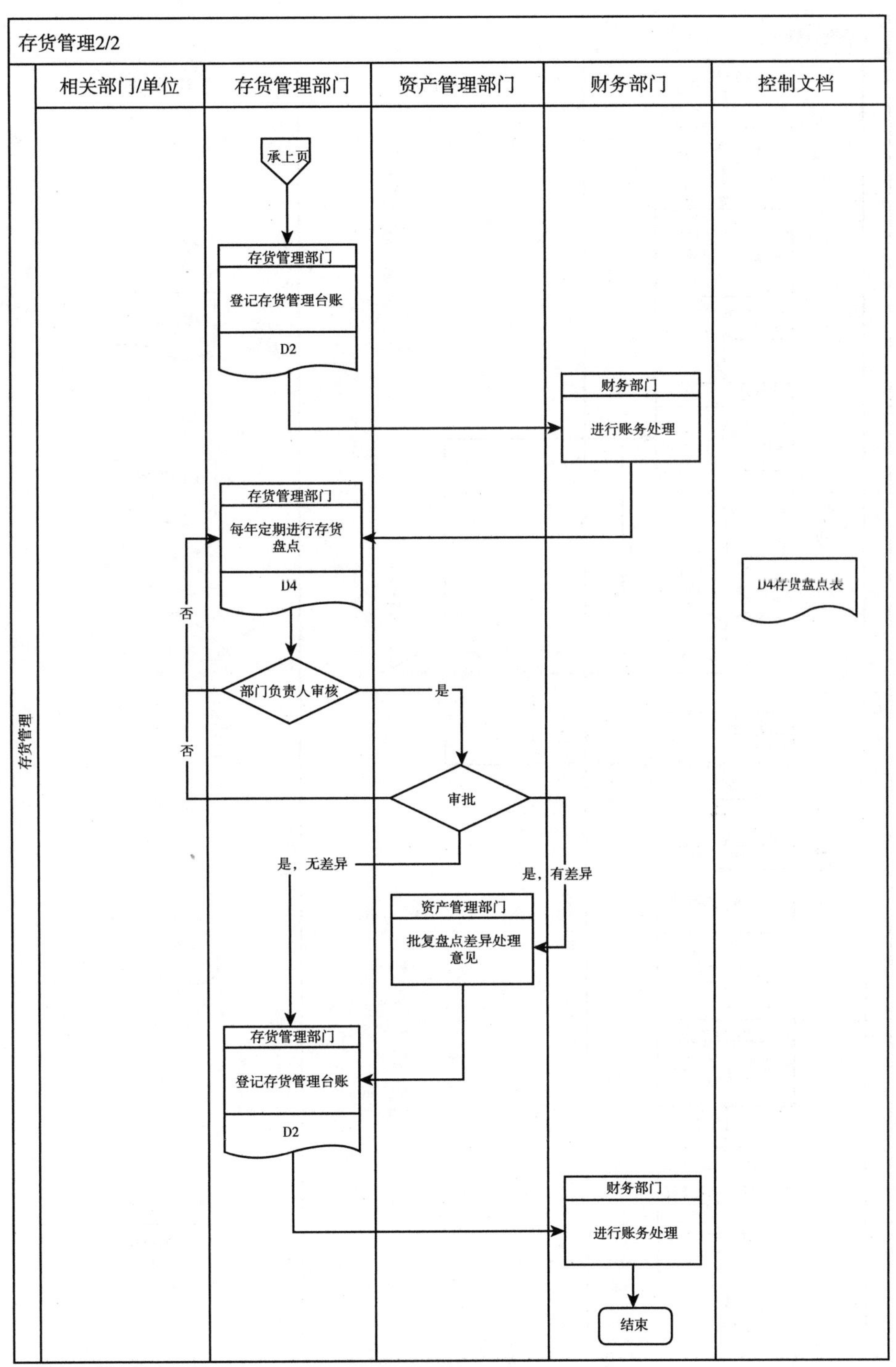

图 7－8　存货收发管理流程（续）

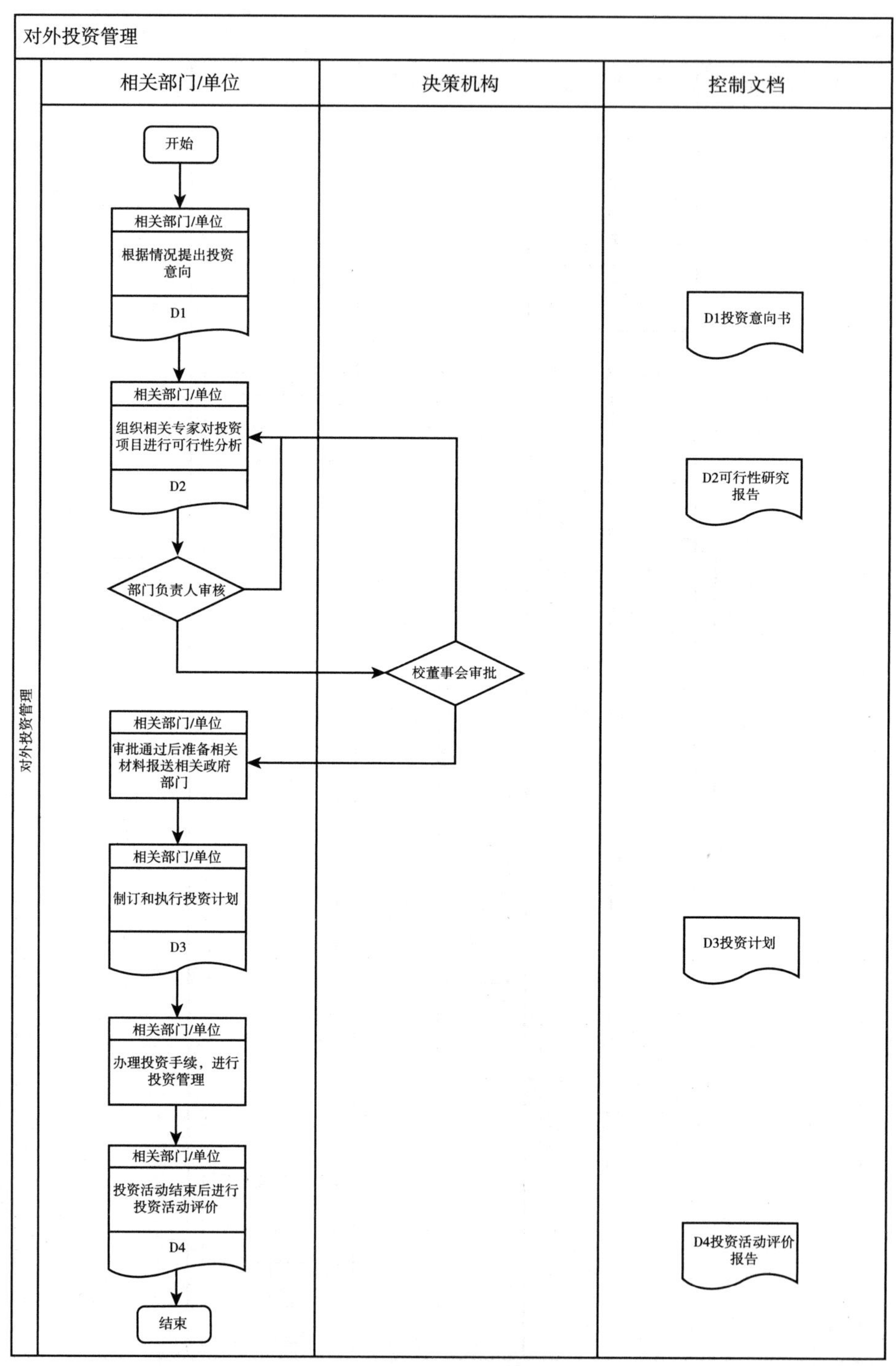

图7-9　对外投资管理流程

表7-6　资产管理风险控制矩阵

流程名称			风险编号	关键风险	风险等级	控制编号	关键控制描述	控制活动属性			相关部门岗位	控制文档
一级流程	二级流程	三级流程						控制频率	控制类别	控制性质		
LC07 资产管理	LC07.01 货币资金管理	LC07.01.01 制度规范	R.01.01.01	对货币资金监管的职责不清，对银行账户开立、使用及销户缺乏完整规范和动态监控机制设计，无法及时发现隐患并予以纠正、整改	低	C.01.01.01	制订《货币资金管理办法》，要求相关人员严格按规定进行货币资金的管理和监督，发现问题及时纠正	每天	预防性	人工	财务部	货币资金管理办法
LC07 资产管理	LC07.01 货币资金管理	LC07.01.02 明确审批职责	R.01.02.01	审批人对货币资金授权批准的职责不明确，权力高度集中，存在越权审批	高	C.01.02.01	制订明确的货币资金授权批准的职责与要求，保证审批人严格按规定进行审批，不越权、滥权	业务发生时	检查性	人工	财务部	支付审批权限
LC07 资产管理	LC07.01 货币资金管理	LC07.01.03 现金盘点	R.01.03.01	库存现金未按要求的频度、规则和风险点进行清查盘点，导致库存现金账实不符、任意挪用、白条抵库等违规现象频发	高	C.01.03.01	制定严格明晰的库存现金盘存制度，明确岗位责任制及处罚制度，保证库存现金的定期盘存	每天	检查性	人工	财务部	库存现金盘点表
LC07 资产管理	LC07.01 货币资金管理	LC07.01.04 银行对账	R.01.04.01	银行对账不规范，对未达账项的梳理与影响消除（存款余额调节表编制）不到位；蓄意隐瞒差错或不合法转账行为等	高	C.01.04.01	加强对账工作的管理和监督，由两个及以上人员负责对账工作，明确过失责任及处罚措施	每天	预防性	人工	财务部	银行对账单、总账、银行存款余额调节表
LC07 资产管理	LC07.01 货币资金管理	LC07.01.05 印章管理	R.01.05.01	印章管理不善或使用流程审批不到位可能导致印章滥用，对学校造成损失	高	C.01.05.01	进一步明确财务专用章、关键个人私章以及预留银行印鉴管理的具体要求，专章专管，私章自管或严格授权保管使用。严禁一人保管并使用款项支付所需的全部印鉴	业务发生	预防性	人工	财务部门	

续表

流程名称			风险编号	关键风险	风险等级	控制编号	关键控制描述	控制活动属性			相关部门岗位	控制文档
一级流程	二级流程	三级流程						控制频率	控制类别	控制性质		
LC07 资产管理	LC07.01 货币资金管理	LC07.01.06 用印申请	R.01.06.01	印章管理不善或使用流程审批不到位可能导致印章滥用，对学校造成损失	中	C.01.06.01	用印申请人及管理人必须如实填写印章申请使用表格，详细记录申请用印相关信息（如时间、理由、份数、类型、申请人签名等）	业务发生时	预防性	人工	财务部门印章使用部门	用印申请表
LC07 资产管理	LC07.01 货币资金管理	LC07.01.07 用印审批	R.01.07.01	印章管理不善或使用流程审批不到位可能导致印章滥用	中	C.01.07.01	印章使用申请单经指定领导审批；印章管理人审核申请单信息、审批签字和需用印文件相符之后填写印章使用登记簿	业务发生时	检查性	人工	财务部门印章使用部门	印章登记簿
LC07 资产管理	LC07.01 货币资金管理	LC07.01.08 用印盖章	R.01.08.01	印章使用随性，盖章部位、份数随意，任意携带印鉴外出或委托代盖	中	C.01.08.01	印章管理人实际用印应严格按经批准的申请书进行，不可越位、错位和多盖份数。因特殊原因需要代办用章携印外出使用的，必须经领导批准和授权，且设立并运用见证人监督用印机制	业务发生时	预防性	人工	财务部门印章使用部门	/
LC07 资产管理	LC07.01 货币资金管理	LC07.01.09 零余额账户设置	R.01.09.01	零余额账户的开立、使用和管理不符合国家相关规定可能导致主管部门的监管和惩罚	中	C.01.09.01	坚守零余额账户只对独立核算的基层预算单位能开设规则； 坚守预算单位零余额账户的使用一般范围，严禁越范围划拨资金。特殊情况，确需突破一般范围划拨资金的，需要履行规定的向上级财政部门报批流程方可办理	业务发生时	预防性	人工	财务部门	零余额账户开立批准文件
LC07 资产管理	LC07.01 货币资金管理	LC07.01.10 零余额账户用款计划	R.01.10.01	零余额账户用款计划编报不符合国家相关规定可能导致主管部门的监管性问询或惩罚	中	C.01.10.01	严格遵循预算单位基本支出和项目支出的差异性用款原则按月编制并上报用款计划上报	业务发生时	预防性	人工	财务部门	用款计划

续表

流程名称			风险编号	关键风险	风险等级	控制编号	关键控制描述	控制活动属性			相关部门岗位	控制文档
一级流程	二级流程	三级流程						控制频率	控制类别	控制性质		
LC07 资产管理	LC07.01 货币资金管理	LC07.01.11 零余额账户支付程序	R.01.11.01	零余额账户的支付程序不符合国家相关规定可能导致主管部门的监管性问询或惩罚	中	C.01.11.01	应严格按照财政批复的预算、用款计划和零余额账户支付方式（包括财政直接支付和财政授权支付）的适用范围、支付程序实施支付。不得滥用支付方式，不得任意调整对象范围	业务发生时	预防性	人工	财务部门	款项支付凭证
LC07 资产管理	LC07.01 货币资金管理	LC07.01.12 不相容职责分离	R.01.12.01	货币资金不相容职务未能有效分离（亦即钱账未能实现分管），可能导致贪污、挪用或舞弊	中	C.01.12.01	严格落实内部牵制规则，实行彻底的“钱账分管”。明确出纳人员具体、详细的职责范围，除负责货币资金收入与支付的工作之外，一般不得兼任有损不相容职务分离的其他事务	每天	预防性	人工	财务部	/
LC07 资产管理	LC07.01 货币资金管理	LC07.01.13 银行账户管理	R.01.13.01	银行账户开立、使用和注销规定不明确，监管机制失效。滥开、滥用账户和注销账户不及时或不彻底情况时有发生，埋藏风险隐患	中	C.01.13.01	单位由于工作需要，需开立、变更、撤销银行账户时，由财务处提起书面申请，报领导审批。定期核查评估	业务发生时	预防性	人工	财务部	账户开立/变更/撤销审批单
LC07 资产管理	LC07.01 货币资金管理	LC07.01.14 现金管理	R.01.14.01	账外设账、私设“小金库”	高	C.01.14.01	单位的货币资金支付、保管由出纳员负责。严厉查处“小金库”责任人	每天	预防性	人工	财务部	/
LC07 资产管理	LC07.01 货币资金管理	LC07.01.15 资金支付基本规定	R.01.15.01	支付申请的内容要素不全，或者所附有效的原始单据或相关证明缺失	高	C.01.15.01	严格按规定补齐申请要素和所附单据； 制作视频或动画挂网，争取相关方面的规范操作与配合	业务发生时	检查性	人工	财务部	支付申请单

续表

流程名称			风险编号	关键风险	风险等级	控制编号	关键控制描述	控制活动属性			相关部门岗位	控制文档
一级流程	二级流程	三级流程						控制频率	控制类别	控制性质		
LC07 资产管理	LC07.01 货币资金管理	LC07.01.16 资金支付申请	R.01.16.01	资金支付规定缺失；未能按照规定执行或执行不到位可能导致学校资金流失，造成损失	高	C.01.16.01	制作视频或动画挂网宣传标准用款办理流程，争取相关方面的规范操作与配合	业务发生时	预防性	人工	资金使用部门 财务部门	支出报销单
LC07 资产管理	LC07.01 货币资金管理	LC07.01.17 资金支付审批	R.01.17.01	资金支付规定缺失；未能按照规定执行或执行不到位可能导致学校资金流失，造成损失	高	C.01.17.01	部门（或项目）负责人审核后根据资金支付金额及性质，按照规定上报分级审批： 财务部门审核岗审核或审批； 属于大额资金支付的上报财务部门负责人审核或审批； 超过授权金额的上报分管领导审核（批）； 属于“三重一大”事项的，按照相关规定履行集体决策，上报校党委会和校董事会审议决策	业务发生时	检查性	人工	资金使用部门 财务部门	支出报销单
LC07 资产管理	LC07.01 货币资金管理	LC07.01.18 资金支付执行	R.01.18.01	资金支付规定缺失；未能按照规定执行或执行不到位可能导致学校资金流失，造成损失	高	C.01.18.01	出纳严格按“收取经审批的资金支付申请——经办人员签字确认——按批准的方式支付资金——银行支付回单交会计记账——登记序时账簿（日记账）”的流程办理	业务发生时	预防性	人工	资金使用部门 财务部门	收据、发票等
LC07 资产管理	LC07.01 货币资金管理	LC07.01.19 资金支付对账	R.01.19.01	资金支付规定缺失；未能按照规定执行或执行不到位可能导致学校资金流失，造成损失	高	C.01.19.01	会计岗根据出纳转来的单据（包括资金支付申请、原始凭证据和银行支付回单等）进行账务处理。 审核岗领取银行对账单，核查未达账项，编制银行存款余额调节表，确定实际可动用资金，发现账项差错并追查原因处理	业务发生时	检查性	人工	财务部门	收据、发票等

续表

流程名称			风险编号	关键风险	风险等级	控制编号	关键控制描述	控制活动属性			相关部门岗位	控制文档
一级流程	二级流程	三级流程						控制频率	控制类别	控制性质		
LC07 资产管理	LC07.02 实物资产管理	LC07.02.01 不相容职责分离	R.02.01.01	实物资产管理岗位设置不合理，未能“账物分管”。某些岗位及人员权力偏大，制衡度弱	低	C.02.01.01	细化实物资产管理岗位，明确各岗位职责及违反职责的处罚措施，同时加强各岗位之前的牵制和监督	每天	预防性	人工	业务部门	《实物资产管理细则》
LC07 资产管理	LC07.02 实物资产管理	LC07.02.02 分级授权	R.02.02.01	单位缺乏充分的授权审批，出现越权审批现象	高	C.02.02.01	明确各部门人员的授权审批范围，增大对越权审批人员的处罚力度	业务发生时	预防性	人工	业务部门、财务部门、资产管理部门	/
LC07 资产管理	LC07.02 实物资产管理	LC07.02.03 实物资产请购基本规定	R.02.03.01	请购依据不足。资产配置不符合单位实际需求，超标配置请购决策不受约束，导致请购管理全过程合规性差	高	C.02.03.01	制订严格的实物资产请购程序，加强对各部门、各级领导审核工作的管理和监督	业务发生时	预防性	人工	业务部门	资产配置申请单
LC07 资产管理	LC07.02 实物资产管理	LC07.02.04 实物资产采购申请	R.02.04.01	请购依据不足。请购申请内容不全	高	C.02.04.01	相关学院申请采购某大型仪器的申请报业务主管部门审批，主管部门进行购买计划的可行性研究和分析论证。论证通过后，提出采购计划报主管领导审批	业务发生时	检查性	人工	业务部门 主管部门	采购申请
LC07 资产管理	LC07.02 实物资产管理	LC07.02.05 实物资产采购申请审批	R.02.05.01	请购依据不足。资产配置不符合单位实际需求，超标配置，无相应预算保证，请购决策审批随性，导致请购对象和规模合规性差	高	C.02.05.01	分管业务部门的单位领导审批资产购建计划和预算执行申请，财务部门负责人、分管财务的校级领导审核、审批预算执行申请，再交财务部门汇总购建预算向资产管理部门提交设备采购计划	业务发生时	预防性	人工	财务部门 资产管理部门	采购计划

续表

流程名称			风险编号	关键风险	风险等级	控制编号	关键控制描述	控制活动属性			相关部门岗位	控制文档
一级流程	二级流程	三级流程						控制频率	控制类别	控制性质		
LC07 资产管理	LC07.02 实物资产管理	LC07.02.06 实物资产验收基本规定	R.02.06.01	实物资产取得验收的基本规范制度缺失或不全，导致实物资产验收的全流程控制依据不足	高	C.02.06.01	制订严格的实物资产验收程序，明确各人员职责，落实岗位责任制及处罚制，规范验收程序	业务发生时	预防性	人工	业务部门	验收单
LC07 资产管理	LC07.02 实物资产管理	LC07.02.07 实物资产采购	R.02.07.01	实物资产采购过程不合规，未通过应有的招投标程序、询价流程执行不到位，运输路线不合理，可能导致资产质量质次价高，采购成本超标	高	C.02.07.01	资产管理部门根据已批准的采购计划和采购预算组织采购，需要招标的，严格走政府采购业务流程，控制价格、供应商资质、选择最佳运输路线和运输方式	业务发生时	预防性	人工	资产管理部门	采购文件
LC07 资产管理	LC07.02 实物资产管理	LC07.02.08 实物资产验收	R.02.08.01	实物资产验收组织、人员和程序与验收对象不匹配，验收部门和人员专业性不强，可能导致资产验收走过场，资产质量和数量无法合理保证	高	C.02.08.01	相关使用单位（学院或部门）组织匹配的专业人员进行验收，必要时应聘请外部专业机构参与验收，验收过程按规定要求填制“资产验收单”，相关人员签章负责	业务发生时	预防性	人工	相关部门	验收单
LC07 资产管理	LC07.02 实物资产管理	LC07.02.09 实物资产入账	R.02.09.01	验收后的资产验收单未及时送达财务、资产管理部门办理入库、入账、编号、建档（卡）等手续，导致大量账外资产、账实不符	高	C.02.09.01	财务部门、资产综合管理部门及时根据追索资产验收单办理资产入库、入账、编号、建档（卡）等手续；并与资产归口管理部门对账、贴标签	业务发生时	预防性	人工	财务部门 资产管理部门	相关凭证
LC07 资产管理	LC07.02 实物资产管理	LC07.02.10 实物资产调拨基本规定	R.02.10.01	实物资产缺乏内部调剂使用的基本制度规定，导致资产长期调拨和调剂管理无据，影响资产效率，甚至造成资源浪费	低	C.02.10.01	完善实物资产内部调拨流程，充分提高资产的使用价值，同时加强对资产调拨的审批、登记管理	业务发生时	预防性	人工	资产管理部门	资产调拨单

续表

流程名称			风险编号	关键风险	风险等级	控制编号	关键控制描述	控制活动属性			相关部门岗位	控制文档
一级流程	二级流程	三级流程						控制频率	控制类别	控制性质		
LC07 资产管理	LC07.02 实物资产管理	LC07.02.11 实物资产调拨申请	R.02.11.01	调拨、调剂依据不足。调拨、调剂申请内容不全	中	C.02.11.01	实物资产调入部门经办根据实际需求发起资产调拨申请，填写申请单，注明资产调拨的事项、用途、调拨期限等	业务发生时	预防性	人工	相关部门	调拨申请单
LC07 资产管理	LC07.02 实物资产管理	LC07.02.12 实物资产调拨审批	R.02.12.01	调拨、调剂依据不足。资产配置不符合单位实际需求，超标配置，调拨、调剂决策审批随性，导致调拨、调剂对象和规模合规性差	中	C.02.12.01	资产调拨申请须经资产调入和调出部门负责人签字同意，然后提交资产管理部门、分管校领导进行审批	业务发生时	预防性	人工	相关部门 资产管理部门	调拨申请单
LC07 资产管理	LC07.02 实物资产管理	LC07.02.13 实物资产调拨登记	R.02.13.01	实物资产内部调剂的调账、调库，调标签、调保管责任人等流程执行不到位，导致资产管理混乱，责任不清	中	C.02.13.01	审批通过后，由相关人员执行资产调拨操作，并通知资产综合管理部门、财务部门对资产重新进行登记或修改，调账、调库，调标签、调保管责任人等	业务发生时	预防性	人工	相关部门 财务部门	资产登记簿
LC07 资产管理	LC07.02 实物资产管理	LC07.02.14 实物资产领用	R.02.14.01	实物资产内部领用管理松懈，无预算、无审批、无理由和用途的领用充斥，导致单位资产使用失控，浪费很大	低	C.02.14.01	制订严格的实物资产领用流程，要求各部门严格按规定进行审核，规范领用秩序，提高单位资源使用效率	业务发生	检查性	人工	业务部门	《实务资产领用规定》
LC07 资产管理	LC07.02 实物资产管理	LC07.02.15 实物资产维修保养基本规定	R.02.15.01	资产日常使用的维修和保养无基本的规范和制度，导致相关工作失所，风险难以控制	高	C.02.15.01	加强监督与核查工作，增加日常核查固定资产性能的次数，确保资产出现故障时得以及时维修；同时对于维修申请要加强审核工作的严谨性，防止资金管理舞弊的发生	业务发生时	预防性	人工	资产管理部门	《固定资产维修保养细则》

续表

流程名称			风险编号	关键风险	风险等级	控制编号	关键控制描述	控制活动属性			相关部门岗位	控制文档
一级流程	二级流程	三级流程						控制频率	控制类别	控制性质		
LC07资产管理	LC07.02实物资产管理	LC07.02.16实物资产维修保养申请	R.02.16.01	资产维修和保养申请依据不足，内容不全	高	C.02.16.01	相关学院（部门）根据需求向资产管理部门提交维修申请单据，并附上相关证明，说明需要维修保养的理由	业务发生时	预防性	人工	相关部门资产管理部门	维修申请单
LC07资产管理	LC07.02实物资产管理	LC07.02.17实物资产维修保养审批	R.02.17.01	对资产的维修和保养申请审批权限不明确，存在越权审批或审批延误，导致维护修理不及时，造成资产功能损失，影响业务开展	高	C.02.17.01	资产管理部门对维修申请单据进行审批，对不符合规定的返还相关学院。达到一定资金量级的维修（如资产大修计划）需要汇总报分管资产管理的校级领导审批	业务发生时	预防性	人工	资产管理部门	维修申请单
LC07资产管理	LC07.02实物资产管理	LC07.02.18实物资产维修保养实施	R.02.18.01	对资产的维修和保养实施管理不到位、不及时，影响资产使用寿命和功能修复	高	C.02.18.01	资产管理部门组织实施固定资产大修，需要招标的报政采管理部门招标	业务发生时	预防性	人工	资产管理部门	相关凭证
LC07资产管理	LC07.02实物资产管理	LC07.02.19资产出售基本规定	R.02.19.01	资产处置、出售程序的基本管理制度缺失或不全，导致相关工作业务流程不全，风险管理失据，导致实物资产流失或处置失当，甚至出现舞弊	高	C.02.19.01	制订规范的实物资产出售流程，对各审批环节进行严格监管，避免国有资产流失现象	业务发生时	预防性	人工	资产管理部门	《实物资产出售程序》
LC07资产管理	LC07.02实物资产管理	LC07.02.20资产处置基本规定	R.02.20.01	资产处置方式不恰当导致资产估价过低	高	C.02.20.01	严格规定实物资产的出售必须通过拍卖等市场竞价的方式公开处置，若拟出售价格低于评估价格，则在出售前必须报主管领导审批	业务发生时	预防性	人工	资产管理部门	/
LC07资产管理	LC07.02实物资产管理	LC07.02.21资产报废基本规定	R.02.21.01	报废程序不规范，未经过审批即报废实物资产，造成实物资产流失	高	C.02.21.01	制订严格的实物资产报废流程，规范实物资产报废审批程序，落实责任人处罚制度	业务发生时	预防性	人工	资产管理部门	《实物资产报废细则》、资产报废申请

续表

流程名称			风险编号	关键风险	风险等级	控制编号	关键控制描述	控制活动属性			相关部门岗位	控制文档
一级流程	二级流程	三级流程						控制频率	控制类别	控制性质		
LC07 资产管理	LC07.02 实物资产管理	LC07.02.22 资产报废申请	R.02.22.01	报废申请程序不规范，动议和申请过程随意性大	高	C.02.22.01	相关学院（单位）向资产管理部门提交相关实物资产的报废申请单，并附上报废鉴定证明材料等	业务发生时	预防性	人工	相关部门 资产管理部门	报废申请单
LC07 资产管理	LC07.02 实物资产管理	LC07.02.23 资产报废审批	R.02.23.01	报废程序不规范，未按规则经过必要评估流程和分级审批，即报废实物资产，造成实物资产流失	高	C.02.23.01	较大金额的资产报废应由资产管的部门牵头组建专家组进行评估。必要情况下应聘请校外专业机构参与。 专家组评估报告应按级次逐级提交资产管理部门负责人、分管校级领导进行审批。 若设备原值高于 500 万元，需要报上级教育行政管理机构审批	业务发生时	预防性	人工	相关部门 资产管理部门	评估报告、鉴定报告
LC07 资产管理	LC07.02 实物资产管理	LC07.02.24 资产报废执行	R.02.24.01	报废程序不规范，未按规则经过必要评估流程和分级审批，即报废实物资产，造成实物资产流失或处置失当，甚至出现舞弊	高	C.02.24.01	若资产报废申请通过，资产管理部门对资产进行报废处理。同事，将处理结果提交财务部门，并报教育部备案。 财务部门根据资产管理部门的报废处理结果，进行账务处理	业务发生时	预防性	人工	资产管理部门 财务部门	报废处理凭证
LC07 资产管理	LC07.02 实物资产管理	LC07.02.25 存货验收基本规定	R.02.25.01	存货的基本管理制度缺失或不全，导致相关工作业务流程不全，风险管理失据，导致取得、领用和处置失当，实际数量和验收数量不一致，账实不一致，甚至产生舞弊	中	C.02.25.01	规范存货验收程序，加强审核岗在存货验收中的监督作用，严格执行违规责任人处罚制度	业务发生时	预防性	人工	资产管理部门	《存货验收规定》

续表

流程名称			风险编号	关键风险	风险等级	控制编号	关键控制描述	控制活动属性			相关部门岗位	控制文档
一级流程	二级流程	三级流程						控制频率	控制类别	控制性质		
LC07 资产管理	LC07.02 实物资产管理	LC07.02.26 存货领用基本规定	R.02.26.01	存货领用管理松懈，无预算、无审批、无理由和用途的领用时有发生，导致单位存货资产使用失控，浪费较大	中	C.02.26.01	规范存货领用程序，要求必须经过审核后才能领用，明确说明若由于未经严格审核造成的资源浪费完全由审核人员一人承担全部责任	业务发生时	预防性	人工	资产管理部门	领用申请
LC07 资产管理	LC07.02 实物资产管理	LC07.02.27 存货盘点基本规定	R.02.27.01	长期不对存货进行实地盘点，导致账实不符、有关人员挪用单位存货等恶劣现象	高	C.02.27.01	要求资产管理部门保管岗定期盘点存货，审核人员不定期检查是否盘点，若盘点后账实存在差异，及时进行处理	每年	检查性	人工	资产管理部门	存货盘点表
LC07 资产管理	LC07.02 实物资产管理	LC07.02.28 存货采购流程	R.02.28.01	存货验收组织、人员和程序与验收对象不匹配，验收部门和人员专业性不对路，可能导致资产验收走过场，存货质量和数量无法得到合理保证	高	C.02.28.01	相关学院（部门）或人员向资产管理部门提出购买材料存货的申请。 通过资产部门招标或材料平台进行采购。 相关学院保管岗进行存货登记入库，并登记存货管理台账。资产管理部门对存货验收入库情况进行监督。 财务部门登记存货明细，并进行账务处理	业务发生时	预防性	人工	相关部门 资产管理部门 财务部门	采购申请、采购文件、验收单等
LC07 资产管理	LC07.02 实物资产管理	LC07.02.29 存货领用流程	R.02.29.01	存货领用管理松懈，无预算、无审批、无理由和用途的领用时有发生，导致单位存货资产使用失控，浪费较大	高	C.02.29.01	相关学院（单位）或个人根据需要提出存货领用申请，履行相关审批程序。 存货收发保管岗严格依据审批手续完整的存货领用申请发出存货，并由领用人签字确认，领用凭据一式多份，按规定流转相关部门登记存货发出，进行账务处理	业务发生时	预防性	人工	相关部门 资产管理部门 财务部门	领用申请单、出库单等

续表

流程名称			风险编号	关键风险	风险等级	控制编号	关键控制描述	控制活动属性			相关部门岗位	控制文档
一级流程	二级流程	三级流程						控制频率	控制类别	控制性质		
LC07 资产管理	LC07.02 实物资产管理	LC07.02.30 存货盘点流程	R.02.30.01	存货实地清查盘点制度执行不坚决、不彻底，导致管理漏洞、账实不符、挪用侵占	高	C.02.30.01	期末按规定流程盘点存货，形成“存货盘点登记表”，并经相关经办人员和存货保管人员签字。 对账实不符的存货要追查原因，分清责任，并按规定权限和程序审批处理。 相关学院存货保管岗根据审批及时调整登记存货管理台账。 财务部门据盘点登记表，登记存货明细账	每年	检查性	人工	相关部门 资产管理部门 财务部门	存货盘点表
LC07 资产管理	LC07.02 实物资产管理	LC07.02.31 实验室使用管理	R.02.31.01	实验室的使用是否经过审批程序，实验室使用不规范，导致管理混乱	低	C.02.31.01	规范实验室使用程序，加强实验室使用过程中的监督，严格执行违规责任人处罚制度	发生时	检查性	人工	资产管理部门	《实验室开放指南》
LC07 资产管理	LC07.02 实物资产管理	LC07.02.32 大型精密仪器管理	R.02.32.01	大型精密贵重仪器设备配置可行性论证程序不规范，造成校内实物资产流失	低	C.02.32.01	制订严格的大型精密贵重仪器设备配置可行性论证程序，规范大型精密贵重仪器设备配置可行性论证，购买前必须经过校领导审批	发生时	检查性	人工	资产管理部门	《大型仪器设备申购论证报告》
LC07 资产管理	LC07.03 无形资产管理	LC07.03.01 无形资产配置	R.03.01.01	无形资产的取得、管理、使用等未按照规定执行或执行不力可能导致无法有效利用无形资产，对学校资源造成浪费	中	C.03.01.01	对于外购的无形资产，必须及时取得权属转移证明文件。对于自行研发的无形资产，应由相关部门填制无形资产移交使用验收，及时做好资产入账及会计核算	发生时	预防性	人工	相关部门 财务部门	相关权证

续表

流程名称			风险编号	关键风险	风险等级	控制编号	关键控制描述	控制活动属性			相关部门岗位	控制文档
一级流程	二级流程	三级流程						控制频率	控制类别	控制性质		
LC07 资产管理	LC07.03 无形资产管理	LC07.03.02 无形资产使用	R.03.02.01	无形资产的取得、管理、使用等未按照规定执行或执行不力可能导致无法有效利用无形资产，对学校资源造成浪费	中	C.03.02.01	授权相关无形资产使用部门或人员负责其日常使用与维护，实施适当的保全管理措施（该签订保密协议必须签订协议），确保无形资产的安全和完整。注意定期评估和及时更新，保持技术的领先	业务发生时	预防性	人工	相关部门	无形资产台账
LC07 资产管理	LC07.03 无形资产管理	LC07.03.03 无形资产处置	R.03.03.01	无形资产的取得、管理、使用等未按照规定执行或执行不力可能导致无法有效利用无形资产，对学校资源造成浪费	中	C.03.03.01	学校应严格按照处置程序进行无形资产处置业务，重大无形资产的处置，要委托具有资质的中介机构进行资产评估，专家论证和技术咨询相结合的议事决策机制，进行集体决策	业务发生时	预防性	人工	相关部门 财务部门	相关凭证及审批文件
LC07 资产管理	LC07.04 对外投资管理	LC07.04.01 投资立项基本规定	R.04.01.01	对外投资管理基本制度缺失，导致投资立项、保持及处置管理及决策审批失当、失据	中	C.04.01.01	制订规范的投资立项流程，对各审批环节进行严格监管，避免国有资产流失现象	业务发生时	检查性	人工	资产管理部门	/
LC07 资产管理	LC07.04 对外投资管理	LC07.04.02 投资处置基本规定	R.04.02.01	投资处置方式不恰当导致投资对象不合理	中	C.04.02.01	制订严格的投资处置程序，明确各人员职责，落实岗位责任制及处罚制，规范投资拨款程序	业务发生时	检查性	人工	资产管理部门	/
LC07 资产管理	LC07.04 对外投资管理	LC07.04.03 提出投资意向	R.04.03.01	对外投资管理未按照规定执行可能导致投资失误，项目不能达到预期或投资失败给学校带来损失	高	C.04.03.01	根据国家相关法律法规、政策环境（如“双创”政策导向）、学校发展战略和社会需要，结合高校自身财力和技术实际，形成科学的“对外投资意向书”	业务发生时	预防性	人工	相关部门	投资意向书

续表

流程名称			风险编号	关键风险	风险等级	控制编号	关键控制描述	控制活动属性			相关部门岗位	控制文档
一级流程	二级流程	三级流程						控制频率	控制类别	控制性质		
LC07 资产管理	LC07.04 对外投资管理	LC07.04.04 可行性研究	R.04.04.01	对外投资管理未按照规定执行可能导致投资项目不能达到预期或投资失败给学校带来损失	高	C.04.04.01	学校应按对外投资动议流程启动可研论证。可研论证可由自身胜任部门和人员完成，或外部聘请专业机构完成，最终编制“××项目对外投资可行性研究报告”呈送校决策层决策	业务发生时	预防性	人工	相关部门	可行性研究报告
LC07 资产管理	LC07.04 对外投资管理	LC07.04.05 集体论证	R.04.05.01	对外投资管理未按照规定执行可能导致投资项目不能达到预期或投资失败给学校带来损失	高	C.04.05.01	由学校领导集体（以校党委会，或校务会或校董事会、理事会）对投资项目的可行性研究报告和立项方案进行审议、决策，会议决策流程应符合规定，决议集体“联签”	业务发生时	预防性	人工	领导层	相关会议纪要
LC07 资产管理	LC07.04 对外投资管理	LC07.04.06 报送及审批	R.04.06.01	对外投资管理未按照规定执行可能导致投资项目不能达到预期或投资失败给学校带来损失	高	C.04.06.01	涉及应报经高校主管行政部门（如教育部或教育厅）或政府有关部门（比如发改委）的投资项目，应备齐有关报批材料，按规定程序逐级报送审批	业务发生时	检查性	人工	相关部门	报送文件
LC07 资产管理	LC07.04 对外投资管理	LC07.04.07 制定和执行投资计划	R.04.07.01	对外投资管理未按照规定执行可能导致投资项目不能达到预期或投资失败给学校带来损失	高	C.04.07.01	制订详细的投资进度计划安排表并报批； 落实资金投资数量和调度计划； 履行合同义务，实施资金投放和权益确认与计量	业务发生时	预防性	人工	相关部门	详细投资计划
LC07 资产管理	LC07.04 对外投资管理	LC07.04.08 投资活动监督检查	R.04.08.01	对外投资管理未按照规定执行可能导致投资项目不能达到预期或投资失败给学校带来损失	高	C.04.08.01	密切关注投资项目建设或运行过程，落实监督检查工作工作计划； 突出管控重点，明确监管主体及其职责权限； 完善监督记录、分析和情况反馈与处理机制	业务发生时	预防性	人工	相关部门	投资监督报告

续表

流程名称			风险编号	关键风险	风险等级	控制编号	关键控制描述	控制活动属性			相关部门岗位	控制文档
一级流程	二级流程	三级流程						控制频率	控制类别	控制性质		
LC07 资产管理	LC07.04 对外投资管理	LC07.04.09 投资活动评价	R.04.09.01	对外投资管理未按照规定执行可能导致投资项目不能达到预期或投资失败给学校带来损失	高	C.04.09.01	建立对外投资台账； 定期编制并提交各项对外投资业务评价报告； 对发现的投资问题（如投资方向、可研、出资方式、效益等）进行原因分析，反馈、追责和处置	业务发生时	预防性	人工	相关部门	投资评价报告
LC07 资产管理	LC07.05 其他资产管理	LC07.05.01 应收及预付款管理基本规定	R.05.01.01	应收款及预付款管理不到位或管理缺失，可能导致学校债权无法得到有效保证，对学校造成经济损失	中	C.05.01.01	加强应收及预付款的管理，建立严格的授权审批程序，严控暂付及借出款业务	长期	预防性	人工	财务部门	—
LC07 资产管理	LC07.05 其他资产管理	LC07.05.02 应收及预付款催款	R.05.02.01	应收款及预付款管理不到位或管理缺失，可能导致学校债权无法得到有效保证，对学校造成经济损失	中	C.05.02.01	高校财务部门对于已形成的应收及暂付款按单位及个人打印催款单，提醒履行职责及时催缴。对于仍不履责的借款人采取有效的行政及经济措施予以责追究	业务发生时	预防性	人工	财务部门	催款单
LC07 资产管理	LC07.05 其他资产管理	LC07.05.03 应收及预付款账龄分析	R.05.03.01	应收款及预付款管理不到位或管理缺失，可能导致学校债权无法得到有效保证，对学校造成经济损失	中	C.05.03.01	高校财务部门定期对预付款项的账龄进行分析，对于有确凿证据表明符合设定的坏账确认标准的应收及预付款项，按规定的权限和程序报批后进行会计意义上的核销处置（管理上仍然备查登记追缴），并追究相关责任人的责任。发生的坏账需要报教育行政管理部门审批或备案的按规定执行	每年	预防性	人工	财务部门	账龄分析表 坏账计提表

7.2.3　学生管理流程及风险控制矩阵

高校资产管理流程图及风险控制矩阵见图 7－10 至图 7－27 和表 7－7、表 7－8。

表 7－7　　学生管理流程及风险控制矩阵

<table>
<tr><td colspan="2"></td><td colspan="2">流程编号：LC. 10</td></tr>
<tr><td colspan="2">学生管理</td><td colspan="2">生效日期：</td></tr>
<tr><td colspan="4">1. 流程目标
此流程规范学生管理的相关流程，旨在确保学生管理科学合理，提高管理效率。
2. 适用范围
此流程适用于招生管理、学籍管理、勤工助学管理、职业教育与心理疏导管理、奖惩管理、毕业就业及遣散管理、证书管理等流程。
3. 流程责任部门
学生管理部门负责本流程的有效性。
4. 流程图
见图 7－10 至图 7－27。
5. 风险控制矩阵
见表 7－8。</td></tr>
<tr><td>流程责任部门</td><td colspan="3">学生管理部门</td></tr>
<tr><td>负责人（签认）</td><td></td><td>日期</td><td></td></tr>
</table>

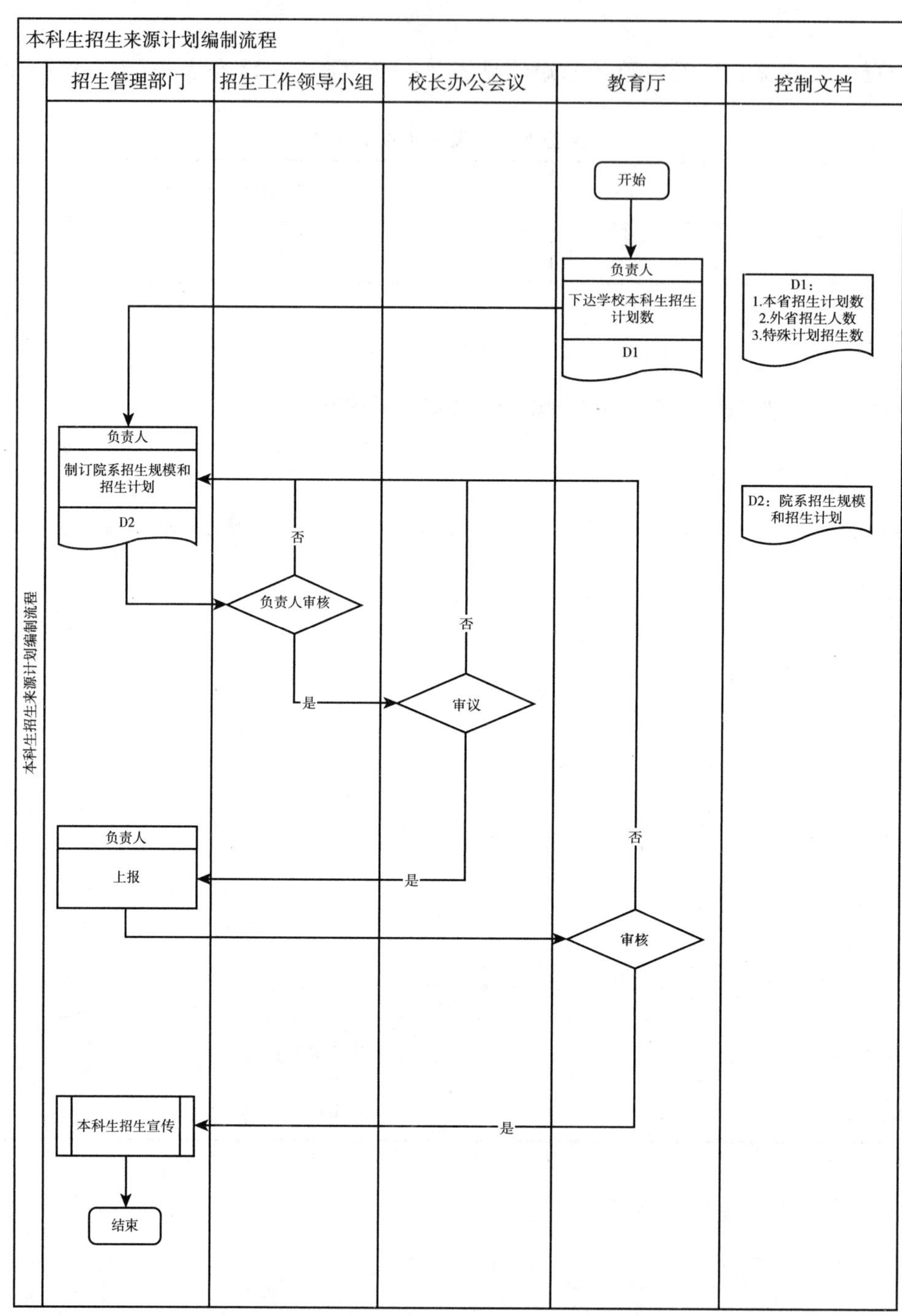

图7－10　本科招生来源计划编制流程

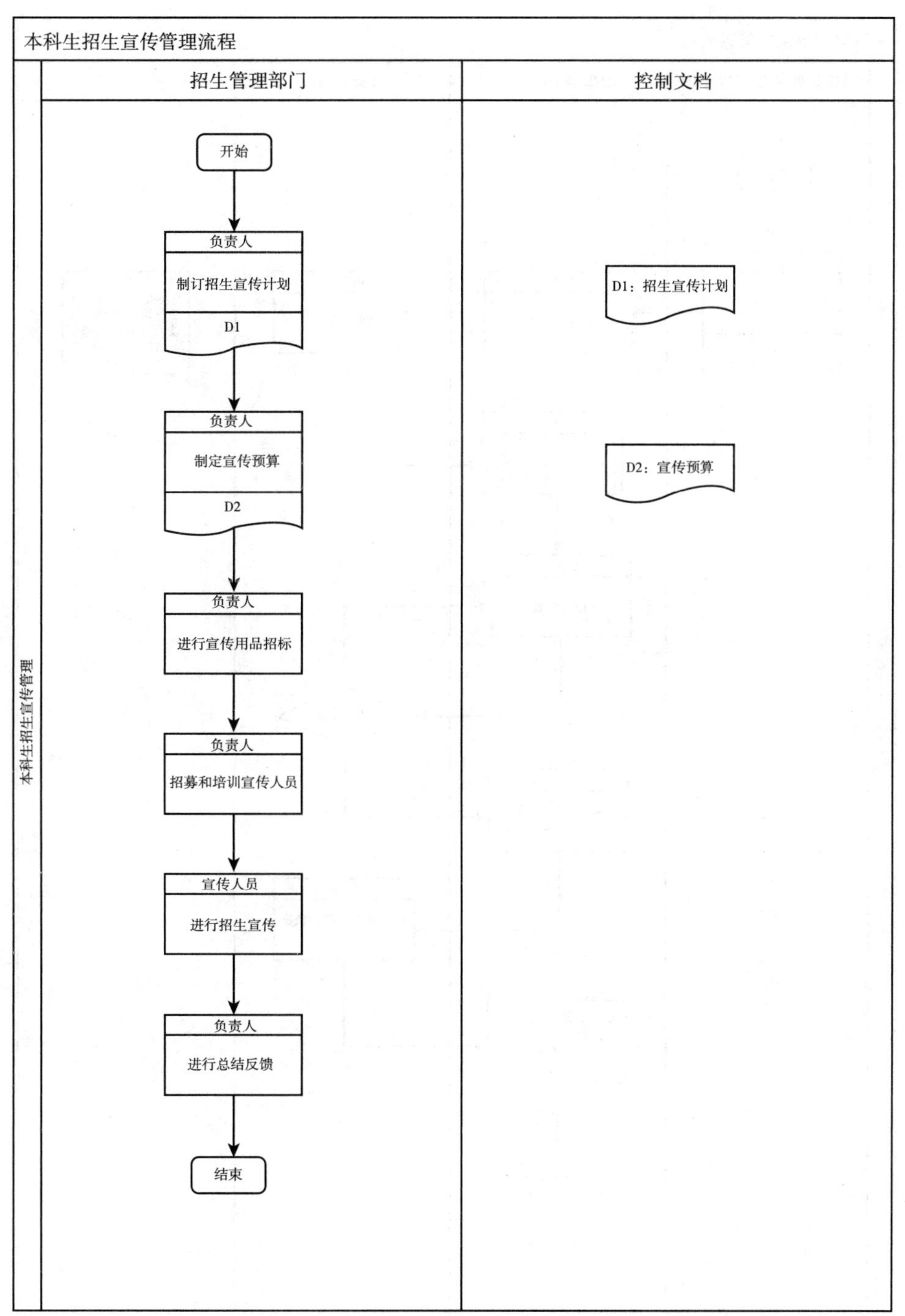

图 7－11　本科招生宣传管理流程

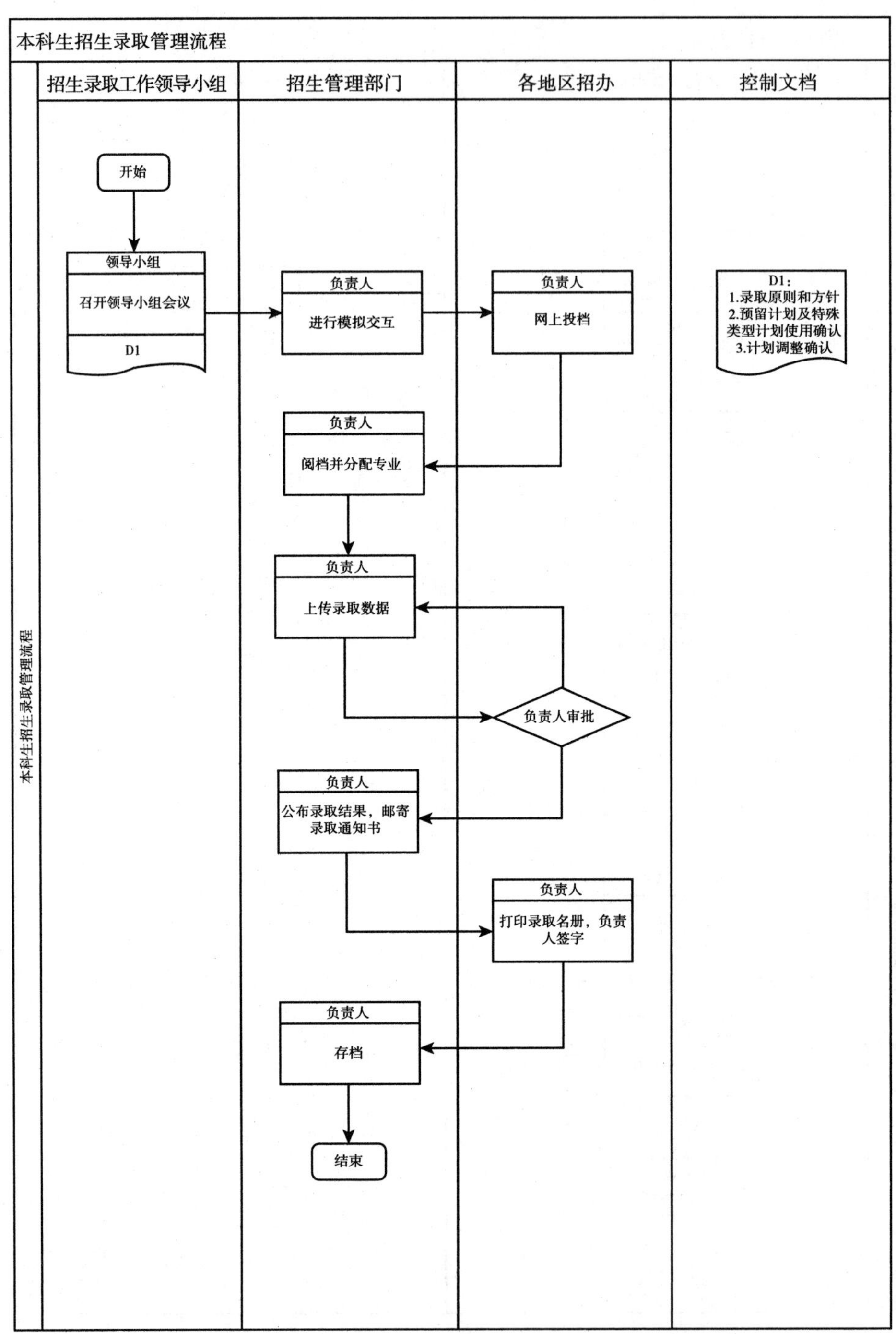

图 7－12　本科招生录取管理流程

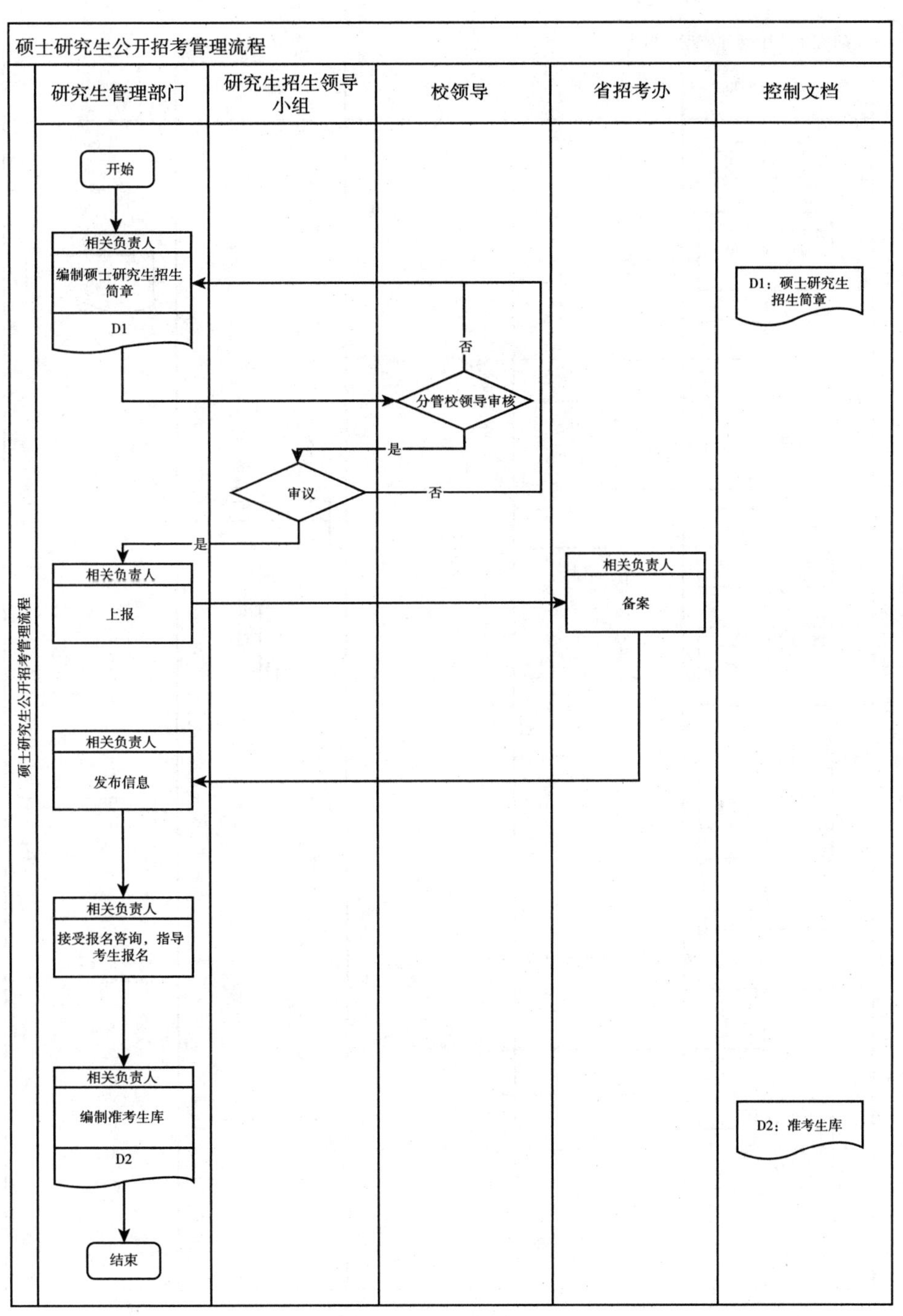

图 7－13　硕士研究生公开招考管理流程

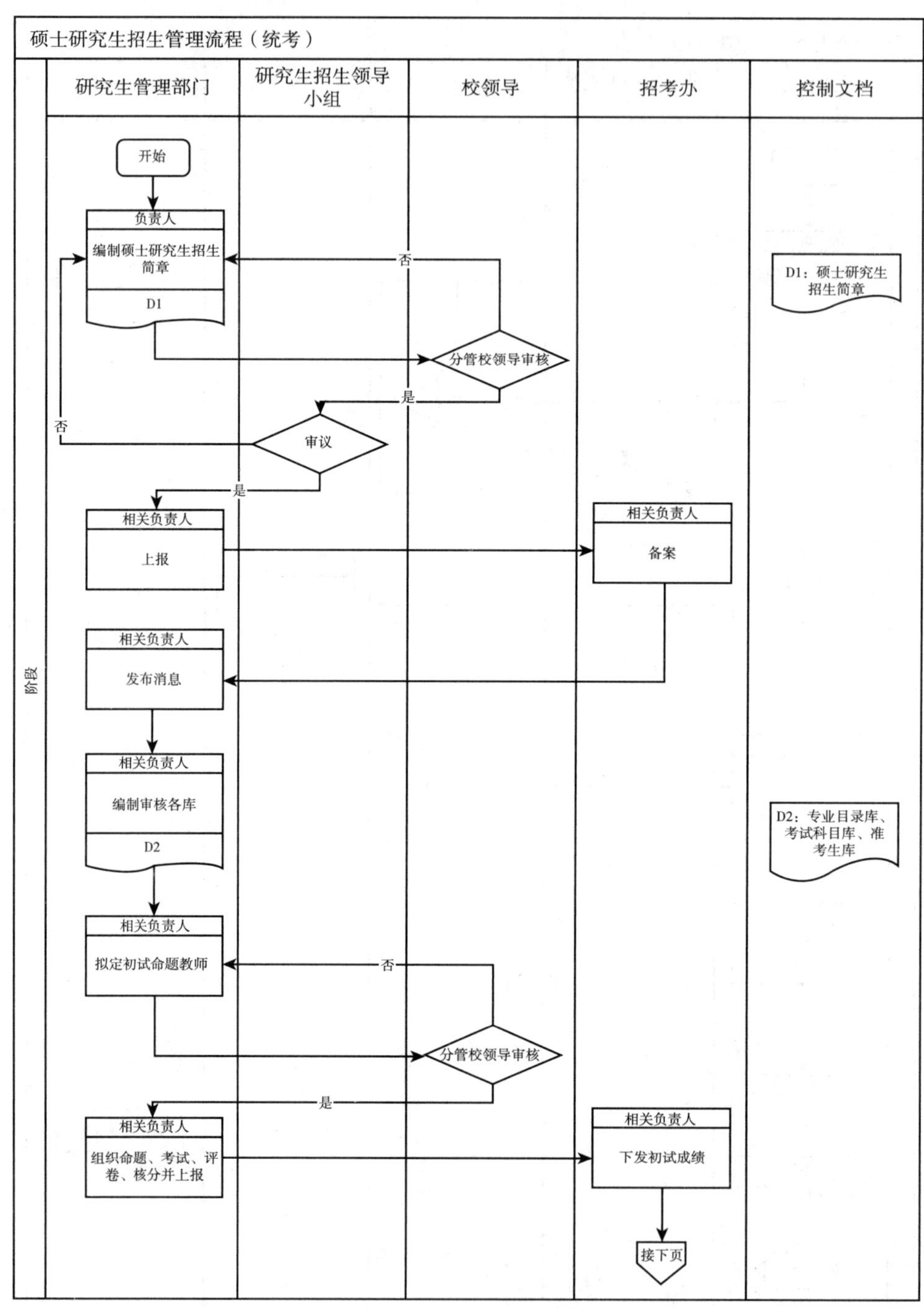

图 7-14　硕士研究生招生统考管理流程

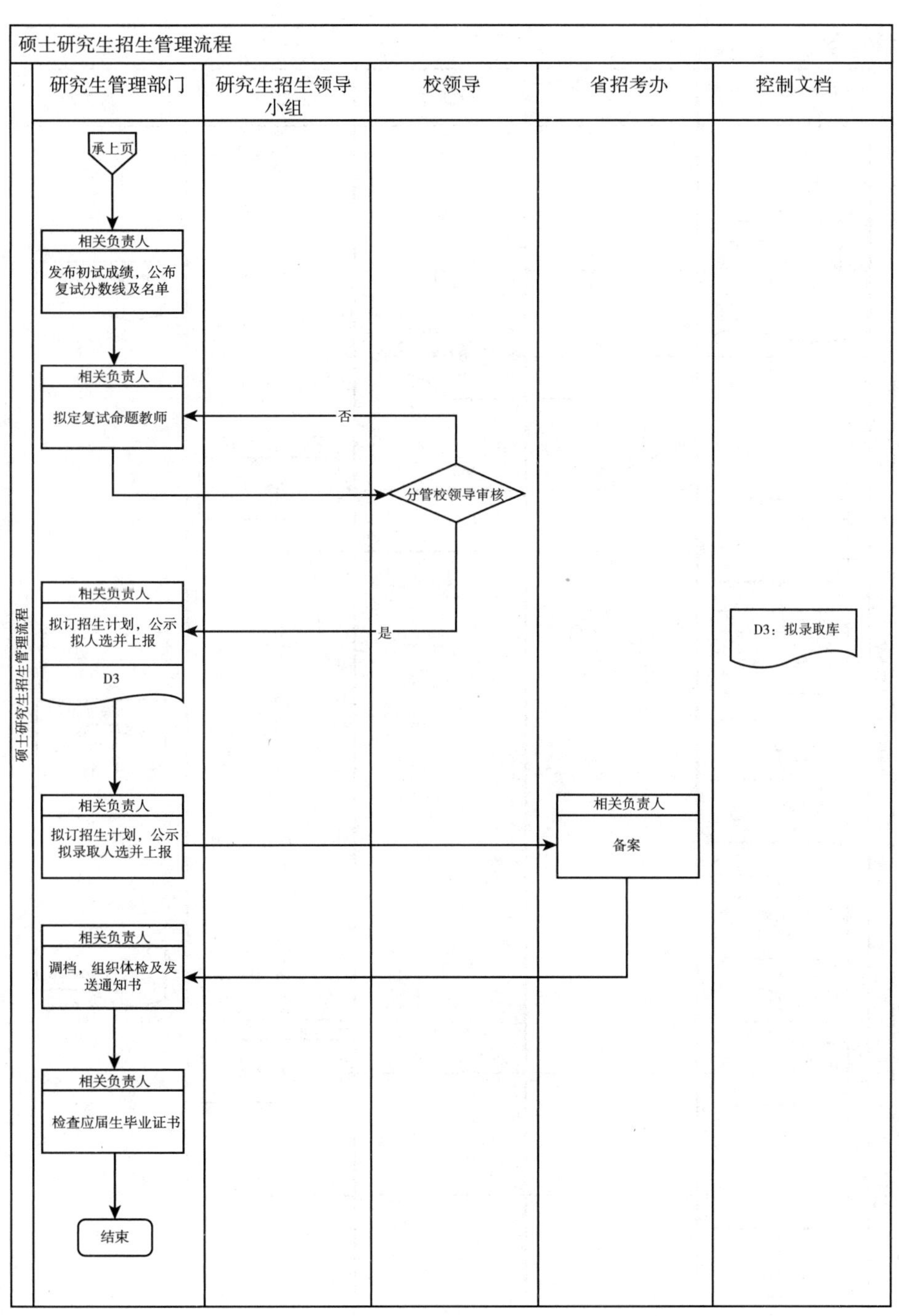

图 7－14　硕士研究生招生管理流程（续图）

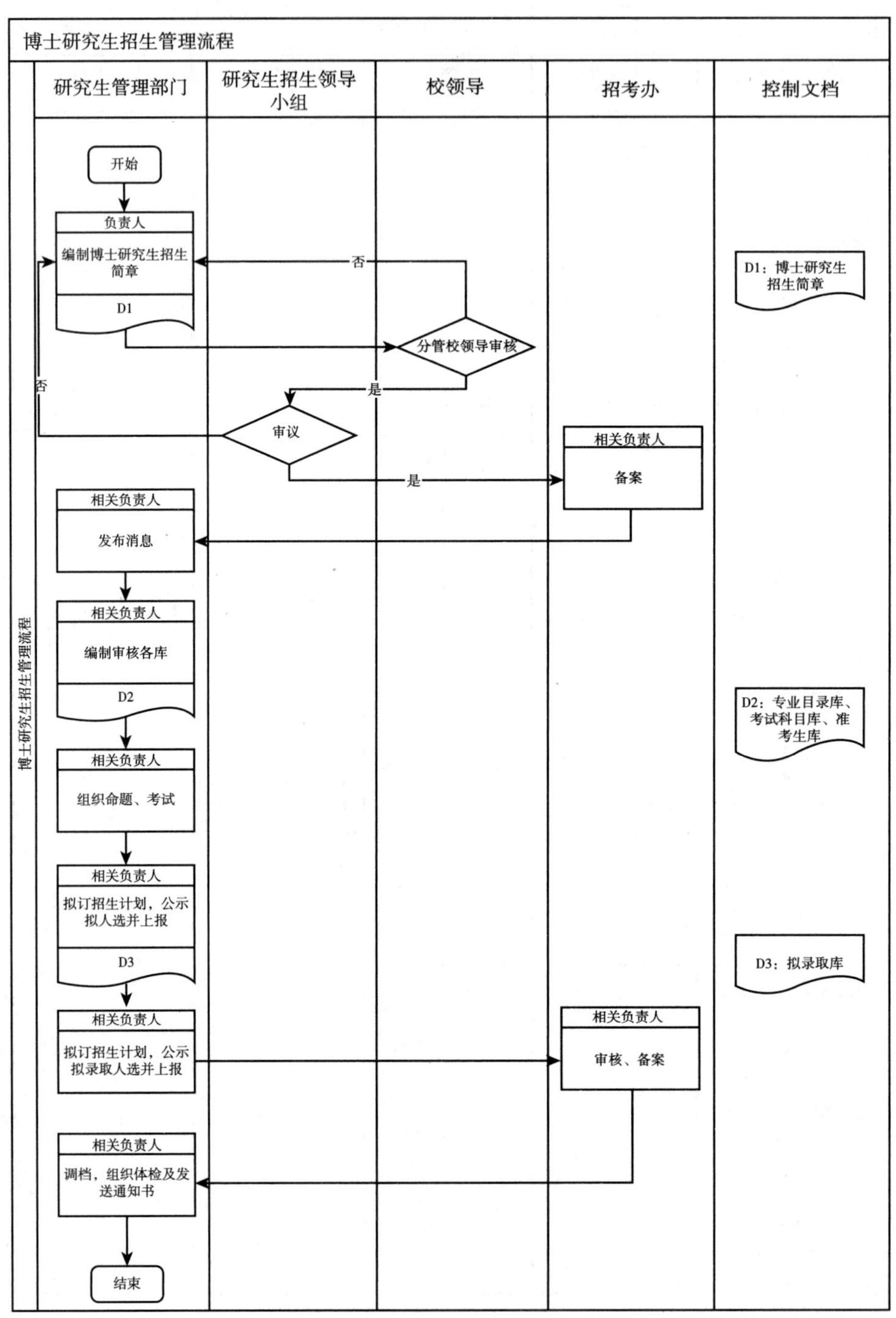

图 7-15 博士研究生招生管理流程

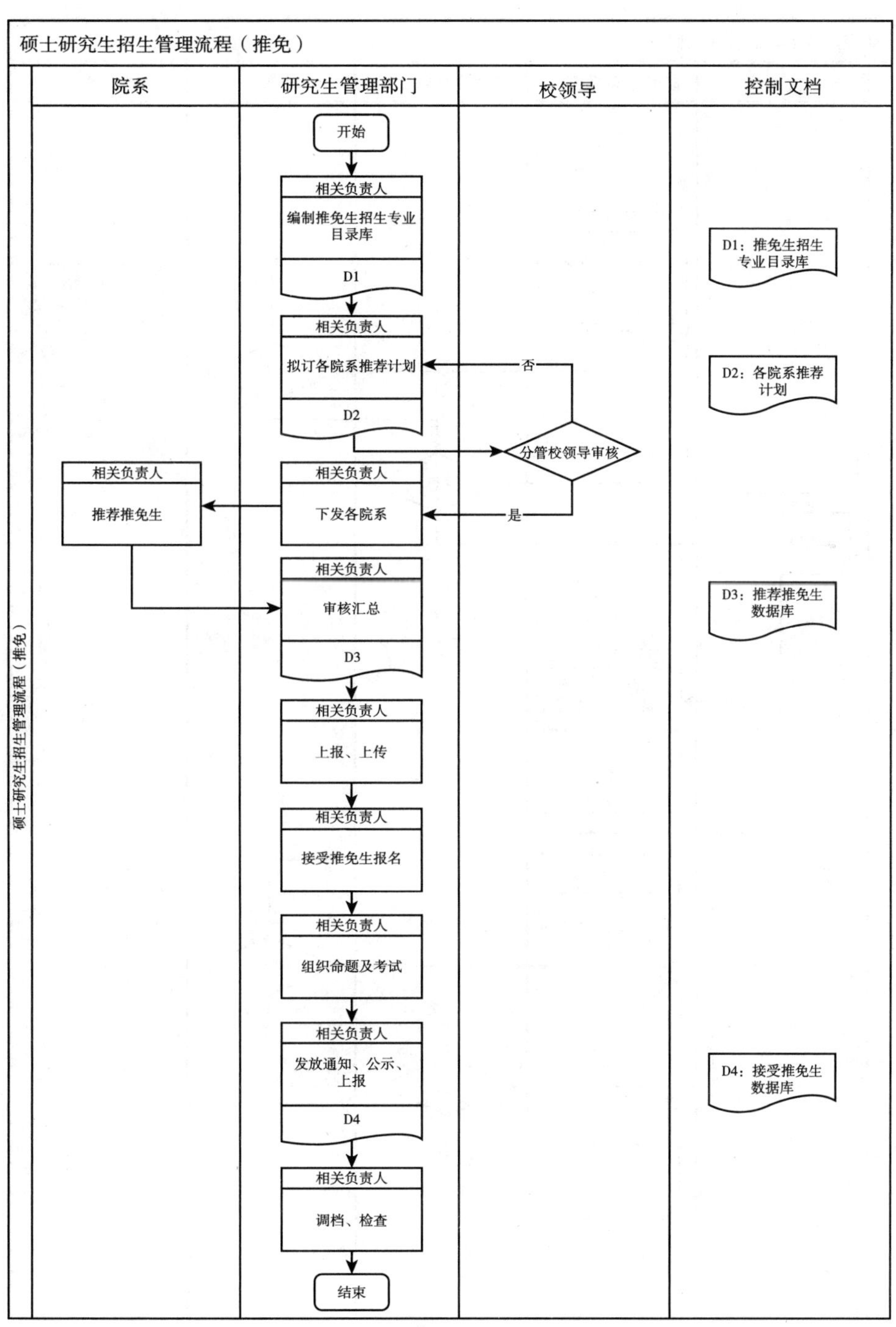

图 7－16　硕士研究生招生推免管理流程

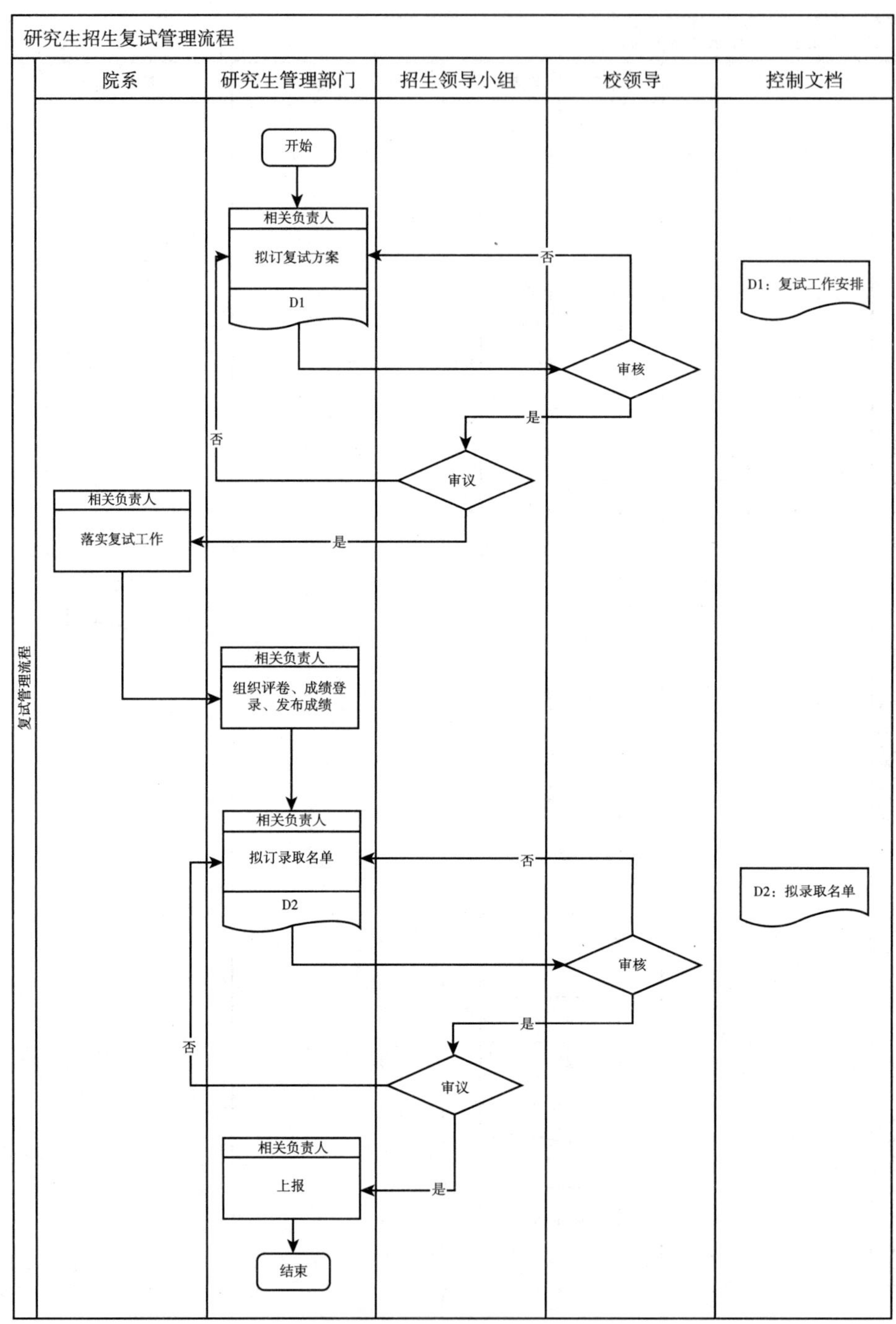

图 7－17 研究生招生复试管理流程

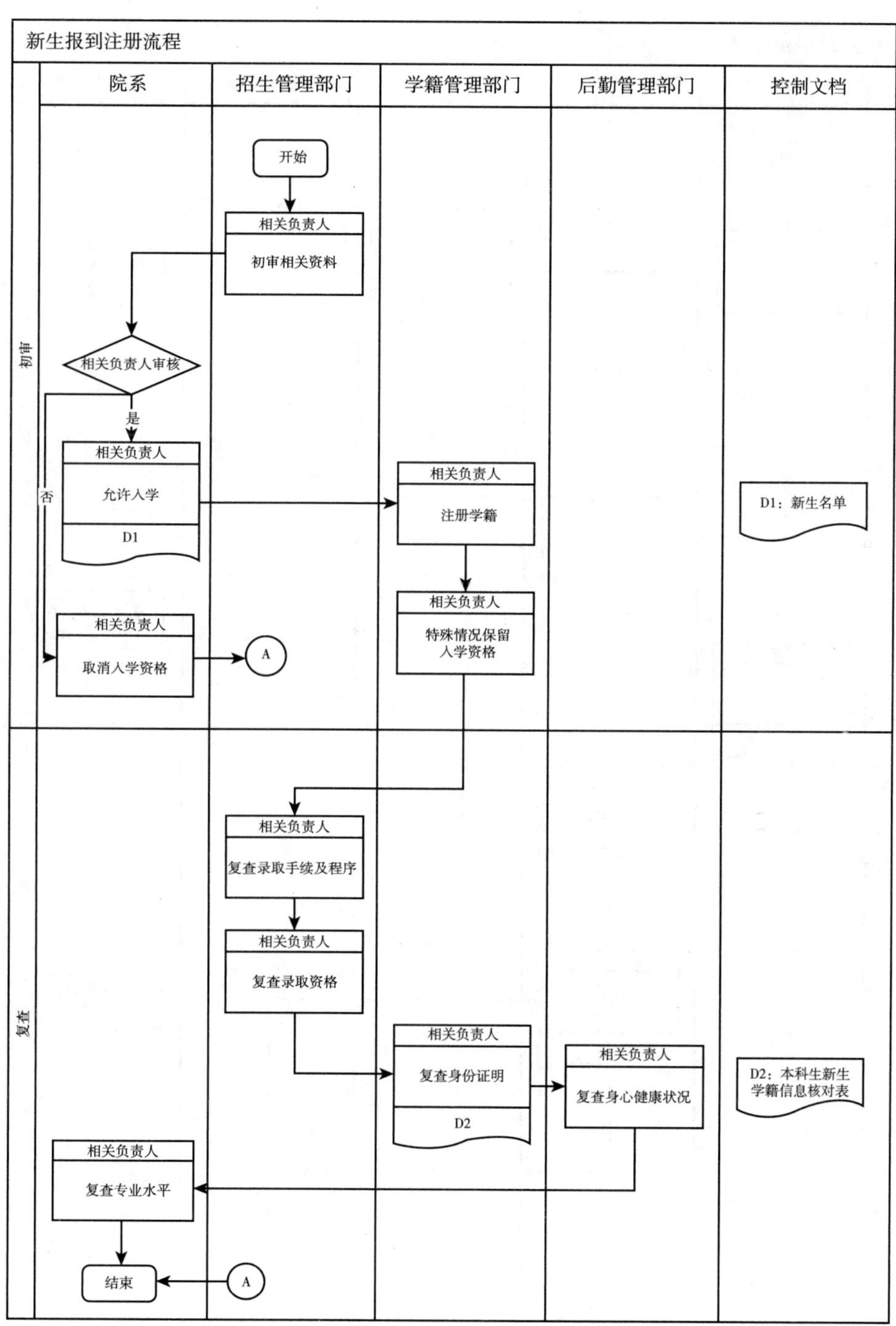

图 7－18　新生报到注册流程

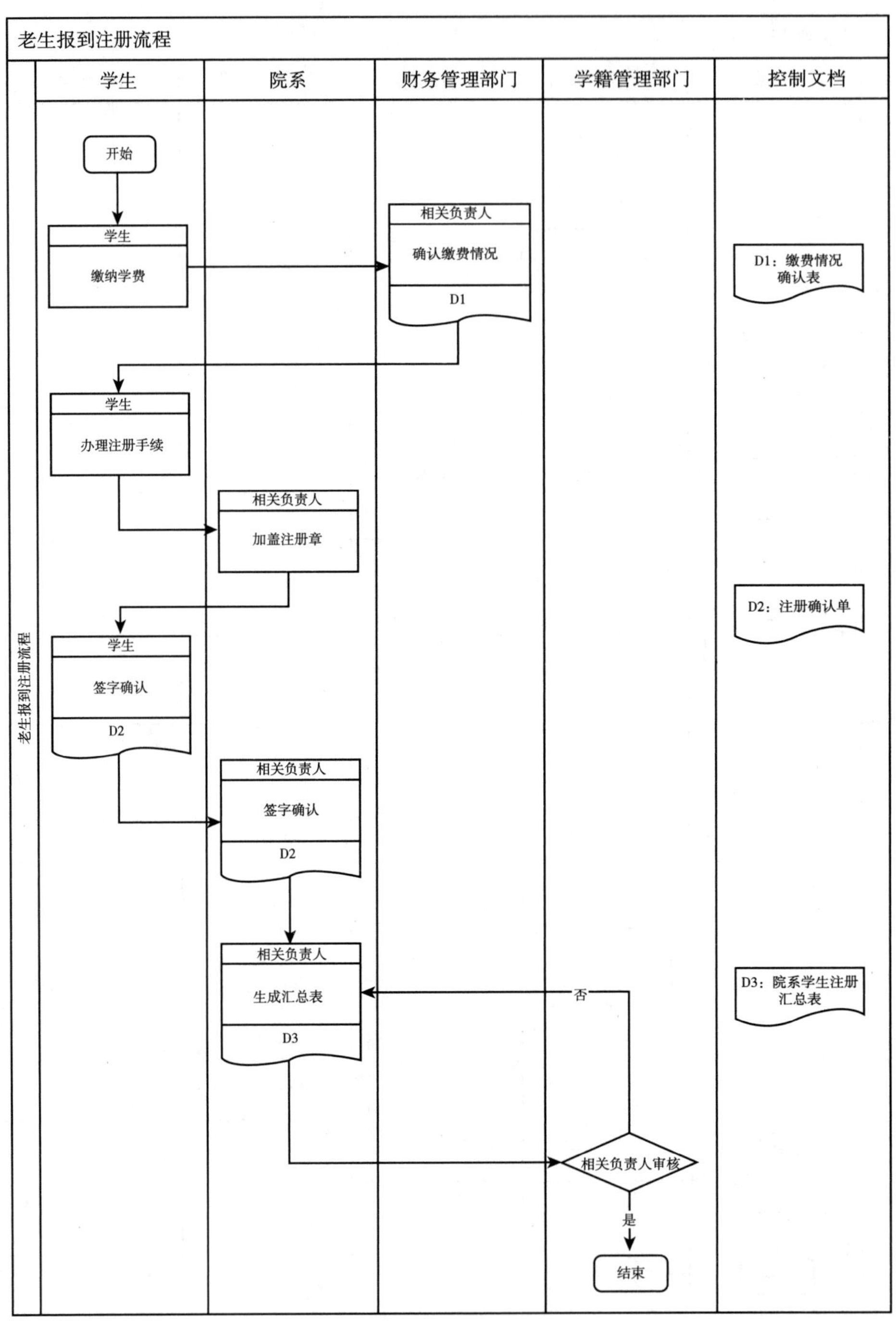

图 7－19　老生报到注册流程

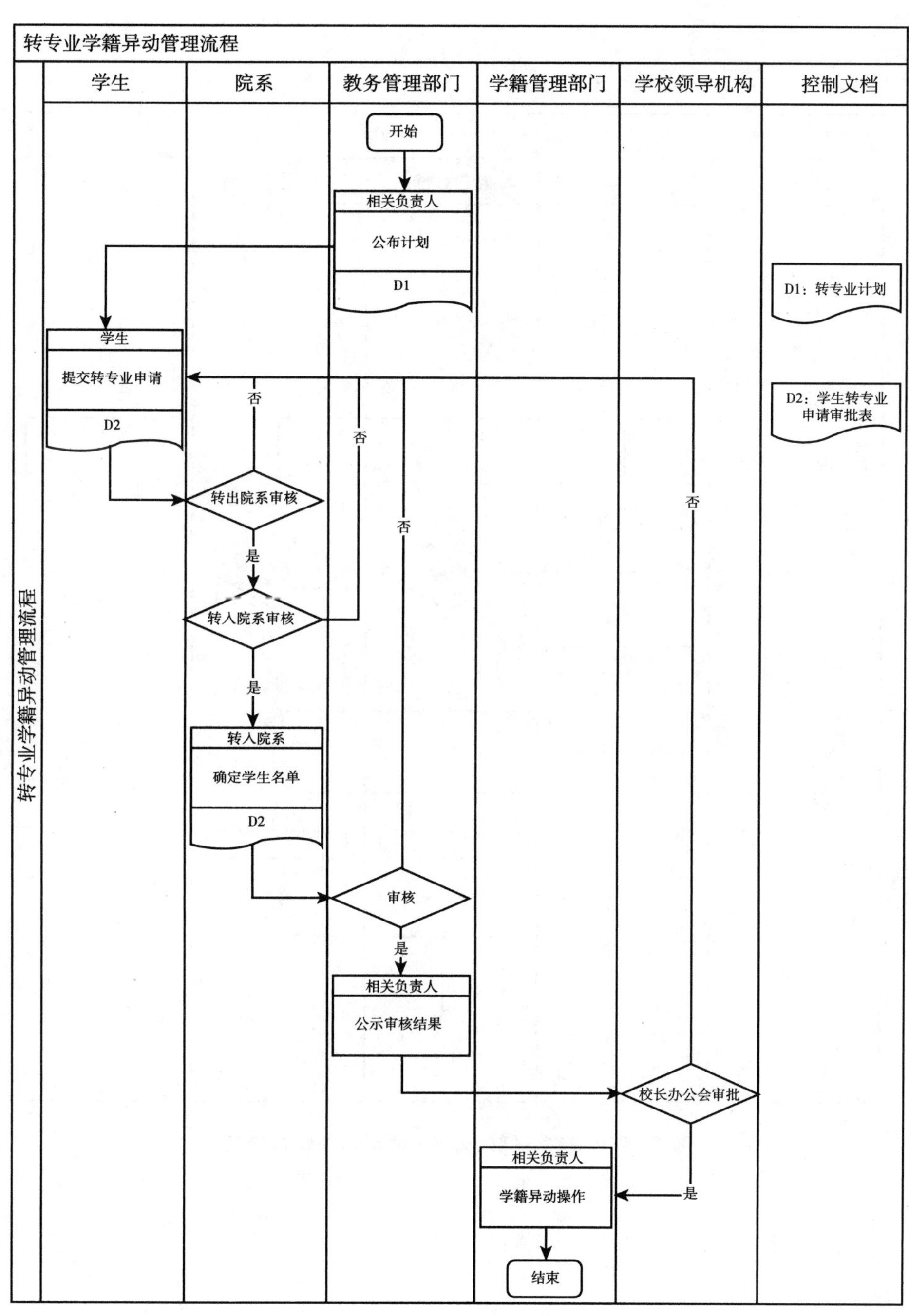

图 7－20　转专业学籍异动管理流程

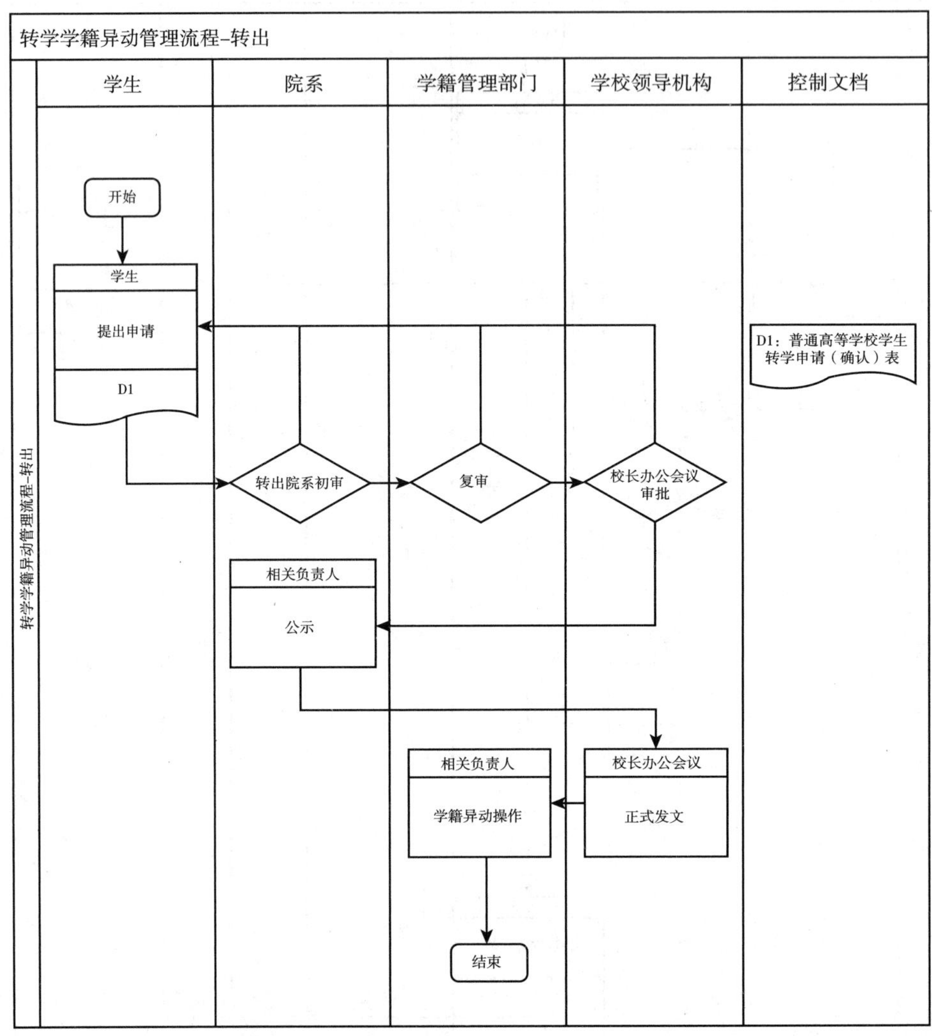

图 7－21　转学（转出方）学籍异动管理流程

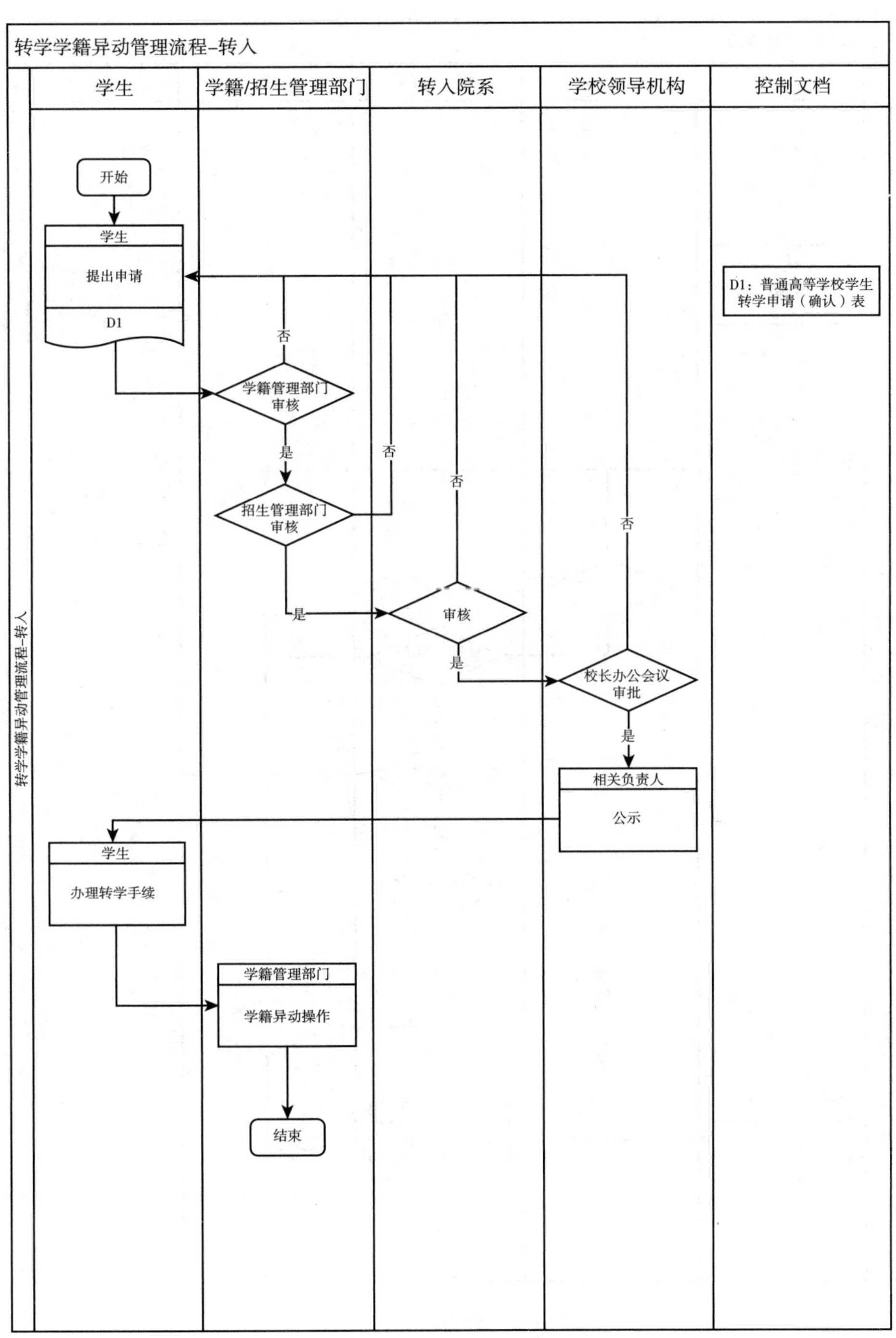

图 7－22 转学（转入方）学籍异动管理流程

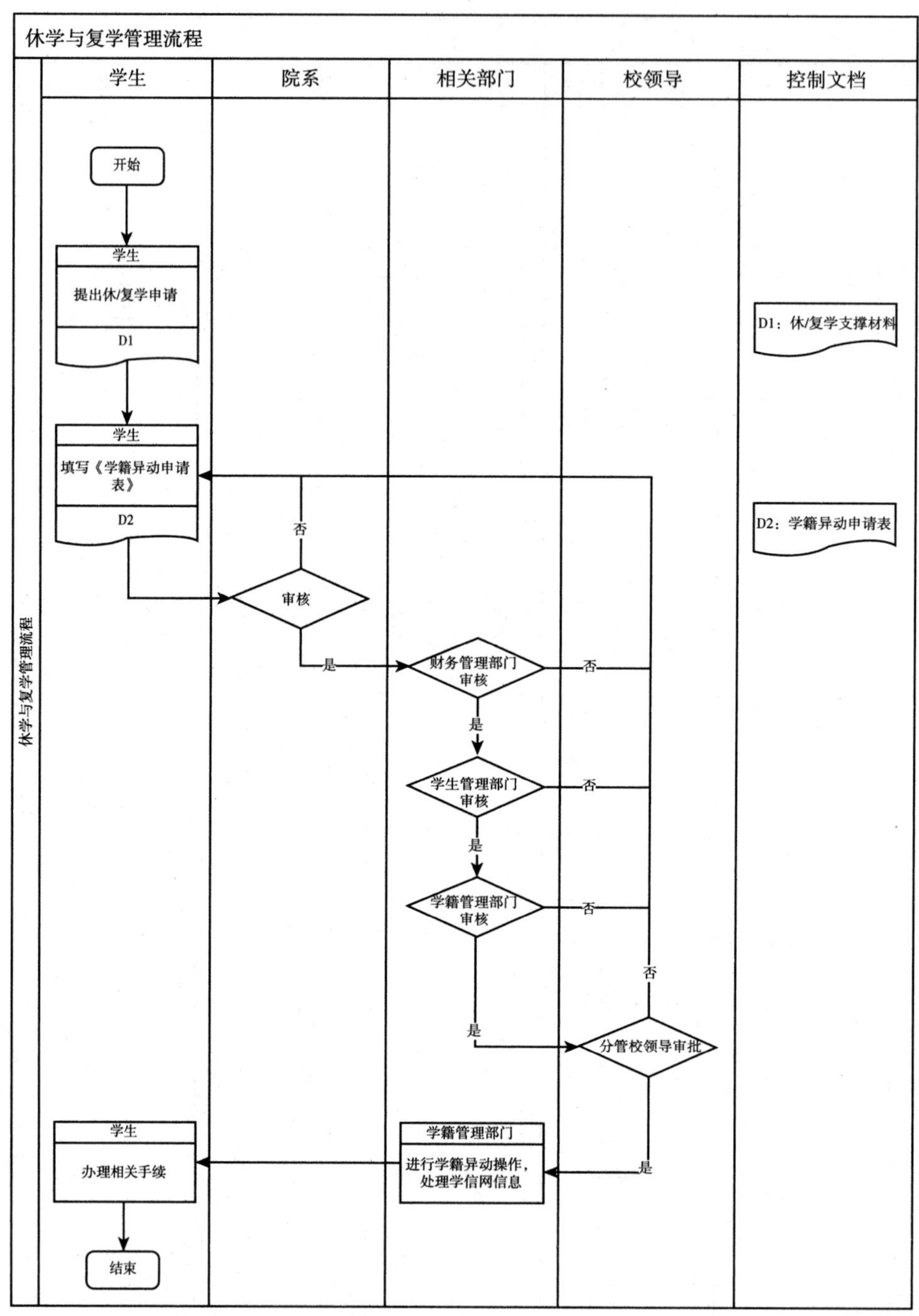

图 7－23　休/复学管理流程

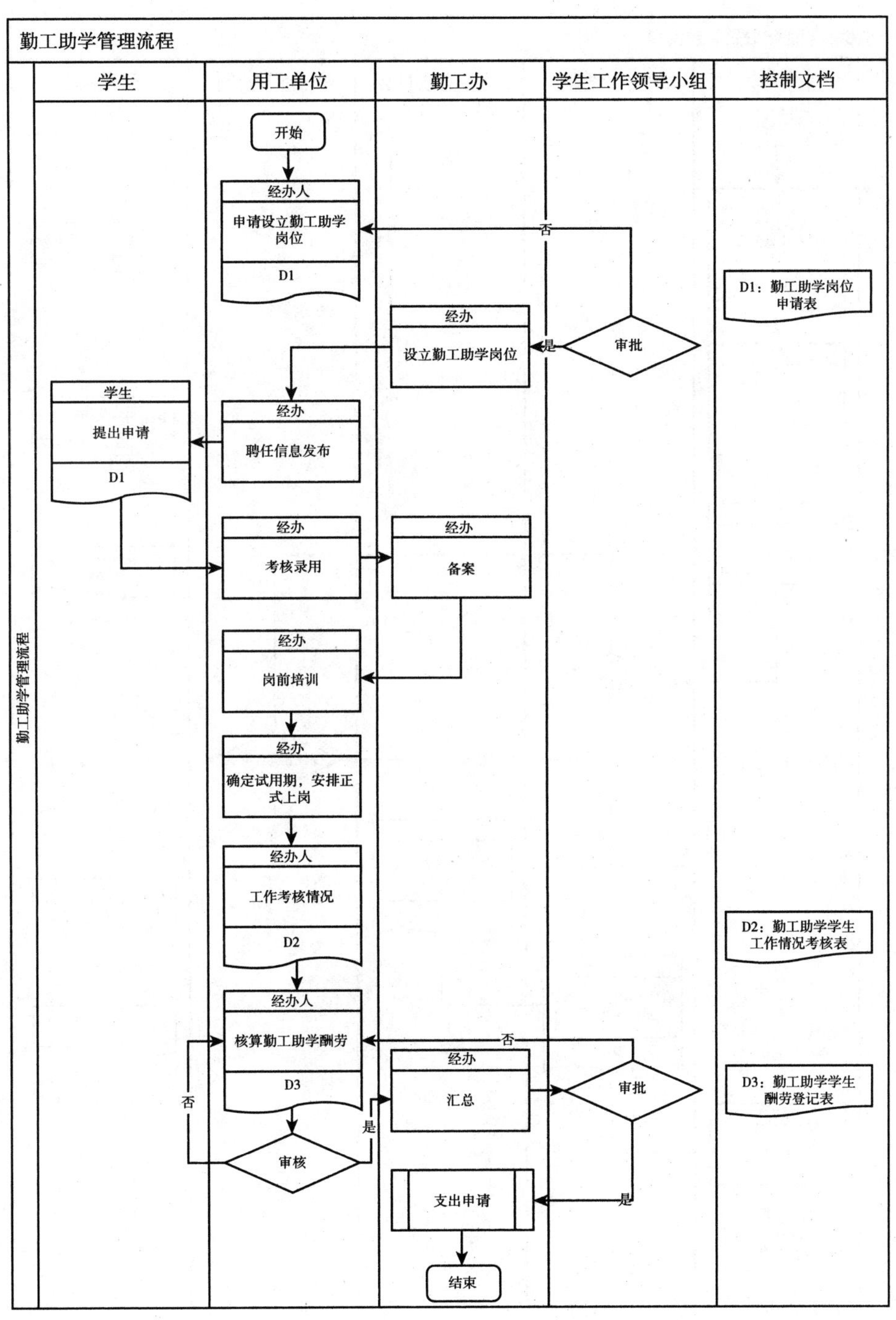

图 7－24　勤工助学管理流程

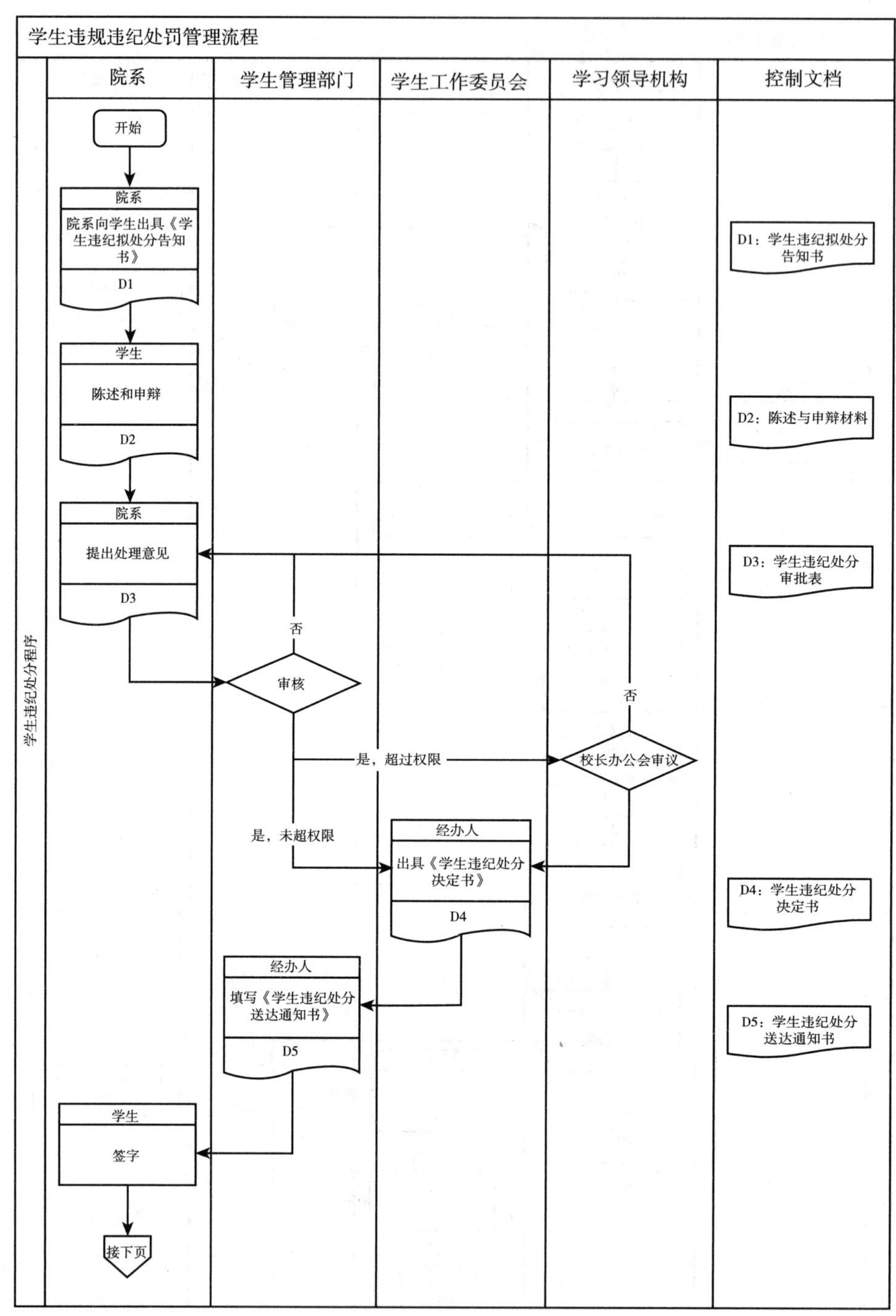

图 7－25　学生违规违纪处罚管理流程

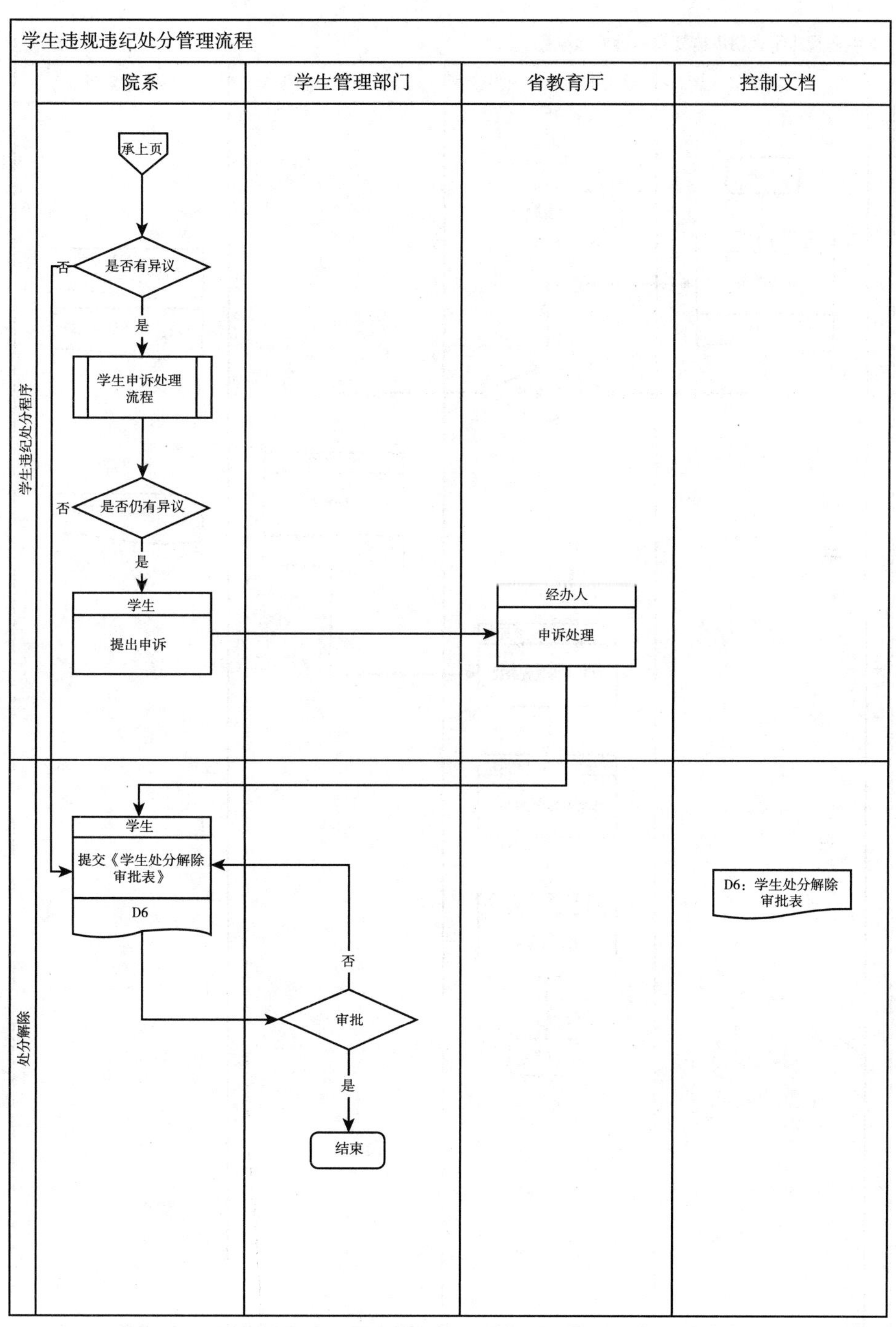

图 7－25　学生违规违纪处罚管理流程（续图）

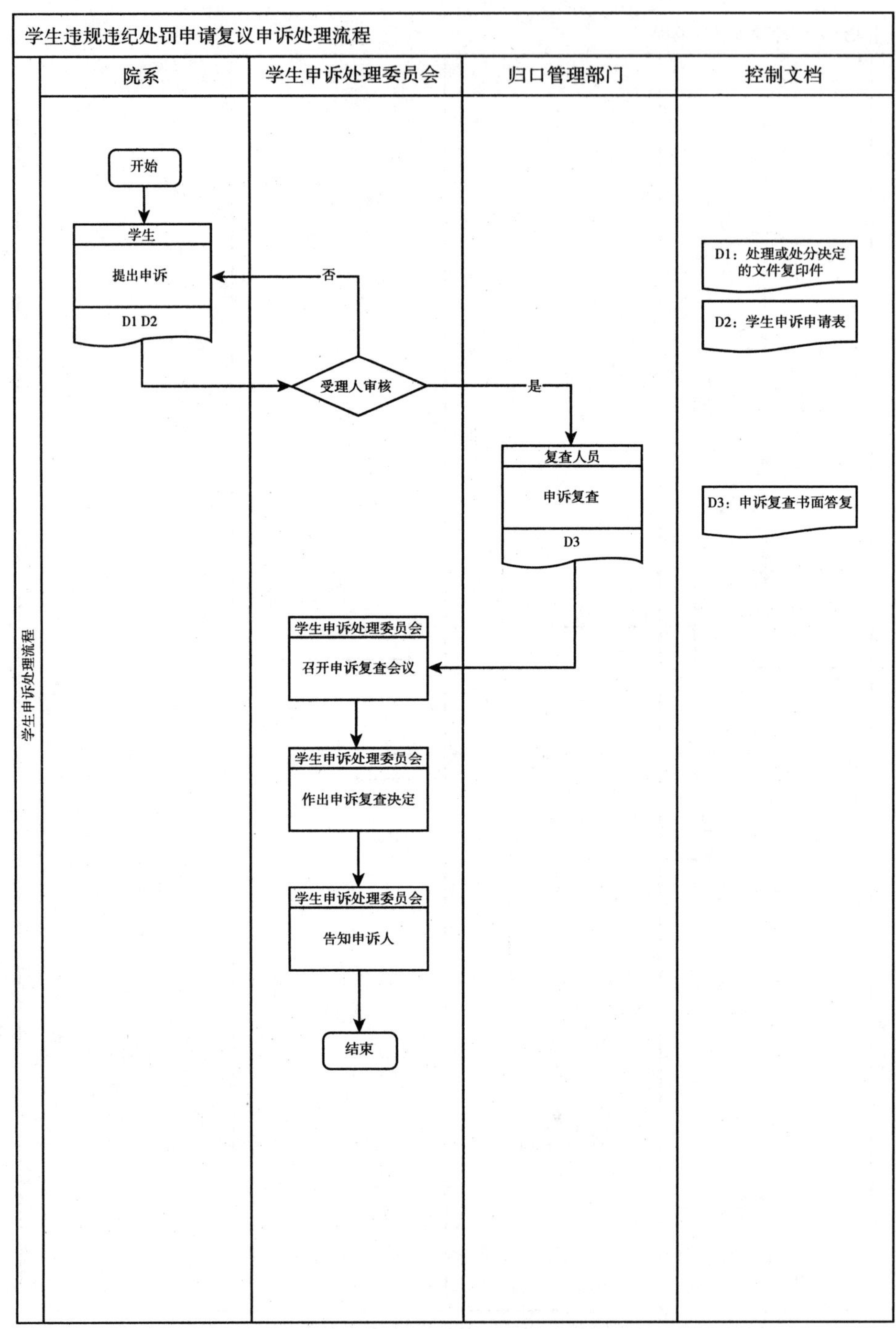

图 7－26　学生违规违纪处罚申请复议流程

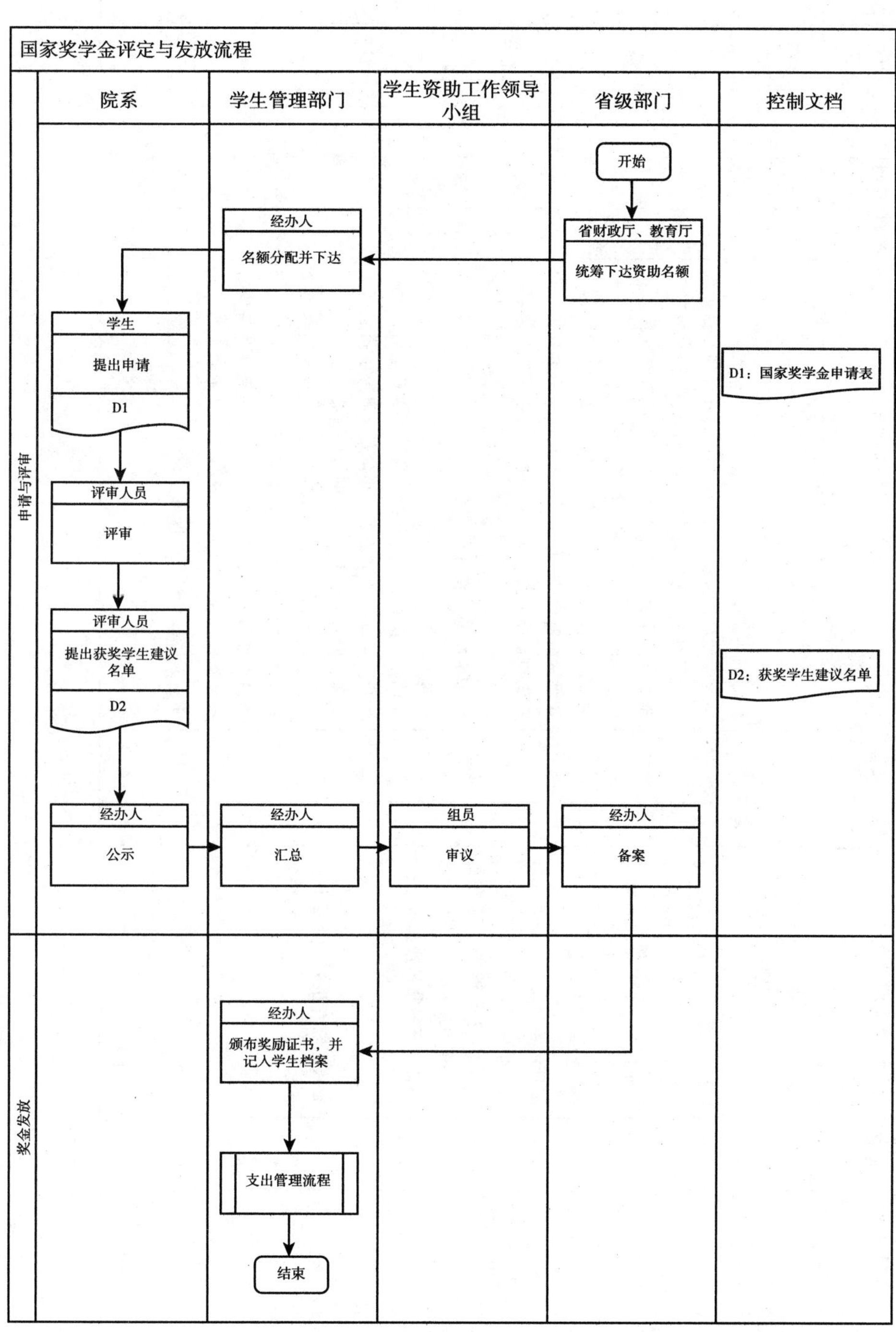

图 7－27 国家奖学金评定与发放流程

表 7-8 学生管理风险控制矩阵

一级流程	二级流程	三级流程	风险编号	关键风险	风险等级	控制编号	关键控制描述	控制活动属性			相关部门岗位	控制文档
								控制频率	控制类别	控制性质		
LC10 学生管理	LC10.01 招生工作流程	LC10.01.01 招生信息公开	R.01.01.01	每年招生计划数上报审批不及时，公开的相关信息不准确，调整变动频繁； 信息包装过度，存在不实宣传揽招嫌疑，社会反响大； 公开信息不透明，存在遮掩、模糊现象； 信息公开的载体选择不当； 信息公开的形式和时间存在缺陷等。 导致影响考生判断，学校声誉受损，引起大量招生纠纷	低	C.01.01.01	1. 本科生招生宣传 招生管理部门负责制订本科招生宣传计划和招生宣传费用预算，按照高校采购管理规定选定供应商，制作宣传用品。招生管理部门负责招生宣传人员（教工和学生）的招募和培训工作。 通过现场宣讲、纸质和网络媒体、微信平台、喜马拉雅网络电台 QQ 和贴吧等方式进行招生宣传，为考生和家长提供咨询答疑服务。招生宣传结束后进行总结。 2. 研究生公开招考 研究生招生办公室根据高校学科发展规划，编制当年的招生简章，经高校招生领导小组审定后，上报省招生考试办公室备案，并在高校研究生招生网页发布，同时上传中国研招网对社会公开。 研究生招生办公室通过现场办公、电话、网络等途径落实考生的报名咨询与报名指导工作，并根据当年教育部印发的研究生招生工作管理规定及高校研究生招生章程中关于研究生报考的基本要求及专业水平要求，审核考生的准考资格	业务发生时	预防性	人工	招生管理部门 招生办公室	招生宣传计划 招生宣传费用预算

续表

一级流程	二级流程	三级流程	风险编号	关键风险	风险等级	控制编号	关键控制描述	控制活动属性			相关部门岗位	控制文档
								控制频率	控制类别	控制性质		
LC10 学生管理	LC10. 01 招生工作流程	LC10. 01. 02 本科生招生录取工作流程	R. 01. 02. 01	本科招生录取工作流程不规范，存在操作不合规、徇私舞弊现象。艺术体育类招生文化测试、专业测试中，考官利用评分收取贿赂，篡改考生分数的；通过预留指标，点名录取分数未达到录取线的考生，有失公平的；利用调当比例、补录等照顾特定关系，谋取私利的；自主招生、专升本、预科升学等特殊类型招生存在暗箱操作；民办高校为抢生源提前发放录取通知书、违规收费等	中	C. 01. 02. 01	1. 招生来源计划 按照省教育厅下达的高校本科生招生计划数，招生管理部门根据各专业招生规模制订跨地区各专业招生来源计划，招生工作领导小组审定各院系制订的分专业招生规模和招生来源计划，招生来源计划须经校长办公会议讨论通过。招生管理部门负责在“全国普通高校招生来源计划网上管理系统”中上报招生来源计划，经省教育厅审核通过后生效。招生来源计划将在招生录取时执行。 2. 本科生招生录取 召开本科招生录取工作领导小组会议，确定招生录取的原则和方针，预留计划及特殊类型计划使用确认，计划调整确认。招生管理部门按照各地区工作日程和要求进行模拟交互，确定调档比例后，各地区招办进行网上投档。招生管理部门阅档并分配专业后上传录取数据，各地区招办进行审核，准确无误后则网上录取工作结束。招生管理部门及时向社会公布录取结果，并邮寄录取通知书，各地招办打印录取名册，负责人签字，邮寄至招生管理部门存档	业务发生时	检查性	人工	招生管理部门	招生来源计划录取名册

续表

一级流程	二级流程	三级流程	风险编号	关键风险	风险等级	控制编号	关键控制描述	控制活动属性			相关部门岗位	控制文档
								控制频率	控制类别	控制性质		
LC10 学生管理	LC10.01 招生工作流程	LC10.01.03 硕士生招生录取工作流程	R.01.03.01	1. 制订招生计划环节 每年招生计划数上报审批不及时，公开的相关信息不准确，调整变动频繁； 信息包装过度，存在不实宣传揽招嫌疑，社会反响大； 公开信息不透明，存在遮掩、模糊现象； 信息公开的载体选择不当； 信息公开的形式和时间存在缺陷等。 导致影响考生判断，学校声誉受损，引起大量招生纠纷。 2. 初试试题制定环节 命题人执行回避制度不到位；试题组卷、制卷、印刷、运输、寄送、保密工作存在不当。 3. 考点工作环节 考点选择和布局不合理； 监考和巡视人员配备和培训不够，职责不明； 考场纪律落实不到位，考生存在作弊现象； 考场治安不到位。 4. 阅卷工作环节 阅卷流程设计不合理，执行不到位；	中	C.01.03.01	研究生招生办公室根据高校学科专业发展规划，编制硕士研究生招生简章，报分管校领导审核、研究生招生领导小组审议，审议通过后上报省招考办备案。备案完成后在高校网站和中国研究生招生信息网发布信息。 根据研究生招生专业目录编制招生专业目录库、考试科目库，上报省招考办，上传中国研究生招生信息网。根据研究生招生考试报考条件的规定，审核报名考生考试资格，编制准考生库并上报省招考办，上传到中国研究生招生信息网。 拟定初试命题教师，报分管校领导审核，单线联系初试命题教师命题，回收初试试题原稿，印制初试试题，试题封装，邮寄、押送试题，考试结束后回收试题与答题纸，拆封试题与答题纸、密封答题纸，组织评卷、核分、录分数，自命题分数上报省招考办。 省招考办下发初试成绩在高校网页发布初试成绩。教育部公开当年复试分数线，根据教育部当年复试分数线，结合高校各专业拟招生计划及各专业考生过国家线人数划定各专业的高校复试分数线。在高校网页公布高校复试分数线及复试名单。 拟定复试命题教师，上报分管校领导审核。单线联系复试命题教师命题，回收复试试题原稿，印制复试试题、对复试试题封装，组织选择复试考务人员、面试考官，安排复试考听力考试、专业笔试、综合面试、加试）、听力考试、专业笔试加试结束后回收试题与答题纸；综合面试结束后回收面试评分表象文件，密封听力考试、专业笔试、加试答题纸，组织评卷、核分、录分数。	业务发生时	检查性	人工	招生管理部门	硕士研究生招生简章 招生专业目录库 考试科目库 准考生库 专业招生计划

续表

一级流程	二级流程	三级流程	风险编号	关键风险	风险等级	控制编号	关键控制描述	控制活动属性			相关部门岗位	控制文档
								控制频率	控制类别	控制性质		
LC10 学生管理	LC10.01 招生工作流程	LC10.01.03 硕士生招生录取工作流程	R.01.03.01	阅卷标准掌握不统一； 误判率、计分差错率偏高。 5. 复试工作环节 复试方案不合理； 复试流程执行不到位；存在拉关系、打招呼和其他有损公平公正的操作或违法现象	中	C.01.03.01	教育部下达当年招生计划，根据教育部下达的招生计划、各学科计划，组织评卷、核分、求业发展规划、各专业一志愿合格生源情况、复试情况拟订各专业招生计划。根据各专业招生计划及复试分数从高分到低分依次确定拟录取人选，合格生源不足的专业进行调剂或计划调整。拟录取人选在高校网页公示，并上报省招考办、中国研招网审核、备案。拟录取考生调档（定向生签署定向培养协议）、组织体检、发放录检查录取通知书并检查考生（应届毕业生）的毕业证书	业务发生时	检查性	人工	招生管理部门	硕士研究生招生简章 招生专业目录库 考试科目库 准考生库 专业招生计划
LC10 学生管理	LC10.01 招生工作流程	LC10.01.04 博士生招生录取工作流程	R.01.04.01	制订招生计划： 招生计划制订与就业形势及人才需求脱节；上报的招生计划数不合理；招生计划的专业分配不合理。 招生宣传： 招生简章制作粗糙，存在虚假宣传或承诺，信息公开不及时、不全面。 招生命题与制卷： 命题人执行回避制度不到位；	中	C.01.04.01	研究生管理部门根据高校学科发展规划，编制博士研究生招生简章，报分管校领导审核、校研究生招生领导小组审议，审议通过后上报省招考办备案。备案后在高校网站和中国研究生招生信息网发布信息。 根据博士研究生招生专业目录编制招生专业目录库、考试科目库上报省招考办、上传到中国研究生招生信息网。 根据博士研究生招生考试报考条件的规定，审核报名考生考试资格，编制准考生库并上报省招考办、上传到中国研究生招生信息网。 拟订博士考试命题（笔试、面试）教师，命题教师上报分管校领导审核，单线联系命题教师命题，回收试题原稿，印制、封装试题；组织遴选博士考试	业务发生时	检查性	人工	招生管理部门	博士研究生招生简章 招生专业目录库 考试科目库 准考生库

续表

一级流程	二级流程	三级流程	风险编号	关键风险	风险等级	控制编号	关键控制描述	控制活动属性			相关部门岗位	控制文档
								控制频率	控制类别	控制性质		
LC10 学生管理	LC10.01 招生工作流程	LC10.01.04 博士生招生录取工作流程	R.01.04.01	试题组卷、制卷、印刷、运输、寄送、保密工作存在不当。 初试及复试工作： 阅卷工作环节 阅卷流程设计不合理，执行不到位； 阅卷标准掌握不统一； 误判率、计分差错率偏高。 招生复试： 复试方案不合理； 复试流程执行不到位；存在拉关系、打招呼和其他有损公平公正的操作或违法现象。 招生录取： 存在违规退档或违规录取，虚假承诺和违规签订预录取协议现象。录取通知书发放流程不合理	中	C.01.04.01	考务人员、面试考官，安排博士考试（专业笔试、综合面试），专业笔试结束后回收试题与答题纸；综合面试结束后回收面试评分表、面试汇总表、面试摄像文件，密封答题纸，组织专业笔试评卷、核分、录分数。 研究生管理部门根据教育部下达的招生计划及各学科专业发展规划拟订各专业招生计划，根据各专业招生计划及复试分数从高分到低分依次确定拟录取人选，合格生源不足的专业进行计划调整。 与工作人员签订《保密责任书》，防止泄露命题教师信息。与命题教师签订《命题保密责任书》，完成命题工作，防止试题泄密。研究生招生管理部门检查验收试题，做好试卷的密封、保存工作，防止试卷丢失和试题泄密。 研究生招生管理部门组织印制试卷，工作人员签订保密协议，学校纪检监察部门和保密委全程监督，印制好的试卷按规定保存或由学校保密委按机要文件寄发，防止试题泄密。 拟录取人选在高校网页公示并上报省招考办和中国研招网审核、备案。拟录取考生调档（定向生签署定向培养协议）、组织体检、发放录检查录取通知书并检查考生（应届毕业生）的毕业证书	业务发生时	检查性	人工	招生管理部门	博士研究生招生简章 招生专业目录库 考试科目库 准考生库

续表

一级流程	二级流程	三级流程	风险编号	关键风险	风险等级	控制编号	关键控制描述	控制活动属性			相关部门岗位	控制文档
								控制频率	控制类别	控制性质		
LC10 学生管理	LC10.01 招生工作流程	LC10.01.05 招录免推攻读硕（博）士研究生工作流程	R.01.05.01	招录免推硕（博）士生缺乏明确的制度安排，免推条件不合理，考核方式不科学，人为操作空间较大，流程虚位	中	C.01.05.01	研究生管理部门根据硕士研究生招生专业目录编制推免生招生专业目录库，上报省招考办，上传中国研究生招生信息网。 研究生管理部门根据教育部下达的推荐计划，拟订各院系推荐计划并上报分管校领导审核，审核通过后下发各院系。各院系推荐推免生，报研究生管理部门审核。研究生管理部门汇总全校拟推荐推免生信息，公示拟推荐推免生信息。并将推荐推免生数据库上报省招考办、上传到中国研究生招生信息网。 研究生管理部门接收推免生报名，拟定接收推免生复试命题教师，上报分管校领导审核，单线联系命题教师命题，回收接收推免生复试试题印制、封装接收推免生复试试题，遴选推免生复试考务人员、面试考官，安排接收推免生复试，复试结束后回收面试评分表、面试汇总表、面试视频。 研究生管理部门向通过接收推免复试的考生发送拟录取通知，拟录取推免生公示，拟录取推免生信息上报省招考办、上传到中国研究生招生信息网。 研究生管理部门组织拟录取推免生调档（定向生签署定向培养协议）、体检、发放录取通知书，检查录取推免生的毕业证书	业务发生时	检查性	人工	招生管理部门	各院校推荐计划

续表

一级流程	二级流程	三级流程	风险编号	关键风险	风险等级	控制编号	关键控制描述	控制活动属性			相关部门岗位	控制文档
								控制频率	控制类别	控制性质		
LC10 学生管理	LC10.02 学籍管理流程	LC10.02.01 新生报到注册流程	R.02.01.01	新生入学流程烦琐，用时过长入学资格审查重点不突出；缴费方式落后，效率低等	中	C.02.01.01	1. 新生入学资格初步审查 高校在本科新生报到时对本科新生入学资格进行初步审查，由招生管理部门负责组织实施。 各院系要逐一查验录取通知书、身份证、高考准考证等相关材料并与录取照片逐一核对，若发现不相符现象，要认真核查。准考证件有遗失者，要进行登记并及时与高校招生管理部门联系作为重点核查对象；对不能明确认定者，应暂缓办理报到手续待查实核正后办理。 初步审查合格的本科新生方可办理入学注册报到手续。对审查发现本科新生的有作弊或违反国家招生录取规定情形的，一律取消学籍，并按规定严肃处理。 院系将初步审查合格的本科新生名单报学籍管理部门，由学籍管理部门予以注册学籍。 2. 新生入学资格复查 招生管理部门应严格执行入学资格复查流程。 学籍管理部门负责组织复查学生本人及身份证明与录取通知书考生档案等是否一致，各院系配合。学籍管理部门下载学信网上的学生自然信息并生成《新生学籍信息核对表》，下发到各院系，由学生本人核对相关信息，无误后由本人签字确认。 后勤管理部门（校医院）复查新生身心健康状况，对不符合要求或不能保证在校正常学习和生活的应按规定及流程处理。各院系要配合后勤管理部门（校医院）的工作。 招生管理部门负责，艺术学院和体育学院组织特长生录取学生的专业水平复测。艺术类专业本科新生参加所在院系组织的专业科目测试相关院系要确保所有艺术类专业本科新生按时参加考试，对无故旷考的学生由学生管理部门依据校规校纪严肃处理	业务发生时	检查性	人工	招生管理部门 学籍管理部门 后勤管理部门	《新生学籍信息核对表》

续表

一级流程	二级流程	三级流程	风险编号	关键风险	风险等级	控制编号	关键控制描述	控制活动属性			相关部门岗位	控制文档
								控制频率	控制类别	控制性质		
LC10 学生管理	LC10.02 学籍管理流程	LC10.02.02 老生报到注册流程	R.02.02.01	老生入学流程执行不严，报到注册流于形式；缴费方式落后，效率低等	中	C.02.02.01	每学年第一学期注册流程： A. 学生在注册前应按高校有关规定交纳学费。 B. 财务管理部门在开学第一周确认学生交费情况，并向学生所在院系和学籍管理部门提交学生学费交费情况确认表。 C. 在校生在高校规定期限内持本人学生证到所在院系办理学生证注册手续或暂缓注册手续。暂缓注册学生还应提供申请暂缓注册证明材料。 D. 院系为已交费学生在学生证加盖当前学期注册章，并由学生和注册工作人员在注册确认单上签字确认。 E. 各院系根据注册单汇总生成院系学生注册汇总表，将注册确认单和院系学生注册汇总表报送学籍管理部门。如有暂缓注册学生，还应报送学生暂缓注册相关证明材料。 F. 学籍管理部门根据各院系提交的材料和财务管理部门提供的学生交费确认表进行审核，审核通过的学生进行学籍电子注册。 每年学年第二学期注册流程按照 B、C、D 流程办理注册或暂缓注册手续。暂缓注册学生应在暂缓注册期满前按照具体流程办理注册手续	业务发生时	检查性	人工	财务管理部门 学籍管理部门	学生学费缴费情况确认表 注册确认单 学生注册汇总表

续表

一级流程	二级流程	三级流程	风险编号	关键风险	风险等级	控制编号	关键控制描述	控制活动属性			相关部门岗位	控制文档
								控制频率	控制类别	控制性质		
LC10 学生管理	LC10. 02 学籍管理流程	LC10. 02. 03 休学复学流程	R. 02. 03. 01	学生休学复学未严格按照相关流程进行，未申请经过院系及相关部门审批	中	C. 02. 03. 01	休学： 学生本人向所属院系提出休学申请，并附休学支撑材料，学生在所属院系领取《学籍异动申请表》，填写（需学生本人及法定监护人签字确认）后提交所属院系。 申请经所属院系、财务管理部门、学生管理部门、学籍管部门审核后，报分管校领导审批。 学籍管理部门的学籍管理员在系统中进行学籍异动操作，同时处理学信网信息，学生持审批后的《学籍异动申请表》到相关部门办离校手续。 复学： 学生本人向所属院系提出复学申请，并附复学支撑材料。学生在所属院系领取《学籍异动申请表》，填写（需学生本人及定监护人签字确认）后提交所属院系。 所属院系、教务管理部门、学生管理部门、财务管理部门审核后，上报分管校领导审批（由教务管理部门学籍管理员负责申请审批）。 学籍管理员在学籍系统中进行学籍异动操作，同时处理学信网信息。 学生持审批后的《学籍异动申请表》到相关部门办理入学手续	业务发生时	检查性	人工	财务管理部门 学生管理部门 学籍管理部门 教务管理部门	《学籍异动申请表》

续表

一级流程	二级流程	三级流程	风险编号	关键风险	风险等级	控制编号	关键控制描述	控制活动属性			相关部门岗位	控制文档
								控制频率	控制类别	控制性质		
LC10 学生管理	LC10.02 学籍管理流程	LC10.02.04 保留学籍流程	R.02.04.01	学生保留学籍及休学复学管理不严格，流程缺失，复学资格审查不严，或流程执行不力，院系及相关部门审批不到位	中	C.02.04.01	参照“休学复学流程”	业务发生时	检查性	人工	财务管理部门 学生管理部门 学籍管理部门 教务管理部门	
LC10 学生管理	LC10.02 学籍管理流程	LC10.02.05 勒令退学流程	R.02.05.01	退学流程的不合规、操作不到位风险，具体描述参见“休学与复学管理流程”和“违规违纪处罚流程”	中	C.02.05.01	退学、开除风险控制措施参照“休学与复学管理流程”以及“违规违纪处罚流程”的	业务发生时				
LC10 学生管理	LC10.02 学籍管理流程	LC10.02.06 开除学籍流程	R.02.06.01	开除流程风险描述参见“休学与复学管理流程”以及“违规违纪处罚流程”	中	C.02.06.01		业务发生时				
LC10 学生管理	LC10.02 学籍管理流程	LC10.02.07 博士后进站流程	R.02.07.01	博士后人员进站管理规定不全，无流程刻画，综合评审与评价不够公平公正	中	C.02.07.01	符合博士后人员招收基本条件的申请人，可申请进站从事博士后研究工作。教培管理部门对申请者的资格进行审查。教培管理部门组织相关专家对申请者的科研能力学术水平和已取得的科研成果进行严格审核，采用考核、考试、答辩等形式进行综合评审，择优拟订博士后人选，报校长办公会审批。审批通过后，按照相关规定办理博士后人员进站和户口迁落等有关手续，报省博士后管理委员会办公室注册备案	业务发生时	检查性	人工	教培管理部门	

续表

一级流程	二级流程	三级流程	风险编号	关键风险	风险等级	控制编号	关键控制描述	控制活动属性			相关部门岗位	控制文档
								控制频率	控制类别	控制性质		
LC10 学生管理	LC10. 02 学籍管理流程	LC10. 02. 07 博士后出站流程	R. 02. 07. 01	博士后人员进站管理规定不全，无流程刻画，综合评审与评价不够公平公正	中	C. 02. 07. 02	博士后人员期满出站，到省博士后管理委员会办公室办理出站手续。 博士后人员工作期满出站，一般应按进站时的约定决定去向，除有特别协议的之外，一般应回原单位或自主择业。博士后人员出站后希望留校工作，须提交书面申请，经所在部门、院属公司和博士后站审核提出建议，报校长办公会审批	业务发生时	检查性	人工	省博士后管理委员会办公室	
LC10 学生管理	LC10. 02 学籍管理流程	LC10. 02. 08 转专业学籍异动	R. 02. 08. 01	学生转专业学籍异动管理不严格，流程缺失，或流程执行不力，院系及相关部门审批不到位。各院系未及时公布的录取计划及申请程序，或对申请材料审核不到位，未组织相应的专业考核，最终结果进行公示	中	C. 02. 08. 01	A. 公布计划。各转入院系在第二学期规定时间内，向教务管理部门报送各专业拟接收转入学生人数及考核录取办法、接收条件等。经教务管理部门审核，报主管校领导批准后，由教务管理部门统一公布。 B. 学生申请。拟转专业学生可在第三学期第一教学周内，根据高校公布的计划；填写《学生转专业申请审批表》（一式四份），报学生所在院系。 C. 资格审查。转出院系应审核申请转出学生的申请和档案材料，并在《学生转专业申请审批表》上填写转出院系意见，并进行归类整理，在院系备案。教务管理部门审批后，统一将拟转专业学生申请材料送至转入院系，经转入院系复核后，由各转入院系公布各专业参加考核学生名单及各专业考核安排。 D. 转专业考核。转入院系根据考核办法对拟转专业学生组织实施考核。原则上应在第三学期的第二教学周组织考核。教务管理部门根据全校各专业发展情况和学生实际情况对拟转专业学生申请材料进行复核，高校有权决定学生可转入新专业的范围。	业务发生时	检查性	人工	教务管理部门各院系	《学生转专业申请审批表》

续表

一级流程	二级流程	三级流程	风险编号	关键风险	风险等级	控制编号	关键控制描述	控制活动属性			相关部门岗位	控制文档
								控制频率	控制类别	控制性质		
LC10 学生管理	LC10.02 学籍管理流程	LC10.02.08 转专业学籍异动	R.02.08.01	学生转专业学籍异动管理不严格，流程缺失，或流程执行不力，院系及相关部门审批不到位。各院系未及时公布的录取计划及申请程序，或对申请材料审核不到位，未组织相应的专业考核，最终结果进行公示	中	C.02.08.01	E. 高校审批。各转入院系按考核成绩，在择优录取的原则下，根据各转入专业的计划转入人数，确定转专业学生名单，填写《学生转专业申请审批表》转入院系意见后报教务管理部门审核。所有转专业考核、审核结果由高校在全校范围内公示公示期结束后，报校长办公会议审批。 F. 学籍管理部门在学籍系统中进行学籍异动操作	业务发生时	检查性	人工	教务管理部门 各院系	《学生转专业申请审批表》
LC10 学生管理	LC10.02 学籍管理流程	LC10.02.09 转学学籍异动管理流程	R.02.09.01	学生转学学籍异动管理不严格，流程缺失，或流程执行不力，院系及相关部门审批不到位。转出院校相应院系未对申请材料审核，未组织校级审批。转入学校未通过招生部门、院系及校长办公会进行审批，最终结果未公示	中	C.02.09.01	拟转入学生本人须向学籍管理部门申请转学。学籍管理部门接受学生书面申请，审核是否符合高校培养要求且高校否有教学能力。审核通过后，招生管理部门、转入院系进行审核，审核通过后校长办公会进行审批。 拟转入学生的相关信息必须通过高校信息公开网站进行规定时长的公示。经公示无异议的，由高校正式发文，方可以转入。 自省内其他高校转入的，转学学生持申请（确认）表及相关材料到相关部门办理转学手续。自省外高校转入的，还应由转出、转入地省级教育行政部门（如教育厅）双重审核把关，在确认转学条件符合规定后方可办理转学手续。 在经上述办理后，学籍管理部门方可在学生学籍系统中进行学籍异动操作，同时处理学信网信息	业务发生时	检查性	人工	学籍管理部门 省级教育行政部门	学生书面申请

续表

一级流程	二级流程	三级流程	风险编号	关键风险	风险等级	控制编号	关键控制描述	控制活动属性			相关部门岗位	控制文档
								控制频率	控制类别	控制性质		
LC10 学生管理	LC10.03 勤工助学管理流程	LC10.03.01 助教助研助管岗位申请	R.03.01.01	勤工助学岗位消息发布不及时，申请及考核录用过程未严格按照勤工助学岗位申请流程进行，学生工作情况及酬劳发放挂钩不够，发放常常拖延	中	C.03.01.01	需向设立勤工助学岗位的用工单位提交《勤工助学岗位申请表》，再由该岗位转交学生资助工作领导小组对勤工助学岗位申请进行审批。学生资助工作领导小组办公室结合高校实际和用工单位申报情况，统筹设置校内勤工助学岗位。各用工单位发布聘任信息，将勤工助学岗位的名称、人数、职责、劳动时间、条件等情况通过网络、海报等形式进行公布。符合条件的学生向用工单位提出申并填写《学生勤工助学岗位申请表》。 用工单位根据岗位需求，结合学生实际情况进行考核录用，录用名单确定后，相关资料须报学生资助工作领导小组办公室。学生资助工作领导小组办公室对录用名单进行备案。 用工单位对录用学生进行必要的岗位培训及安全教育。 用工单位可根据实际情况确定合理的试用期，试用合格者正式上岗。各用工单位每月对勤工助学学生的工作情况进行考核，填写《勤工助学学生工作情况考核表》。勤工助学酬劳由用工单位根据考核结果进行核算，每月结算一次，并填写《勤工助学补助领取表》，用工单位负责人审核无误后签字。 学生资助工作领导小组办公室汇总各用工单位《勤工助学补助领取表》，学生助工作领导小组进行审批	业务发生时	检查性	人工	向学生资助工作领导小组办公室	《勤工助学岗位申请表》《勤工助学学生工作情况考核表》《勤工助学补助领取表》录用名单

续表

一级流程	二级流程	三级流程	风险编号	关键风险	风险等级	控制编号	关键控制描述	控制活动属性			相关部门岗位	控制文档
								控制频率	控制类别	控制性质		
LC10 学生管理	LC10.04 职业教育与心理疏导流程	LC10.04.01 职业规划指导流程	R.04.01.01	对学生职业规划不重视，未制订相关指导计划，或计划执行不到位，导致学生对未来发展与就业存在迷茫感	中	C.04.01.01	建立学生职业规划教育大纲； 定期开展专题讲座（包括往届学生现身说法）； 对特殊群体的学生制订个性化指导方案； 明确该工作落实责任制，并定期考核	业务发生时				
LC10 学生管理	LC10.04 职业教育与心理疏导流程	LC10.04.02 心理咨询流程	R.04.02.01	对学生心理咨询工作不重视，未制订相关工作计划，或计划执行不到位，导致学生心理郁结与问题无法顺利排解，影响学业与成长	中	C.04.02.01	建立学生心理咨询工作流程； 定期开展心理健康专题讲座（包括往届学生现身说法）； 对特殊个体的学生制订个性化心理疏导方案； 引进专门人才团队，设置适当场所，并注意保守学生隐私。 明确该工作落实责任制，并定期考核	业务发生时				
LC10 学生管理	LC10.05 奖罚管理流程	LC10.05.01 免试推荐攻读硕（博）士研究生工作流程	R.05.01.01	参照“招录免推攻读硕（博）士研究生工作流程”	中	C.05.01.01	参照“招录免推攻读硕（博）士研究生工作流程”	业务发生时	检查性	人工	招生管理部门	各院校推荐计划

续表

一级流程	二级流程	三级流程	风险编号	关键风险	风险等级	控制编号	关键控制描述	控制活动属性			相关部门岗位	控制文档
								控制频率	控制类别	控制性质		
LC10 学生管理	LC10.05 奖罚管理流程	LC10.05.02 国家奖学金评定与发放流程	R.05.02.01	国家奖学金评定与发放制度规定缺失，或流程不完整不科学，奖学金名额分配不公平，各院（系）的评定过程口径不尽一致，结果未进行公示，相关监督部门的全程监督流于形式	中	C.05.02.01	国家（省政府）奖学金、国家励志奖学金、国家助学金评选： 省财政厅、教育厅统筹下达高校国家（省政府）奖学金资助名额、国家励志奖学金资助名额及国家助学金资助名额。学生管理部门负责国家（省政府）奖学金、国家励志奖学金及国家助学金资助名额分配并下达至各院系。 学生根据规定的奖学金、助学金的基本申请条件及其他有关规定，向所在院（系）提出申请，填写并递交《普通本科高校、高等职业高校国家××金申请表》。 各院（系）评审，提出本院（系）当年国家（省政府）奖学金、国家励志奖学金获奖建议名单和国家助学金资助初步名单及资助等级，公示无异议后报学生管理部门。 学生管理部门汇总各院系当年国家（省政府）奖学金、国家励志奖学金获奖建议名单和国家助学金资助初步名单及资助等级，提交至学生资助工作领导小组。学生资助工作领导小组审议通过后，报至省学生资助管理中心，省学生资助管理中心进行备案。 学生管理部门为获奖学生颁发奖励证书，并记入学生档案	业务发生时	检查性	人工	省财政厅、教育厅 学生管理部门	《普通本科高校、高等职业高校国家××金申请表》 各院系当年国家（省政府）奖学金、国家励志奖学金获奖建议名单和国家助学金资助初步名单及资助等级

续表

一级流程	二级流程	三级流程	风险编号	关键风险	风险等级	控制编号	关键控制描述	控制活动属性			相关部门岗位	控制文档
								控制频率	控制类别	控制性质		
LC10 学生管理	LC10.05 奖罚管理流程	LC10.05.03 违规违纪处罚流程	R.05.03.01	确保院系做处分决定时，严格按照学生处分管理流程进行；学生有异议时，严格按照申诉处理过程进行申诉；对学生处分期间表现进行客观评价，并审核	中	C.05.03.01	1. 学生违纪处分管理 在对学生作出处分决定之前，院系提出初步处理意见，并向学生送达《学生违纪处分告知书（拟）》进行沟通，告知学生给予何种处分，告知作出决定的事实、理由及依据。学生可以书面形式陈述和申辩。 给予学生处分时，由学生所在院系填写《学生违纪处分审批表》（一式两份）并附有学生违纪的事实经过、证明材料、违纪学生的书面陈述和申辩材料、笔录以及其他相关证据等报至高校。本科生材料由学生管理部门进行审核，研究生材料由研究生管理部门审核。对学生作出涉及其重大利益的处分决定（包括取消入学资格或学籍、退学、开除学籍等），应当由学院提出处理意见，经学生管理部门或者研究生管理部门审核后，报至主管校长，提交校长办公会或者校长授权的专门会议审议决定处分结果。按学生违纪处分批准权限，决定给予学生处分，由学院出具《学生违纪处分决定书》并送发有关部门和学生本人。 根据处分审批权限由学生管理部门填写《学生违纪处分送达通知书》（一式三份），送达当事学生签收。 对处分决定有异议的，转入学生申诉复议处理流程。学生对学校复议后的决定仍有异议的在规定的时限内，向所属省份教育行政管理部门提出书面申诉。	业务发生时	检查性	人工	学生管理部门 申诉处理委员会	《学生违纪拟处分告知书》 《学生违纪处分审批表》 《学生违纪处分送达通知书》 申诉申请表 《学生违纪处分决定书》

续表

一级流程	二级流程	三级流程	风险编号	关键风险	风险等级	控制编号	关键控制描述	控制活动属性			相关部门岗位	控制文档
								控制频率	控制类别	控制性质		
LC10 学生管理	LC10.05 奖罚管理流程	LC10.05.03 违规违纪处罚流程	R.05.03.01	确保院系做处分决定时，严格按照学生处分管理流程进行；学生有异议时，严格按照申诉处理过程进行申诉；对学生处分期间表现进行客观评价，并审核	中	C.05.03.01	受处分学生所在院系具体负责处分解除工作，于处分截止前 15～30 日内向学生管理部门提交《学生管理部门处分解除审批表》，由学生管理部门审批。 2. 学生申诉处理 学生对高校作出的前述各种涉及学生利益的处理或者处分决定有异议的，可向学生申诉复议处理委员会提出书面申诉请求。学生申诉处理委员会对申诉材料必须予以受理。 学生申诉处理委员会在受理学生书面申诉请求后，将其复印件送达作出该处理或处分决定的部门，令其在规定时日内作出书面答复。在收到书面答复后组织召开申诉复查会议，并作出申诉复查决定，并由其下属办公室于规定的期限届满前送达或告知申诉人。 3. 学生处分解除 除开除学籍处分外，处分期限从《学生违纪处分决定书》下达之日起计算。 受处分学生所在院系具体负责处分解除工作，并于处分截止前 15～30 日内向学生管理部门提交《学生解除处分审批表》并附受处分学生在处分期内的现实表现情况。经学生管理部门和研究生管理部门审核、审批通过后，由学生管理部门下达学生管理部门《处分解除决定书》，由学生签字确认	业务发生时	检查性	人工	学生管理部门申诉处理委员会	《学生违纪拟处分告知书》《学生违纪处分审批表》《学生违纪处分送达通知书》申诉申请表《学生违纪处分决定书》

续表

一级流程	二级流程	三级流程	风险编号	关键风险	风险等级	控制编号	关键控制描述	控制活动属性			相关部门岗位	控制文档
								控制频率	控制类别	控制性质		
LC10 学生管理	LC10.07 证书管理流程	LC10.07.01 毕业证、学位证书发放流程	R.07.01.01	毕业证、学位证书发放的制度规定不明晰，标准较笼统，具体发放流程烦琐，时间滞后，增大学生负担，寄送存在差错或丢失，但责任不清，后续解决措施不到位，导致学生多次往复，颇多微词	中	C.07.01.01	本科生在高校规定的最长学习年限内，完成规定的学分和毕业设计，考核成绩合格，通过毕业答辩，经教务部门审核，报学校批准，准予毕业，符合学位授予条件的，经学位委员会审核通过授予学士学位。本科生的毕业证书和学位证书一般应在离校前颁发完成。 研究生在高校规定的学习年限内，修完教育教学计划规定内容，完成毕业论文（设计），成绩合格并获得规定的学分，达到毕业要求的，高校就准予毕业，符合学位（硕士或博士）授予条件的，经学位委员会审核通过授予相应学位。研究生的毕业证书和学位证书一般应在离校前颁发完成。 研究生达到规定的提前毕业条件的（包括学分、科研等），可以申请提前毕业并授予学位。流程比照前面的执行。 教务部和研究生管理部门应严格按照招生时确定的办学类型和学习形式，填写并颁发学历证书和学位证书，并严格执行高等教育学籍学历电子注册管理制度进行规范的备案操作，即每年将颁发的毕业证书信息报省（自治区、直辖市）教育厅（局）备案，再由其报国家教育部备案。 对违反国家招生规定入学者，不得颁发给任何形式的证书，已颁发的应予以追回，并对已在教育部门备案的相关电子信息进行注销或备注	业务发生时	检查性	人工	研究生管理部门	毕（结）业证书信息

续表

一级流程	二级流程	三级流程	风险编号	关键风险	风险等级	控制编号	关键控制描述	控制活动属性			相关部门岗位	控制文档
								控制频率	控制类别	控制性质		
LC10 学生管理	LC10.07 证书管理流程	LC10.07.02 结业、肄业证书发放流程	R.07.02.01	结业、肄业学生的认定制度规定不明晰，标准较笼统；结业证书、肄业证书发放的具体流程烦琐，时间滞后，增大学生心理及经济负担，寄送存在差错或丢失，但责任不清，后续解决措施不到位，导致学生常常放弃证书获取	中	C.07.02.01	本科生和研究生在高校规定的最长学习年限内，修完教育教学计划方案中规定内容，但未达规定的学分要求或未达到所在学校毕业的其他要求的，学校准予结业，并发给结业证书。对结业学生，学校若后续不再提供补救机会的，即不存在补颁发毕业证书与学位证书流程。 若经申请延期毕业的，经学院同意，学校校批准可提供后续补救机会并达标的应颁发的毕业证书和学位证书，但毕业时间、获得学位时间以发证日期为准。 教务部和研究生管理部门应严格执行高等教育学籍学历电子注册管理制度进行规范的备案操作，即每年将颁发的结业证书信息报省（自治区、直辖市）教育厅（局）备案，再由其报国家教育部备案	业务发生时	检查性	人工	研究生管理部门 省级教育行政部门	毕（结）业证书信息
LC10 学生管理	LC10.07 证书管理流程	LC10.07.03 补办学历学位证明书流程	R.07.03.01	补办制度规定不明晰；流程烦琐，效率低下；寄送存在差错或丢失，但责任不清。导致增大学子心理及经济负担，影响对母校情感	中	C.07.03.01	制订明确的制度规定，明确宣示证书（包括毕业证书、学位证书、结或肄业证书等）不能补发，只能办理具有同等效力相应的证明书。 明确办理与学历和学位证具有同等效力相应的证明的流程	业务发生时	检查性	人工	研究生管理部门	证明书

7.2.4　内控评价业务流程及风险控制矩阵

高校内控评价业务流程图及风险控制矩阵见图 7－28、图 7－29 和表 7－9、表 7－10。

表 7－9　　内部控制评价流程及风险控制矩阵

<table>
<tr><td colspan="2"></td><td colspan="2">流程编号：LC. 20</td></tr>
<tr><td colspan="2">内部控制评价</td><td colspan="2">生效日期：</td></tr>
<tr><td colspan="4">1. 流程目标
此流程规范内部控制评价的相关流程，旨在确保该类业务的合规性、规范性。
2. 适用范围
此流程适用于高校的内控评价。
3. 流程责任部门
内控评价部门负责本流程的有效性。
4. 流程图
见图 7－28、图 7－29。
5. 风险控制矩阵
见表 7－10。</td></tr>
<tr><td>流程责任部门</td><td colspan="3"></td></tr>
<tr><td>负责人（签字）</td><td></td><td>日期</td><td></td></tr>
</table>

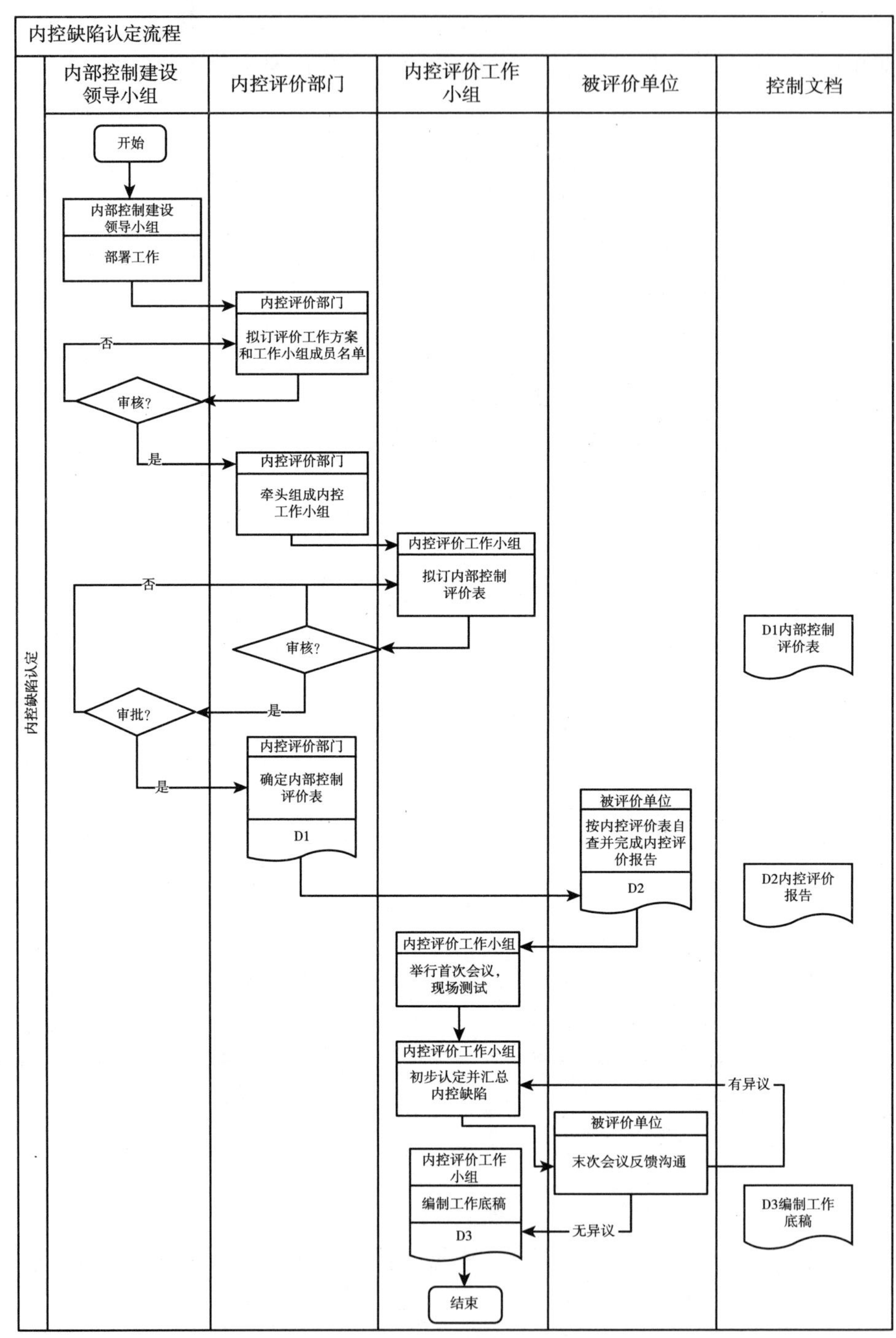

图 7－28　内控缺陷认定流程

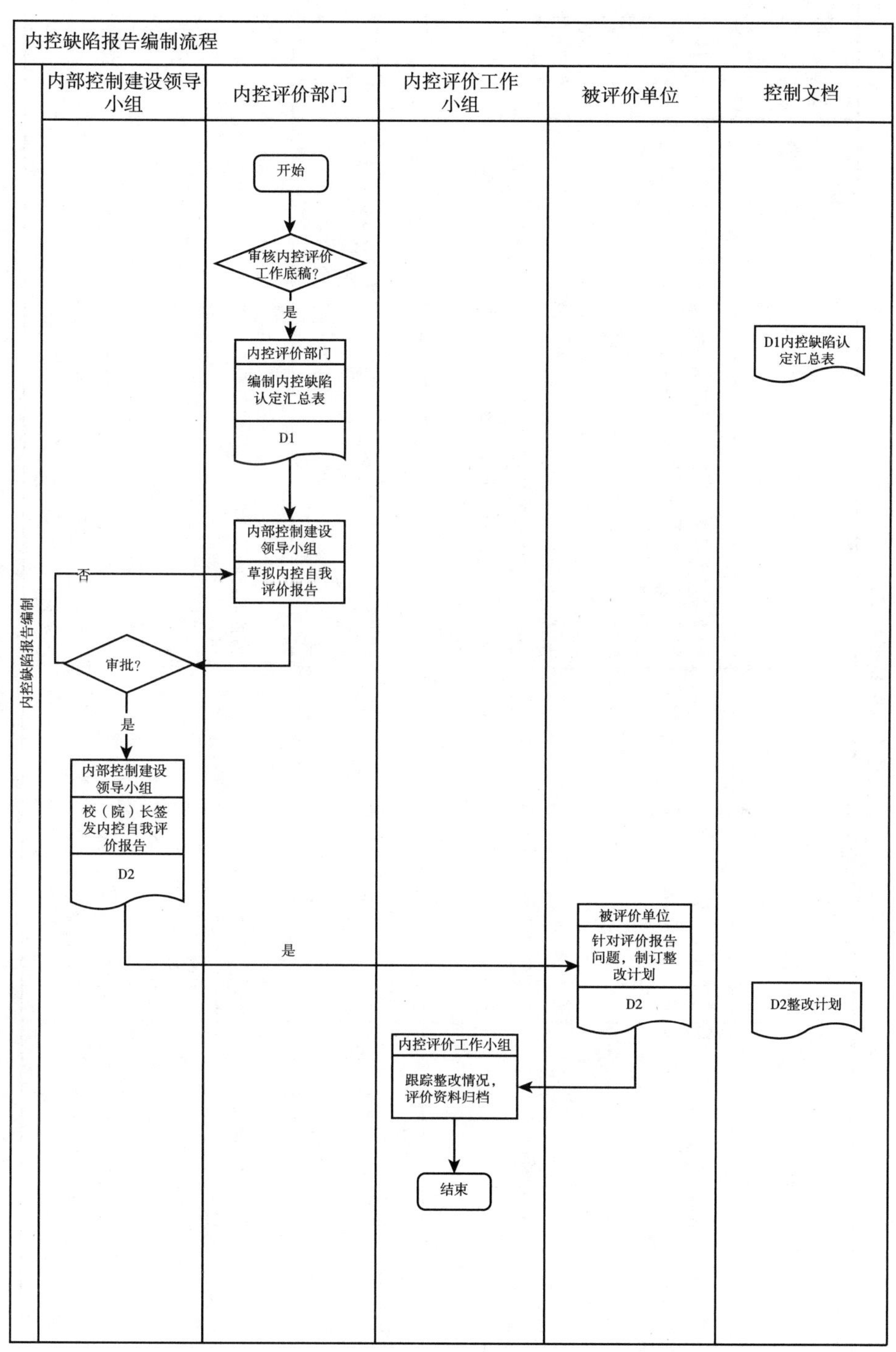

图 7－29　内控缺陷报告编制流程

表 7-10 内控评价风险控制矩阵

流程名称			风险编号	关键风险	风险等级	控制编号	关键控制描述	控制活动属性			相关部门岗位	控制文档
一级流程	二级流程	三级流程						控制频率	控制类别	控制性质		
内部控制流程	内控自我评价工作流程	内控缺陷认定流程	R01	内控评价方案不全面，不符合学校实际情况	低	C01	内部控制建设领导小组和内控评价部门应以内控目标未依据，结合学校实际情况	业务发生时	预防性	人工	内控评价部门	
内部控制流程	内控自我评价工作流程	内控缺陷认定流程	R02	对内控缺陷的评价不完整、不真实	低	C02	内控评价部门在复核评价现场工作测试底稿的基础上，对工作组认定的缺陷进行全面的复核，按照对控制目标影响的程度分级，形成内控缺陷认定汇总表	业务发生时	预防性	人工	内控评价部门	
内部控制流程	内控自我评价工作流程	内控年度内部控制报告编制流程	R03	报告未经审批	低	C03	内控自我评价工作报告应提交领导小组审批	业务发生时	预防性	人工	内控评价部门	
内部控制流程	内控自我评价工作流程	内控年度内部控制报告编制流程	R04	缺陷整改不到位	低	C04	内控部门应及时跟踪内控缺陷整改情况	业务发生时	预防性	人工	内控评价部门	
内部控制流程	内控自我评价工作流程	内控年度内部控制报告编制流程	R05	对内部控制的有效性发表不恰当意见	低	C05	内控评价部门应在内控缺陷认定汇总表的基础上，结合内控自我评价工作底稿，及时编制内控自我评价工作报告	业务发生时	预防性	人工	内控评价部门	

7.2.5　对所列示的业务流程图及风险控制矩阵的简要评述

上述所列示的业务流程图及风险控制矩阵只是本项目组的刻画与绘制尝试，存在一些不足是肯定的。我们比对少数国外知名高校先进规范的流程图和风险控制矩阵的范式后发现，上述流程图及控制矩阵还存在如普适性仍有一定改进空间、风险点和控制点的梳理还不尽到位、流程图上未能标注出风险点和控制点及其编号、控制矩阵的编写还有些粗糙（如针对特定风险点和控制点的控制措施的提炼、概括不够，有的甚至只是相关管理制度条款的简单移植或粘贴，“锦囊”的特征与成色不足）等，这些都是未来还要继续努力弥补和完善的。

7.3　高校业务流程刻画及控制矩阵绘制若干问题的讨论

7.3.1　业务流程刻画的表现模式问题

业务流程图的刻画表现模式可以是多样的，不可以说类似于前面的图 7 - 1至图 7 - 29 就是标准的模式，其他的模式就不标准。现实中类似于图 7 - 30 这种表达模式的流程图实际上也有较好的接受度。

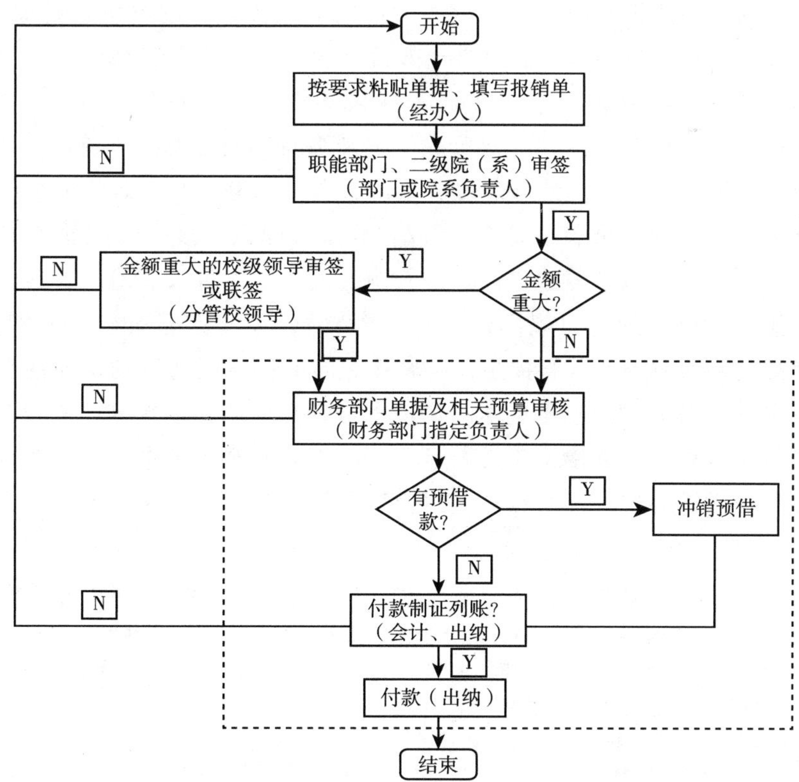

图 7 - 30　简化的费用报销流程

衡量业务流程图是否标准，不是以其外观和刻画工具（专用软件）的“高大上”论英雄。最主要的是要看重：要素是否完整，传递的信息是否能满足需要，业务流程的可视效果和可理解性如何，后续经验融入与修订完善的成本大小等，只要能达到流程图的基本功效的模式便都是可接受的，不必刻意排斥。另外，在内控转型建设的特定时空条件下，高校应遵循有流程比没有更好，有明确的规范的流程比隐晦、粗暴的更好，控制主体理解、落实和修订成本相对低的比烦琐、晦涩和落实、修订成本高的好等原则，只要一步一个脚印，循序渐进，与时俱进，那么全业务、全流程、规范化的风险导向型高校内控目标就一定能实现。

7.3.2 业务流程及控制矩阵的其他载体和系统嵌入问题

在调研中，我们发现部分高校的部分业务除有前面展示的业务流程刻画和风险控制矩阵的绘制之外，还同时制作了相关的流程视频或动画，大大增强了业务流程的可视化和可理解性，有的甚至就一些风险点和控制点拍成视频短剧，看后令人印象深刻。那么是否应大力推广呢？我们的看法是：第一，这是一种新型的“双重载体”的流程和控制矩阵形态，其宣传、贯彻、落实的效果显然是很不错的，但建设成本是各高校不得不考量的重要因素。若制作成本低（如员工利用少量的时间和现有办公设备即可较轻松制作的），且现有网络和服务器容量足够的，显然是可行的。但若这些条件并不具备，需要对外购买制作服务，且需要新的网络建设和服务器扩容等方面的大量投入，则不可轻易地大面积推广，而必须进行相关的成本与效益测算。只有当效益（包括经济和非经济效益、直接效益和间接效益、短期效益和长期效益等）大于成本（包括资金、时间和风险等多维度的成本）时方可推行。第二，不宜全面推广“双重载体”业务流程及控制矩阵建设。全面推广，推进速度慢、成本高不说，对于大部分的业务来讲，有“单载体”（即传统纸质的或现代视频和动画的任选其一）的就可满足需要，“双重载体”建设大多属于“面子工程”或“做业绩”导向的产物，必然因重复建设而造成资源的浪费，不可取。但是少数内控主体或控制客体（包括服务对象）的群组规模较大①，涉及的政策、标准和办理环节变动又较大，或涉及敏感经济利益的业务，其管控主体与客体之间的信息沟通不到位往往会造成双方矛盾冲突，这时应可考虑运用“双重载体”的业务流程和风险控制矩阵，进行充分的信息公开和沟通，使教职工充分了解相关政策、标准、环节、步骤和操作规范，及时获取相关的新的变化动态，降低票据准备、粘贴②、签字等操作环节差错的返工率，减少排队、等候

① 其中有的涉及风险控制主体与客体双边的规模都较大，如高校课堂教学、论文指导涉及的风险控制主体（教师）与客体（学生）双边的群组与个体数量就相对较大；有的则仅涉及风险控制主体或客体的单边规模都较大，如科研项目经费报销的内控客体（教师）的群组及个体数量就较大，而控制主体一般只涉及签批领导和财务报账人员，数量相对小。

② 例如，在推行网上无接触报销服务的环境下，为便于对票据的电子扫描和存档，票据的粘贴只能平铺展开粘贴，不能有任何“叠摞”或“遮掩”，这些都是有别于传统的粘贴要求，若不通过视频、动画或其他文档宣传到位，极易造成报销人员的“不当”或“错误”操作，出现多次返工，影响报销效率。

时间，提高报销成功率，这无论从高校的短期效益还是长期效益，经济效益还是非经济效益，时间成本还是资金成本等角度看都是有利的。因此，类似的情形主要体现在课堂教与学管理、学生论文指导与撰写管理、科研项目经费报销管理、师生员工医药费报销管理（仍然实行公费医疗的高校）等业务上。

高校业务流程及风险控制矩阵设计再好，若不能嵌入相关联信息管理系统，其执行结果也会大打折扣。高校的各项事务主要是由经办单位（包括教学院、系、所和其他事务主体）会同有关部门完成，所以具体业务必须由经办单位主导，提出业务目标需求，初步设定业务流程和控制矩阵，然后必须取得信息管理部（或中心）协助和与该业务相关信息系统提供商的技术支持，统一规划建设与设定的业务流程和控制矩阵配套的存储资源、网络资源和计算资源，审查各业务流程和信息系统的数据标准和接入标准，优化与其相关的人力流、资金流和数据信息流的连接与传递路线，尤其是要帮助将业务流程各环节的每一个风险点与控制点的权力行使（包括动议、审批、授权、实施、审核、验收、签字、预算把控、结算、监督、归档等）尽可能地合理嵌入信息系统，实现业务流程和信息系统的高度耦合，当其中某一个环节或某一个控制点中的权力行使不到位（包括越位）时，直接由系统发出提醒或预警，或停止系统进一步反应，或提示执行重做或走设定的补充（救）流程，从而避免人情业务、面子操作和灵活处理等所导致的制度虚设，控制缺位，内控失效的问题泛滥。或者利用现代技术成果和条件，帮助各经办单位简化或改进流程，创新办事方式，提高办事效率，例如，武汉不少高校在 2020 年新冠肺炎疫情期间就出台了“无接触财务服务办理指引”，在“日常报销及借款”“到款查询”“薪酬业务”“医药费报销”“会计信息系统授权”“科研项目结项中‘经费支出明细表获取’”“学生学杂费缴纳、查询及打印”等事务，充分将原业务流程与现代财务信息系统进行了嵌入、整合、对接与创新，实现了无接触的服务办理与风险控制。

7.3.3　流程文件刻画制作中的自力与借力的关系处理问题

流程文件（包括流程图和风险控制矩阵）的刻画制作存在一定难度，工作量更是巨大。高校是依靠自力还是外力来完成比较好呢？这是目前困扰许多高校的一道“两难”选择题。根据调研与观察，我们认为各有所长与所短。“自力”的优点在于：由高校自身熟悉业务的人员参与完成，成本更省，制作出来的流程图及控制矩阵与业务本身的契合度更高，更接地气；同时刻画与制作的过程是一个业务再熟悉、管控再思考的过程，对自身队伍的锻炼与提高作用无与伦比，也为后续独立地进行动态跟踪、评价、整改、修订与完善打下坚实基础等。其缺点在于：参与刻画和制作的人员的基本素质、风险控制理论知识及专业技能总体上没有外聘的专业服务机构的人员扎实，对风险及控制的敏锐性及洞察力较弱，整体建设的经历和实操经验较少，效率较低，效果也有可能不理想等。“外力”的优点则在于：见多识广，经验丰富，敏锐力与洞察力较强，掌握的可资利用的资源和工具较多，效率较高，形成的流程文件较专业、规范；其不足在于：支付的服务成本较高（包括初次聘请服务成本和后续维护服务成本）；因受外部服务的逐利目标影响，其时间和成本投入必然比较节省，调研不可能太深入，“偷工减料”风险客观存在，所制作出来的流程图及控制矩阵，常常中看不中用，与高校业务本身的契合度可能不高，不太接地气；容易形成对外部服务机构的依赖，受其牵制；自身队伍的成长、成熟缓慢；最终效果也不一定理想等。那么高校到底应该如何处理两者的关系呢？依我们的思考，比较好的选择是将两者结合，既不全依靠“自力”，也不全依靠“借力”，而是部分依靠自力，部分借助外力。至于结合的方式，两者的结构比重如何确定，则应根据各高校的具体情况作具体分析。内控基础较好、财力与经费可宽可紧、自身师生员工风险控制意识和领悟力较强、积极性与创造性均较高、工作效率较理想的高校可以“自力”为主，借助“外力”为辅；否则，可适当加大“借力”的权重，尤其是一些难度和要求较高，而自身难以企及的领域或事项更是如此。但无论“借力”的权重多大，只要存在“借力”的情形，均不得完全放手让“外力”独自完成，而必须指派自身的相关师生员工自始至终地参与其中（并写进外购服务协议），跟进学习，这既是一种牵制与监督的需要，又是锻炼自身队伍，避免未来的运行与动态修订过程过度依赖“外力”的需要。另外，要注意发挥自身师生员工的积极性与创造性，可通过定期开展业务流程刻画和风险控制矩阵编制的比赛或征文评比活动，对比赛或评比的优胜者予以奖励，并将参与的情况纳入年度业绩考核范围，作为未来晋升晋级的参考，以此吸引大家对分内之事的关注与兴趣，既可填补某些业务流程和控制矩阵的缺失或陈旧落后的缺憾，又可激发其创造思维，内生出一代又一代的内控方面的行家里手，可谓一举多得。

第8章　高校内控转型升级的其他专题研究

8.1　高校财务报账制度的困境、根源与调适①

8.1.1　问题提出

财务报账是高校财务管理的一项重要基础性工作。它通过对各类经费开支的日常报销、监管和控制，促进经费科学配置，保障经费合理合规使用。高校作为人才培养、知识传承和技术孵化的“摇篮”，国家对其投入在逐年不断加大，办学规模不断扩张。2015年我国教育财政支出即超过2.6万亿元，2019年更是接近4万亿元，成为公共财政第一大支出，在校师生人数持续上升。同时，一方面高校资金来源趋于多元化，业务活动日益复杂化。作为高校经济活动映射的财务报账工作也日益频繁和复杂，项目众多、涉及面广、工作量大且手续烦琐，财务部门不堪重负，师生员工也怨声载道，甚至影响正常的教学科研工作。另一方面，国家对高校资金的管理趋于精细化和规范化，财务报账控制日益严格，流程日益规范，虽然有效遏制了各种套取经费的行为，但也大大挫伤了教职员工的工作积极性，降低了资金的使用效率。由此可见，高校生态环境的变化使传统财务报账制度面临严峻的挑战，调适与优化势在必行。根据机制设计理论，制度设计要解决信息效率和激励相容两大关键问题，既要起到激励和约束作用，又要使信息成本最小化②。《国家中长期教育改革和发展规划纲要（2010~2020年）》也提出“既要规范资金管理，又要提高资金使用效益”。本章在归纳高校“报账难”表象并分析其成因的基础上，基于机制设计理论的视角，以机制的信息效率和激励相容为导向，探究报账制度的调试路径，促进高校财务管理的完善。

8.1.2　机制设计理论的内涵解读

机制设计理论探讨在自由选择和信息不完全的条件下，如何根据既定的目标设定进行

① 本节研究系项目负责人与本研究项目成员李成艾共同完成的国家社科基金项目“我国高校内部控制转型与创新研究”（15BGL162）的阶段性成果之一，其主要观点曾发表于《财会月刊》2017年第19期。

② 朱慧．机制设计理论——2007年诺贝尔经济学奖得主理论评介［J］．浙江社会科学，2007（11）：188-191.

经济机制设计，使个人利益与组织或社会利益一致。机制设计理论的核心是信息效率和激励相容问题。赫维茨（Hurwicz）在《资源配置最优化与信息效率》一文中分析了经济机制的信息和计算成本问题，拉开了机制设计理论研究的序幕①。机制运行总是伴随着信息的生成和传递，信息效率是关于机制运行的信息成本问题，它要求所设计的机制满足信息空间维数最小化、信息传递效率最大化。个人利益与组织、社会利益不一致是常态，并且信息不完全、个人自利行为下隐藏真实特征的假定也符合现实情况，这就产生了激励参与者说真话的问题。赫维茨于 1972 年又提出了激励相容的概念。在信息不对称的情况下，为了保障机制运行的有效性，机制设计者必须实施适度的激励，使参与者在实现个体利益最大化的同时也达到组织或社会的目标。

时至今日，机制设计理论已融入主流经济学的核心部分，从微观组织到宏观领域，从经济问题到政治、社会、文化问题，实现全面渗透。任何承认“信息不完全”和“个人理性”② 预设的机制设计，都可以借鉴机制设计理论的核心观点、研究思路和分析工具③。机制设计理论应用于高校财务报账工作，一方面要求经费动态、财务制度等信息充分公开和有效传递；另一方面要求财务报账发挥防火墙与助推器的作用，规范财务支出管理，提高资金使用效率。

8.1.3 高校财务报账制度的现实困境

（1）目标设定：廉政目标与绩效目标存在双趋冲突。

高校经费主要来源于国家和地方政府拨款，又肩负着人才培养、科学研究、社会服务和文化传承等社会使命，保障资金使用的合法性和规范性，防止和纠正贪腐行为是首要目标。近年来高校贪腐案件频发，高校领导职务犯罪、管理失职的案件层出不穷，仅 2015 年就有 42 所高校的 66 名领导被通报，至少已有 9 人被“双开”；高校教师非法套取科研经费的现象也比比皆是，2014 年 5 所大学 7 名教授弄虚作假套取国家科技重大专项资金 2500 多万元，这些事件更是将高校廉政建设推向了风口浪尖。高校纷纷收紧项目经费管理，严格财务报销制度。使用绩效是国家投入资金追求的终极目标。但由于资金拨付滞后、预算管理繁复、财务报账严苛，出现了经费“花不动”和“胡乱花”的恶性博弈。因为正规渠道经费“花不动”，所以滋生了各种套取经费的“歪门邪道”，如套取经费设立“小金库”、劳务费转移、横向课题利益输送等④。在这种环境下，有多少支出能够真正成为提升质量和驱动创新的动力？

---

①② Hurwicz, L. Optimality and informational efficiency in resource allocation processes [A]. in Arrow, Karlin, and Suppes (Eds.). Mathematical methods in the social sciences [C]. Stanford, CA: Stanford University Press, 1960.

③ 姜颖．机制设计理论在高校社科成果转化中的应用研究［J］．中国高教研究，2014（4）：74－77.

④ 蒋芳．科研经费管理陷“恶性博弈”：花不动、赶紧花、胡乱花［EB/OL］. http://www.chinacourt.org/article/detail/2016/05/id/1853566.shtml，2016－05－09.

（2）控制中介：任务繁重、业务复杂影响报账工作效率效果。

新时期新形势下高校财务活动日益频繁和复杂。资金来源方面，数量扩大化、渠道多样化、项目明细化；资金使用方面，支出规模日益扩大，业务活动日渐复杂。面对与日俱增的财务收支活动，作为控制中介的高校财务报账工作量也急剧增加，财务人员既要审核项目经费的审批流程，又要审核原始单据的内容真实性、粘贴规范性及业务对应性，还要承担介绍报账流程、解释报账规则、普及财务知识等职责。加之报账时间分布不均衡，进一步加重了财务人员的负担。如表 8－1 所示，报账工作主要集中在学期初和学期末尤其是年末。新学期伊始，假期的票据积压和期初的资金需求增加了财务报账工作量。由于教职员工的报销习惯、资金使用的规范限制以及财务期末结账的特征，期末（年末）更为繁忙，有些学校年末结账前更是出现了凌晨排队等候报销的现象①。

表 8－1　　高校财务报账非均衡时间分布及其原因分析

集中时段	主要原因
学期初	假期大量调研、会议、培训等工作票据积压
	学期初各项教学、科研活动资金需求大
学期末（年末）	教职员工普遍存在期末扎堆报销的习惯
	经费下达滞后并存在期末支付率要求
	年终要进行工作量核算和各类酬金发放

根据高校财务管理规范化和精细化的要求，经费实行项目化管理并执行严格的预算制度，不同项目经费支出范围、管理办法、预算标准不同，这便对前台财务人员提出了较高的要求，不仅要掌握大量有关报销的政策、制度、标准和经费动态等方面的信息，而且还要具备较强的实务应变能力，目前高校在高素质财务报销人员配置方面比较欠缺。面临人力资源数量和质量的双重压力，财务报账的效率和效果难以保障。

（3）接收终端：条件严苛、程序烦琐导致教职员工动力不足。

在现行的高校经费划拨、管理和报销制度下，往往是经费下达滞后于业务活动发生、可用期限短于业务活动期限、报销限制严于真实业务需求。以科研经费为例，预算编制复杂，几百万元的大项目预算要细致到几十元的材料费，鉴于科研活动的不确定性和科研人员的非专业性，预算编制成为困扰科研人员的一道难题。预算审批烦琐，致使经费划拨滞后，可能影响日常工作的开展，贻误研发创新的时机。在经费使用中，实际物质需求与经费使用限制存在冲突，无形的智力付出与有形的报销凭证产生矛盾，造成物质供给不足，劳务付出难以补偿，期末还要面临结余经费被收回的风险，甚至影响后续经费拨付。因为缺乏经费支持和利益驱动，教职员工教学与科研的积极性严重受挫。

传统报账系统的各种繁文缛节耗费了师生员工大量的时间和精力，致使他们怨声载道。首先，签字审批流程烦琐。一张原始单据可能需要多个部门、多个层级的领导签字，而拥有审批权的领导一般身兼行政、教学、科研数职，公务繁忙，时常因为会议、差旅等

① 龚运芳．浅谈高校财务前台报账问题及规范措施［J］．行政事业资产与财务，2014（4）：50－51.

原因外出，给报账工作带来许多不确定因素①。不同部门、不同级别领导还可能因为信息沟通产生争议和矛盾，使这一流程更加拖沓冗长。其次，现场审核耗时较多。财务人员从形式要件到实质内容对票据进行全面审核，传统的现场报账模式既无助于分散人流，也不能实现人单分离，报销大厅往往出现排长队等候的现象，智能叫号系统的引入也只能解决插队问题，并不能改善现场审核的现状②。另外，由于师生员工缺乏相关财务知识，审批流程、票据粘贴不规范，可能需要反复沟通、解释和修改，进一步降低了报销效率。师生员工难免滋生厌烦情绪，工作积极性受挫，还有可能迁怒于财务部门，使双方关系紧张。

8.1.4 高校财务报账困境的根源探析

（1）高校财务报账制度的激励相容问题。

高校财务报账制度设计应该实现廉政建设和资金绩效双赢，既起到牵制约束作用，又起到激励促进作用。而实践中两个目标难以均衡，容易陷入“放则乱、控则死”的两难境地。高校因为资金体量大、业务活动复杂、监管较为薄弱而成为贪腐事件多发领域，为了规范高校财务管理、维护国家资金安全，主管部门及高校内部制定出台了一系列关于各类经费使用管理、财务报账流程规范方面的规章制度。这些规章制度的出台将高校的经济活动纳入规范程序，但同时也产生了激励相容问题。

高校财务报账工作的背后是复杂的委托代理关系，包括政府与高校、学校与部门、部门与个人等多级委托代理关系。各利益主体的目标函数存在差异，政府主管部门追求整个高等教育的协调发展，高校追求自身的健康发展和实力提升，教职员工追求个人的经济利益和职业发展，三者若有效融合则可以良性互动，融合不好则会相互牵绊。根据期望概率理论，一个人从事某项活动的动力大小，取决于该项活动成果的吸引力及成果实现概率的大小③。财务报账是将账面存量资金转化为现实可用资金的过程，报账制度决定了资金转化的程度和效率，即决定了个人利益的实现概率。在当前的财务报账制度下，政府过于关注资金的安全性，高校过于强调流程的规范性，没有充分考虑实际教研工作的需要以及教职员工个人的利益诉求。资金使用缺乏充分的自主权，个人劳动付出也得不到应有的回报，可能会产生逆向选择问题，即丧失工作的动力和热情，以消极的态度来应付工作，其中最为突出的表现就是教学、科研项目申报的积极性受挫，申报数量明显下降。

（2）高校财务报账制度的信息效率问题。

首先，信息观测的有效性问题。观测有效性是在合理的成本范围内，参与者获取信息的能力和精确度④。目前高校财务报账工作存在双向信息不对称。一方面，在经费管理、报

---

① 徐耀琪．优化高校财务前台报销的新思路［J］．会计之友，2012（9）：96－97．

② 禄喆．浅谈高校财务报账工作存在的不足及对策［J］．上海理工大学学报，2013（2）：181－184．

③ Victor H. Vroom. Work and Motivation［M］. New York：Jossey－Bass，1994：156－182．

④ 谢青洋等．基于经济机制设计理论的电力市场竞争机制设计［J］．中国电机工程学报，2014（10）：1709－1716．

账制度等方面，财务人员拥有绝对的信息优势，师生员工处于信息劣势，也没有足够的学习动力，可能会因为知识短缺或理解偏误而造成报销实质不合法、形式不合规范等问题。另一方面，师生员工的行为有可能偏离高校的目标函数，采取不当手段套取经费，如捏造业务活动、关联方利益输送、伪造票据等，而财务部门难以全面预见和识别这些行为，并进行有效的约束和监管，即所谓的道德风险问题。

其次，信息沟通的有效性问题。沟通有效性是指能够有效控制参与者之间信息交换的信息空间、信息量大小，尽可能降低信息成本。由于高校信息化建设滞后，存在财务数字化平台不完善、经费查询系统不健全、校园网络环境不稳定等问题，财务部门通常不能充分及时地向师生员工传递和沟通信息，造成师生员工掌握和理解信息上的滞后和偏差。在财务报账过程中，因为缺乏有效沟通，可能造成报销人员往返奔波的现象，不仅影响报账工作效率，也容易激化双方的矛盾。同时也因为缺乏有效沟通，财务人员难以捕捉报销人员的真实意思，难以识别较为隐蔽的违法违规行为。另外，财务报账涉及高校运作的各个方面，如一项资产的购置可能需要规划、财务、资产、招采、院系等多个部门参与，各部门缺乏信息共享和有效沟通，容易形成“信息孤岛”，影响财务报账效率①。

最后，信息计算的复杂性问题。师生员工接收到的财务报账信息量越大，可理解性越差，信息计算就越复杂，由此所产生的成本就越大。因此，信息计算的复杂性越低越好。当前高校关于财务报账的信息可谓五花八门，包括制度信息、经费信息、预算信息、审批信息等，而且处于不断变化之中，涉及预算控制、报账流程方面的信息专业性又较强。对报销人员而言，信息计算的复杂性较高，信息筛选、解读和应用的难度较大。

8.1.5　高校财务报账制度的调适路径

2016 年 7 月，中共中央办公厅、国务院办公厅印发了《关于进一步完善中央财政科研项目资金管理等政策的若干意见》（以下简称《意见》），这是中央财政科研资金管理顶层设计的一次大刀阔斧的改革，也对高校其他资金管理具有传导效应。要将《意见》的精神落到实处，全面完善高校的资金管理，实现资金使用规范性和效益性的双重目标，必须对作为控制中介的财务报账制度进行调整和改革。调适的关键是要解决激励相容和信息效率问题，在制度设计上既要给予适当的约束，保障资金安全，又要充分调动师生员工的积极性，使其个人利益与集体、社会利益协调一致，在“人尽其能”的同时实现“物尽其用”；在制度执行上要注重信息效率，实现信息共享、有效沟通和恰当运用，并优化流程设计，提升报账效率。具体思路如图 8－1 所示。

① 黄青山，帅毅．基于信息化的高校财务报账流程优化研究［J］．会计之友，2013（8）：119－121.

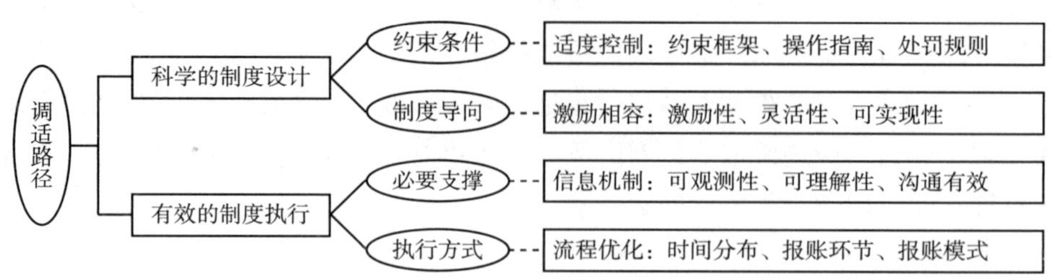

图 8－1　高校财务报账制度的调适路径

（1）约束条件：基于参与约束的适度控制。

为了防范师生员工的道德风险问题，财务报账相关制度设计的首要任务是规范资金的使用和管理，保障资金的安全性。师生员工参与各项教学科研活动，使用各类教学科研经费必须遵循一定的约束条件，以确保活动开展、资金支出与教研目标保持一致。与高校财务报账相关的制度设计包括两个方面：一是经费管理制度，二是财务报账制度。经费管理制度的宗旨是构建总体的约束框架，应该明确资金的来源渠道、使用范围、支出方式、监督管理等，以便师生员工清晰地把握资金的来龙去脉，在明确的制度框架下恰当地安排教学科研活动，合理地使用相关经费。财务报账制度的功能是提供具体的操作指南，应该明确财务报账的流程、签字审批的程序、经费使用的限额、票据报销的规范等，以便师生员工准确地把握财务报账的要求，高效地进行报账活动。

对于一种机制，代理人的参与约束为“接受合约的期望效用不小于他不接受合约的最大期望效用”①。因此，与高校财务报账相关的制度设计除了明确约束性规范外，还应明确惩罚性规则。如果师生员工违背经费管理和财务报账制度，将会受到经济、声誉或行为限制等处罚，期望收益将小于遵循制度约束的收益。例如，针对使用虚假票据、捏造业务活动等套取经费的行为，给予通报批评、限制项目申报、扣减绩效奖励等处罚。

（2）制度导向：基于激励相容的动力机制。

为了解决师生员工的逆向选择问题，财务报账相关制度设计的根本导向是提升资金的效率和效果，保障资金的效益性。应该设计一种制度，有效捆绑教职员工与高校乃至国家的利益，激励教职员工采取恰当的行动方案，在实现自身效用最大化的同时，最有利于高校及国家的利益，即实现激励相容。根据费鲁姆（Vroom）的期望理论，“激励力＝效价×期望值”，激励力指调动个人积极性、激发个人内部潜力的强度，效价是达到目标对满足个人需要的价值，期望值则是根据个人的经验判断达到目标的把握程度②。这个公式表明，制度激励作用的大小取决于两大因素：一是激励因素能给个人带来的价值；二是个人对激励因素实现概率大小的期望。

激励相容的经费管理制度应该有助于个人价值最大化。一方面，应具备足够的吸引力，能够充分调动师生员工教学科研的积极性；另一方面，应具备适当的灵活性，根据实

① 何大安．厂商参与约束和激励约束之相容关系［J］．财贸经济，2007（11）：71－76.

② Victor H. Vroom. Work and Motivation［M］. New York：Jossey－Bass，1994：156－182.

际需要改变经费结构、变更经费用途等。以科研经费管理为例，在加大资助力度的同时，首先，解决经费划拨滞后的问题。应简化预算编制及其审批程序，并参照《意见》的规定，实行部门预算批复前项目资金预拨制度，保障科研活动的顺利开展，也确保经费合理的使用周期。其次，优化经费结构，根据《意见》的精神，扩大劳务费的列支范围，提升劳务费比重甚至取消比例限制，同时明确科研人员智力劳动的计量与考核方法。其次，提高间接费用比重，加大对科研人员的激励力度。最后，鉴于科研活动的灵活性，应实施柔性化管理。针对项目进程中可能出现的不可预见因素，应适度放宽预算调剂权。《意见》规定，在总预算不变的前提下，允许项目承担单位调整直接费用的明细项目。

激励相容的财务报账制度应该有助于提升个人价值实现的概率。鉴于当前报账控制过于严苛、经费花不动的现状，应该遵循实质重于形式的原则，放宽各种标准限制，简化各种烦琐流程，降低形式审查要求，提高报账效率，同时也调动师生员工的积极性。《意见》要求项目承担单位制订符合科研实际需要的内部报销制度，切实解决野外考察、心理测试等无法取得发票，以及邀请外国专家来华参加学术交流发生费用的报销问题。

（3）必要支撑：基于成本约束的信息机制。

首先，保障信息本身的有效性，降低信息空间维数，增加信息的可理解性。要充分考虑受众的信息识别和处理能力，适度控制信息量，将与财务报账工作最具相关性、最直接、最及时的信息传递给师生员工，以减少师生员工信息筛选的成本。信息的表达应该清晰明了，具有可操作性，如果较为抽象或概括，则应该加以解释说明或示例指导，以避免因理解偏误而反复沟通的成本，以及产生的摩擦和矛盾。如果不同的制度条款存在冲突，低级别的要遵从高级别的规定，同等效力的要加以协调，避免师生员工在报账时无所适从。

其次，进行有效的信息传递，实现充分的信息共享，保障信息观测的有效性，减少信息搜寻的成本，以及因信息短缺而产生的误差。一方面，高校财务部门应充分利用校园网络体系，构建数字化财务信息平台，及时发布经过筛选整理的经费管理、报账制度等信息，充分公开财务报销、结算等办事流程和服务指南信息，必要时财务部门可组织专门的财经法规、报账知识等培训。让师生员工及时、全面了解各项财务制度及其变化，使其在着手准备报销票据资料时有章可循。此外，应打破时空限制，实现财务、教务、学务、科研、后勤等不同职能部门的信息共享，建立信息查询系统，以便师生员工随时查询各类信息，既能满足师生员工不同层次的信息需求，又能减轻财务人员的工作。另一方面，师生员工也要充分披露自身的业务活动信息，如活动的内容、进展及经费使用情况，以便于财务人员及时纠正偏误，指导规范使用经费，既有利于规避道德风险，降低监督和约束成本，又有利于师生员工个人职业的良性发展。

最后，进行有效的信息沟通，减少信息摩擦成本。借助数字化信息平台，师生员工可以随时提出疑问或寻求帮助，财务人员应及时明确地给予答复、予以指导；可以及时反馈意见或提出建议，财务人员应详细记录、分类汇总、认真研究、提出方案并予以反馈。此外也可以通过面对面交流，财务人员为师生员工排忧解难，同时也获取师生员工真实的业务活动、意见看法等信息。通过有效的信息沟通，促进财务人员与师生员工之间相互理解、相互尊重与支持。

（4）执行方式：基于效率导向的流程优化。

首先，优化时间分布，平滑报账工作量，以缓解集中报账的压力。一是加强宣传，积极引导平时报账，并采取措施，有效分散报账工作。财务部门应提示各院系和部门及时办理各类日常和专项的报销工作，并通过设定不同工作日或不同时间段受理不同院系或不同项目报销工作的方式，有目的地引导分散报销。二是限定票据报销的时效性，强制平滑报账工作量。财务部门可根据实际情况限定票据报销的时效性，并给予一定的弹性，如遇假期或特殊情况可顺延。师生员工必须在业务活动发生后的有效时限内完成报销工作，否则过期作废。

其次，优化报账环节，设立专职报账员，以减轻财务人员的工作。专职财务报账员有三大职责：一是信息传递员，负责宣传和解释各类财务规章制度，发布财务部门通知和经费信息，并及时反馈师生员工的意见建议，缓解信息不对称；二是业务指导员，指导师生员工归集整理原始票据，查询经费及预算信息，执行网络或人工报销程序，节约其时间成本，也使报账业务更为规范；三是凭证初审员，对发票的合法合规性，审批手续的完整性，发票粘贴的规范性进行初步审查，并指导其更正或补办手续，既提高报账的成功率，又减轻财务人员的工作量。为了保障这一前置程序的工作质量，财务部门需要对专职财务报账员进行培训、指导和必要的考核与激励①。对于大型科研项目，根据《意见》的规定，应建立“科研财务助理”制度，为科研人员提供预算编制和调剂、经费支出、财务决算和验收等专业化服务。

最后，优化报账模式，实现报账网络化，以提高财务报账的效率。在完全网络化报账模式下，学校信息系统高度集成，各部门的信息充分共享、有效对接，不同级别或岗位人员权限分配合理。第一步是报销人网上提出报销申请。每一位师生员工都可以通过自己的账号密码进入财务报账系统，填写报销信息，包括项目信息、业务事项、报销金额、刷卡信息等，并在附件中上传原始凭证扫描件，然后提交报销申请。第二步是相关责任人网上审核签字。系统根据项目及业务信息自动配对审批人并将信息依次传递给相关人员，审批人根据项目的预算情况和自身的职责权限，采取数字签名技术完成签字审批程序。第三步是财务报账员网上预审。财务部门授权各院系或部门的财务报账员对本学院或部门的报销申请和签字审核信息进行预审，不合要求的退回修改或撤销申请，审核通过的形成报销预约单，提交财务部门终审。同时将纸质单据（包括原始凭证、预约单等）一并送达财务部门。第四步是财务部门终审和支付。财务部门根据预约顺序对财务报账员提交的报销材料进行终审与复核，形成记账凭证，并进行无现金支付②。

---

① 陈静．基于一卡通的高等院校财务报账流程再造设计［J］．东北大学学报，2015（5）：481－487.

② 杨光，蓝宗遂．基于数字校园的高校财务报账流程再造［J］．财会月刊，2013（10）：95－96. 潘峰．浅析高校如何优化报账方式、提高报账效率、解决报账难的问题——以华南理工大学为例［J］．中国总会计师，2014（7）：52－54.

8.2　高等院校科研经费内部控制的案例分析①

8.2.1　研究背景分析

科研经费是指高校科研项目组按一定程序申请取得的，用于保障科学研究活动开展，科学成果鉴定、论证、形成及发表等的专项经费。按照科研经费的来源和性质，分为纵向科研经费和横向科研经费②。纵向科研经费指高校向国家、省和地方政府部门申请科研项目并获得立项后，由各级财政部门向高校提供的相应的科研经费（包括政府性科研基金组织拨付的科研项目经费）。横向科研经费是指企事业单位或个人委托高校为其承担一定的科研任务而向高校提供的科研经费。根据预算管理要求，纵向与横向科研经费均应作为高校收入纳入学校财务统一管理核算，受到学校财务制度的规范和约束。党的十八大以来国家高度重视科技创新，确立了创新驱动发展战略。高校作为科学研究的主要阵地，在科技创新中发挥了重要作用。国家也大力推动科学研究，科研经费投入连年增加。据统计，2014 年国家共投入财政资金 6454.5 亿元，较 2010 年的 4114.4 亿元支出增长 2340.1 亿元，增幅为 56.88%，年均增长 9% 以上③。科研经费的快速增长，为高校开展各领域科学研究提供了资金保障。

然而，高校频繁发生的科研经费使用与管理违纪违规案件也引起了广泛的关注与讨论。例如，2016 年 4 月，复旦大学动物实验室敖某、黄某以虚假发票报销的方式侵吞科研经费 147 万元，分别判处 10 年、12 年有期徒刑④；2015 年 6 月，山东大学实验动物中心主任兼新药评价中心副主任刘某因贪污科研经费被判刑 13 年，并没收 30 万元⑤；2014 年 1 月浙江大学陈某通过受自己控制的企业，套取经费超过 900 万元，获 10 年刑期等⑥。高校科研经费违纪违规案件呈现出发生频率高、涉案金额大、手法多样、涉案人员层次高的特点，给国家带来财产损失，也不利于高校科研事业发展。另外，高校科研人员对科研经费内部控制制度的抱怨也不断增多，普遍反映经费管理中的繁文缛节浪费了科研人员太多

---

① 此节研究系课题负责人沈烈指导项目组成员、硕士研究生随明星在本研究项目“我国高校内部控制转型与创新研究”（15BGL162）研究期间完成的硕士论文的主要内容，亦为该项目的阶段性成果之一。该论文被评为 2017 年度中南财经政法大学校级优秀硕士论文，且已收录于中国知网“中国高校科研成果统计分析数据库”2017 年度数据库（http://kns.cnki.net/KCMS/detail/detail.aspx?dbcode=CMFD&filename=1017844745.nh&dbname=CMFD2018）。

② 于志刚．加强高校科研经费管理的对策研究［J］．现代商业，2012：249-250.

③ 数据来源：2014 年全国科技经费投入统计公报 http://www.stats.gov.cn/tjsj/tjgb/rdpcgb/qgkjjftrtjgb/201511/t20151123_1279545.html.

④ 资料来源：http://news.sciencenet.cn/htmlnews/2016/4/342531.shtm.

⑤ 资料来源：http://legal.people.com.cn/n/2015/0609/c188502-27128493.html.

⑥ 资料来源：http://zqb.cyol.com/html/2014-01/10/nw.D110000zgqnb_20140110_2-07.htm.

的时间和精力，甚至有研究人员感叹“年底科研项目报账很费时间和精力，财务人员的过细盘问，都在把科学家逼成会计”①。当前实行的科研经费内部控制制度，逐渐不能适应实际科研活动的工作需要，甚至成为科研人员开展科学研究的一道“枷锁”，不利于调动科研人员的积极性与主动性。

目前，国家层面高度重视且不断推动高校科研经费内控制度完善。在实施创新驱动发展战略和建设“双一流”高校的背景下，要求构建更加高效的科研体系，健全科研机制，加快推进科研体制机制改革。为此，国家也出台了一系列举措，例如，2016 年 4 月教育部印发《教育部直属高校经济活动内部控制指南（试行）》，以部属高校为切入点，对科研项目内部控制的岗位职责设置、项目管理和资金管理等提出了具体要求；2016 年 9 月新修订的《国家社会科学基金项目资金管理办法》在间接成本补偿机制和科研激励机制、劳务费开支范围和标准、预算调剂权限和结转结余资金管理等方面进行改革。

频频曝光的科研经费贪腐案件、科研人员对科研经费内部控制制度的抱怨与质疑和国家层面不断出台政策进行推动，可以说，目前正是高校改进和完善科研经费内部控制的关键时期，对保障高校科研活动的有序开展、完成高校科研规划和实施创新驱动发展战略均具有重要意义。

本节正是基于此背景与动机，选择以 ZN 高校为案例研究对象，通过对高校科研经费风险特征和内部控制现状的梳理，从制度、流程、效率的角度分析 ZN 高校科研经费内部控制存在的问题及其原因，并提出针对性的建议，以期完善高等院校科研经费内部控制制度，促进高校科研事业健康、平稳发展。

8.2.2 我国高校科研经费特征与内部控制现状

（1）高校科研经费使用的风险特征。

①涉及各方利益博弈，违纪违规事项多发。我国高校科研经费使用的风险集中体现在科研经费的违纪、违规，甚至犯罪问题上。随着国家对高校科研投入的逐渐增加，科研经费也成为某些科研人员眼中的“唐僧肉”，但是在高校科研经费内部控制过程中，科研人员和科研经费管理部门的利益并不完全一致，部分科研人员过于追逐自身利益，对科研经费内部控制制度置若罔闻，不惜采用违纪违法的方式进行套取，少则数十万元，多则上千万元，金额之大令人咋舌。

②涉及诸多部门和环节，风险控制难度大。科研经费的管理职责主要由财务部门承担，但在实际的开支过程中会涉及内外部诸多部门，包括课题组、各学院、财务部、资产管理部、采购部门等，甚至还会涉及与外部单位的合作。一个科研课题开展过程中的科研活动通常也会涉及诸多开支项目，包括设备费、材料费、燃料动力费、差旅费、出版费、劳务费、专家咨询费和其他支出等。从曝光的案件来看，科研经费贪腐的方式包括利用虚

---

① 资料来源：http：//www. canet. com. cn/news/kjrs/201601/11 - 507786. html.

假发票套现、虚开劳务费套现、虚开专家咨询费套现、高价购买设备获得回扣①，甚至通过自己控制的公司进行套现等。科研经费内部控制上有很多流程和环节，任何一个流程和环节的疏忽都会产生科研经费使用风险。

③风险发生范围广，社会影响大。通过对高校科研经费违规违纪案件的梳理可以发现，科研经费违规违纪风险并非偶发性、突发性风险，在多个地区、多所高校均有发生，不仅在地方、省属高校中有发生，在科研经费充足的部属高校，包括一些“211”“985”高校中也时有发生，如此广泛的发生范围，对科研群体和高校自身都带来了十分不利的社会影响，并引发了热烈讨论，例如，中国网法治中国栏目专题策划“高校科研经费之贪腐乱象”②、新浪财经文章“科研经费深陷学术贪腐泥淖”③、新华网时政栏目文章“被贪腐的科研经费都去哪了？”④。

（2）高校科研经费内部控制现状。

①高校科研经费内部控制的演进。我国高校科研经费内部控制的演进大体可以分为三阶段，分别是：探索阶段、建立阶段和完善阶段。

第一阶段：探索阶段（2001～2011 年），这个阶段的标志是 2001 年财政部发布的《内部会计控制规范——基本规范（试行）》，此规范的适用范围包括国家机构、民间团体、公司和事业单位等，提出了内部会计控制的目标、内容、方法和检查等总体性要求，但是没有考虑到不同性质单位之间的差异，也缺乏可操作性的实施方法。此后十年间，企业内部控制政策框架不断完善，但是没有专门发布与高校科研经费内部控制有关的规章制度，高校仅仅基于管理要求建立了简单的控制措施。

第二阶段：建立阶段（2012～2014 年），这个阶段的标志是 2012 年 11 月财政部发布《行政事业单位内部控制规范》（试行），高校也是此规范的执行主体，此后，各大高校根据规范要求不断完善制度体系，对内部控制制度进行了全面建设，在此期间，科研经费内部控制制度也建立起来，但是还存在诸如控制措施执行不到位、与高校科研事业发展不相适应等需要解决的难题。

第三阶段：完善阶段（2015 年至今），这个阶段的主要特征是科研经费内部控制向着精细化管理的方向发展，也比较关注能否有效实现相关的内控目标。例如，教育部 2016 年 4 月印发的《教育部直属高校经济活动内部控制指南（试行）》，以部属高校为切入点，从实施指南、应用指南和评价指南三个维度对高等院校内部控制理论体系进行完善，并且“应用指南第 10 号——科研项目管理”中第四章对科研经费内部控制进行了具体规定，包括科研项目资金纳入预算管理、财务部门归口管理与核算、强化资金支出管理以及加强资金外拨业务管理加强结余资金管理等。

---

① 万丽华，龚培河．高校科研经费腐败的形式、根源与对策研究［J］．科学管理研究，2015（5）：40－43．

② 资料来源：http：//www.china.com.cn/legal/2014－10/23/content_33846734.htm.

③ 资料来源：http：//finance.sina.com.cn/roll/20141022/003020601630.shtml.

④ 资料来源：http：//news.xinhuanet.com/politics/2014－10/18/c_1112879466.htm.

②高校科研经费内部控制的政策分析。根据 William N. Dunn 提出的政策系统理论①，拟从政策环境、政策利益相关者和政策工具三个方面对科研经费内部控制政策进行分析。

首先，政策环境分析。政策环境是指某一项政策议题制定、实施时的具体环境，它对政策利益相关者和政策工具产生影响，也被它们所影响，可以分为政治、经济和社会环境。科研经费内部控制政策环境的分析就是看当前的政策背景会对科研经费内部控制产生什么样的影响，或是当前的政策环境能否积极推进科研经费内部控制的改进和完善②。

政治环境方面，党的十八大以来，通过确立创新驱动发展战略、强调创新是引领发展的第一动力、召开全国科技创新大会和设立全国科技工作者日等一系列措施，将科技创新摆在更加重要的位置，同时国家也出台了一系列政策来支持科技创新，推动科研管理体制创新转型，着力解决当前科研管理制度中的问题，不断推动简政放权，加大激励力度，重视科研活动的规律和特点，为高校科研经费内部控制的改进与完善营造了宽松、良好的政治环境。

经济环境方面，随着国民经济的不断增长，为了增强科技竞争力，国家的科研资金投入不断增长，如图 8－2 所示。这一方面为高校科研活动的开展提供了充足的资金来源，极大改善了科研人员的科研环境，保障了高校科研事业的蓬勃发展；另一方面，由于以往对科研经费内部控制建设不够重视，产生了诸如科研经费使用违规违纪问题频发、科研经费内控流程过于烦琐和复杂难以调动科研人员的积极性等问题。如何完善科研经费内部控制、降低科研经费使用风险、避免经济资源的浪费，是目前迫切需要解决的问题。

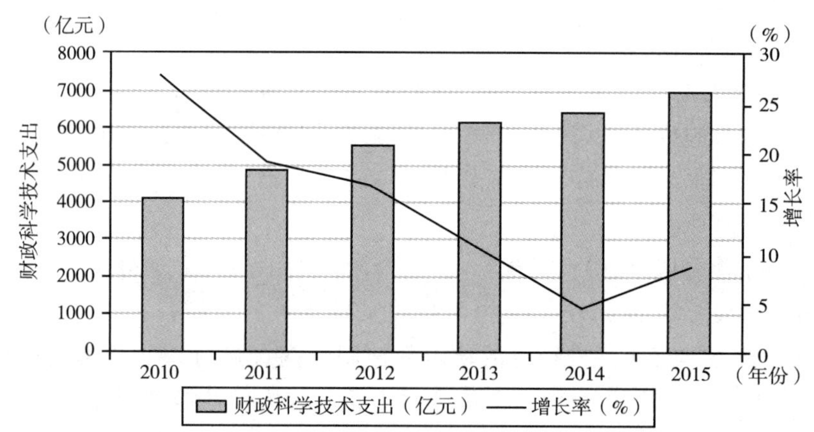

图 8－2　2010—2015 年全国科研经费支出情况

资料来源：依据 2010～2015 年全国科技经费投入统计公报整理。

社会环境方面，科研经费受到的关注度也逐渐上升。由于互联网媒体的兴起和移动互联网的发展，事件传播的速度和广度得到前所未有的提升。通过使用新浪微舆情工具对

① ［美］William N. Dunn. 谢明，杜子芳等译. 公共政策分析导论［M］. 北京：中国人民大学出版社，2002.

② 张臻. 我国科研经费管理政策研究［D］. 上海交通大学，2011.

2016 年 1 月 1 日至 2016 年 12 月 31 日之间有关科研经费的话题进行分析，如图 8 - 3 所示，这期间微博声量最高峰出现在 2016 年 2 月 15 日，当天共有 1636 篇相关微博言论，有关热点词包括科研项目、科研人员、人头费、差旅费、会议费、劳务费、报销等，核心传播机构包括人民日报、人民网、南方都市报、头条新闻、澎湃新闻、环球时报、财新网等一批具有较强影响力的社交媒体，博主所在地域范围基本涵盖中国所有主要省份和地区。社会各界对科研经费的广泛关注，对科研经费有关问题的反思与质疑，客观上对科研经费内部控制相关问题的解决产生了舆论压力与动力。

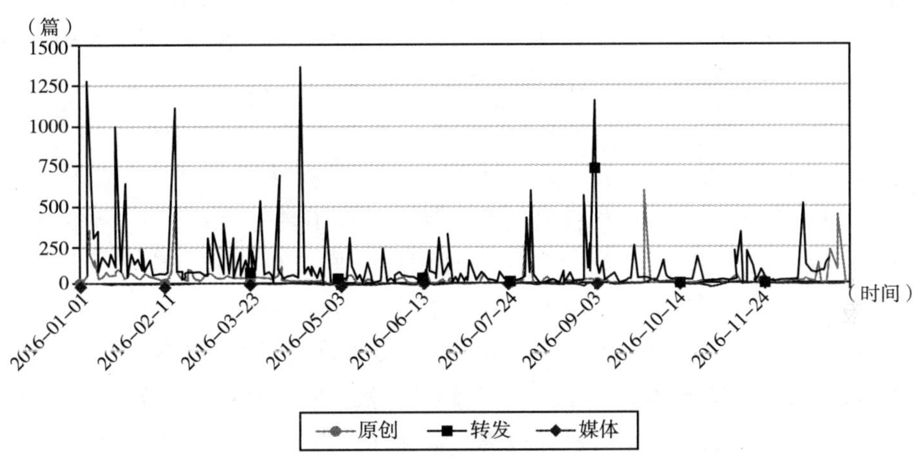

图 8 - 3　2016 年 1 月 1 日至 2016 年 12 月 31 日科研经费事件趋势

资料来源：运用新浪微舆情工具分析得出。

其次，政策利益相关者分析。科研经费内部控制政策的利益相关者可以分为三类，分别是政策的制定者、政策的执行者和政策作用的目标群体。政策的制定者主要是政府相关的职能部门，既包括国家层面的教育部、财政部、国家自然科学基金委、国家社会科学基金委员会等，也包括省市层面的教育部门、财政部门等。政策的执行者主要是指高等院校及其内部的有关职能部门，如高校内部的财务部门、科研部门、采购部门、资产管理部门等。政策作用的目标群体主要是科研项目课题组及其成员。政策的制定者对科研经费内部控制政策拥有比较大的决定权，其主要职责是制订科学合理的内部控制政策，对政策的执行效果进行监督，并根据实际执行情况采取措施或调整政策。政策的制定者在制订有关政策时需要兼顾各方利益，充分听取政策执行者和目标群体的建议，所制订的政策要对科研活动的开展有促进作用。政策执行者的主要任务是有效执行相关政策，对目标群体的科研活动是否符合内部控制规定进行监督，并不断改善本单位的内部控制制度。政策作用的目标群体是实施科研活动的主体，在开展科研活动时，应该严格按照科研经费内部控制的规定进行，对科研经费的开支承担责任。在科研经费内部控制政策的执行过程中，利益相关者之间还存在一定程度的博弈行为。政策制定者的主要目的是促进科研活动开展，提高科研水平，同时也规范科研经费的管理，虽然政策执行者与政策制定者的根本利益是一致的，但是，政策执行者又代表着高校自身的利益，需要考虑本单位的实际情形，政策执行者既对科研经费进行监督管理，又要维护高校自身的利益，促进高校科研事业的发展，政策执行者本身就处于矛盾的位置。如此，便产生了政策执行者与政策制定者之间的博弈行为，政策执行者为追求本单位利益的最大化，在政策制订时会积极主张对自身有力的政策，对自身不利的政策就会进行变通，对政策不配合，与政策制定者进行博弈。同时，目标群体的利益与政策执行者之间也存在差别，目标群体希望科研经费能完全弥补项目的成本，不仅包括直接支出项目成本，也包括投入的人力成本与智力价值。如果科研经费内部控制政策能兼顾到科研人员自身的利益，那么科研人员的接受程度就高，反之，则可能会产生抵触行为。政策执行者为了本单位利益的最大化，会利用手中的权力要求科研人员让步，而科研人员为了追求自身利益，则可能会产生科研经费违规使用问题，政策执行者与目标群体之间也存在博弈行为。

最后，政策工具分析。工具是指一个行动者能够使用或潜在地加以使用，以便达成一个或更多目的的任何事物①。一般而言，政策工具就是指达成某项政策目标的手段或方法。李燕萍、吴绍棠等（2009）将科研经费管理的政策工具分为五类，分别是科研经费开支范围、预算与决算管理制度、结余经费管理制度、监督机制和承诺机制与信用管理机制②。党的十八大以后，国家加快了对科研经费管理制度的修订工作，分别于 2015 年 4 月发布了《国家自然科学基金项目资金管理办法》、2016 年 9 月发布了《国家社会科学基金项目资金管理办法》和 2016 年 10 月发布了《高等学校哲学社会科学繁荣计划专项资金管理办法》。以上述三项具有代表性的科研经费资金管理办法为例，其政策工具如表 8－2 所示。

表 8－2　　科研经费政策工具

国家自然科学基金项目资金管理办法		国家社会科学基金项目资金管理办法		高等学校哲学社会科学繁荣计划专项资金管理办法	
1	原则	1	原则	1	原则
2	项目资金开支范围	2	项目资金开支范围	2	支出范围
3	预算的编制与审批	3	预算的编制与审批	3	预算管理
4	预算执行与决算	4	预算执行与决算	4	决算管理
5	监督检查	5	管理与监督	5	监督检查与绩效管理

上述三类科研经费资金管理办法中包含的政策工具并无本质差异，本节从管理原则、资金开支范围、预算管理、决算管理和监督检查五个方面进行政策工具分析。

管理原则阐明了科研经费管理的目的和指导思想，明确了项目资金管理的责任主体和科研经费使用的直接责任人，甚至还包括项目资助方式。例如，《国家社会科学基金项目资金管理办法》的管理原则为“以人为本、遵循规律、依法规范、公正合理和安全高效”，《高等学校哲学社会科学繁荣计划专项资金管理办法》的管理原则为“统筹规划、

---

① 阎雨. 文化视角下的政府管理战略思维模式更新［J］. 文化学刊，2011（1）：40－47.

② 李燕萍，吴绍棠，郜斐，张海雯. 改革开放以来我国科研经费管理政策的变迁、评介与走向——基于政策文本的内容分析［J］. 科学学研究，2009（10）：1442－1447.

分类实施、专款专用、规范高效”。

资金开支范围规定了科研经费可以用于支出的项目，意在约束科研人员和高校在允许的项目范围内支出科研经费，防止挪用和套取科研经费。资金开支范围分为直接和间接费用。直接费用是指科研活动中发生的与之直接相关的费用，不同类型的科研项目其直接费用支出项目往往有所差别，直接费用开支项目的支出金额和比例没有具体限制。间接费用在支出范围上具有排除性，在支出性质上具有补偿性，是指在科研活动过程中发生的无法在直接费用中列支的相关费用，不仅包括补偿高校的间接成本和管理费用，还包括支付给科研人员的绩效支出，对于间接费用一般均设有支出上限比例限制。增加间接费用部分，主要是为了解决对学校间接成本和管理费用补偿不足的问题，并对承担研究任务的科研人员从项目资金中产生激励效果。

预算管理包含预算编制、预算评审、预算批复、预算执行、预算调整等。预算编制的基础是对科研项目资金需求的估计，项目负责人应根据项目实际开支需要，依据规定编制预算，并说明开支项目的主要用途和具体原因，预算编制应当科学合理、实事求是。预算调整体现了调整权限下放、调整项目差异化管理的特点，除了预算资金总额的调增或调减仍然需要有关主管部门的审批外，其他内容的调整一般由所在高校审批即可，适应了简政放权和预算管理科学化的发展趋势，但还存在一些限制性规定，如劳务费、专家咨询费预算一般不予调增，可以调减用于其他项目支出。

决算管理主要包括决算编制和结余资金管理，其中决算包括年度经费使用决算和结题经费决算。科研项目研究结束后，项目负责人应当根据经费实际支出情况及时编制项目资金决算，财务等校内管理部门应及时对账目进行核查，对购置的资产进行清查。结余资金管理部分，《国家自然科学基金项目资金管理办法》采用了信用评价等级制度，对科研项目进行信用评价，根据评价结果采用差异化的结余资金管理方式。

监督检查包括监督检查方法和违规处理措施两部分。从方法上看，有审计和监察部门的检查监督、承诺机制、信用管理机制和信息公开机制。承诺机制要求高校和项目负责人承诺会依据项目资金管理规定对科研经费进行管理和使用，据实提供科研经费开支信息。信用管理机制要求对高校和项目负责人是否遵守科研经费管理规定进行评价，作为后续申请资助的考虑因素。信息公开机制要求公开非涉密的各项资金开支情况，并接受监督。违规处理措施将违规行为的处罚与其他法律规定做了衔接处理。

③高校科研经费内部控制的基本流程。从研究周期来看，一个科研项目的全过程可以分为三个主要阶段：立项申请阶段、科研活动开展阶段和结项审查阶段，相应地，科研经费内部控制也围绕着这三个阶段来展开，其内部控制基本环节如图 8－4 所示。

在科研经费预算编制环节上，科研项目负责人要估算科研项目成本，根据科研项目的实际资金需求，独立编制科研经费预算，上报科研管理部门审批备案，这一环节不需要财务人员过多参与指导预算；科研项目在由科研管理部门备案审批后，财务部门负责对预算项目的范围和经费开支比例进行合规审查，并将经费建立账目。这一环节的控制内容主要包括：预算编制与审批是否职责分离；科研经费的预算编制是否经过部门负责人审核，且经过科研管理部门审批；科研经费到账是否有到账通知凭证等。

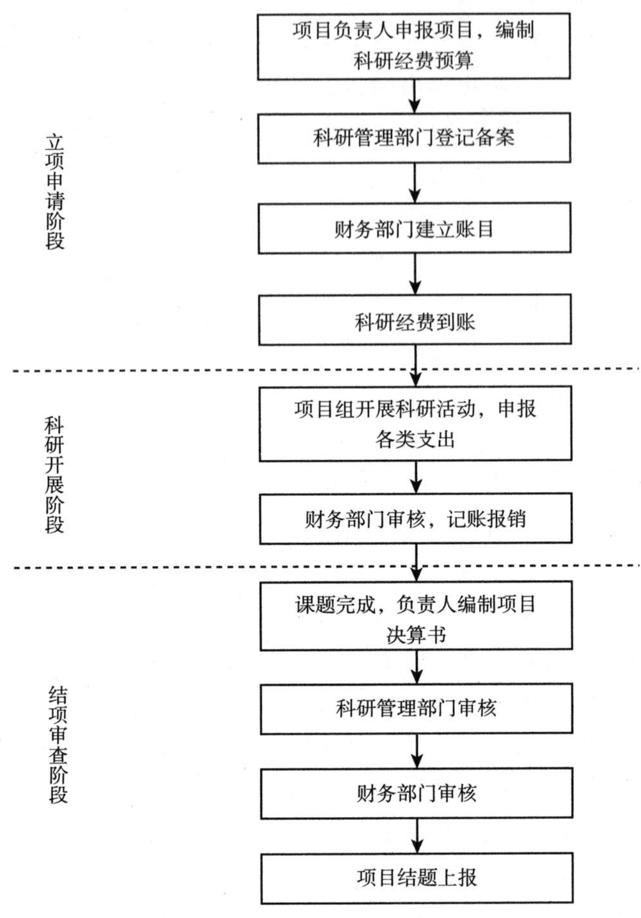

图 8－4　科研经费内部控制的基本流程

科研经费使用环节是科研经费内部控制的重点环节，在这一环节科研经费开支项目繁多，牵扯到内外部诸多部门和单位，风险发生频率高，风险控制难度大，需要予以重点关注。在这一环节，课题组申报的各项支出要严格遵守各项资金管理制度，并提供相应的单据凭证，本环节的控制内容主要包括：项目负责人是否在预算范围内进行资金开支；各项目资金支出比例是否符合科研经费管理办法；科研管理部门是否对所涉及的经济交易和事项进行审核和验证；科研经费在使用时是否经过规定的审批程序；科研经费的审批、经办和记录是否职责分离。

在结项审查环节，项目负责人完成科研项目后编制项目决算书，说明科研项目资金开支的总体情况，并报科研管理部门审核，科研管理部门主要对科研成果的质量进行把关，对科研项目的经费开支并不过分关注，科研管理部门审核后再报送财务部门审核，高校的内部审计部门可能还会对科研经费开支情况进行内部审计。这一环节的控制内容主要包括：项目负责人是否根据实际支出情况编制经费决算报告，并经过规定的审核程序；科研成果是否通过专家评审验收；利用科研经费购置的资产是否进行汇总清查并纳入高校统一管理；结余的经费是否按单位管理政策进行合理分配，剩余经费是否及时按规定返还。

8.2.3　ZN 大学科研经费内部控制的案例分析

（1）ZN 大学科研经费的来源及管理架构。

ZN 大学是教育部直属的一所国家“211 工程”和“985 工程”优势学科创新平台重点建设高校。该校师资力量雄厚，专任教师总数 1500 余人，其中教授 270 余人，副教授 580 余人，博士生导师 200 余人，2 人入选国家“万人计划”哲学社科领军人才，8 人入选国家百千万人才工程，享受“国务院政府特殊津贴专家”77 人，省政府专项津贴专家 48 人。

ZN 高校科研成果突出。该校目前拥有各类科研机构（中心、所）合计 105 个，从批准单位来看，其中部级科研机构 1 个，省厅级科研机构 8 个，市局级科研机构 2 个，校级科研机构 94 个。近 10 年来，共承担完成国家社会科学基金项目和国家自然科学基金项目近 500 项，教育部、财政部和科技部等科研课题 400 余项，体现了学校一流的科研实力。

目前，ZN 大学实行“统一领导，分级管理，责任到人”的科研管理体制，即在校长的统一领导下，分管科研、财务工作的校级领导对科研经费的管理和使用分工负责、统一领导，学校科研主管部门、财务部门、资产管理部门、各学院等部门及项目负责人分别执行各自的职责权限，有关 ZN 高校科研经费管理结构，如图 8－5 所示。

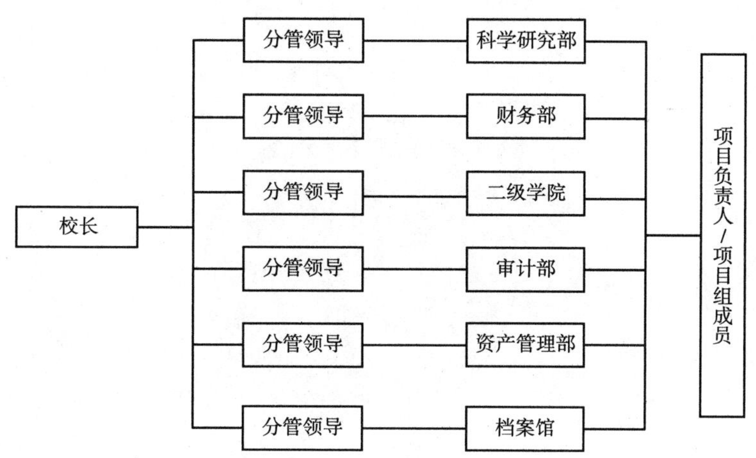

图 8－5　ZN 大学科研经费管理结构

其中，科学研究部下属三个主要科室，分别是办公室、项目管理科和成果管理科；财务部下属七个主要科室，分别是办公室、财务管理科、核算管理科、收费管理科、会计核算一科、会计核算二科和资金结算中心；各学院设有分管科研的副院长。上述相关部门的具体职责分工如表 8－3 所示。

表 8-3 部门职责分工

相关部门	主要职责
科学研究部	负责纵向课题和横向课题管理，包括科研项目的申报、评审和结题管理等；负责学校与外部其他单位开展各个层面的科研合作，包括国家层面、省政府层面、地市层面和企业层面
财务部	主要负责科研经费的收入、支出控制，包括：办理经费到账、办理预借发票、科研经费报账审核和支出控制、按规定提取管理费、对外科研合作的经费转拨、年度结算、结余资金管理等
资产管理部	负责所有科研项目的采购、资产登记工作
审计部	对各类科研经费支出使用情况进行内部审计，对检查中发现的问题进行督促整改
各学院	主要负责组织开展本学院科研工作，监督项目负责人按照规章制度利用经费，并监督其根据项目合约及项目预算开展科研活动
档案馆	按照要求，将科研部给予奖励的科研成果、结项的项目每年进行一次归档，归档项目的资料包括立项申请书、批文、每个中期检查的资料、结项的成果、研究报告等全套资料

ZN 大学科研经费来源主要有三种，分别是政府资金、企事业单位委托经费和其他资金。政府资金主要是由政府直接资助的科研项目，包括国家自然科学基金项目、国家社会科学基金项目，财政部、司法部等国家部委项目，以及省市级政府科研项目等，政府资金所占比例最高。企事业单位委托经费指学校从校外企业、事业单位获得的研究经费，也包括中国科学院所属各研究单位拨付给学校的经费。其他资金金额较小，所占比例低，如接受捐赠的科研资金。据统计，ZN 大学 2015 年科研经费来源三种来源所占比例分别为 82%、17% 和 1%，如图 8-6 所示。

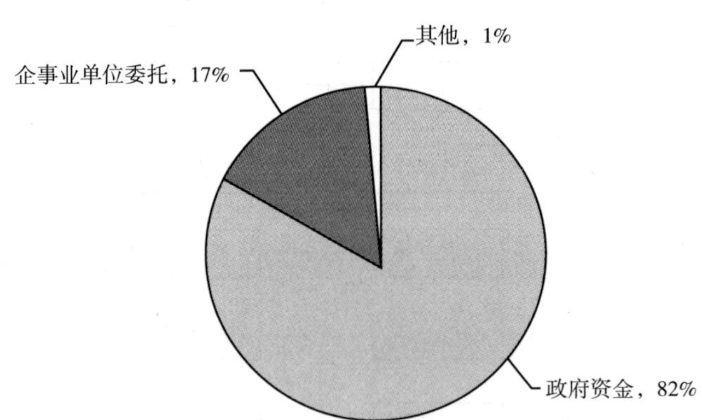

图 8-6 科研经费来源比例

资料来源：根据教育部科技司《2015 年高等学校科技统计资料汇编》整理得出。

笔者统计了 ZN 高校近五年的科研经费收入情况，2011 年至 2015 年科研经费收入保持了快速增长，年均科研经费增长率为 17.49%，2015 年科研经费总额达到了 4944 万元，人均科研经费 17.66 万元①，具体情况如图 8-7 所示。

① 以“研究与发展人员”口径计算，研究与发展人员指从事研究与发展工作时间占本人教学、科研总时间 10% 以上的教学与科研人员。

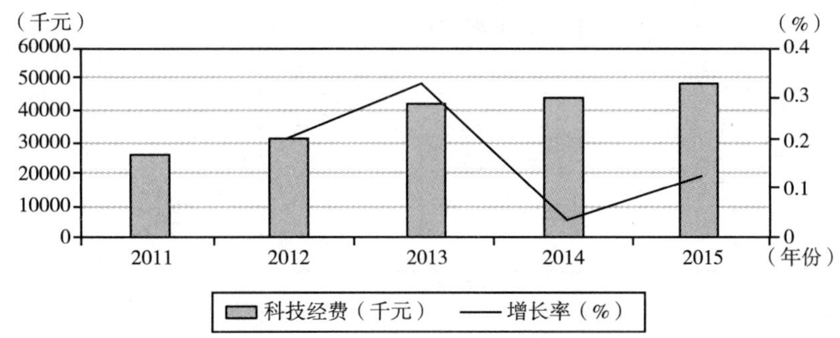

图 8－7　2011～2015 年科研经费收入情况

资料来源：根据教育部科技司 2011～2015 年高等学校科技统计资料汇编整理得出。

（2）ZN 大学科研经费内部控制现状。

①基于制度视角的分析。从制度制定实施情况来看，为了规范科研经费内部控制，完善科研经费内部控制，保障科研项目按计划实施，除了执行国家有关法规政策外，ZN 大学先后制定了《ZN 大学会议费管理办法》《ZN 大学差旅费管理办法》《ZN 大学高等学校仪器设备管理办法》等一系列管理制度，为了便于科研经费报销，还公布了《办公用品及固定资产报销须知》《餐费、汽油费和通讯费报销须知》《餐旅费报销须知》《会议费报销须知》《劳务费报销须知》《科研经费审批权限》和《禁止性规定》等一系列简明通知。总体上看，ZN 大学科研经费内部控制制度不断完善，有关制度规范主要集中在科研经费使用环节，对规范科研经费开支具有重要作用。以《ZN 大学差旅费管理办法》为例，该办法在适用范围上实现了全覆盖，适用于学校各学院（中心）、部门以及直属机构等单位，适用于通过竞争或委托取得的纵向、横向课题等，对于城市间交通费，明确出差人员应按规定等级选择乘坐交通工具，交通工具的等级划分如表 8－4 所示，对差旅住宿费和伙食补助费均设置了相应的标准，如表 8－5 所示。

表 8－4　交通工具等级

标准	交通工具级别	火车（含高铁、动车、全列软席列车）	轮船（不包括旅游船）	飞机	其他交通工具（不包括出租小汽车）
一类	1. 省部级，院士（含文科资深教授），其他相当于院士的学者； 2. 二级及以上管理岗位人员。	火车软席（软座、软卧），高铁/动车商务座，全列软席列车一等软座	一等舱	头等舱 公务舱	凭据按标准报销
二类	1. 教授等正高级职称人员； 2. 五级及以上专业技术岗位和管理岗位人员。	火车软席（软座、软卧），高铁/动车一等座，全列软席列车一等软座	二等舱	经济舱	凭据按标准报销
三类	其余人员	火车硬席（硬座、硬卧），高铁/动车二等座，全列软席列车二等软座	三等舱	经济舱	凭据按标准报销

表 8－5　　差旅住宿费和伙食补助费补助标准

<table>
<tr><th rowspan="2">序号</th><th rowspan="2">省份（市）</th><th colspan="3">住宿费标准</th><th rowspan="2">伙食补助费标准</th></tr>
<tr><th>一类</th><th>二类</th><th>三类</th></tr>
<tr><td>1</td><td>北京市</td><td rowspan="3">1100</td><td rowspan="3">700</td><td rowspan="3">500</td><td rowspan="3">100</td></tr>
<tr><td>2</td><td>上海市</td></tr>
<tr><td>3</td><td>三亚市</td></tr>
<tr><td>4</td><td>江苏省</td><td rowspan="10">900</td><td rowspan="10">600</td><td rowspan="10">500</td><td rowspan="7">100</td></tr>
<tr><td>5</td><td>浙江省</td></tr>
<tr><td>6</td><td>福建省</td></tr>
<tr><td>7</td><td>河南省</td></tr>
<tr><td>8</td><td>广东省</td></tr>
<tr><td>9</td><td>四川省</td></tr>
<tr><td>10</td><td>云南省</td></tr>
<tr><td>11</td><td>西藏</td><td rowspan="3">120</td></tr>
<tr><td>12</td><td>新疆</td></tr>
<tr><td>13</td><td>青海省</td></tr>
<tr><td>14</td><td>其他</td><td>800</td><td>500</td><td>400</td><td>100</td></tr>
</table>

从科研经费内部控制制度导向角度分析，ZN 大学科研经费内部控制以合规为主要导向，主要目的是确保科研经费的申请、使用、结余管理各个环节符合相关制度要求，保证科研经费使用的合法合规。例如，《ZN 大学会议费管理办法》的制定目的是加强和规范学校会议费管理，《ZN 大学差旅费管理办法》的制定目的是加强和规范学校差旅费管理，其主要目的在于解决实际中存在的一些不规范问题，为经费开支、报销提供制度依据。因此，在 ZN 大学各项科研经费内部控制制度的指导下，在实际运行过程中，工作人员注重对各项开支合法合规性的审核，并采取一系列的控制措施，如要求项目负责人或项目组成员签字、出具承诺书、提供真实合法的原始票据、部分开支需要分管领导的授权审批等。

②基于流程视角的分析。从流程角度看，科研经费内部控制可以分为立项申请、开支使用和结项管理三个阶段，由于立项申请和结项办理的流程起点和终点相同，本章首先介绍立项申请和结项办理的主要流程，然后再介绍科研经费开支使用的主要流程。

立项申请阶段主要对科研经费的到账情况进行控制。首先，办理初次到账、立项经费的主要流程是：第一，双方签订合同（一式四份，合同双方、科研部、财务部）；第二，科研部填写《经费登记表》（一式三份）；第三，财务部一楼大厅窗口办理到账时间确认；第四，财务部办理经费本；第五，返回《经费登记表》一份到科研部。其次，办理后续到账的主要流程是：第一，科研部办理与填写《经费登记表》（一式三份）；第二，财务部一楼大厅窗口办理到账时间确认；第三，财务部办理经费本续账；第四，返回《经费登记表》一份到科研部。最后，预借发票办理主要流程是：第一，双方签订合同，若对方要求先开发票，可以预借发票；第二，科研部填写承诺书，并开具立项证明；第三，财务部一楼大厅窗口办理预借发票手续。

结项办理阶段主要流程是：第一，合同委托方提供结题报告验收合格证明；第二，科研部办理《结项证明》；第三，财务部一楼大厅窗口办理经费报销。立项申请阶段和结项办理阶段的经费办理流程如图 8－8 所示。

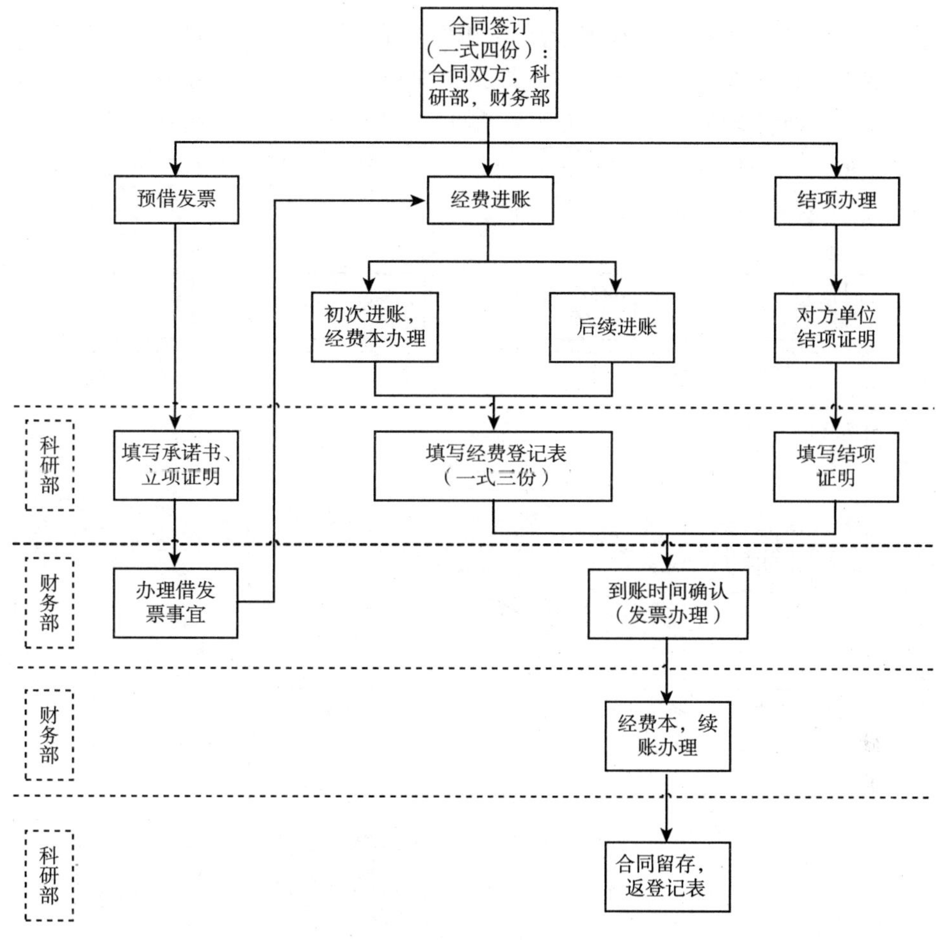

图 8－8　科研项目经费办理流程

由于横向课题在经费来源和管理要求上与纵向课题有一些差别，其申报登记流程也有细微不同，具体流程如下：第一，申报者与合作方签订《科研项目合同书》，A4 纸张打印一式四份，甲乙双方盖章，各两份；第二，申报者提供学校账号给甲方，甲方将经费打入学校账户；第三，经费是否进入学校，可从学校财务部的网页“科研经费到账查询”中查询；第四，经费到账以后，填写《科研经费登记表》一式三份，带已签好并盖章的《科研项目合同书》两份，到科研部办理登记手续；第五，将科研部盖章后的三份《科研经费登记表》，到财务部报账科窗口办理经费到账核实手续；第六，到财务部计划财务管理科办理项目经费本；第七，若需预借发票，先到科研部填写承诺书，再到财务部报账科窗口办理。

科研经费开支使用阶段的报销流程主要如下：第一，报销人填写“专项经费报销单”，持相关原始正规票据，由报销人签字，由本单位主要负责人或主管财务的负责人进行审批；第二，携带“课题经费或专项经费使用本”和经审批的票据交财务处会计审核、制单，余款多退少；第三，持会计审核后的记账凭证交出纳办理现金、支票收付或汇款。其流程如图 8 –9所示。科研项目涉及设备采购时，还需要遵守学校采购制度的规定：一是购买大型、批量设备一律由资产管理处按集中采购程序统一办理借款报销；二是零星、小型设备资产购置，由经办人、证明人签字按由本单位主要负责人或主管财务的负责人进行审批后，先到资产处办理固定资产登记；三是办理完资产登记后，持相关票据到财务处由会计审核、制单，有预借款的予以冲销，余款多退少补；四是持会计审核后的记账凭证交出纳办理现金、支票收付或汇款。

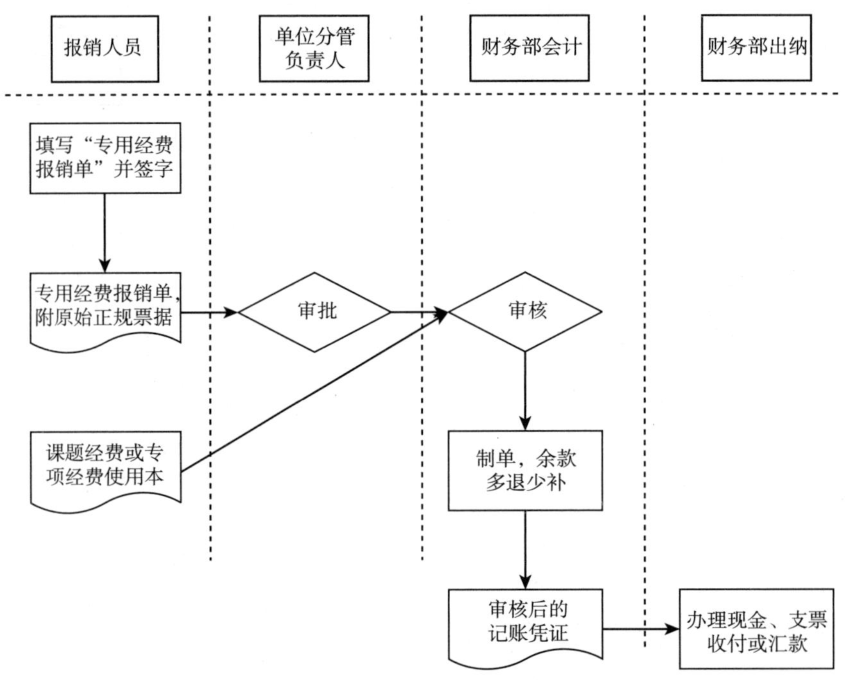

图 8 –9　科研经费报销流程

从流程角度看，ZN 大学以各项内部控制制度为依据，结合校内机构设置情况，制定了比较完善的科研经费内部控制流程，涵盖了科研经费申请、使用和结余管理的各个环节，实现了对科研经费的流程控制，同时还运用信息技术，开发并投入使用了财务综合服务平台和报账叫号实时查询平台。财务综合服务平台中的网上报账系统提供了科研项目、基本运行费及专项经费报销功能，报账叫号实时查询平台可以查询当前等待报销的人数以及财务部门报销窗口的工作进度情况。信息技术的应用使科研经费内部控制流程更为方便和快捷。

③基于效率视角的分析。根据李连华、唐国平（2012）的研究①，内部控制效率通常可以分为设计效率和执行效率，执行效率又可以分为执行过程效率和执行结果效率。设计效率是指内部控制设计的整体成效，由于数据的可获得性，实务中一般通过定性地对内部控制完整性的分析来衡量内部控制设计效率，具体可以通过内部控制覆盖率来反映，即内部控制应该涵盖所有相关业务流程，不能有所遗漏。执行过程效率是指内部控制程序在工作中是否被执行以及执行到位的程度，可以通过符合率来进行分析。除此之外，执行过程效率还应当包括内部控制执行过程中的工作效率，即单位时间里实际完成的工作量。执行结果效率是指通过执行内部控制程序是否实现了内部控制目标，对于不同的内部控制目标可以采用不同的指标进行分析。

从设计效率角度分析，通过前述对 ZN 大学科研经费内部控制流程的介绍分析和对有关内部控制政策的梳理，可以发现 ZN 大学财务部和科研部针对科研经费专门制定了有关内部控制程序，与科研经费有关的其他部门，如资产管理部、采购部门和各学院，也规定了有关的内部控制要求，基本确定 ZN 大学科研经费内部控制基本覆盖所有相关业务流程，具有很高的覆盖率，科研经费内部控制设计效率较高，这保证了与科研经费有关的业务活动都可以通过内部控制程序进行控制，更好地监控科研经费开支情况，从而确保科研经费的使用符合法律法规的要求。

从执行效率角度分析，ZN 大学科研经费内部控制实际执行过程中的工作效率较低，集中体现在经费报销环节。虽然 ZN 大学财务部门综合服务平台提供了网上申请科研经费报销、网上制单等功能，在一定程度上简化了人工控制程序，但是最终的业务办理、凭证审核、款项支付等业务仍然通过财务部门人工窗口来完成，每到月底、年终的集中报销时段，科研经费报销难的问题更加突出，有的报销人员甚至从早上六点钟开始排队取号，为了避免长时间等待，序号在后面的报销人员则在取完号后离开，部分人员取完号离开导致错过了窗口的叫号时间，而办理业务的人员中，由于经费办理过程中涉及部门、人员较多，相互之间的信息沟通不到位，经常发生资料准备不齐全、手续不完备的问题，甚至长时间占用人工窗口，更加剧了报销难的问题。

（3）ZN 大学科研经费内部控制存在的问题及原因分析。

①存在的主要问题。

通过梳理分析，ZN 高校科研经费内部控制存在以下主要问题：

第一，科研经费预算编制缺乏科学性。预算编制是科研经费的起点。在科研经费申请环节，项目预算编制既要符合项目实际需求，也应符合国家相关政策规定，预算编制的合理性对科研人员开展科研项目有很大影响，预算编制不合理甚至会导致科研经费的违规违纪使用。在进行科研项目申请时，项目负责人负责预算编制，虽然项目负责人对预算编制要求有了解，但是大部分项目负责人缺乏必要的财务专业知识，往往依据个人经验和主观预测编制预算，预算中主要列示了直接费用项目，对间接费用预算不够合理科学，一般按

① 李连华，唐国平. 内部控制效率：理论框架与测度评价［J］. 会计研究，2012（5）：16 - 21.

照经费总数的一定比例进行估算。科研经费预算编制完成后需要经科研部、财务部审核，但是审核过程中主要关注开支项目、比例是否符合规定，而较缺少财务人员的专业意见，缺乏对预算科学性的判断①，没有发挥出预算审核的指导作用。由于预算编制不够科学，会使项目预算和财务核算之间出现差距，在科研项目实际开展过程中产生项目预算和实际开支不符的情形，不利于科研项目的实施，部分情形下即使申请预算调整也需要经过严格、复杂的审批程序，时间可能长达半年。

第二，经费开支控制严苛，难以产生激励效果。科研经费的开支项目要严格按照国家和高校的相关规定，国家层面对于科研经费的支出控制很严苛，严格规定了可以开支的项目范围，规定范围外的开支不能列入预算，预算外的支出存在报账困难②。对于科研经费总额较大的科研项目，会产生科研经费使用不完的问题，造成老师对科研的积极性下降，目前横向项目的申报数量已有较大程度下滑。以某“协创”项目为例，科研经费拨付了600 万元，在现有的科研经费内部控制体系下，直接支出实际只发生了 100 万元，还有500 万元如果在课题结项前没有用完，经费将被收回，而且会影响后续拨款。但是在实际的科研项目开展过程中，科研人员除去日常的教学、工作时间外，往往还会投入很多的课余时间与精力，这些投入都是不计成本的，虽然预算范围内有劳务费开支，但是其开支比例有严格限制，主要是为了补偿劳务成本，难以起到激励作用。

第三，科研经费报销效率过低。虽然科研经费报销工作主要由财务部门负责，但是报销材料的准备会涉及包括各学院、科研部、资产管理部等多个部门。在实际的报销工作中，一方面由于报销人员较多、报销时间比较集中，报销人员通常要经过漫长的排队等待人工窗口才能受理报销工作；另一方面，由于缺乏充分的信息沟通、报销材料准备不完整，部分人员不能一次完成报销工作或者长时间占用报销窗口补正材料，造成科研经费报销工作的效率较低，既增加了财务人员的工作压力，也使双方产生抱怨情绪，对科研活动造成不利影响。报销环节占用科研人员过多的时间，间接上增加了科研人员的时间成本，科研人员的主要时间和精力本该集中投入科研活动中，但实际上科研人员却成为“报账员”，不利于科研工作的实施，造成了有限资源的浪费。

第四，科研经费购买资产的管理不到位。科研项目开展过程中经常发生资产的购置行为，小到购买图书资料、办公设备，大到购买研究用仪器设备、大型实验装置，根据规定，科研经费购置的资产属于国有资产，应纳入高校资产统一管理。ZN 高校的资产管理通过资产管理部门进行，对科研经费购买资产的管理也在其职责范围内，虽然项目组使用科研经费购置资产后需要在资产管理部办理登记后才能到财务部门报销，但是由于有关资产仍然由科研人员继续使用，资产管理部缺乏对相关资产的有效控制方法，后续管理十分不到位。资产购买后，仅仅在账上进行登记，在科研项目进行期间，不会对

① 张艳，杨允仙，唐安，焦艳. 新形势下科研经费管理评价研究［J］. 科研管理，2015（37）：296－300.

② 赵立雨，徐艳，张琼，张彦海. 我国财政性科研经费柔性化管理研究［J］. 科技进步与对策，2016（33）：1－6.

科研经费购买的资产进行年度盘点工作，不会对资产的实际状况、使用情况进行管理。项目结束后，资产管理部也未能及时对有关资产进行清查收回，而是仍然由科研人员继续使用。

②存在问题的原因分析。

第一，各职能部门之间缺乏沟通协调。科研经费内部控制过程涉及高校的诸多部门，包括科研部、财务部、资产管理部处、采购中心等，各个职能部门之间往往各自为政，缺乏充分的信息沟通，出现问题也难以及时协调予以解决，部门间配合度较差。各个部门的职能和利益都有所差别，在科研经费内部控制工作中从本部门利益出发，只是做好自身的本职工作，一般也不会从整个科研经费内部控制流程的角度考虑问题，对于工作中发现的问题和不合理之处也缺乏改进的动力，导致有些问题长期存在而没有解决。部门之间由于职能的差别，往往对各自领域内的资源形成一定程度的垄断管理，从而与科研项目的开展需要不同部门之间配合的要求产生矛盾。例如，科研人员并不了解资产管理部门的资产使用情况信息，项目组可能会直接购买需要的设备而非使用已经闲置的设备，导致资产的重复购买，增加不必要的资金支出。

第二，预算管理制度不健全。ZN 高校根据国家要求将科研经费纳入学校预算进行统一管理，在立项申报时需要科研项目负责人根据项目需求进行严格、详细的预算编制，对于周期较长的科研项目甚至需要预测未来 3 年或 5 年的经费支出情况，科研作为一种创新活动，具有“不可预测性、探索性和未知性”的特征①，这种过于详细的预算编制要求具有较大的难度，而 ZN 高校对于如何编制科研经费预算缺乏明确的制度指导，实际中由项目负责人完成预算编制，难以做到预算编制的合理性、科学性。虽然相关的经费管理办法中规定预算执行期间如有特殊情况，可以向科研项目主管部门申请调整，但是，由于程序烦琐、耗时长，为了避免对科研项目开展带来不利影响，项目负责人往往不愿申请预算调整，如果科研项目的经费支出情况与原有预算产生差异，科研人员为了继续开展科研项目，可能会违规使用科研经费。

第三，评价与激励制度不完善。由于国家层面并未制定明确的科研人员评价与激励政策，ZN 高校也没有明确的制度依据对科研人员进行评价与奖励，在工作中要求科研人员按照科研计划和项目预算完成项目即可，忽视了对科研人员的评价与激励。在科研项目实施过程中，为了实现预定的科研目标，科研人员付出了创造性的劳动，投入了很多业余时间与精力，但是科研人员难以获得与此相应的补偿和报酬。目前实行的科研经费支出规定对科研人员的劳务费和绩效支出均有严格规定，大部分项目也只是有劳务费开支项目，实际并没有绩效支出，呈现出“重物轻人”的倾向②，科研人员的智力价值没有得到充分的

---

① 付晔，杨军．论高校科研经费使用问题产生的根源与治理［J］．研究与发展管理，2014（4）：116－121．

② 曹树青，张忠．高校科研经费腐败的成因及对策研究［J］．中国科学基金，2015（4）：265－269．

经济认可①，“既要马儿跑，又要马儿不吃草”这样的制度不具有持续性，难以长期调动科研人员的科研积极性。

第四，科研经费内部控制各方的利益差异。总体上，科研经费内部控制有关各方可以分为科研经费的提供者、使用者和管理者。包括国家自然科学基金等在内的各类科研基金和政府行政部门是科研经费的主要提供者，它们主要通过提供科研经费给科研项目提供资金支持，比较关注科研项目能否取得预期的科研成果，希望能够增加科研产出、增强科技竞争力。课题组和科研人员是科研经费的主要使用者，通过执行科研经费预算开展科研项目并取得预期的科研成果，科研产出对他们的职业发展至关重要，希望获得高质量的科研成果增加自身的学术影响力并改善个人收入水平。高等院校及其下属职能部门是科研经费管理者，一方面需要通过提取管理费以弥补管理成本；另一方面希望科研人员积极申请科研经费开展科学研究，从而促进高校自身科研事业的发展。由于目标和利益的差异，上述三者之间的行为也会产生一定的矛盾。

8.2.4 高校科研经费内部控制的优化措施

（1）基于制度视角的措施。

基于制度视角的优化措施更多地立足于完善内控环境（统一领导协调等）要素方面，可以对接内部控制的效率、效果目标。

①成立专门机构，协调统一领导。

在当前的科研经费内部控制组织结构下，各个部门根据自身的职责分别履行相应的职能，由于各部门只考虑自己职责范围内的工作，部门间缺乏充分的沟通协调，给科研经费内部控制的改进也带来了困难。可以在高校中成立科研管理委员会，对科研项目进行全方位监控，并负责与各部门的沟通协调。科研管理委员会是高校内部进行科研经费管理的权威机构，其成员应当由与科研经费内部控制有关的各部门领导组成，各部门经验丰富的人员也可以参与其中，该委员会的主要职能是为科研经费内部控制的改进提供全方位的支持，加强跨部门的协调与沟通，针对高校科研经费内部控制存在的主要问题进行协商并提出改进措施，必要时可以制订统一的内部控制政策。科研管理委员会不需要是一个实体部门，在日常工作中可以以部门间联席会议的形式履行职责，与科研经费内部控制有关的各部门仍然履行各自职能并接受科研管理委员会的指导，各部门工作中产生的问题应当及时提交给科研管理委员会进行协商解决。

②完善制度体系，重视激励和评价。

当前的科研经费内部控制以合规为制度导向，规定了科研经费的开支范围、使用方式等内容，对规范科研经费使用起到了很大作用，但是仅仅注重合规导向，忽视对科研人员的评价和激励会导致难以调动科研人员的科研积极性。因此，应当完善制度体系，

① 李奎，郑秋生．我国科研经费改革面临的制度困境研究——基于科研事业单位管理制度视角［J］．科技管理研究，2016（16）：50－54．

重视对科研人员的评价和激励。首先，应该做好科研评价工作，科研项目的评价结果是进行激励的基础，对科研项目的评价不仅包括最终结项阶段的评价，还包括项目执行过程中的评价，如年度评价和中期检查，在进行科研项目评价时应该重点关注科研成果质量，与项目研究进度相协调，坚持客观公正的原则，避免评价过程流于形式。其次，需要正确认识科研人员的人力投入和智力投入价值。科研人员的人力投入和智力投入是科研项目产生预期成果的必要条件，科研人员的付出应该得到合理补偿。最后，应当尽快明确激励支出的使用规定。现行科研经费资金管理办法中虽然有间接费用的开支项目，提出了可以在间接费用中安排绩效激励支出，但是一般仅仅对间接费用的支出比例、支出项目做出简单说明，缺乏实际可操作的激励办法，在制度层面上应当尽快明确绩效支出相关规定。

③推进制度转型，兼顾合规和效率。

目前，高校科研经费内部控制的主要目标是保证科研经费使用的合法合规，在实际操作中采取一系列的控制活动来对科研经费的使用进行控制，如预算控制、会计控制、授权审批等，具体的控制措施更是十分多样，这虽然保证了科研经费使用的合规性，但是同时也产生了缺乏效率的问题，主要表现在为了满足科研经费内部控制的需要，科研人员需要准备各种文件资料，占用了大量的宝贵时间，科研人员对此苦不堪言。因此，需要推进科研经费制度转型，由侧重合规转向兼顾合规与效率。兼顾合规与效率，首先需要理清合规与效率之间的关系，合规是科研经费内部控制需要实现的基本目标，这一目标不因对效率的考虑而居于次要地位，效率是对科研经费内部控制实施过程而言的，在保证合规的前提下，要尽可能提高内部控制和科研经费管理的效率。其次，科研人员作为内部控制制度作用的目标群体，在工作过程中更容易发现有关制度存在的问题，应当充分听取科研人员的改进意见，解决科研人员工作中的“痛点”。最后，应通过对流程的梳理减少不必要的控制措施，加强各部门间的沟通与协调等，优化内部控制流程，落实简政放权要求，实现效率的真正提升。

高校可以探索基于诚信的科研经费内部控制制度，诚信制度的基本理念是对科研人员采取信任的态度，认同科研人员的科研精神和对科学价值的追求，即科研人员申请和使用科研经费是为了实现一定的科研目的，而非为了个人私利。基于诚信的科研经费内部控制制度的主要内容是“模块式资助 + 事务核销报销制 + 科研成果导向”。在这种制度下，科研经费的申请以模块为单位，可以根据科研项目的类别事先确定模块的金额，项目申请人编制预算时需要说明所需的模块数量并说明原因，不必将预算金额细化到每个支出项目①。同时，对于科研经费中的直接费用，根据科研项目总金额确定一个合理比例，在这个额度范围内可以包干使用，科研人员领取科研经费时需要说明所需金额和用途，而不以票据审核为前提条件。基于诚信的科研经费内部控制不再将经费使用与报销环节作为控制重点，而是以科研成果的产出作为判断科研项目是否实现预定目标的依据，采取更严格的

① 刘军民. 以深化科研经费管理制度改革落实创新驱动战略 [J]. 地方财政研究，2014 (1)：44 - 52.

科研成果鉴定与验收制度。

（2）基于流程视角。

基于流程视角的优化措施更多地立足于完善风险评估、控制活动、信息与沟通等要素方面，可以对接合法合规、资产安全和使用有效、财务信息真实完整等目标。

①搭建信息平台，促进流程整合。

高校可以在科研管理委员会主导下，利用信息技术搭建一个科研管理平台，该管理平台主要实现两个功能：信息汇聚与职能整合。信息汇聚方面，与科研有关的各种信息均通过这个平台进行发布，包括项目申报和立项公示、科研经费使用、科研资产管理、对外科研合作、项目结项、优秀科研成果及其社会评价展示、学校配套经费及相关奖励信息等，还可以提供针对科研经费内部控制制度的解读文件。该科研管理平台的信息数据向与科研经费内部控制有关的部门和个人开放，实现信息共享，项目负责人和科研人员可以实时了解科研经费使用情况和最新的管理要求，管理部门可以通过这个平台及时获取与科研项目有关的各种数据，从而实现对科研经费的有效监督。职能整合方面，该管理平台整合了各部门中与科研管理相关的职能，运用网络技术实现对科研项目的信息化管理，并且与各部门的办公系统实现对接，解决部门间“信息孤岛”的问题，从而促进科研经费内部控制的流程整合。

针对科研经费报账难的问题，可以采取以下两点措施进行改进：一是充分利用信息平台播放各类科研经费报账流程视频、网络报账的操作视频演示，分项展示各类科研经费开支报销必备的资料与手续、凭证粘贴与签字授权样式，同时列举各种不合格凭证及不规范行为，从而为科研人员的报账提供具体指导，提高报账窗口的工作效率；二是信息平台提供能进行实时的科研经费使用与管理问题的互动对话框，管理部门的最新通知可以通过对话框及时发布，科研人员遇到的问题也可以通过此对话框与管理部门进行即时沟通解决，加强相互之间的信息沟通。

②改进预算管理，增强预算科学性。

预算管理是科研经费内部控制的起点，预算管理水平的好坏，对后续的控制环节有直接的影响。改进预算管理，应该从两方面着手：一是加强项目申请时预算编制、审核环节的管理；二是改进项目实施过程中预算调整环节的管理。第一，在预算编制环节，应该提高预算编制的科学性，根据科研项目的实际开展需要，本着实事求是的原则，对科研项目的经费支出进行合理预计，预算编制应当有合理的依据，而不是根据项目开支比例限制进行简单化的预算编制。由于预算管理具有较强的专业性，在预算编制过程中高校内部有关部门应当提供必要的支持。例如，可以由高校财务部门经验丰富的人员向科研人员讲解预算编制的要点以及如何规避一些常见的错误；资产管理部门和采购部门可以对设备成本的估计提供相关资料。第二，在预算审核环节，不仅要对开支范围、开支比例进行形式上的审核，也应当关注预算编制的科学性。高校可以搜集以往的科研经费预算数据建立预算标准资源库，并根据科研项目的性质和技术要求进行大致分类，从数据中分析预算编制的规律，作为预算审核的参考①。第三，在预算调整环节，需要重点关注预算调整原因的合理性，可以让项目负责人提供预算调整合理性的说明，预算调整的内容应当符合有关规定，对预算调整后的科研经费开支可以加以关注，以佐证预算调整是否合理。

③加强支出控制，防范违规违纪风险。

科研经费使用违规违纪事件频频发生，主要原因是科研经费支出控制不严格。支出控制主要是财务部门的责任，但是也与项目组、科研部门、资产管理部门、各学院等其他部门相关，因为科研经费的报销不仅需要项目组成员的签字、提供资金支出证明文件，劳务费、设备购置费等开支项目的报销还需要其他部门的审批，最终才是财务部门审核报销。在实际的支出审核环节，各部门的审核往往流于形式，只注重形式的审核，如所附原始票据是否真实、是否有经办人员签字等，而忽略报销项目的真实性、合理性。从近年曝光的科研经费贪腐案件来看，其科研经费支出时往往都有完整的资料、通过了规定的审批流程，在支出控制时没能及时发现存在的风险，最终造成了科研经费的损失，这也说明了科研经费贪腐方法具有更加难以发现的特点，仅仅通过传统的形式审批难以解决问题。科研经费支出时，包括财务部门在内的各审核部门，都应该加强对支出项目真实性、合理性的审查，如涉及劳务费项目时，应关注领取人员是否真正参与到科研项日中，如果涉及校外人员领取劳务费还应进行身份核实，是否存在对某一人员发放较大金额劳务费的情形。只有加强资金支出环节的控制程序，才能有效防范科研经费贪腐问题，而不能只是寄希望于事后的审计监督。

④强化资产控制，保障资产安全完整。

根据国家科研经费使用的有关规定，科研项目组使用科研经费购置的各项资产均属于国有资产，高校应当进行统一管理。高校应根据国有资产管理相关规定，针对实践中的薄弱环节，加强对科研资产的管理控制。一是加强登记管理，在资产购置时资产管理部门首先要进行资产登记，验收后财务部门才予以报销，资产管理部门和财务部门的记录要保持一致，电脑设备、图书资料等由科研人员使用的资产要进行使用人员登记。二是加强实物检查，至少应当每年对科研资产进行一次实物盘点，做到账实相符，当科研人员工作调整时，要及时进行资产清查，避免科研资产的流失。对资产进行盘点时，可以根据资产类别分类并进行编号，将标签贴于资产醒目位置，记录盘点时间和资产基本信息。三是做好资产回收工作，结项时对科研项目购置的资产进行统一清查，确保购置的资产均能收回，由资产管理部对科研资产进行统一管理。四是建立追责机制，在工作中若发现账实不符或资产丢失，要对责任人员追究责任，进行赔偿，强化科研人员的责任意识。

（3）基于效率视角。

基于效率视角的优化更多地立足于监督与评价要素方面，可以对接提高内部控制对象的效率与效果目标。

---

① 陆兴凤，翟志华．基于公立高校自身的科研经费规范化管理探析［J］．会计之友，2016：77－80.

①树立效率观念，培育效率文化。

非正式控制因素对内部控制有很大影响①，在实施内部控制的过程中，应当关注高校文化是否与内部控制的要求相适应。当前科研经费内部控制缺乏效率，有些原因就是相关人员缺乏效率观念，高校尚未形成广为接受的效率文化。高校做好培育效率文化工作，需要做好以下几点：一是将效率作为高校文化的一部分，从整个高校校园文化建设的层面加以重视，并在有关的制度中加以明确；二是做好效率文化的校内宣传推广工作，可以印发有关效率文化的读本发放给校内教职工进行学习，提升工作人员对效率文化的认知水平，认识到效率文化对改进内部控制的重要性；三是组织相关的交流活动，通过科研项目组与职能部门的交流，听取项目组成员对科研经费内部控制的意见建议，寻找能够改进的内控环节，通过不同职能部门间的交流，听取对方对自身工作的看法，加强相互之间的沟通配合，形成互相促进的工作氛围。效率观念和效率文化的形成，是科研经费内部控制运行过程中的“润滑剂”，可以提高内部控制的运行效率。

②定期开展效率评价，改善低效环节。

高校应当将内部控制效率评价作为内部控制评价的一部分，定期地对科研经费内部控制的设计效率和执行效率进行评价。开展效率评价时，应当根据高校科研经费内部控制建设现状、建设规划，提前制订好评价计划，将内部控制建设与效率评价有机地结合起来。效率评价作为事后评价改进环节，其目的是通过对内部控制系统运行结果进行评估从而提供可以改进的建议。进行设计效率评价时，应该关注设计的内部控制流程是否覆盖所有应该控制的环节，设计的内部控制流程是否符合成本效益原则。进行执行过程效率评价时，应该关注内部控制程序是否按要求得到执行，内部控制执行工作是否具有时间效率。进行执行结果效率评价时，要关注是否实现科研经费合法合规使用等内部控制目标，能否有效防范科研经费贪腐问题。高校可以根据评价结果开展内部控制改善工作，将评价中存在的突出问题作为内部控制改进的重点。实际上，内部控制效率评价作为一种“纠错机制”②，可以通过评价程序来发现科研经费内部控制中的低效控制环节，再采取针对性的措施来进行优化。

虽然本节的研究采用案例研究方法为基础，结合了访谈法，对我国高等院校科研经费内部控制做了一定的研究并提出相关的措施与建议，但由于笔者的学术素养不足、实践经验有限，同时由于高校相关数据资料未完全公开导致获取的资料有限，对于高校科研经费内部控制的研究层次较浅，相关理论研究也不够深入和全面，对理论体系和实践环节的研究都不够完善，这是本节研究的不足之处。

---

① 吴东霖．行政事业单位内部控制效率的测度与评价［J］．西部金融，2015（8）：77－80.

② 李连华．国有企业内部控制效率分析与政策建议［J］．财会月刊，2012：2－6.

8.3　我国高校科研绩效影响因素比较研究[①]

8.3.1　本节的研究背景分析

2016 年，中共中央、国务院印发《国家创新驱动发展战略纲要》，提出到 2020 年我国要迈入创新型国家行列。同时指出，科技创新是提高社会生产力和综合国力的战略支撑，必须摆在国家发展全局的核心位置。高等院校作为科技创新的主要力量，肩负实施国家创新型建设的重任。据不完全统计，2013 年国家对高校科技经费投入约 1170.36 亿元，2014 年约为 1222.69 亿元，2015 年约 1244.27 亿元[②]。随着我国对高校科技投入的不断增加，高校科技支出管理与调控矛盾凸显：科研资源整合机制的匮乏，科研经费的低效、流失以及滥用，资金管理较为粗放，科研绩效考评和问责机制不够健全等。因此，如何对科研资源进行有效的管理与分配，如何建立健全的科研绩效考评与问责机制，从而更科学地统筹人力、物力与财力，更充分地发挥高校科技人才优势，最终提高我国高等院校科研的效率，一直是热点问题。

目前国内相关领域的研究已经取得了丰硕的成果，主要集中在构建高校科研绩效评价指标体系、探寻高校科研绩效评价方法、运用回归模型对高校科研绩效评价实证研究上。如陆根书等（2007）建立基于效率的高校科研管理体系与运行机制；王楚鸿（2010）、陈静漪（2016）采用 AHP、DEA 等方法分析了全国高校科研经费投入与产出的关系；陈贤平（2012）、朱建育（2016）、贾明春（2013）运用回归模型，系统分析高校科研综合投入对高校科研产出的影响。

纵观这些文献，在评价指标选取的相关性、代表性方面还略显不足，缺乏近几年实证方面的探讨。本节采用面板数据模型分析方法，以我国重点院校 2010～2015 年数据为样本进行科研绩效影响因素分析，通过分组比较“985”与“211”院校、东部与西部院校科研效率差异，探寻影响我国高校科研绩效的主要因素。最后基于回归分析结果，结合高校科研管理自身特点，从高校内部控制角度提出加强我国高等院校科研绩效管理的可行途径。本节的研究主要的贡献在于：第一，运用回归模型比较了不同类型、不同地区高校科研绩效的差异；第二，从内部控制角度出发提出高校科研资金管理措施，既丰富了高校科研绩效理论研究成果，也为高校科研绩效管理实践提供了有益的参考。

---

① 本节为本研究项目——我国高等院校内部控制转型与创新研究（项目编号：15BGL162）的阶段性成果之一。主要运用来自重点院校的经验证据检验我国高校科研绩效影响因素的差异性。其主要观点已发表于《财政监督》2019 年第 16 期。

② 科技经费数据来自历年《高等学校科技统计资料汇编》，包括科研事业费，政府部门、企事业单位委托经费等。

8.3.2 理论分析与研究假设

(1) 科研人员投入。

科研人员是科研绩效影响因素中最具生命力和创造力的因素，对任何单位科技产出都具有重要的影响。早在20世纪末，我国就提出了科教兴国关键在于人才，把人才强国上升到国家战略高度，要求加大人力资本投资比重。李思宏（2009）认为，提高一个国家科技发展水平的关键在于建设完备的创新型科技人才队伍，培养和选拔具有高素质、高技术水平的科技人才。陈静漪（2016）在教育部直属高校科研绩效动态评价中选取“高校科研活动人员”作为高校科研10项投入指标中的首要指标。“国以才立，政以才治，业以才兴”。已有文献证明高校科研人员投入会促进其科研产出（贾明春，2013）。

但是不同层次的高校促进效果必然会有差异。同时，科研产出并不是单纯地由科研人力数量的多少决定，还要受到各高校的发展定位、管理机制的影响。对于“985”院校，建设的目标是要成为具有国际水准的高水平研究型大学和世界先进水平的一流大学，围绕国家科技发展战略和学科前沿，以中国特色、世界一流为核心，以一流为目标、以改革为动力，推动一批高水平大学进入世界一流行列。对于“211”院校，则是集中央和地方力量建设学科或专业，使100所左右的高等学校以及一批重点学科在教育质量、科学研究、管理水平和办学效益等方面有较大提高，达到或接近国际一流水平的大学。可以说“211”院校是“重点”，“985”院校是“重中之重”。正因为两者建设的目标及思路不一样，“985”院校投入的科研人力可能更多，层次可能更高，科研条件、激励机制也可能更好，最终的科研效率可能比“211”院校更高。据此，本节提出假设第一个假设：

H1：相对于“211”高校，“985”高校科研人员投入对科研绩效的促进效应更明显。

从另一个角度而言，不同地区的高校科研投入对科研产出促进效果也未必相同。自20世纪80年代初确立重点高校政策以及20世纪末开始实施“211”“985”政策以来，我国对高等教育采取的“非均衡发展战略”对不同省份、不同地区高校科研质量发展产生了不小影响，导致了我国东西部教育发展不均衡，其中外在的表现之一就是西部地区人才流失严重。据了解，西部高校教师一旦评上了“长江学者”之类头衔就极有可能被东部高校挖走。“巧媳妇难为无米之炊”，全国政协委员熊思东如此概括高校人才在中西部高校可能会遇到的窘境。人才流失已成为制约西部高校发展的“瓶颈”，导致东西部院校科研产出不均衡。基于此，我们提出第二个假设：

H2：相对于西部高校，东部高校科研人员投入对科研绩效的促进效应更明显。

(2) 科研经费。

无论在国外还是国内，一流大学必须具备优秀的科研人才、充裕的科研经费和宽松的学术环境等一些基本要素。可见，科技经费投入是制约高校科技发展的另一个关键因素。李维春（2015）在其研究中表明，R&D的投入是高校科技创新产出长期均衡发展的重要因素。在科技创新文化氛围浓厚的高校，加大科研经费投入，将会提高科研绩效水平，丰富科研创新成果。即科研投入的增加对高校科研绩效的增长具有直接促进作用。科研经费主要涉及投入与支出，本节的研究侧重分析其支出影响。

一般情况下，高校当年科研经费支出会促进当年科研绩效成果。但是“985”院校与“211”院校的促进效果可能会有差异。“985”院校目的是建设成世界顶尖的一流大学，是国内高校精英中的精英，由教育部直接管辖，其基础设施、教学科研条件应处于国内高校前列。而“211”院校建立之初还要兼顾“各省至少一所，各行业至少一所”的思想，在资金投入与支出方面两类院校会有不小差距。例如，2015 年武汉大学科研经费投入约为 12.8 亿元，支出约为 11.2 亿元；而同处武汉市的华中农业大学科研经费投入约为 6.3 亿元，支出约为 5.1 亿元，几乎相差一半①。“985”院校聚集了政治业务素质更加优良、结构更加合理、人员相对更加稳定的教师队伍和管理干部队伍，管理理念、管理方式更加成熟，更接近西方发达国家，在资金管理与内部控制方面可能设计更加健全，执行更加有效。据此，本节提出第三个假设：

H3：相对于“211”高校，“985”高校科研经费支出对科研绩效的带动作用更明显。

三十多年来不均衡发展战略的影响，使西部地区高校从政府部门申请经费的渠道狭窄，获得的经费有限。再者，西部地区经济基础总体比较薄弱，所以它们从企业获得的资助也有限。经费跟不上，直接影响了科研条件，科研硬件建设滞后，部分高校连图书馆正常的运营经费都明显不足，馆藏文献资料十几年没有更新或更新很慢，无形之中增加了师生科研成本。结合师生需求不断增加，供求矛盾日益突出；软件方面，西部一些重点高校还没有国泰安、万德等国内重要的科研数据库，极大影响了科研产出。同时，相比处于东部发达地区的师生来说，西部地区高校师生获取最新信息的手段和机会都要减少很多。西部高校落后的不仅仅是软硬件，教育理念落后、管理制度僵硬也是制约西部发展的“天花板”。这些因素叠加，必然导致西部高校科研经费支出效率比不上东部高校。基于以上分析，本节提出第四个假设：

H4：相对于西部高校，东部高校科研经费支出对科研绩效的带动作用更明显。

8.3.3　研究设计

（1）数据来源与样本选择。

为保证数据的权威性和可获取性，本节选择教育部编制的《教育部直属高校基本情况统计资料汇编》（2010～2017 年）和中国校友会网与《21 世纪人才报》联合发布的《中国大学评价研究报告》（2011～2018 年）作为数据来源②，部分数据通过手工收集获取。

已有文献大多选取某个地区高校或者某一年度数据为样本，但数量有限，代表性较差。本节选取“211”及“985”大学作为样本。从教育部官网上了解到，截至 2017 年，全国“211”和“985”院校共有 116 所，考虑中国石油大学、中国地质大学、中国矿业大学拥有两个校区，实际高校为 113 所。剔除 3 所军事系统院校，最终确定样本为 110 所。

---

① 数据来源于 2015 年《教育部直属高校基本情况统计资料汇编》。

② 中国校友会一般会在年初或年中发布当年的《中国大学研究报告》，所以本节科研得分延后一期。

(2) 变量定义。

从现有文献来看，被解释变量高校科研绩效的衡量指标主要有：发表论文数量、出版专著数量、专利授权数量、申请项目数、技术转让收入。本节运用主成分分析法，选取当年申报项目总数、出版专著部数、在国外及全国性刊物上发表论文数量三个基础指标，然后根据因子载荷结果提取出一个度量高校科研绩效的综合性指标（Ky）。

解释变量主要包括当年科研经费支出总数（Fund）、科研人数投入总数（Hr）。模型中的变量定义具体见表8-6。

表8-6　变量定义

变量名称	变量符号	变量定义
科研绩效	Ky	利用主成分分析得到高校科研绩效综合性指标并取对数
科研人员投入	Hr	科研人员投入总数的对数
科研经费支出	Fund	当年科研经费支出总数的对数
研究生人数	Gr	当年在读研究生人数的对数
高校类型	Type	虚拟变量，若属于211高校，则Type=1，否则Type=0
高校所属地区	Region	虚拟变量，若高校处于东部，则Region=1，否则Region=0
科研得分	Score	《中国大学评价研究报告》历年评分

(3) 模型设定。

为了检验前面所提出的假设，我们构建了以下模型：

$$Ky_{it} = \alpha_0 + \alpha_1 Fund_{it} + \alpha_2 Hr_{it} + \alpha_4 Type \times Hr_{it} + \alpha_5 Gr_{it} + \mu_{it} \quad (8-1)$$

$$Ky_{it} = \alpha_0 + \alpha_1 Fund_{it} + \alpha_2 Hr_{it} + \alpha_4 Region \times Hr_{it} + \alpha_5 Gr_{it} + \mu_{it} \quad (8-2)$$

$$Ky_{it} = \alpha_0 + \alpha_1 Fund_{it} + \alpha_2 Hr_{it} + \alpha_4 Type \times Fund_{it} + \alpha_5 Gr_{it} + \mu_{it} \quad (8-3)$$

$$Ky_{it} = \alpha_0 + \alpha_1 Fund_{it} + \alpha_2 Hr_{it} + \alpha_4 Region \times Fund_{it} + \alpha_5 Gr_{it} + \mu_{it} \quad (8-4)$$

(4) 数据拟合分析。

本节先从图形考察高校科研人力投入、科研经费支出与科研绩效的关系，分别画出它们的散点图，如图8-10和图8-11所示。

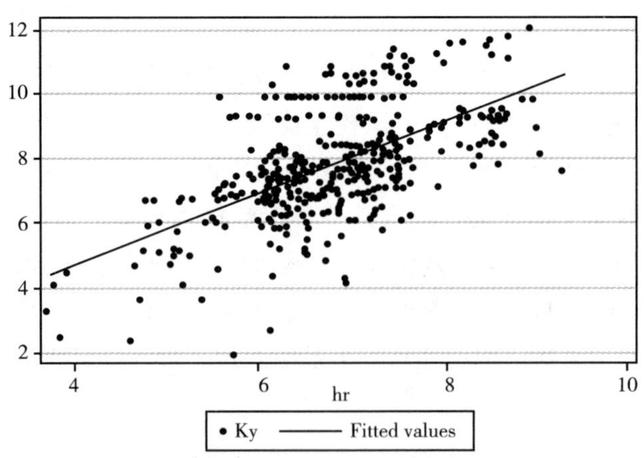

图8-10　科研人员投入与科研绩效关系

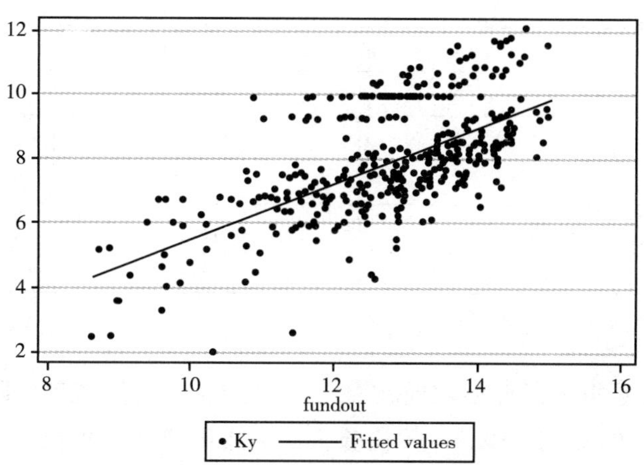

图 8－11 科研经费支出与科研绩效关系

从图 8－10 和图 8－11 可以看出，高校科研绩效（Ky）与解释变量科研人力（Hr）、科研经费支出（Fund）取对数以后呈现一定的线性关系，因此可以初步判断本节建立的线性模型具有一定的合理性。

8.3.4 实证分析

（1）描述性统计。

主要变量的描述性统计结果见表 8－7。从表 8－7 可以看出，2010～2017 年，科研绩效取完对数以后最大值为 12.11，最小值为 1.95。这说明我国重点高校之间科研水平差距依然比较大，呈现良莠不齐的现象，与贾明春（2013）的观点一致。

表 8－7　描述性统计分析

Panel A　全样本描述性统计

	N	mean	med	min	max
Ky	660	7.88	6.709	1.95	12.11
Hr	660	6.83	6.854	3.71	9.33
Fund	660	12.69	12.86	8.64	15.02
Gr	660	8.42	8.607	4.41	14.02
Type	660	0.655	1	0	1

Panel B　单变量分组分析——高校类型

	N	mean	med
“211” 高校	432	7.44	7.32
“985” 高校	228	8.71	8.51
差异		－1.27*** （－8.02）	－1.19*** （－8.43）

续表

Panel C 单变量分组分析——高校地区			
	N	mean	med
东部高校	360	8.03	8.00
西部高校	150	7.51	7.45
差异		0.52*** (2.54)	0.55*** (3.93)

（2）回归分析。

本节运用短面板数据，因此回归前在混合模型、固定效应模型、随机效应模型之间进行选择。通过对四个模型运用 Hausman 检验得出应用随机效应模型，采用广义最小二乘估计（GLS）。回归估计结果见表 8－8。

表 8－8　高校科研绩效影响因素回归分析

	Ky	Ky	Ky	Ky
	①	②	③	④
Hr	0.361*** (2.97)	0.439*** (2.71)	0.359** (2.56)	0.369** (2.16)
Fund	0.663*** (7.72)	0.651*** (5.88)	0.672*** (6.86)	0.668*** (5.60)
Type × Hr	0.38*** (2.45)			
Type × Foud		0.198 (1.57)		
Region × Hr			0.329*** (4.85)	
Region × Fund				0.532*** (4.36)
Gr	0.003 (0.05)	0.098 (0.91)	0.293*** (37.11)	0.098 (0.91)
Constant	-2.996*** (-4.34)	-3.774*** (-3.83)	-3.154*** (-3.92)	-3.774*** (-3.83)
N	660	660	660	660
R^2_adj	0.446	0.403	0.439	0.419

注：***、**、*分别表示在 1%、5%、10% 的水平上显著，括号内为 t 值。

（3）回归结果分析。

第一，科研人员与科研绩效。

表 8－8 呈现了主要变量的回归结果。从第一行可以看出，第①、②列科研人员投入与科研绩效在 1% 水平上显著为正，第③、④列科研人员投入与科研绩效在 5% 水平上显

著为正，这说明了科研人员的投入会极大促进高校的科研绩效。

从交互项可以看出，Type × Hr 在 1% 水平上显著正相关。这个结果说明，比起“985”院校，“211”院校的科研人员投入更能促进科研绩效的提高，即“211”院校在科研人员投入方面更有效率。分析其原因可能有两个：其一，“985”院校对科研论文质量要求更高，如在国际知名期刊或者国内权威期刊发表，导致其数量降低，单从论文数量上无法衡量两类院校效率差异；其二，也不排除“985”院校管理机制确实有欠缺，此方面的带动作用相对为低。所以 H1 并没有得到验证。

另一组交互项中，Region × Hr 系数在 1% 水平上显著正相关。说明比起西部院校，东部高校科研人员投入对科研产出的促进更显著，H2 得以验证。

第二，科研经费与科研绩效。

科研经费支出对科研绩效的影响，从第二行可以看出，第①、②、③、④列四种情况科研经费支出与科研绩效在 1% 水平上显著为正，这说明了科研经费支出会极大促进高校的科研绩效。

从交互项来看，Type × Foud 系数并不显著，说明“211”高校与“985”高校在科研经费支出与科研绩效方面效果并无太大差异。H3 并未得以验证。

另一组交互项中，Region × Fund 系数在 1% 水平上显著正相关，说明东部高校科研经费支出比西部高校正效应更明显，验证了 H4。

另外，在模型中加入的控制变量在读研究生的对数对科研绩效的影响并不显著，原因可能是多方面的。首先，我们统计的科研论文是在国外或国内重要的期刊发表的论文数量，很多研究生尤其是硕士生发表的论文级别可能比较低，不在统计范围内；其次，研究生出版专著的可能性似乎很小。这些因素导致了在读研究生数量对科研绩效的影响并不显著。

8.3.5 稳健性检验

为了证明研究结论的稳健性，本节引入中国校友会网与《21 世纪人才报》共同发布的《中国大学评价研究报告》中的科研得分 Score 指标，作为科研绩效的替代变量，代入模型 1 重新进行回归，结果见表 8 - 9。其主要结论与前面基本保持一致。

表 8 - 9 科研投入与科研绩效的稳健性检验

	Score	Score	Score	Score
	①	②	③	④
Hr	0.006 (1.41)	0.020 ** (2.13)	0.056 *** (4.81)	0.002 (0.17)
Fund	0.012 ** (2.71)	0.011 *** (2.34)	0.039 ** (4.13)	0.030 *** (4.68)
Type × Hr	0.051 ** (2.32)			

续表

	Score	Score	Score	Score
	①	②	③	④
Type × Foud		0. 046** (1. 98)		
Region × Hr			0. 232*** (6. 87)	
Region × Fund				0. 250*** (7. 34)
Gr	0. 024** (2. 03)	0. 000 (0. 32)	0. 035*** (4. 30)	0. 002 (0. 84)
N	880	880	680	680
R^2_ adj	0. 209	0. 234	0. 461	0. 593

注：***、**、*分别表示在1%、5%、10%的水平上显著，括号内为t值。

8. 3. 6 研究结论与启示

（1）主要结论。

高等教育供给侧结构性改革已然拉开帷幕，“拿着‘985’‘211’的船票上不了‘双一流’的船”①。如何提高我国高等院校科研绩效水平，是各高校争创“双一流”的重要课题之一。本节选取重点高校 2010～2017 年数据对我国高校科研绩效影响因素进行实证分析的结果表明：其一，科研人员投入方面，比起“985”院校、“211”院校的科研人员投入更能促进科研绩效的产出，比起西部院校东部高校科研人员投入对科研产出的促进更显著；其二，科研经费支出方面，“211”高校与“985”高校在科研经费支出与科研绩效方面效果并无太大差异，东部院校比西部院校在科研经费支出促进科研绩效方面效果更显著；其三，在倡导教育公平、均衡发展的同时，我们也发现了其中的一些问题：一是现有的科研绩效考核指标构成因素欠缺、重成果数量而轻成果质量；二是科研经费支出体制太呆板、报销难、造假多，既挫伤积极性又影响经费投入的绩效，同时，激励机制方面，科研人力价值无法体现；三是监督与制约不到位，对违规、造假、低效等的制约、处罚不够，即重申请、轻管理。

（2）主要启示与建议。

不同地区、不同类型高校科研效率的提高，关键在于制度的设计与执行。基于此，应从以下几个方面完善高校科研经费管理内部控制制度：

第一，进一步加强科研人力及经费投入。应加大科研经费投入支出力度。科研经费投

① 2017 年 3 月全国政协会议上教育部长陈宝生讲话。

入方面，把单一的政府拨入方式转向校企合作、国际合作、民间资助、其他收入等多元化的投入格局，保证经费增长的持续性；科研经费支出方面，应当重视支出管理，加强财务报销流程审核。财务报销整个流程都要设立风险控制阀，找出关键的控制点，建立完善的风险识别、评估、应对机制，防止科研经费的流失、滥用、挪用以及浪费，从而提高科研经费使用的经济性、效率性和效果性。同时也要增加项目负责人的经费使用权限，提高报账效率。

第二，完善科研绩效评价制度以及激励机制。科研人力对科研绩效的促进作用是本节研究的又一个结论，高校应重视科研人力的投入，但不应盲目注重投入的数量。正如回归分析表明，“985” 院校科研人员投入对科研绩效促进作用并不明显，西部地区院校科研人员对科研绩效影响也不显著，可见科研人力效率并没有预期的那么高。建议结合科研财务管理特点，研发科研管理专用的绩效评价信息系统，通过对评价手段的创新，实现各项财务数据的动态查询，最终把评价结果转为资金分配、职位晋升机会。这样才能激发科研人员的热情，提高科研人员工作效率，改变高校科研人员数量众多而绩效不高的现状。要重视并加强结果控制，减少挫伤积极性的繁杂过程。同时，从间接费与劳务费管理、经费结余分配、奖励等方面重视人力价值方面的机制构建。

第三，进一步加强科研管理监督检查。监督是保证各项科研管理活动有效运行的约束力量，科研经费的监督应采取内外双向约束机制。一是高校内部科研管理部门应联合财务、纪检、审计等部门参与到科研管理的各个环节中，全程跟踪科研经费的使用情况，让经费在阳光下运行，建立多位一体的科研经费监督体系，充分发挥好各职能部门的联动作用；二是外部监督方面，国家审计部门也应发挥积极作用，联合或委派社会中介机构对高校科研经费的使用进行不定期抽查，详细记录抽查结果，发现问题及时上报。内部监督与外部监督相互配合，相得益彰，才能确保科研管理整个流程在可控的范围内运行，把各种风险扼杀在萌芽之中。

8.4　高校预算编制风险及其控制的案例分析①

8.4.1　研究的背景分析

一是新预算法颁布和部门预算改革的推动。随着新的《中华人民共和国预算法》② 的

① 此专题研究系课题负责人沈烈指导项目成员、硕士研究生王茜在本研究项目“我国高校内部控制转型与创新研究”（15BGL162）研究期间完成的硕士论文的主要内容，亦为该项目的阶段性成果之一。该论文已收录于“中南财经政法大学大学学位论文数据库”2017 年度数据库中。该成果由沈烈与王茜共享，故将此文的主要内容编辑整理纳入本章。

② 2014 年第十二届全国人民代表大会常务委员会第十次会议表决通过了《全国人大常委会关于修改〈预算法〉的决定》，并于 2015 年 1 月 1 日开始施行。本法于 1994 年颁布，1995 年 1 月 1 日起施行。在此之前全国预算管理工作由 1991 年 10 月 21 日国务院发布的《国家预算管理条例》规范指导。

出台以及政府部门预算改革的不断深入，高校预算工作将面临一系列新的挑战。目前我国高校资金一直从属于政府资金管理，所以预算法和部门预算改革的推动使高校必须通过自身的变革来应对预算管理内外部环境的变化。

二是高校贪腐案件频发和内控失效形势严峻。高校贪腐案件频发已使高校内控风险暴露在监管和舆论风口下，预算管理作为高校财务管理的核心，也是内部控制的关键一环，值得我们关注。

三是高校转型对提高高校治理水平的现实要求。当前，我国高等教育进入了大众化阶段并向普及化发展，但高等教育结构性矛盾突出，同质化倾向严重。党的十八届五中全会从“十三五”时期党和国家发展全局的高度对教育工作做出了重大部署，指出要引导部分地方本科高校转型发展，更好地促进这些高校直接面向地方和行业发展需求培养人才。这样的转型要求使高校资源配置也要做出相应变化，符合转型要求的预算管理思路亟待探索。

运用案例分析方法，尝试将预算管理活动与高校其他业务活动进行更紧密对接，梳理高校预算管理的一般流程，识别流程中的风险点，挖掘预算机制及各项风险管控的路径缺陷，探索高校以预算为主线的内部控制与风险管控系统完善，提高预算资金使用效果和效率的办法及举措具有理论和应用价值，具有一定的现实紧迫性。

8.4.2 高校运用预算机制管控风险的理论分析

（1）高校预算管理的内涵及特点。

预算管理的对象是预算或预算活动，是普遍应用于组织内部的一种管理方式。不同性质的组织预算管理的内容和形式也不相同，按照组织形式的性质预算管理可分为企业预算管理和非营利机构预算管理。预算管理过程基本包括预算编制、预算审批、预算执行、预算调整、预算评价和绩效考核等环节，这些环节在不同性质的组织基本相似。

高校预算是指高等学校根据事业发展目标和年度计划，按照“量入为出，收支平衡”的原则编制的年度财务收支计划。本节研究的我国非营利高等院校的预算管理，相比于企业预算促进企业利润目标实现的功能，高校预算管理的目标是保证财政资金使用的合法性和效益性，其特点如下：

①全面性。高校预算按性质划分，可分为收入预算和支出预算；按编报内容和范围划分，可分为财政补助收支预算、事业收支预算、自有资金收支预算；按收支预算管理范围划分，可分为校级预算和所属各级预算。高校预算能全面反映高校的收支情况，依法将高校的各项收入和支出全面纳入预算中，统一管理，统一核算，有利于提高资金使用效益。

②严肃性。根据我国《预算法》的规定，高校预算是具有法律效力的文件，高校预算需要经过高校党委会或校务会等校内最高权力机构进行审批后才能实施。并且高校预算的编制需要严格按照行政事业预算编制的程序进行，未经法定程序任何人无权更改预算既定的各项收支指标，因客观因素需要调整预算的也必须按照相关制度规定和权限报批。

③战略性。高校预算是按照高校的长期发展目标来分配高校资源，其编制过程要统筹

兼顾，服从于学校中长期战略规划，保障和促进学校各项事业发展。

（2）高校预算管理流程。

高校预算业务贯穿资金筹集、分配、使用的全过程，由部门预算和校内综合预算构成。高校预算管理系统主要包括 5 个环节：预算编制、预算审批、预算执行、预算调整、决算和预算评价。

①预算编制。在预算编制环节，目前行政事业单位普遍运用的是“二上二下”的编制方法，高校也是如此。一般编制流程如下：学校财务部门部署预算编制工作，根据往年的预算执行结果和学校年度财务目标，对今年的预算进行预测，并将预算编制工作下达到各部门。各部门按照财务部门下达的财务预算目标和政策，结合部门特点和工作计划提出本部门详细的财务预算方案上报财务部。

②预算审批。高校财务部门对各部门上报的财务预算数进行审批、汇总，对各部门的预算编制提出意见，审核汇总后需要上报上级逐级审批。在审批过程中，高校预算管理层需要充分协调，对发现的问题及时给出调整意见，督促相关部门进行调整。

③预算执行。预算编制通过审批后，财务部将预算下达到各部门，在执行过程中需要严格按照预算编制的内容执行。

④预算调整。需要预算调整的部门，先经过部门负责人审批，然后上报财务部门，经财务部门审批后逐级上报审议审批，通过审批后经财务部门重新下达预算数，申请部门按照调整后预算执行。

⑤决算和预算评价。财务部汇总各部门预算执行数，编制决算报告。在该过程中，数据汇总要准确及时。预算评价部门要根据决算报告对各部门预算执行情况进行客观准确的评价。

以上预算管理流程 5 个环节可分为事前规划、事中控制和事后反馈三个阶段，如图 8 – 12 所示，预算管理流程可形成一个内部控制闭环。

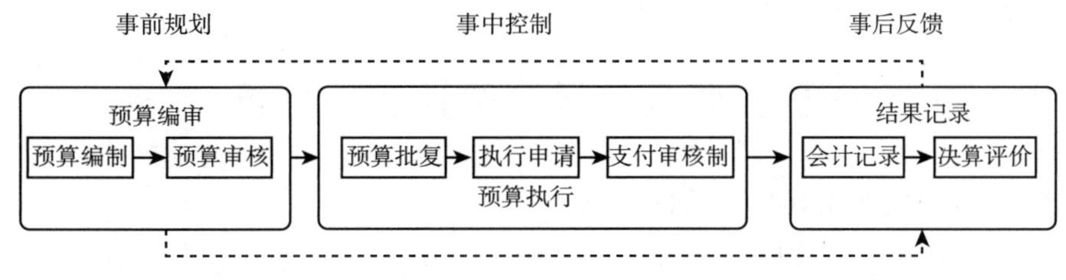

图 8 – 12　预算流程框架

（3）高校预算管理与风险管理的关联。

预算管理是组织内部控制措施中的一种，要厘清高校预算管理与风险管控之间的关联，首先需要明确高校内部控制和风险管理之间的关系。结合企业内部控制的定义和高校治理的特点，高校内部控制可以定义为：高校单位领导、各层次、各部门人员采取的为提升高校治理效率和效果，保证财务报告可靠完整、维持资产安全和运营合规合法的控制制度和控制行为。而高校风险管理则是管理者对高校各项经济业务活动中的潜在风险或事实风险进行识别、评估、应对的一系列管理活动。关于两者的关系，大致有三种观点：第一，内部控制从属于风险管理。此种观点认为内部控制是风险管理的一种手段或阶段，风险管理涵盖的范围则更广泛。第二，内部控制包含风险管理。这种理论将内部控制看作为实现组织目标的管理行为的集合体，风险识别、评估和应对则构成内部控制的关键要素。第三，内部控制等同于风险管理。此观点认为内部控制和风险管理都是为了降低组织可能要遭受的损失，都是以组织面临的风险为基础（陈关亭，2013）①。尽管这三种观点各有其拥趸，但不可忽视的是风险管理和内部控制的外延都越来越广，两者的核心内容是交叉的，实施风险管理和内部控制的主体是一样的，目的也是一样的，实施过程也有很多重叠交叉的部分，因此高校内部控制和风险管理应当融为一体，实现两者的流畅对接，用风险管理的理念优化内部控制，用内部控制完善风险管理系统。基于此，高校内部控制系统和风险管理系统间的对接是合理且可行的。

高校财务管理以预算管理为核心，而预算既是高校财务内部控制的基础，又是高校内部控制措施落实的保证。从管理内容角度来看，相比于不相容岗位分离、内部授权审批控制、单据控制等其他内部控制基本方法，预算控制能更为全面地收集学校资金筹集和使用数据，高校日常经济业务活动信息都能较详尽地反映在预算数据中，能从更全面和整体的角度对学校层面和业务层面进行监督和控制，有助于提高内部控制体系实施效果。从时间动态的角度，预算控制贯穿高校资金运动的始终，是一套完整的控制系统，可以通过战略规划、监督和评价来预测、识别、评估、控制和防范风险。因此高校运用预算机制预测、评估和防范高校经济活动风险也是合理且可行的。在实施路径方面，首先应当将预算控制与高校日常经济业务活动流程相融合，建立预算控制措施与业务流程环节的对应关系，使预算控制嵌入业务流程之内，成为各部门日常管理工作的一部分。其次，以预算管理信息系统为信息流中枢系统建立完善的内部控制信息集成共享平台，保证内部控制和风险信息传递的流畅性。同时，加强高校校园文化建设，完善治理结构和人力资源政策，为预算控制创造良好的内部控制支撑系统。

8.4.3 ZF 大学预算管理与风险管控案例分析

（1）ZF 大学组织架构和权力制衡机制。

ZF 大学是我国教育部直属的一所以经济学、法学、管理学为主干，兼有哲学、文学、史学、理学、工学、艺术学等九大学科门类的普通高等学校。ZF 大学机构设置及预算管理权力分配情况如图 8－13 和表 8－10 所示。

① 陈关亭，黄小琳，章甜．基于企业风险管理框架的内部控制评价模型及应用［J］．审计研究，2013（6）：93－101.

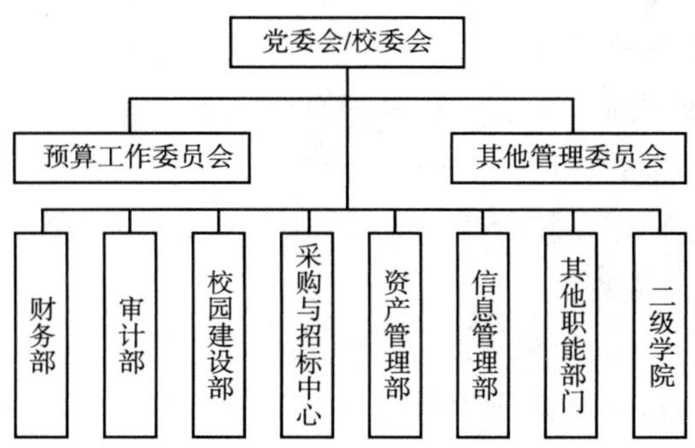

图 8－13　ZF 大学组织架构

表 8－10　　ZF 大学预算管理权力分解

权力分配		编制/申请	决策	执行	监督
党委会/校务会			①审批预算管理政策 ②审批年度预算草案 ③审批追加或调整预算方案 ④审批年度决算		
预算管理委员会				①审议预算管理政策 ②审议年度预算草案 ③审议追加或调整预算方案 ④审议年度决算	
财务部门	财务负责人			①审核预算管理政策草案 ②审核年度预算草案 ③审核追加或调整预算方案 ④审核年度决算	
财务部门	计划科			①拟定预算管理政策 ②主持预算管理日常工作 ③组织和部署校内预算编制工作 ④审核汇总各二级单位的预算草案 ⑤编制年度预算、决算草案 ⑥解释和细化预算管理规则 ⑦初审预算调整和追加方案 ⑧检查跟踪预算执行情况 ⑨提供决算分析报告	
业务部门		编制本部门年度预算方案		①组织实施经批复的年度预算 ②提出年度预算追加或调整方案	
分管校领导/财务负责人					不定时跟踪

可见，ZF 大学预算管理最高决策机构为校务会和党委会，预算管理委员会在校务会和党委会指导下部署全校预算管理工作，负责预算上报最高决策机构前的审议工作。财务部设有预算分管负责人和计划科负责预算管理日常工作，包括汇总预算、初步审核、决算编制，主要是起到上传下达的作用。各业务部门负责本部门的预算申报和执行工作，校分管领导和财务部分管领导则在预算管理过程中进行不定期的检查和监督。

（2）ZF 大学预算管理流程。

ZF 大学设有财经工作小组和预算工作委员会，年度预算由校务会和党委常委会审批。该校预算管理日常工作主要由财务部计划科负责，财务部设有 1 名预算分管副部长。计划科共有在编人员 3 名，在职人员多年从事高校预算管理工作，工作经验丰富，年龄结构较为合理。该校预算管理流程如下：

①预算编制与审批。学校的总预算资金分为国拨专项资金和校内预算安排资金两类，在预算年度内，二级单位预算的编制实行常规经费与专项经费分开编制的方法。常规经费指用于开展日常教学、科研、行政管理等活动所需的各种常规性公用支出；校内预算安排的专项经费指用于学校规划的重点工作、中心任务和阶段性专项任务所设立的项目经费。

该校按照“二上二下”预算编制模式，每年 7 月开始着手下一年度预算编制工作，包括确定预算编制方案、各二级单位编制各单位预算，汇总“一上”，核定“一下控制数”，审核“二上”，下达批复“二下”预算数等流程。ZF 大学每年会更新预算编制方案，编制方案通过审批后各单位根据方案指引开展预算编制工作。

第一步：“一上”。二级单位：填报本单位基本信息（包括职工人数和学生人数），并根据学校事业发展规划，申报年度专项经费预算（附相应学校规划）。有分成资金的学院还需编制分成资金年度收入、支出预算，分成资金收支纳入学院年度预算，与学校预算统筹编列支出。此外，学工部还需负责填报各学院学生人数，教务部负责填报本科生实习费、实习基地建设费、毕业论文设计费预算，研究生院还需负责填报研究生管理费、活动费、业务费预算。二级单位于每年 12 月前将所有资料报送财务部。财务部：负责按定额标准和经费执行情况编制各二级单位基本运行费、学生经费、业务经费、学校公共经费预算，并统一汇总，编制年度预算草案（含新增项目）报学校预算工作委员会预审，预算工作委员会根据各二级单位近两年预算执行情况和学校事业发展规划等因素，综合核定“一下控制数”报校务会、党委常委会审批。

第二步：“一下”。财务部将校党委常委会审批通过的预算数“一下控制数”到各二级单位。

第三步：“二上”。二级单位：根据学校下发的“一下控制数”，学院召开党政联席会、教代会，行政管理部门召开部务会，细化本单位的年度预算报送财务部。财务部：合规性审查后，统计汇总各二级单位的“二上”预算报预算工作委员会审议，通过后报校务会、党委常委会审批。

第四步：“二下”。财务部根据学校审定的校内执行预算，下达预算批复给各二级单位。

②预算执行。财务部计划科根据校务会审批通过的预算方案将预算分解下达至各二级单位后，二级单位按照各部门经审核的预算方案开展业务活动。

③预算调整。ZF 大学的预算编制方案中未对预算调整事项进行说明，但每年学校财经工作小组在第三季度末期会根据学校预算执行情况编制预算调整方案，然后提交校务会进行审议。

④决算和绩效评价。预算年度结束后学校财务部进行年度决算工作，分为部门决算和校内综合决算。部门决算需提交到教育部审核，校内综合决算则是在各二级单位决算基础上进行校内经费收入和使用的决算。在绩效考核方面，国拨专项资金执行进度被纳入责任单位的目标任务书，预算执行情况与本单位年末评优评相挂钩，校内预算资金执行考核也有相关规定。

在预算申报方式方面，ZF 大学为加强预算信息化管理，学校要求各二级单位不仅需填报纸制版、电子版预算表，还需通过财务操作平台网上填报预算，纸制版、电子版、网上申报三种上报方式的数据必须保持一致。

（3）ZF 大学经济业务管理中的预算控制。

①收支业务中的预算控制。

第一，收入业务。高校收入可分为财政补助收入和事业收入，其中，财政补助收入包括来源于同级财政部门的教育拨款、财政科研拨款和财政其他拨款；事业收入包括教育事业收入、科研事业收入、上级补助收入、附属单位上缴收入、经营收入和其他收入。高校收入控制的主要目标是对收入进行规范管理和实时监督，以保证收入核算正确，资金高效利用，为高校正常运行提供足额的资金保障。

收入业务管理流程主要包括收入项目与标准确定、票据使用与管理、收入收缴、收入退付、合同管理、会计核算等环节。在收入管理中，与预算活动紧密相关的环节主要是项目与标准确定和收入收缴环节。收入项目与标准确定环节存在的风险是各项收入未按获批的收费许可项目和标准征收，导致收费不规范或乱收费。从预算管理角度来看，其原因是收入预算编制缺乏依据，预算审批未识别出收入风险。收入收缴环节的风险显著表现在其他业务部门或个人未经批准办理收款业务，收入不入账或私设小金库。这一问题表现在预算管理中是预算编制与执行的缺陷，预算编制时未将所有收入全面编入预算，导致预算外收入；预算执行时职责不明确，未全部归口到财务部门管理。由此观之，收入业务中的乱收费风险和资金体外循环风险可以通过加强预算编制和执行控制的方法降低风险。

ZF 大学收入的主要来源是财政补助收入和教育事业收入，占学校年度总收入 95% 左右。这两项收入都具有很强的可预见性，财政补助收入项目基本确定，政策性强，基本无弹性，所以不存在预算外收入。教育事业收入主要包括向学生收取的学费、住宿费、委托培训费、考试考务费和其他收入等。这项收入主要按生均定额和学生人数确定，收入确定的依据明确简单，也不易产生预算外收入。ZF 大学的收入收缴归口到财务部，其他单位和个人无权办理收款业务。从整体上来说，ZF 大学的收入内部控制状况良好。

第二，支出业务。高校支出主要包括事业支出、经营支出、对附属单位补助支出、上缴上级支出和其他支出。支出业务流程主要包括以下环节：支出审批、支出审核、支出核算、支出支付、支出归档等。这些环节中风险集中区在支出审批和审核环节，经费支出是否纳入预算、业务是否真实、超预算支付等都是常见的风险点。ZF 大学的主要支出是事业支出，包括基本支出和项目支出，占学校全年支出的 95% 以上。由于 ZF 大学附属单位较少，学校资产经营规模小，经营支出和对附属单位的补助支出也较少，与支出相关的风险主要是基本支出和项目支出，其中以项目支出中的基本建设支出风险尤为集中。例如，基本建设项目涉及大量复杂的业务，校园建设部门负责人在审批经费时由于不了解具体业务内容无法对支出申请的真实性负责。财务部门无法及时获取工程项目的管理数据，无法了解各类资金使用要求，容易导致资金无法及时支付。此外，ZF 大学的支出核算数据在财务系统，与预算管理系统之间没有良好的衔接，财务人员无法在财务系统中便捷及时地查看到预算信息，无法及时发现预算执行过程中问题。对于以上存在的风险，ZF 大学已采取表 8 - 11 中的预算控制以降低部分相关风险。

表 8 - 11　　ZF 大学支出业务风险点及相关预算控制一览表

业务环节 1	业务环节 2	责任人	主要风险点	预算控制
支出审批环节	提出经费支出申请	业务部门业务经办人	经费未纳入预算或超预算，业务未发生或票实不一致	①严格规范事项预算申报，并严格执行预算，无预算不执行；②预算编制应具体细化，明确预算用途和金额，与预算不符的业务不予支付；③按照预算批准的范围和标准报销，确需报销的重新履行预算审批程序
	会签经费申请	业务部门分管负责人	不了解业务具体内容，无法验证业务真实性	
	审批经费申请	业务部门财务负责人	财务负责人因不熟悉业务部门工作计划及相关预算，以及各类资金使用的范围和要求，导致经费无法支付	
支出审核环节	审核是否纳入预算	财务部支出审核/复核岗	支出事项未纳入预算，支出事项未纳入政府采购事项	
	审核是否符合预算	财务部支出审核/复核岗	支出事项不符合预算批准的范围或标准	

②基本建设项目中的预算控制。

高校基本建设项目通常包括建筑物构造、基础设施建设、大型设备安装和大修。随着直属高校的规模不断扩大，基本建设项目投资也随之加大，基本建设投资额度占学校总体预算比重也越来越大。由于基本建设项目规模大、耗资多、工程复杂、专业性强等特点，基本建设项目业务的风险也较大，是高校内部控制的重点。

基本建设项目业务主要包括以下六大环节：项目立项、勘查与设计、项目招标、项目建设、竣工验收与决算和基建项目后评估。其中项目立项、项目建设和竣工决算环节都可以采用预算控制的手段进行风险管理。例如，在项目立项环节，基建项目立项都必须先上报教育部和发改委批准后才可在地方报建，在年度预算编制之前基本项目的规划立项和可行性研究都应当已经通过教育部和发改委的审批，项目经费来源和经费总概算已基本确定，在编制财务预算时就应当要求明确年度施工和用资计划，细化预算项目内容和金额。在项目建设环节，工程建设部门执行预算应当严格按照预算内容执行，将预算系统与工程管理系统衔接，使超预算的支出无法实现。在工程决算阶段，将工程决算数据与财务预决算数据对比，对于未执行完的预算和预决算差额较大的部门进行追踪，查找原因并纠正。

ZF 大学基本建设工程作为学校内部控制重点领域，其管理制度较为健全，流程清晰，制度规定的执行情况也较好。在预算编制阶段，基建部门将经过教育部、发改委审批后的项目，分解到各年度，按年度施工、用工计划将预算上报至财务部。但项目细化程度不足，财务人员无法了解基建项目预算的具体内容，其审核难度较大。在基建项目开始后，基建部门业务人员申请预算项目不清，存在项目间资金随意调度的情况，这给基建项目留下腐败隐患，也影响了基建项目的正常建设进度。另外，该校工程决算不及时，存在竣工验收已投入使用的资产还未进行工程决算和审计的情况。ZF 大学目前针对这些风险已采取的措施如表 8 - 12 所示。

表 8 - 12　　ZF 大学基建项目风险点及相关预算控制

业务环节 1	业务环节 2	责任人	主要风险点	预算相关控制
项目建设环节	施工准备	基建部门	项目资金筹措或安排不到位、不合理，影响工程款项支付；建设项目专项资金被挪作他用	①预算编制要遵从量入为出的原则，明确预算编制依据； ②严格执行预算审批程序，重要决策要按照“三重一大”办法进行决策； ③预算执行环节严格按照预算执行，明确审批权限，禁止更改预算资金用途
项目竣工验收环节	项目结算	基建部门	工程竣工决算不及时，未进行决算审计就办理验收，可能导致财务决算不完整、不真实，影响财务报告的真实性	①在工程预算执行环节加强内部跟踪审计； ②规定在工程竣工后，基建部门必须对工成造价进行审核，提交审核结果方可申请与施工单位结算； ③规定工程竣工结算后财务部必须在 6 个月内编制财务决算，并经第三方机构评审后报送教育部

③资产管理业务中的预算控制。

高校资产控制可分为货币资金控制和非货币资产控制。

货币资金控制主要表现为财务部门内部控制，涉及出纳、会计、稽核、财务部门负责人、分管财务的校领导。货币资金业务须经过申请、审核、审批、资金收付、记账、对账等环节。其中，货币资金的审核审批环节与预算管理相关度较高，学校资金的收付都应该是在预算内执行，对于无预算或超预算的收付行为必须经过相应单位主管的审批，批准后才能向财务部申请收付。ZF 大学货币资金的管理归口财务部门，职责分工明确，流程清晰，存在的风险较小。

非货币资产控制主要是对高校固定资产、无形资产、对外投资和其他资产的内部控制。非货币资产业务内部控制的环节包括分工与授权控制、取得与验收控制、使用与维护控制、处置与转移控制。其中取得与验收环节和预算管理中的预算编制环节联系紧密，非货币资产预算编制存在的风险表现在资产配置可行性分析不到位，预算不当、预算不严造成资产搁置或重复浪费。还有一种风险就是资产配置没有编制预算或没有按照购置标准编制购置预算，没有以资产使用现状作为购置依据。ZF 大学针对两类风险，在预算编制和审批环节采取了一些措施来加以应对，如表 8-13 所示。在预算编制阶段，资产管理部门可会同相关部门审核资产存量及使用相关信息，由资产管理部门、使用部门和财务部门共同编制实物资产预算，能够减少数量与单价的超标购置。在流程管理方面，实物资产预算支出编制、执行和调整都履行了相关程序，提高了预算管理的严肃性。

表 8-13　　ZF 大学资产管理业务风险点及相关预算控制

业务环节 1	业务环节 2	责任人	主要风险点	预算控制
资产取得与验收环节	实物资产预算管理	资产管理部门、使用部门、财务部门	资产配置可行性分析不到位，预算不当、预算不严造成资产搁置或重复浪费；没有编制预算或没有按照资产购置标准编制购置预算	①资产管理部门会同相关部门审核实物资产存量及使用情况信息，一并上报财务部；②使用部门、资产管理部门和财务部门共同编制资产预算，杜绝数量与单价超标；③实物资产预算编制、执行、调整都需要严格履行相关程序

但是 ZF 大学非货币资产的管理也有部分风险未得到有效控制，主要表现在以下几个方面：一是资产管理信息系统缺位，校内资产数据分散滞后，不能为资产购置预算的编制提供充足依据，易导致资产重复配置；二是实物资产分散在学校各使用单位，资产清查和盘点不全面，存在账实不符的情况；三是缺乏完善的资产退出机制，有些已丧失使用功能的资产不能得到及时处理，给新资产采购造成阻碍。

④政府采购业务中的预算控制。

高效政府采购是指高校为完成本校教学、科研、后勤保障等任务，使用财政性资金以及自筹资金购买政府采购目录以内的或采购限额标准以上的货物、工程以及服务。采购业务内部控制目标是通过建立健全的政府采购内部控制制度，明确采购部门、采购单位及相关人员的职责，确保采购业务合法合规，采购环节科学合理，采购结果公平、公开、公正。

政府采购业务的主要环节有：预算、采购、验收、质疑、记录。其中采购预算编制环节是采购活动的起点，也是预算管理的重要一环。预算对采购业务中的风险控制作用就体现在此环节。采购预算编制的基础是建立了预算编制、政府采购和资产管理等部门或岗位之间的沟通协调机制。在此基础上采购主管部门根据本单位实际需求和相关标准编制政府采购预算，按照已批复的预算安排政府采购计划。ZF 大学采购预算环节的风险点主要集中在预算编制环节，如表 8-14 所示，表中也列示了该校从预算角度采取的控制措施。

表 8－14　　ZF 大学政府采购业务风险点及相关预算控制

业务环节 1	业务环节 2	责任人	主要风险点	预算相关控制
预算环节	申报采购计划	各使用部门办公室主任	盲目申报项目，申报项目与实际需求不符	①严格要求预算项目经过可行性论证；②加强预算编制过程中使用部门、采购部门和财务部门的沟通协商；③建立采购预算相关的分权机制，理清采购预算的流程和岗位设置，规范使用部门、采购部门和财务部门的职责
	汇总上报采购预算	采购部门办公室	未对各使用单位申报项目的可行性、技术指标和服务内容进行审查导致预算编制不合理	
	预算批复与采购计划制订	财务部	采购预算批复不及时；没有制订采购计划；采购计划审批机制不合理	

ZF 大学政府采购业务由采购与招标管理中心负责日常管理，该部门目前正在进行组织架构改革，由以往按采购金额大小设置科室改为按照采购标的性质来设置科室，分设货物采购管理办公室、工程采购管理办公室、服务采购和综合管理办公室。在改革之前由部门办公室负责汇总采购需求并编制采购预算，改革之后由采购综合管理办公室履行相关职责。该校采购招标部门负责根据采购计划进行招标、评标和定标，采购项目的事前可行性论证、事后签订合同和验收均由使用部门负责。这样的职责分工给采购工作造成了一定的阻碍，由于使用部门的需求描述不清晰和采购计划上报不及时导致采购部门上报教育部的采购预算不全，最终使用单位的建设需求就没有经费来源。ZF 大学的采购业务还存在一个较大缺陷，即采购部门与某些职能部门职责不清，权利重叠。一方面部门之间产生摩擦，影响工作开展；另一方面给学校造成不必要的风险和损失。

在 ZF 大学采购业务管理过程中值得借鉴的是建立采购台账，由综合管理办公室统一管理，将年度采购信息集中，便于了解采购预算进度和执行情况。

⑤信息系统建设活动中的预算控制。

教育部发布的《教育部直属高校经济活动内部控制指南（试行）》中明确指出高校应当充分运用现代科学技术手段加强内部控制，将经济活动和相关内部控制流程嵌入信息系统中，使各重要信息系统之间互联互通、信息共享和业务协同，以减少或消除人为操纵因素，提高管理效率和管理水平，促进信息公开和廉政建设。将预算系统和学校各经济业务部门的管理系统对接是高校信息系统整合的重要任务。

ZF 大学校园信息化建设和全国大多高校类似，主要经历了三个阶段：虚拟校园（20 世纪 90 年代及 21 世纪初的提法）、数字化校园（目前正在建设中）、智慧校园（“十三五”阶段开始探索）。信息系统在该校日常管理中的地位越来越受到重视，该校信息管理部门设 3 位部门领导，一正两副，分管不同业务，部门共 9 个科室，该部门也是全校人员最多、科室最多的部门之一，在职工作人员 40 人，编外人员（合同制）38 人，离退休 17 人。信息管理部负责制定和实施全校信息化建设规划，管理和协调校内外信息化建设工作，从2015年9月之后学校所有信息化相关职能统一归口到信息管理部，代表学校履行信息化建设管理职责。

从职能安排上来看，该校信息管理部门负有全局统筹全校信息化建设的责任，但是根据调研结果，该部门履行该职责的情况并不乐观。其中一个突出表现是全校各二级部门的信息管理系统处于各自为政的状态，系统之间较封闭，各部门管理数据无法流通共享。财务处的财务系统和预算管理系统之间、预算管理系统和资产管理系统、基本建设项目管理系统之间都存在较大的数据共享障碍。其原因就是信息化建设缺乏前期充分可行性论证，在预算编制和审批环节，只看当年资金是否充足，忽视了预算内容是否符合长期规划，是否符合高校事业目标。为解决这个问题，ZF大学采取了较多措施，其中从预算管理的角度进行的内部控制如表8－15所示，这些措施有利于降低信息系统筹备、建设和验收环节可能存在的风险。

表8－15　ZF大学信息系统建设风险点及相关预算控制

业务环节1	业务环节2	责任人	主要风险点	预算控制
信息系统筹备环节	信息化建设预算编制	使用部门、信息管理部门	使用部门需求不合理，信息管理部门指导不到位造成信息系统建设不符合学校规划目标	①信息管理部门会同使用部门编制信息建设预算，分管信息建设领导根据学校信息建设整体目标审批预算； ②财务部计划科结合信息建设规划审核预算
信息系统建设环节	信息系统开发	信息管理部门	信息系统建设项目内随意调整，超出预算或变更系统功能	加强预算执行监督，对于预算执行过程中的变动和调整需进行严格审批
信息系统验收环节	系统运行评价	使用单位、信息管理部门	验收组织、程序不合理可能使验收流于形式，无法发现系统建设的质量缺陷	①加强预算绩效评价，将每笔预算的执行情况和项目责任人、部门负责人的绩效挂钩； ②加强执行预算过程中的审计力度，对于玩忽职守的情形进行追责

（4）ZF大学运用预算机制管控风险的启示。

①有益经验总结。

第一，夯实了预算管控的基础——定责明岗，优化流程。ZF大学通过在全校各部门各单位开展职责梳理工作，明确了各部门的职责和权力边界，对校内机构和岗位设置进行一次大清查。同时会集各相关部门讨论商议，对权力重叠和权力真空区域重新规划，这样的举措使各项业务的归口部门更加清晰，在预算编制、执行中的各部门和岗位所要做的事，能够做的事得以固化，预算控制的事前和事中控制也就有了依据。更进一步，职责明晰为预算绩效评价和追责及风险管理也奠定了基础。流程更清晰，业务操作轨迹和相关责任人有迹可循，风险点也就更容易识别出来。同时，ZF大学还引入外部第三方专业内部控制咨询机构对全校各部门各业务进行全方位的内部控制评价，整个项目历时3个月，项目期间成立内部控制领导小组协同第三方机构和各业务部门对全校业务流程进行梳理和再造，并基于对本校的了解形成了本校经营管理活动的风险库，找出了 ZF 大学目前存在的十大重要风险。ZF 大学的职责梳理工作和内部控制评价工作为加强学校预算管理，增强风险意识创造了很好的基础和条件，这两点举措的意义是十分重要的，这也是国内高校可以广泛借鉴的。

第二，把握住了预算管控机制的命门——将部门经济责任与部门领导绩效挂钩。从前面提及的 ZF 大学应对风险的一些措施中可以看到该校有意识地将预算资金的执行责任和预算申请人的绩效挂钩，试图通过预算绩效评价加强各部门各职工的责任意识和风险意识。目前 ZF 大学的实践已体现了这一点，如各部门领导于年初根据每年工作计划和预算安排与学校签订工作目标管理责任书，以此作为部门领导工作考核的依据之一，其中预算执行情况是重要内容。ZF 大学的此项制度安排有利于学校考察部门领导人的经济工作履行情况，也可以督促部门负责人合理编制预算，合理安排年度工作，严格执行预算。目标管理责任书在 ZF 大学已得到很多部门负责人的高度重视，也成为部门负责人日常管理工作中的一道标杆，推动着各部门的日常管理水平进步，这种尝试值得国内高校学习。

第三，抓住了预算编制的关键——细化预算项目内容，强化部门间沟通协调。预算控制的依据就是预算编制，如何提高预算编制的水平显得尤为重要。ZF 大学所运用的预算控制很多集中在预算编制环节，通过加强预算项目的可行性研究和论证工作，建立编制过程中部门间沟通协调的长效机制，完善预算编制方法，细化预算编制等措施来提高预算编制水平。这些举措抓住了预算编制的关键，能最直接有效地提高预算编制的合理性，使学校预算能够更加全面、清晰地反映高校经费需求情况和支出安排方向，切实发挥了高校预算管理在高校财务管理中的核心作用。这也大大增强预算的事前控制作用，有利于降低高校投资建设偏离规划目标的风险。

②存在的问题及启示。

第一，预算管理过程审计力度不足会降低预算约束力。教育部《关于加强直属高等学校内部审计工作的意见》要求内部审计需要加强对预算的审计力度，从预算编制开始审计部门就要介入，预算执行过程中审计部门需要严格把关，决算报告也需要进行审计。但是目前 ZF 大学内审部门没有对预算编制、执行进行审计。其中，最主要的原因是内审部门人员配备不足，难以应对繁重的内审工作。虽然 ZF 大学的内审工作由校长分管，设有独立的内部审计部门，但专职审计人员仅 7 人，其工作任务量非常巨大，要开展的内审工作包括预算审计、经济责任审计、基建项目审计、财务收支审计、科研经费审计等。由此可见内审部门人员配备严重不足，这也就造成预算审计工作无法开展或审计力度不到位，导致学校预算的约束性不足，出现的问题没有进行追踪，相关风险仍然存在。即使在部分内审工作外包的情况下，也会因为外部机构缺乏对学校的了解，导致审计不到位，流于形式。由此观之，学校内部审计力度不足会降低预算约束力，使预算机制既无法事中控制风险，也无法识别潜在风险。

第二，预算考核评价不到位会掩盖风险点和控制缺陷。与内审环节缺失类似，ZF 大学的预算考核评价也有所欠缺，主要表现为决算分析不细致和考核追责执行不到位。决算不仅是绩效考核的重要依据，也是下一年度预算编制的基础。从ZF大学近两年的决算报告可以发现，该校决算报告偏重财务数据决算，预决算执行差异分析较少体现，找出的原因较宽泛，从决算报告难以看出具体是哪个部门、哪个项目的问题。决算分析不细致，导致差异的原因仍然存在，问题找不出，考核追责也就无从说起，正因为这两个环节的不足，学校各项经济业务活动的风险点和现有控制措施的缺陷无法被发现，利用预算机制进行风险管控的路径就会再一次被切断。

第三，信息系统衔接和运行不畅会严重影响预算编制与执行效率。高校运营管理过程中会产生大量管理信息数据，高校信息化建设和信息系统的运用在一定程度上大大减轻了数据处理的难度和工作量。但信息系统间的衔接和运行不畅又成为新难题，给高校管理活动带来严重阻碍，表现在预算管理中就是预算编制和执行效率受到极大影响。ZF大学的预算管理系统建设起步较晚，目前还不成熟。该预算管理系统刚刚开始试用，新的信息系统使各单位上报预算不仅需要提交纸质版，还需要在信息系统中录入，系统中的权限设置和新功能也需要各单位努力适应，短期内增加了各二级单位的预算管理工作内容和难度。另外，由于学校部分业务部门的信息管理系统早已开始使用，系统使用状况参差不齐，要将预算管理系统和这些已存在的信息系统对接起来难度较大，工作复杂，这使预算执行数据无法及时汇总到预算管理信息系统中。国内高校可吸取这条教训，将预算管理系统建设和其他信息化建设尽早纳入整体规划，加强预算管理机构、信息建设部门和各二级部门间的协调沟通，结合学校教学科研管理目标，全盘规划，减少各信息管理系统间的对接障碍。

8.4.4 我国高校运用预算机制管控风险的路径缺陷

(1) 缺乏统筹预算管理的机构。

基于对华中地区近10所高校的了解①，较多高校并未建立起长效的预算管理机构，普遍做法是由财务处一个科室来履行预算管理的职能，财务处领导分管预算管理工作。这样简单粗糙的组织机构设置很不利于预算控制作用的发挥，主要表现在以下几个方面：一是人员配备不足。例如，ZF大学虽设置了财经工作委员会和预算管理委员会，但是该校预算管理主要工作由财务部计划科负责，该科室只有在职员工3人，分管领导1人。而预算管理工作涉及编制、审批、执行、决算和评价，环节多，程序复杂，任务量大，范围广，仅凭一个科室或部门之力是无法完成此项工作的。二是专业分工不明确。预算管理不仅仅涉及资金的收支，还需要在把握学校整体发展的基础上，对全校的经济业务活动有清晰认识，才能对预算编制、执行的合理性和合规性进行审核和监控。与ZF大学类似的，大多数国内高校财务部门的工作人员缺乏资产管理、采购招标、工程建设等管理工作的知识背景，对这些经济业务根本无法科学合理地进行预算审核和监控。三是重编制，轻执行，无

① 数据来源于国家社科基金项目《高等院校内部控制转型与创新研究》调研成果。

追踪与分析。预算和决算由于需要将文件上交教育部审批，因而在这两个环节高校普遍投入较多精力，主要工作由财务部一个科室承担。但是在执行、追踪和评价方面，缺乏相应独立岗位来履行职责。如案例所述，ZF 大学没有专门机构或岗位来进行日常预算追踪和检查，只有财务部领导或者校分管领导会进行不定期查看，而且频率不高。类似现象在我国其他高校也较普遍，因此可以认为我国高校对于预算机制在风险管理中的作用认识是不足的。

强有力的预算管理机构是预算控制环境建设的关键，缺乏强有力的管理机构一方面无法体现学校管理层对预算管理的重视，给各部门、各层级的人员传递一种消极的信号；另一方面使学校预算控制失去风险管理的作用，因为即使将预算管理工作归口到财务部，由于其部门权力限制和部门资源有限，往往只能完成简单的预算资金控制，根本无暇也无力识别、评估和分析预算执行过程中发现的业务活动风险，而预算控制过程是收集高校管理风险信息的重要途径，也恰恰是高校运用预算机制管控风险的关键路径。所以缺少统筹预算管理的机构表面上是组织架构的缺陷，事实上是高校预算管理控制环境、风险管理机制的重大弊端，这也是我国高校运用预算机制管控风险的路径缺陷之一。

（2）业务部门流程混乱，岗位职责不清。

高校内部控制的关键业务活动主要有预算管理业务、收支业务、基本建设管理业务、资产管理业务、采购招标业务和合同管理业务。而这些业务的内部控制应当协同作用，形成“以预算管理为主线，以资金控制为核心”的内部控制体系。要实现这六大业务的有效协同必须建立在各自业务流程清晰、各部门岗位职责明确的基础上。例如，ZF 大学作为教育部直属高校，综合实力在国内排名较强，尚且没有对各类经济业务活动流程进行全面梳理，也没有形成完善的内部控制建设岗位与职能体系。所以可以推测国内高校业务流程不清晰，内控职责不明确的问题也较为普遍。这些缺陷对于利用预算管理控制风险的影响在于以下几点：第一，各业务活动内部流程混乱，且没有固化，会导致业务开展时容易出现随意性和领导干涉业务开展，这对预算约束的严肃性是不利的；第二，业务流程不清晰导致岗位设置不合理，只有在业务目标和流程清晰的情况下，才能做到因事设岗，因岗选人；第三，业务流程和岗位职责不明确时，业务活动执行的科学性和效率就无从谈起，对业务部门的预算编制和执行也是十分不利的；第四，各部门预算执行贯穿在业务开展活动中，业务流程不畅和岗位不清，追踪预算执行效果、事后决算评价和奖惩、识别和控制风险点就无法开展。这些缺陷在湖南某大学的基建项目管理中体现得非常明显，该大学基建项目事权在后勤部门，建设部门只想上大项目，多上项目，但是项目审批流程混乱且流于形式，项目施工期间缺乏具体管理规范和约束，导致项目预算无法正常执行。如房屋建造地下打桩按 2 米造价预算，这是施工员才清楚的，审批时走形式，财务人员无法确定需多少才能符合建筑标准，而实际只需做 1.8 米或 1.5 米，项目预算也就失去了其约束性。

因此，在将预算机制和风险管理对接的过程中，明确各业务活动的流程和各岗位的职责是非常关键的。目前高校业务活动流程和职责不清晰，就难以合理地建立预算控制措施与业务流程环节的对应关系，预算控制无法融入业务流程之内，得不到有效执行，其识别和应对风险的作用也就无法发挥。因此业务流程和岗位职责不清也是我国高校运用预算机制管控风险的路径缺陷。

（3）预算管理系统与内部控制信息沟通不畅。

在COSO发布的《企业风险管理——整合框架》中，信息沟通是全面风险管理框架八大组成要素之一，其重要作用就是保证内部控制系统中点、线、面的信息集成，为风险识别、评估和应对决策提供数据支持。而目前我国高校管理的信息化程度普遍不高，信息系统之间的衔接仍存在很大不足，从而导致“信息孤岛”现象严重。管理信息无法流通，不仅使管理运行效率大打折扣，而且使内部控制难以执行，存在很多内控盲点。

目前有很大一部分高校的预算管理是依赖手工作业的，即使运用了计算机，也只是对Excel等办公软件的简单使用，并未建立预算管理信息共享平台。这样的手工作业办法在高校规模扩大、资金紧缺的环境下不免掣肘，再加上高校预算编制周期长、范围广、程序复杂，没有及时获取校内经济业务信息能力的预算管理机制想要实现预算的控制，根本是纸上谈兵。

前面已经阐述预算控制是高校内部控制中最有效的控制措施，也是涉及面最广的业务活动，建立起以预算管理信息系统为轴的信息管理系统对于提高高校风险信息沟通能力有很大裨益，也是运用预算机制管控风险的重要路径之一。但国内高校管理的现状是基本建设、采购招标、资产管理等经济业务信息无法反映在预算管理系统中，信息数据是分散的，而且准确性也欠佳，无论是财务、审计监察还是业务部门想要看到预算执行情况，或进行审计，或进行分析都需要花费大量精力去各部门搜集核实数据。例如，在华中某高校就出现教务部学生管理系统中毕业生人数和就业管理中心的毕业生人数不一致的现象，两部门工作人员还需核查毕业生人数才能进行毕业生经费预算。再如，湖北省某高校资产管理信息孤立，导致已有房产信息未能及时纳入管理系统，此处房产一直处于预算监督之外。因此，预算管理系统与内部控制信息沟通不畅也是我国高校运用预算机制管控风险的路径缺陷。

（4）预算绩效评价与风险管理脱节。

预算绩效评价是预算管理工作最后一个环节，也是新一轮预算工作的基础。预算管理系统本身是一个具有内在生长能力的系统，预算绩效评价是这个系统生长的内在动力，同时它也是风险识别和监督的过程。在预算评价环节，不仅应有财务部门，还应有业务部门、审计、纪检监察部门的参与，可通过业务活动预算执行结果在财务上的反映来审视相关业务流程和内部控制，从而发现内部控制建设和实施中的问题与薄弱环节，并及时改进，确保业务流程和内部控制体系得以有效运行，从而建立更全面的风险管理框架。

目前很多高校都没有建立明确的预算绩效考核机制，高校预算评价仅表现为决算报表中简单的差异分析，对于差异原因也总是老几套，这种差异原因还年年重复出现，这可能反映了两种情况：一是即使找出了这些原因，下一年度也没有针对这些问题进行纠正，其中潜藏的风险依然存在；二是这些原因并非真实原因，决算根本没有认真分析出管理中的问题，风险未被识别出来。例如，湖南某高校的2014年和2015年的决算报告中每年都显示基建工程预算执行差异较大，原因都只是项目工期延长，却没有进一步原因表述。如此一来，该校预算对基本建设项目的控制就形同虚设，无法发现基建管理中的风险点。预算绩效评价的缺失造成风险识别和监督的缺失，此也即我国高校利用预算机制管控风险的路径缺陷。

8.4.5 我国高校运用预算机制管控风险的路径优化

（1）建立预算管理委员会制度。

由于预算控制是高校财务控制的核心和主要手段，其地位和作用显而易见。并且预算管理涉及学校整体战略把握、全校各部门协同和全员参与，所以预算管理机构设置需要进行妥当的设计。

我国高校可以建立预算管理委员会制度，如图 8-14 所示，设计三个层面的预算管理机构：一是校级预算决策层面的机构，通过设立预算管理委员会来统筹学校预算管理工作，该委员会可由校领导、各业务部门负责人和教师专家代表组成，该委员会负责审批预算管理办法，根据学校长期规划制订每年度预算目标，并对全校各部门的预算管理工作进行指导和协调，跟踪和分析预算执行情况，识别可能存在的风险，并对风险的影响程度和重要性进行定义，对于影响程度大和重要性高的风险要找到应对措施。二是预算日常管理层面的机构，此机构可以是财务部计划科等类似部门，负责预算管理的基础性工作，做好预算管理委员会和学校各部门之间的预算上传下达工作，拟订预算管理制度，负责督办管理委员会发现的预算管理问题。三是预算执行机构，即各职能部门和二级学院，预算执行机构负责预算编制和执行审批后的预算。

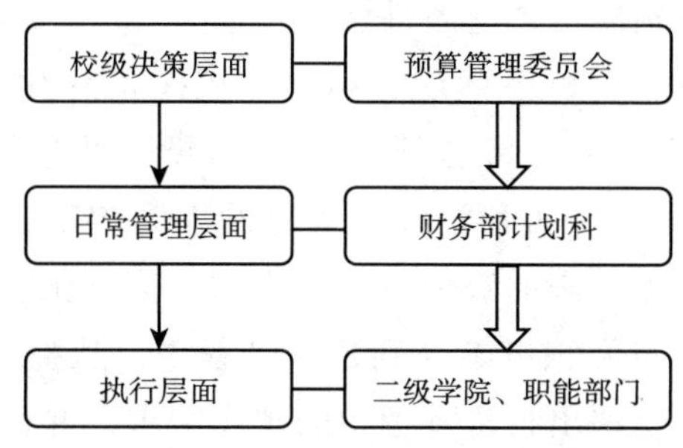

图 8-14　预算管理委员会制度

这种预算管理委员会制度，既能体现高校管理者对预算管理和风险管理的重视，也能使全校预算管理工作的职责更加清晰合理。在预算管理委员会制度下，预算编制、审批、执行、监督与评价各环节都有明确的责任机构，而且各层面机构能够集中力量完成好相应的预算管理工作。这对于解决前面提及的预算管理力量不足、预算执行分析不到位的问题有很大帮助。

（2）梳理业务流程，完善岗位设置与职责描述。

前面研究表明，高校经济业务活动管理流程和岗位设置不清晰会阻碍预算机制发挥风险管理的作用，为解决这一问题可以借鉴 ZN 大学的实践经验，对高校关键经济业务活动管理流程进行梳理，完善岗位设置，明确岗位职责。教育部内部控制建设要求也曾明确表示，高校应当对校内各类经济活动业务流程进行梳理，明确业务环节，明确财务、纪检监察、人事、采购、基建、资产、科研管理和审计等部门或岗位在内部控制建设、实施与监督检查中的职责权限。① 对学校各业务活动的流程进行梳理，将未固化的流程固化，补足缺少的流程，不合理的流程进行再造，对于合理确定预算管理环节和业务流程的对应关系，将预算控制融入业务流程具有重要意义。

同时可对各部门各岗位的职责进行清理，存在职能交叉或模糊的区域经讨论后进行区分和确定。最后形成各岗位的职责说明书，对岗位职责和权限进行明确描述，使任何到岗的人员能够快速清晰地了解该岗位工作内容，也避免岗位间责任互相推诿。流程梳理和岗位职责描述的过程为建立内部控制系统清理了障碍，也为学校各业务部门识别风险点打下了基础，进一步应在此基础上建立各高校经济业务活动风险数据库，并对所有风险进行评估，确定重要风险加以应对。

在制度设计方面，可以采用自下而上的设计路径。各业务部门可以允许各业务经办人员根据业务过程中发现的现有制度缺陷，对现有管理制度提出修改意见，提交到业务部门负责人或决策机构进行审议，对于来自基层的好意见予以吸收。如此可在业务部门形成内在生长动力，能够帮助业务部门设计出符合实际情况的管理制度，也能更直接地发现管理风险，及时采取应对措施。

（3）完善管理系统信息化建设。

为了使预算执行情况能全面及时得到反映，应当加快完善预算管理信息系统、财务信息系统和其他各业务部门管理系统，利用信息技术提高预算信息在各部门间的透明性和流动性，为预算控制和风险识别应对创造条件。

在信息化建设过程中应注意以下问题：第一，校园信息化建设必须基于学校整体规划，必须有清晰长远的建设目标，切忌领导“拍脑袋”决定和各部门各自为政。否则“信息孤岛”现象将更为严重，一方面浪费了大量的人力和物力，另一方面长期不科学的信息管理习惯会形成惯性阻碍未来的管理革新。第二，信息化建设虽然应当由信息管理部门归口管理，但各使用单位需要积极参与到建设过程中，从提出需求、参与招标或开发、验收和维护都需要使用部门反映出自身管理中的现实需求，并做好与信息管理部门的沟通协调工作。同时各使用部门也需要为信息系统运行和维护进行人员培训和宣传教育，避免系统上马后因不会使用而被闲置。

高校可采取的具体完善措施如下：一是成立学校层面的信息化管理委员会，这个机构设置的目的与预算管理委员会类似，都是为了从学校整体层面统筹相关工作。该机构需要对全校信息系统运行情况和学校信息系统建设目标有清晰的了解，组成成员应有高校校级分管领导、信息管理部门负责人、各业务部门负责人和信息系统集成建设方面的专家。二是将高校基本建设、采购招标、资产管理等系统接入预算管理系统，使关键经济业务活动的预算编制、执行数据都能被快速获取，并为财务部门、审计部门、监察部门设置合理的

① 2016年4月教育部发布的《教育部直属高校经济活动内部控制指南（试行）》中明确要求。

操作权限，在保证信息安全的情况下，实现管理信息的即时共享，为风险管理打通信息传递通道。

（4）建立预算追责和自我评价机制，并加大内部审计力度。

如前所述，加强预算编制和明确各部门各岗位职责是为预算评价打下的基础。在此基础上，高校应开展从单位总体层面到部门岗位层面的预算绩效评价，首先，需要设计合理的绩效评价指标，评价指标不仅应包括预算执行率，还应包括单位教学投入产出指标、科研投入产出指标和其他财务指标等。其次，学校预算管理委员会须制订预算绩效评价制度，对预算评价工作进行规范和指导，要求校内各预算部门编制如表 8－16 所示的内部预算执行报告，根据执行报告进行预算绩效评价和奖惩。

表 8－16　　预算执行报告

报表类型	报表名称	报表内容	责任人
二级部门内部预算执行报表	二级部门预算执行总表	按部门统计	部门预算管理岗
	二级部门预算执行明细表		
分类预算执行报表	分类/专项预算执行总表	单独对校内重大项目预算执行情况进行编报	专项预算管理岗
	分类/专项预算执行明细表		

一方面，单位各层面可根据本年预算执行过程中出现的问题进行风险评估和自我评价，及时找出业务难点和风险点，将这些风险点汇集成单位风险案例库，为下一步识别重大风险和进行风险防控做准备。

另一方面，学校和部门在开展预算绩效评价和风险自评价的同时，需要加大学校审计部门的内部审计力度。首先，完善内审部门的人力资源配置。国内高校内审部门人力不足难以应对繁重的内审任务是普遍存在的问题，因此要提高内审效率和效果，必须先在资源配置上对内审部门予以大力支持。其次，明确高校内部审计的工作范围和职责权限。哪些业务是必须学校内审部门进行审计的，哪些是可以外包的等这类工作职责问题必须经过学校决策机构审议，并接受监督和检查，不能由审计部门随意更改。最后，高校内审部门需要对预算进行跟踪审计，对预算进行审计是预算执行自我评价机制的一项外部监督，既是对预算管理本身的风险控制，也是对风险管理要素的完善。内部审计应当从预算编制开始介入，贯穿预算执行过程，包括决算审计。需注意的是内部审计只是高校经济业务活动的“裁判员”，不是“运动员”，因此需要明确内审部门的职责。

总之，预算管理和风险管理内容博大精深，利用预算管理来加强高校内部控制，从而管控高校运营风险的这条路径必然有其重大价值，本部分的研究由于知识水平和实地调查的深度有限，对高校重要经济业务活动的了解还不够深入和细致，而且高校经济业务管理专业性强，有其自身的逻辑和方法，因此研究的结论和认识不一定全面和深刻，未来还要在更广泛的调研和更深入思考的基础上继续探索如何在实务中运用预算管理进行风险管控这一课题，为丰富相关理论、完善相关实践而不懈努力。

附　　录

9.1　调查问卷

本项目研究设计并运用的调查问卷包括高校总体层面和业务层面两大类共约 49 份（含子问卷个数）调查问卷，其名目一览见表 9－1。

表 9－1　　调查问卷名目一览表

编号	问卷名称	子问卷个数
9.1.1	高校内部控制整体状况调查问卷	
9.1.1.1	高校内部控制整体状况调查（高中层卷）	
9.1.1.2	高校内部控制整体状况调查（学生卷）	
9.1.1.3	高校内部控制整体状况调查（基层教师及员工卷）	
9.1.1.4	高校发展规划与学科建设的调查问卷	
9.1.1.5	高校人事管理内部控制调查问卷	3
9.1.1.6	高校档案管理调查问卷	
9.1.2	高校业务层面内控调研问卷	
9.1.2.1	高校教学管理内部控制调查问卷	4
9.1.2.2	高校科研项目管理内部控制的调查问卷	
9.1.2.3	高校科研经费管理内部控制的调查问卷	
9.1.2.4	高校继续教育内部控制的调查问卷	
9.1.2.5	高校合同内部控制的调查问卷	
9.1.2.6	高校基建项目内部控制的调查问卷	1
9.1.2.7	高校资金来源及管理内部控制的调查问卷	
9.1.2.8	高校预决算内部控制调查问卷	
9.1.2.9	高校收入内部控制的调查问卷	6
9.1.2.10	高校支出内部控制的调查问卷	4
9.1.2.11	高校资产内部控制调查问卷	6
9.1.2.12	高校招标采购内部控制的调查问卷	
9.1.2.13	高校信息管理内部控制调查问卷	
9.1.2.14	高校工会经费内部控制调查问卷	
9.1.2.15	高校后勤服务部门内部控制调查问卷	
9.1.2.16	高校内部审计控制调查问卷	3

9.1.1 高校内部控制整体状况调查问卷

9.1.1.1 高校内部控制整体状况调查（高中层卷）

调查目的：了解高校治理结构及单位层面的内部控制基本情况。

承诺：问卷不记名，仅作普通性状态分析使用，谢谢您的参与配合（请您在各题中的备选选项中根据您的实际情况打“√”）。

（一）您的基本情况

1. 您所在学校：________

2. 您所在学校类型：　□部委直属　□地方高校

3. 您的任职情况：

□学校领导　□学院领导　□职能部门领导

□财务、内审、纪检监察等部门职员　□其他：________

4. 您的最高学历：

□大专及以下　□本科生　□研究生及其以上

5. 您在本单位工作的时间：

□2 年以下　□2～5 年　□5～10 年　□10 年以上

6. 您所在高校的性质：

□公办　□民办

（二）您对贵校内部控制的总体评价

1. 你知道《行政事业单位内部控制规范（试行）》及其在贵校实施时间吗？

□是　□否

2. 你认为贵校内部控制属于哪一类型？

□查错防弊型　□财务报告风险导向控制型

□经济活动风险导向控制型　□全面风险导向管控型

3. 您认为贵校的内控体系总体设计及执行情况如何？

□很好　□好　□一般　□差　□很差

4. 您认为贵校内部控制的主要问题和困境有哪些？（可多选）

□学校高层重视不够　□设计不够完善，执行不够到位

□设计与执行成本高　□责权利不挂钩，内在动力低

□经验不足，人员素质低

（三）贵校的治理结构及控制环境情况

1. 贵校是否设立理事会（或董事会）这一有助学校实施科学决策、民主监督，促进社会参与的重要治理主体和组织形式？

□是　□否　□不知道

2. 贵校是否建立并实施“三重一大”的集体决策或联签制度？

□是　□否　□不知道

3. 贵校是否设立专门履行学校法律事务的咨询服务职责的法律事务部门？

□是 □否 □不知道

4. 贵校的学术委员会、学位委员会、教学指导委员会等专业委员会的职能作用发挥得如何？

□很好 □好 □一般 □差 □很差

5. 贵校的教职工代表大会、工会会员代表大会的职能作用发挥得如何？

□很好 □好 □一般 □差 □很差

6. 贵校教育教学工作实行校院（系、中心、部）两级管理体制的效果如何？

□很好 □好 □一般 □差 □很差

7. 贵校的机构设置、岗位职责及分工情况如何？

□很好 □好 □一般 □差 □很差

8. 贵校内部控制的第一责任人是谁？

□校长 □党委书记

□总会计师（或履行类似职责的副校长） □未明确

□不知道

9. 贵校是否设总会计师？

□是 □否 □不知道

10. 贵校内部控制建设的主要责任部门是：

□财务部（处或科） □审计部（处或科）

□专设内部控制部（或风险管理部门） □临时设立的部门

□未设立或指定部门

（四）贵校的内控制度建设情况

1. 贵校是否举办过专门的内控规范及培训？

□是 □否 □不知道

2. 贵校是否建立内部控制工作领导小组并制订内部控制建设方案？

□是 □否 □不知道

3. 贵校是否建立经济活动风险定期评估机制（包括编报风险评估报告）？

□是 □否 □不知道

4. 贵校是否建立包含各种决策流程、业务流程、风险点、控制点、控制矩阵、权力分配指引等内容的“内部控制手册”？

□有 □无 □不知道

5. 贵校建立并落实高中低层领导干部、关键岗位工作人员的定期轮岗制的情况如何？

□很好 □好 □一般 □差 □很差

6. 贵校各项事务决策、执行及相关经济活动会计核算与管理档案的归档并保管工作如何？

□很好 □好 □一般 □差 □很差

7. 您认为贵校的信息化程度及信息共享程度如何？

□很好 □好 □一般 □差 □很差

8. 贵校是否发生过信息系统安全事故？

□是　□否　□不知道

9. 贵校是否建立了反舞弊机制？

□是　□否　□不知道

10. 贵校内部控制是否定期开展有效性自我评价？

□是　□否　□不知道

11. 贵校是否开展内部控制有效性审计？

□是　□否　□不知道

12. 贵校是否根据内部控制评价结果建立奖惩制度？

□是　□否　□不知道

13. 您认为贵校当前的信息公开是否充分、及时？

□很好　□好　□一般　□差　□很差

14. 贵校内部审计机构的监督、评价与服务的职能作用工作发挥得如何？

□很好　□好　□一般　□差　□很差

15. 贵校对内部控制有效性评价或审计中发现的缺陷进行整改的情况如何？

□很好　□好　□一般　□差　□很差

9.1.1.2　高校内部控制整体状况调查（学生卷）

1. 您所在的学校是________

2. 您所在的学校类型为以下哪种？

□教育部直属　□地方高校　□民办院校

3. 您的生源地：□农村　□城市

4. 您认为您学校所收取的学费是否严格遵循了物价等相关部门的规定？

□严格遵循　□基本遵循　□一般　□未遵循　□完全未遵循

5. 您来学校就读前是否向学校或招生人员缴纳过预录费等学费外的其他费用？

□从未听说过“预录费”一事

□听说过，但从未缴纳过

□未缴纳过，但来学校咨询时为相关人员带了礼物

□预录费缴纳给了学校并开具了收据，学校承诺如果能录取可冲抵当年学费

□向主管老师或招生人员缴纳过关系运营费等性质不明的费用，未开具收据

6. 您认为学校财务处的收费、报账工作手续繁琐吗？

□很烦琐　□较烦琐　□一般　□较简化　□非常简化

7. 你知道学校提供的补助补贴和奖助学金有哪几个？

□伙食补贴　□贫困助学金　□国家励志奖学金　□助学贷款

□其他：________

8. 您是通过什么渠道了解助学贷款的？

□录取通知书或随寄的入学须知等材料　□同乡会或朋友推荐

□网络平台　□老师、辅导员或班长

□其他：____________________

9. 您是否曾申请过（或考虑申请）助学贷款？

□是　　　　□否

如您本题的回答为“是”，请继续往后答题；如您本题的回答为“否”，请跳至第13题开始继续回答。

10. 您主要因为什么原因申请助学贷款？

□减轻家庭经济负担　　□提升生活质量　　□创业融资

□提升理财能力　　□其他：____________________

11. 您认为目前的助学贷款制度申请制度有什么不足之处？（可多选）

□申请贷款程序繁琐　　□申请难度大，难以成功　　□贷款额度小

□用途被限定太窄　　□信息渠道不够公开

12. 您的预计还款时间是？

□在校就读期间　　□毕业即还款　　□毕业后1～3年内

□毕业3年后　　□不打算还款

13. 您为什么不考虑申请助学贷款？（如您第5题的回答为“是”，本题无须回答。）

□经济能力上不需要

□经济能力不足，但因担心毕业后还本付息压力大等后续影响，不愿意申请

□经济能力不足，但因申请难度大，担心难以成功

□贷款额度小，用途限定多等，担心不能解决根本性问题

□担心毕业后因种种等原因未及时还款，而影响个人征信记录甚至正常的工作、生活

□根本不知晓此事

14. 您是否获得过奖学金或助学金？

□是　　　　□否

15. 您对奖学金、助学金评定流程了解多少？

□很了解　　□较了解　　□了解　　□较少了解

□一点都不了解

16. 您对学校奖学金、助学金制度的了解主要通过什么渠道？

□学生会　　□班长　　□辅导员　　□同校同学

□校园网或其他媒介

17. 您觉得现有奖、助学金评审中，标准是否合理，班级评议小组是否合理？

□很合理，体现公正和避免烦琐　　□比较合理　　□合理

□较不合理　　□不合理，不能代表全班同学意志

18. 您认为在目前的奖助学金评选过程中，最影响评选结果的因素是？

□学生自身综合能力　　□班级同学的认可　　□老师的认可

□辅导员的暗示　　□领导的授意

19. 您所在学校的奖、助学金评选结果公示做得如何？

□很好很透明　　□较好　　□一般　　□较差　　□很差

20. 您所在学校的奖学金、助学金能及时、足额发放到学生本人银行卡吗?

□及时足额　□足额不及时　□及时不足额　□不及时、不足额

□其他(敬请简单说明“不及时或不足额”的原因):＿＿＿＿＿＿＿＿

21. 学校是否制定了学生奖助学金管理、发放暂行办法等类似的文件?

□制定了较为详细的办法或条例　□制定了办法或条例但较粗略

□听说在制定过程中但尚未向全校发布　□未制定也未听说在制定

□其他:＿＿＿＿＿＿

22. 您认为学校奖助学金相关文件的出台或专门成立奖助金评审发放领导小组对抑制有关人员的徇私舞弊、贪污受贿起到作用了吗?

□非常有效　□比较有效　□一般　□效果有限　□无效

23. 参与奖助学金评审和发放管理工作的人员经查实发生了舞弊或违规、违法行为或学生申报弄虚作假时,会怎样处理?(多选)

□学校严肃处理,对负责人进行批评,涉及违法的,交由司法机关处理

□如学生申报不实,故意隐瞒骗取等,将取消在校期间一切奖助资格,情节严重的依据有关规定予以处分

□学校对查实的违规只做典型处理以杀鸡骇猴

□学校对所有查实的违规不做处理

□学校相关领导收受好处后包瞒处理

24. 您听说学校发生过学生奖助学金被截留、挪用或挤占的现象吗?

□听说过(敬请概述一下事件):＿＿＿＿＿＿

□未听说过

25. 您认为助学金申请成功者是否是真正需要帮助完成学业的同学?

□从来都是　□基本是　□一般是　□很少是　□从来不是

26. 你所在学校对于家庭困难的学生是如何界定的?

□学生家庭所在地开据的证明　□学生平时的生活和消费习惯

□学生申请书中对自己家中情况的描述　□家庭收入的证明材料

□班委及辅导员与学生谈话了解的情况

27. 您参加“三助”(助研、助教、助管)工作的首要目的是什么?

□获取报酬,缓解经济压力　□锻炼能力,提高综合素质

□增加工作经验,提高就业技能　□学习专业知识,提高科研水平

□其他:＿＿＿＿＿＿

28. 您参加“三助”工作是通过下列哪种方式自己申请,竞争上岗

□老师推荐　□同学推荐　□其他(请填写):＿＿＿＿＿＿

29. “三助”薪酬在您每月总收入中所占的比例是?

□10%以下　□10%~30%　□30%~50%　□50%~80%　□80%以上

30. 您认为您从“三助”工作中所获得的报酬,是否体现了自己在工作中的付出?

□远远超过　□超过　□适中,较匹配□不匹配　□不好衡量

31. 您所参与的“三助”工作与您所学专业的相关程度如何（在工作中是否能够很好地运用专业知识）？

□非常相关　□比较相关　□适中　□几乎不相关　□毫不相关

32. 您所参与的“三助”岗位的主管老师在工作中是否让你较多地参与到日常工作中，并且经常主动给予指导和帮助？

□非常多　□较多　□适中　□偶尔

□几乎没有，主要做杂事

33. 你认为学校有无足够的勤工助学岗位提供给学生？

□非常充足　□比较充足　□一般　□不够　□严重不够

34. 就您在校期间所接触的学校财务事项而言，感觉财务部门效率如何？

□高效率　□较有效率　□一般　□基本无效率　□无效率

9.1.1.3 高校内部控制整体状况调查（基层教师及员工卷）

1. 您所在的院校名称是［填空题］：______________

2. 您从事高校教学或管理工作的时间为（　　）？［单选题］

□2 年以下　□3～5 年　□5～10 年　□10 年以上

3. 您所在高校属于以下哪一类型院校？［单选题］

□“985 工程”高校　□“211 工程”高校

□其他部属高校　□其他地方高校

4. 您所在单位的在校学生人数约为（　　）［填空题］：______________

5. 贵校在校教职工总人数约为（　　）［填空题］：______________

6. 您的专业技术职务？［单选题］

□教授（研究员）　□副教授（副研究员）　□讲师（助理研究员）

□助教　□其他：________

7. 您对《行政事业单位内部控制基本规范》的了解情况［单选题］

□很熟悉　□熟悉　□了解　□大概了解　□基本不了解

8. 您所在的学校目前采取的激励方式主要有哪些？［多选题］

□业绩奖励　□荣誉称号

□各种培训学习机会　□上级领导的尊重和真诚的关怀

□其他：________

9. 您的工资主要由以下哪几个部分构成？［多选题］

□岗位工资　□薪级工资　□课时费　□津贴　□其他：________

10. 您每月的工资收入为________元。［单选题］

□5000 以下　□5000～10000

□10000～15000　□15000 以上

11. 与同城同职称教师相比，您对目前的工资收入和福利待遇感到（　　）？［单选题］

□很满意　□较满意　□一般　□不够满意　□非常不满意

12. 职称评聘过程中论资排辈、官本位等不公平的现象普遍吗？[单选题]

□无此现象　□较少　□一般　□较多　□很普遍

13. 您对工作绩效考核（如教学质量考核、年终评比等）体系感到（　）？[单选题]

□非常满意　□基本满意　□一般　□不太满意　□不满意

14. 为落实教学廉政责任制，学校在教学管理过程中是否贯彻了遵纪守法思想并制定了惩防措施？[单选题]

□是　□否

15. 您所在学校是否存在利用校内各类各种教学资源乱办班、乱收费和乱发证的现象？[单选题]

□是　□否　□不了解　□其他：________

16. 学校设有教代会、校务公开办公室等平台，为员工提供权益诉求等渠道，您认为这些能有效解决问题吗？[单选题]

□非常有效　□基本有效　□一般　□效果较弱　□无效

17. 学校通常会对教职员工的建议或意见做出采纳或不采纳的口头或书面回复反馈吗？[单选题]

□全部反馈　□基本反馈　□一般　□偶尔反馈　□从未反馈

18. 您认为学校现有激励机制能否满足您的需求，提高您的工作积极性？[单选题]

□非常能　□基本能　□一般　□基本不能　□完全不能

19. 您是否主持或参与过“质量工程”等学科和专业建设？[单选题]

□是　□否

20. 您认为“质量工程”建设在提高高等教育整体质量方面的作用如何？[单选题]

□非常显著　□比较显著　□一般　□较小　□不了解

21. 贵校是否进行自主招生？[单选题]

□是　□否（请跳至第23题）

□不了解（请跳至第23题）

22. 贵校举办自主招生，制定了明确的自主招生标准并严格执行吗？[单选题]

□是　□否　□不了解

23. 贵校是否组织招生入学统一考试？[单选题]

□是　□否（请跳至第26题）　□不了解（请跳至第26题）

24. 贵校组织招生入学统一考试，收取的报名费和考务费是否按照标准收取？[单选题]

□是　□否（请跳至第26题）　□不了解（请跳至第26题）

25. 学校组织的招生入学统一考试，收取的报名费和考务费是否纳入学校统一核算、统一管理？[单选题]

□是　□否　□不了解

26. 贵校的科研管理机构（如科研处等）针对各类科研管理业务制定了完整的业务流程并能让校内相关部门、单位和人员知悉吗？[单选题]

□是　　　　　　□否

27. 您在科研经费报销时的烦恼是？[多选题]

□票据的可获得性问题（“花钱难”，不是所有花费都有票）

□项目主持人自身加班加点等劳务付出的不计酬问题

□科研人员的尊严问题（如受财务人员的气等）

□具体的报销规定和程序宣传不到位或变动频繁问题

□其他：________

28. 科研经费及学校配套资金是否按规定及时到账？[单选题]

□是　　　　　　□否　　　　　　□不了解

29. 科研经费应按照法规、制度或合同规定使用，纵向科研经费是否有用于罚款、捐赠、赞助、投资、福利等国家规定禁止列支的支出的情形？[单选题]

□是　　　　　　□否　　　　　　□不了解

30. 离退休的教学、科研人员，因科研项目仍需要继续使用仪器设备的，是否需要经过相应的审批程序批准？[单选题]

□是　　　　　　□否

31. 您认为学校的人文环境、人文精神和人文关怀是否对您起到了激励作用？[单选题]

□是　　　　　　□否

32. 您认为良好的校园文化对高校的内部控制建设有哪些作用呢？[多选题]

□增加高校凝聚力　　　　　　□提高自我控制力

□自觉规范违法违纪行为　　　□保障内部控制制度的贯彻执行

□其他：________

9.1.1.4　高校发展规划与学科建设的调查问卷

1. 您所在的学校［填空题］：____________________

2. 您所在学校类型［单选题］

□教育部直属　□地方高校　　□民办院校

3. 贵校发展规划、学科建设等工作是否有专门的归口管理部门？[单选题]

□有　　　　　　□无

4. 贵校发展规划部门包含哪些职能？[多选题]

□发展规划　　□学科建设　　□高等教育研究

□经费分配管理　　　　　　　□其他：________

5. 您认为贵校发展规划部门机构设置是否合理？[单选题]

□非常合理　　□比较合理　　□一般　　　　□较不合理　　□很不合理

6. 您认为贵校在制定发展规划时师生参与程度如何？[单选题]

□非常充分　　□比较充分　　□一般　　　　□不太充分　　□很不充分

7. 贵校在制定发展规划时采用了哪些民主措施？[多选题]

□开通规划征求意见网站、邮箱　　　　　　□组织教师座谈

□校职能部门座谈　　　　　　　　　　　　□组织学生座谈

□其他：________

8. 您认为贵校对发展规划的实施是否重视？[单选题]

□非常重视　□较重视　□一般重视　□较不重视　□很不重视

9. 贵校是否会编制学校事业发展规划年度实施进展报告？[单选题]

□是　□否

10. 您认为贵校对发展规划执行情况的考核及奖惩制度是否完善？[单选题]

□非常完善　□比较完善　□一般　□不太完善

□没有相关制度

11. 贵校校属实体机构设置或调整是否归口发展规划部？[单选题]

□是　□否

12. 您认为贵校实体机构设置或调整的申请与审批程序是否完善？[单选题]

□非常完善　□比较完善　□一般　□不太完善　□很不完善

13. 您认为贵校发展规划部门在收集、分析高等教育发展信息，为学校的决策发挥了（　）作用？[单选题]

□重要　□较大　□一般　□作用不太显著

□几乎没有

9.1.1.5　高校人事管理内部控制调查问卷

1. 您所在的学校是？[填空题] ____________________

2. 您所在的学校类型为以下哪种？[单选题]

□教育部直属　□地方院校　□民办院校

3. 贵校人事部门的职责包括哪些？[多选题]

□人才选聘　□人才培养　□绩效考核　□薪酬福利核算

□人事档案管理□其他：________

4. 您认为贵校的人力资源选聘制度是否完善？[单选题]

□非常完善　□比较完善　□一般　□不太完善　□很不完善

5. 您认为贵校教职工薪酬福利制度是否完善？[单选题]

□非常完善　□比较完善　□一般　□不太完善　□很不完善

6. 贵校是否全面实施绩效工资？[单选题]

□是　□否（请跳至第9题）

7. 贵校的绩效工资包括哪些部分？[多选题]

□年终分配　□超工作量补贴　□岗位补贴

□教学、科研等奖励性补贴　□学院或部门创收　□加班补贴

□其他：________

8. 您认为贵校的绩效工资制度是否能够真正调动教师的积极性？[单选题]

□效果非常好　□效果比较好　□效果一般

□效果不太好　□效果很差

9. 贵校二级学院是否有创收？[单选题]

□是　　□否（请跳至第 12 题）

10. 贵校二级学院的创收如何分配？[单选题]

□全部上交学校统一分配　　□完全由学院自主分配

□部分上交学校，部分自主分配

11. 您认为贵校二级学院的创收收入分配制度是否合理？[单选题]

□非常合理　□比较合理　□一般　□不太合理　□很不合理

12. 您认为贵校对教师的考核制度是否完善？[单选题]

□非常完善　□比较完善　□一般　□不太完善　□很不完善

13. 贵校教师工作量超额现象是否普遍，是否影响教师积极性？[单选题]

□很普遍，严重影响教师积极性

□不太普遍，对教师积极性有一定影响

□很少发生，不会影响教师积极性

14. 您认为贵校是否重视师资队伍建设？[单选题]

□非常重视　□比较重视　□一般　□不太重视　□很不重视

15. 贵校师资队伍建设的手段包括哪些？[多选题]

□鼓励继续深造　　□鼓励参加外部培训和学术会议

□举办各种校内培训、沙龙　　□组织教学观摩

□提供挂职锻炼的机会　　□其他：________

16. 贵校全体教职员工的人事档案是否实行分类管理？[单选题]

□是　　□否

17. 您认为贵校人事档案管理制度是否健全？[单选题]

□非常健全　□比较健全　□一般　□不太健全　□很不健全

18. 贵校人事档案管理信息化程度如何？[单选题]

□非常高　□比较高　□一般　□不太高　□非常低

19. 贵校是否定期对年度人力资源计划执行情况进行评估，总结管理经验，分析存在的主要缺陷和不足，并据此完善人力资源政策？[单选题]

□执行非常好　　□执行比较好　　□执行一般

□执行不太好　　□没有实施相关措施

9.1.1.6 高校档案管理调查问卷

1. 您所在的学校是［填空题］：____________________

2. 您所在的学校类型为以下哪种？[单选题]

□教育部直属　□地方院校　□民办院校

3. 您认为贵校各部门的档案管理意识如何？[单选题]

□非常强　□比较强　□一般　□比较差　□很差

4. 贵校哪些档案需要归档到档案管理部门？[多选题]

□文书类档案　□教学类档案　□基建档案　□科研档案　□招标档案

□其他：________

5. 您认为贵校各类档案归档的流程是否完善？[单选题]

□非常完善　□比较完善　□一般　□不太完善　□很不完善

6. 您认为贵校各类档案归档前的形式审查如何？[单选题]

□非常完善　□比较完善　□一般　□不太完善　□没有形式审查

7. 您认为贵校各类档案归档是否及时？[单选题]

□非常及时（请跳至第 9 题）　□比较及时　□一般

□不太及时　□很不及时

8. 如有拖延现象，有无相应的处罚措施？[单选题]

□有　□无

9. 贵校档案保存的介质是什么？[单选题]

□全部为纸质（请跳至第 13 题）　□纸质为主，辅以电子介质

□全部为电子介质　□电子为主，辅以纸质介质

10. 贵校是否有专门的部门负责档案管理软件的开发和维护？[单选题]

□是　□否

11. 您认为贵校对以电子介质保存档案的管理是否完善？[单选题]

□非常完善　□比较完善　□一般　□不太完善　□很不完善

12. 您认为电子介质保存档案存在哪些安全风险？[多选题]

□存放、运作、管理系统不成熟　□缺乏统一标准

□存在信息安全风险　□其他：________

13. 贵校档案按什么方式归档？[单选题]

□按项目类别归档　□按不同部门归档　□其他：________

14. 您认为哪种归档方式更科学？[单选题]

□按项目类别归档　□按不同部门归档　□其他：________

15. 您认为贵校档案的查阅、查询、复制利用相关的控制程序是否完善？[单选题]

□非常完善　□比较完善　□一般　□不太完善　□缺乏相关控制程序

16. 您认为贵校的档案销毁程序是否完善？[单选题]

□非常完善　□比较完善　□一般　□不太完善　□缺乏相关程序

17. 您认为档案管理工作是否应该提前介入，参与到相关业务活动中，指导、敦促相关部门和人员的归档工作？[单选题]

□是　□否

18. 贵校“三纳入”“四参加”“四同步”工作做得如何？[单选题]

□非常好　□比较好　□一般　□不太好　□没有相关工作

19. 您认为贵校档案管理中的信息不对称问题是否严重？[单选题]

□非常严重　□比较严重　□一般　□不太严重　□不存在信息不对称

20. 您认为由档案馆保存的材料是否都是必要的，是否应该精简？[单选题]

□都是必要的，不能精简

□有大量重复或不重要的材料，应该大量精简
□有部分重复或不重要的材料，应该适当精简

9.1.2 高校业务层面内控调研问卷

9.1.2.1 高校教学管理内部控制调查问卷

1. 您所在的院校名称是［填空题］：________________

2. 您所在高校属于以下哪一类型院校？［单选题］

□“985 工程”高校　□“211 工程”高校
□其他部属高校　□其他地方高校

3. 贵校教务部门的预算经费主要包括哪几部分？［多选题］

□专项经费　□运行经费　□人员经费　□其他经费：________

4. 贵校教务部门是否遇到因预算下达延迟导致无预算运行的情况？［单选题］

□从未发生　□偶尔发生　□经常发生

5. 贵校是否实行校院二级管理？［单选题］

□是　□否（请跳至第 9 题）

6. 贵校校院二级管理是否造成了教务管理部门经费大量缩减？［单选题］

□大幅缩减　□有减少但影响不大　□几乎没有影响

7. 教务管理部门经费缩减是否阻碍了教务管理工作运行？［单选题］

□有严重影响　□有影响，但影响不大　□几乎没有影响

8. 您认为校院二级管理机制是否削弱了教务管理部门对教学和专业建设的指导和监督作用？［单选题］

□大大削弱　□一定程度削弱，但影响不大
□几乎没有影响

9. 贵校教务处有无专门科室负责教材建设工作的组织和管理工作？［单选题］

□有　□无

10. 贵校的教材建设经费来源包括？［单选题］

□学校专门划拨款项成立教材建设基金
□各二级学院从教学经费中划拨的经费
□其他：________

11. 贵校关于教材选用、采购、入库、保管和发放的管理制度是否健全？［单选题］

□非常健全　□比较健全　□一般　□不太健全　□很不健全

12. 贵校教材选用、审批和采购职责分离情况如何？［单选题］

□非常完善　□比较完善　□一般　□不太完善　□很不完善

13. 贵校教材的选用是否广泛征求意见，经过充分论证？［单选题］

□是　□有征求意见和论证，但不充分
□未征求意见和论证

14. 贵校教材采购是否通过招标程序？[单选题]

□是　　□否（请跳至第 16 题）

15. 贵校多长时间进行重新招标？[单选题]

□1 年　　□2～3 年　　□3～4 年　　□4 年以上

16. 贵校如何向学生收取和清算教材费用？[单选题]

□每年随学费收取固定金额教材费，毕业时清算，多退少补

□每学期/每年按照各个学生具体选课课程计算并收取教材费

□学生自行采购教材，学校不组织集中购买

□其他：________

17. 除了学费外，贵校是否向学生收取讲义复印费、上机费及教材代办费等其他费用？[单选题]

□经常　　□偶尔　　□从不

18. 贵校教务部门有无专门科室负责教学建设项目工作的组织和管理？[单选题]

□有　　□无

19. 您认为贵校教学建设项目申报、评审、验收与奖励的流程是否完善？[单选题]

□非常完善　　□比较完善　　□一般　　□不够完善　　□无相关流程

20. 贵校教学建设项目是否组织专家公开评审？[单选题]

□是　　□否（请跳至第 23 题）

21. 如是，有哪些部门或人员参与？[多选题]

□教务部门　　□二级学院助主管人员　　□校教学委员会

□校内专家　　□校外专家　　□其他：________ *

22. 您认为专家评审是否做到了公正公平？[单选题]

□非常公正　　□比较公正　　□一般　　□不够公正　　□不公正

23. 您认为贵校课程建设项目的验收是否严格？[单选题]

□非常严格　　□比较严格　　□一般　　□不够严格　　□不严格

24. 您认为贵校教学建设项目的奖惩制度是否完善？[单选题]

□非常完善　　□比较完善　　□一般　　□不够完善　　□不存在

25. 贵校是否设立专门的实验教学中心负责全校实验教学？[单选题]

□是　　□否

26. 贵校教务部门对实验教学的管理主要体现在哪些方面？[多选题]

□实验设备采购论证　　□实验教学计划的制订，如开设实验教学课程的计划

□实验设备和基地的日常管理　　□不涉及实验教学管理

□其他：________

27. 贵校是否有与其他单位合作办学？[单选题]

□有　　□无（请跳至第 33 题）

28. 贵校合作办学的收入和支出是否纳入预算管理？[单选题]

□是　　□否

29. 您认为贵校合作办学的收入分配和费用分摊是否合理？[单选题]

□非常合理　□比较合理　□一般　□不太合理　□很不合理

30. 贵校是否签订合作办学协议，并经过严格审批？[单选题]

□是　□否

31. 贵校在合作办学过程中是否发生过合作纠纷？[单选题]

□从未发生过（请跳至第 33 题）　□偶尔发生　□经常发生

32. 如发生过合作纠纷，贵校能否及时有效处理？[单选题]

□能及时有效处理　□能处理但不及时

□不能及时有效处理

33. 您认为贵校教务管理信息化如何？[单选题]

□非常高　□比较高　□一般　□比较低　□非常低

34. 贵校教务系统与学生管理系统、财务系统对接和共享情况如何？[单选题]

□非常完善　□比较完善　□一般　□不够完善　□不存在

35. 贵校教务部门与信息管理部门职责划分是否清晰？[单选题]

□非常清晰　□比较清晰　□一般　□不太清晰　□很不清晰

36. 贵校教务部门人员薪酬中是否有绩效奖励？[单选题]

□是　□否

37. 您认为贵校教务部门加班费核算是否合理？[单选题]

□非常合理　□比较合理　□一般　□不太合理　□很不合理

38. 贵校教学设备出现故障或毁损时，是否有与资产管理部门、后勤保障部门、信息管理部门等进行有效的沟通？[单选题]

□是　□否（请跳至第 40 题）

39. 这些沟通渠道是常规设置的吗？[单选题]

□是　□否

40. 贵校是否会区分理科、工科、文科分别核算学生的培养成本，并据此划拨经费？[单选题]

□是　□否

9.1.2.2　高校科研项目管理内部控制的调查问卷

1. 您所在的高校（名称）是[填空题]：________________

2. 您所在的高校类型是？[单选题]

□教育部直属高校　□地方高校　□民办院校

3. 贵校是否针对人文社科研究、科学技术研究分设不同的管理部门？[单选题]

□是　□否

4. 贵校的科研项目、科研成果、研究基地是否由不同的处室管理？[单选题]

□是　□否

5. 贵校是否对纵向项目和横向项目进行分类管理？[单选题]

□是　□否

6. 贵校纵向项目管理制度涵盖以下哪些环节？[多选题]

□申报管理　□评审管理　□过程管理　□结题管理

7. 贵校科研项目申报、评审、中期检查、结题等信息是否及时发布？[单选题]

□非常及时　□比较及时　□一般　□不太及时　□很不及时

8. 贵校是否设置了专门的岗位管理科研合同？[单选题]

□是　□否

9. 贵校是否制定了科研合同管理办法？[单选题]

□是　□否

10. 您认为贵校对科研合同的管理是否严格？[单选题]

□很严格　□比较严格　□一般　□不太严格　□很不严格

11. 贵校是否允许科研项目计划的调整？[单选题]

□是　□否

12. 如果允许调整，相关的程序是否完善？[单选题]

□非常完善　□比较完善　□一般　□不太完善　□很不完善

13. 贵校科研课题中横向课题所占比重为多少？[单选题]

□20%以下　□20%～30%　□30%～40%　□40%～50%　□50%以上

14. 贵校是否制定了专门的横向课题管理办法？[单选题]

□是　□否

15. 贵校是否将横向课题经费纳入预算管理？[单选题]

□是　□否

16. 贵校科研部是否每年给二级学院下达科研任务？[单选题]

□是　□否

17. 科研部是否对二级学院科研任务完成情况进行绩效考核？[单选题]

□是　□否

18. 贵校是否与外部其他单位开展科研合作？[单选题]

□是　□否

19. 贵校对外科研合作单位包括哪些？[多选题]

□政府机关　□企业

□其他科研机构□其他：________

20. 贵校是否有专门的部门对对外科研合作进行监督和管理？[单选题]

□是　□否

21. 贵校是否专门制定了对外科研合作管理办法？[单选题]

□是　□否

22. 您认为贵校的科研评价体系和科研奖励制度是否合理？[单选题]

□非常合理　□比较合理　□一般　□不太合理　□很不合理

23. 您认为贵校科研评价体系和科研奖励制度主要存在哪些问题？[多选题]

□执行传统的学术本位评价体系　□忽视社会影响和社会效益

□科研负担过重　　　　　　　　　　　□其他：________

24. 贵校是否专门的科研评价及奖励实施办法？[单选题]

□是　　　　□否

25. 您认为贵校的科研评价及奖励制度能否充分调动教师的科研积极性？[单选题]

□很好　　　　□比较好　　　　□一般　　　　□比较差　　　　□很差

26. 贵校科研奖励和职称评定是否考虑横向课题的社会影响和社会效益？[单选题]

□是　　　　□否

27. 您认为应该如何改进和完善现行的科研评价体系和科研奖励制度？[多选题]

□减轻科研考核负担　　　　□重视科研服务社会

□采用灵活的评价方式　　　　□提高横向课题地位

□其他：____________________

28. 您认为贵校对科研项目结题验收的审核是否严格？[单选题]

□非常严格　　　　□比较严格　　　　□一般　　　　□不太严格　　　　□很不严格

29. 您认为贵校科研项目结题验收过程存在什么问题？[多选题]

□对结题验收重视不够，验收过程流于形式

□参与验收的人员缺乏有关领域资深、权威的专家

□不注重评审科研成果的质量，评审意见缺乏针对性

□其他：________

30. 您认为贵校的科研档案管理制度是否完善？[单选题]

□非常完善　　　　□比较完善　　　　□一般　　　　□不太完善　　　　□不存在

31. 您认为贵校科技成果转化制度和措施是否完善？[单选题]

□非常完善　　　　□比较完善　　　　□一般　　　　□不太完善　　　　□不存在

9.1.2.3 高校科研经费内部控制的调查问卷

1. 您所在的学校[填空题]：____________________

2. 您所在学校类型[单选题]

□教育部直属　　　　□地方高校　　　　□民办院校

3. 贵校财务部门是否单独设置了科研经费管理岗位？[单选题]

□是　　　　□否

4. 贵校对与科研经费管理有关人员的培训情况如何？[单选题]

□经常培训　　　　□偶尔培训　　　　□很少培训　　　　□从不培训

5. 您认为贵校科研项目预算编制的论证是否充分？[单选题]

□非常充分　　　　□比较充分　　　　□一般　　　　□不太充分　　　　□很不充分

6. 您认为贵校科研项目的预算审核是否严格？[单选题]

□非常严格　　　　□比较严格　　　　□一般　　　　□不太严格　　　　□很不严格

7. 贵校是否将各类科研经费均作为学校收入，全部纳入学校财务统一管理？[单选题]

□是　　　　□部分纳入　　　　□否

8. 您认为贵校科研经费支出的审核是否严格？[单选题]

□非常严格　□比较严格　□一般　□不太严格　□很不严格

9. 您认为贵校科研经费支出审核中是否存在注重票据合法性而忽视支出内容是否合规的问题？[单选题]

□经常发生　□偶尔发生　□从未发生

10. 贵校是否严格按照科研经费预算约束科研经费支出？[单选题]

□非常严格　□比较严格　□一般　□不太严格　□很不严格

11. 您认为贵校是否重视防范科研经费腐败问题？[单选题]

□非常重视　□比较重视　□一般　□不太重视　□很不重视

12. 您认为贵校的科研经费内部监督机制是否有效？[单选题]

□非常有效　□比较有效　□一般　□不太有效　□无效

13. 贵校科研项目结题后能否做到及时结账？[单选题]

□非常及时　□比较及时　□一般　□不太及时　□很不及时

14. 您认为贵校对科研项目结项后结余资金的管理是否严格？[单选题]

□非常严格　□比较严格　□一般　□不太严格　□很不严格

15. 您认为贵校的科研经费考核制度能否有效激励教师的科研积极性？[单选题]

□非常有效　□比较有效　□一般　□不太有效　□无效

16. 您认为贵校当前的科研经费管理是否合理？[单选题]

□非常合理　□比较合理　□一般　□不太合理　□很不合理

17. 如果管理不合理，您认为主要的原因是什么？[多选题]

□科研制度不合理　□科研报销制度不合理

□科研经费结构安排不合理　□其他：________ *

18. 您认为贵校的科研经费中劳务费的设置比例是否合理？[单选题]

□非常合理　□比较合理　□一般　□不太合理　□很不合理

19. 如果比例设置不合理，您认为劳务费比重占多少比较合适？[单选题]

□10%以下　□10%～30%　□30%～50%　□50%～70%　□70%以上

20. 您认为科研经费以什么形式发放比较合适？[单选题]

□报销　□奖励　□报销加奖励　□其他：________

21. 贵校是否存在科研经费报销难的问题？[单选题]

□是　□否

22. 如果存在报销难，您认为导致高校的科研经费报销难的主要原因是什么？[多选题]

□报销流程过于烦琐　□会计人员数量不足

□会计人员业务能力不强　□申请报销准备材料过多

□报销时间安排不合理　□其他：________ *

23. 在线网络预审可以提高报账效率，但是对报账老师财务知识要求较高，您是否愿意接受这种报账方式？[单选题]

□非常愿意　□比较愿意　□一般　□不太愿意　□很不愿意

24. 您认为什么样的报销方式能够提高报销效率？[单选题]

□人工预约、人工报账　□网上预约、人工报账

□网上预约、网上报账　□其他：________

25. 您认为科研经费管理如何改革才能既保障规范又提高效率？[填空题] ________

9.1.2.4　高校继续教育内部控制的调查问卷

1. 您所在学校［填空题］：____________________

2. 请问您所在学校类型［单选题］

□教育部直属　□地方高校　□民办院校

3. 您对贵校继续教育方面相关的内控是否了解？[单选题]

□完全了解　□基本了解　□部分了解　□很少了解　□完全不了解

4. 您认为继续教育方面内控整体流程设计如何？[单选题]

□很好　□较好　□一般　□较差　□不存在

5. 您认为继续教育方面内控具体实施细则设计如何？[单选题]

□很好　□较好　□一般　□较差　□不存在

6. 您认为贵校继续教育相关的内部控制制度的实际执行情况如何？[单选题]

□很好　□较好　□一般　□较差　□不存在

7. 您认为贵校继续教育业务主要存在哪些风险？[多选题]

□没有实行收支两条线，未及时足额入账，存在滞交、截留、账外账等违规问题

□未由财务部门归口管理收入业务

□继续教育归口管理、目标责任制建立及实施与学校脱离，私自签订合作协议

□经费支出分配未按学校管理办法和签订的合作办学协议执行，未经过适当审批

□未建立收费、支出相应的监督和检查制度

□其他：________

8. 您认为贵校继续教育业务的哪些环节风险相对较大？[多选题]

□申请审批阶段　□签订合作协议阶段　□收费阶段

□支出阶段　□其他：________

9. 贵校对继续教育是否严格执行“收支两条线”管理收入业务？[单选题]

□很严格　□比较严格　□一般　□不太严格　□完全没有

10. 贵校继续教育收支是否由财务部统一管理？[单选题]

□是　□否

11. 贵校针对继续教育收费的检查制度执行情况如何？（如收费票据、收费金额以及缴费人数等）[单选题]

□很好　□较好　□一般　□较差　□不存在

12. 贵校继续教育是否严格执行了相关的支出审批程序？[单选题]

□是　□否

13. 贵校对继续教育支出的各类单据、凭证是否进行了全面审核？[单选题]

□是　□否

14. 贵校对继续教育相应的资金支付和会计核算的控制情况如何？[单选题]

□很好　□较好　□一般　□较差　□不存在

15. 贵校对继续教育是否定期编制了支出业务管理报告和分析控制表？[单选题]

□是　□否

16. 贵校是否存在与社会机构合作办学？若存在是否经过审批？[单选题]

□存在，经过审批　□存在，未经审批　□不存在

17. 贵校继续教育是否存在资金体外循环的情况？[单选题]

□是　□否

18. 若存在，您认为针对上述现象应该如何控制？[多选题]

□由财务部门统一办理收支业务，其他部门或个人须经批准

□严格“收支两条线”管理，做到收缴分离、票款一致，及时足额上缴国库或财政专户

□各项收入及时入账，防止设立账外账

□建立收支对账和监督制度，分析其有无异常

□其他：________

9.1.2.5　高校合同内部控制的调查问卷

1. 您所在的学校是[填空题]：______________________

2. 您所在的学校类型为以下哪种？[单选题]

□教育部直属　□地方高校　□民办院校

3. 您认为贵校合同管理办法的执行情况如何？[单选题]

□非常好　□比较好　□一般　□不太好　□不存在

4. 您认为贵校合同管理中风险最大的是哪些环节？[多选题]

□合同签订　□合同履行　□合同的变更和转让　□合同结算

□合同纠纷处理□合同保管　□其他：________ *

5. 贵校在订立合同前，是否调查对方当事人的主体资格、履约能力、资信情况等情况，并是否形成资料？[单选题]

□是，尽职调查　□是，但不够详尽，流于形式

□否，一般不调查

6. 贵校重大合同签订的谈判过程需要哪些部门人员的参与？[多选题]

□技术部门　□法务部门　□审计部门　□财会部门　□校内专家

□校外专家　□其他：________

7. 贵校法务部门是否对合同进行审查？[单选题]

□是　□否（请跳至第10题）

8. 合同审查的重点有哪些？[多选题]

□订立合同的主体是否合格

□合同的内容是否合法合规

□是否与招标文件规定的范围、内容、要求相符

□是否合同相关的工程或者外购物品的内容、质量等做出明确规定；

□合同的计费依据、收费标准是否符合规定，是否与中标报价相符

□合同价款计算是否正确、支付方式是否妥当

□合同是否明确规定协作条款和违约责任条款

□其他：________ *

9. 您认为贵校合同审查程序是否完善？[单选题]

□非常完善　□比较完善　□一般　□不太完善　□很不完善

10. 您认为贵校合同签署权限的设置是否合理？[单选题]

□非常合理　□比较合理　□一般　□不太合理　□不存在

11. 贵校合同是否有统一的文本？[单选题]

□是　□否

12. 贵校是否有专人或者部门对合同的履行进行监控，并形成监控记录？[单选题]

□是　□否（请跳至第 15 题）

13. 对合同负有监控义务的部门和人员的主要职责是什么？[多选题]

□督促对方积极执行合同

□监控违约或可能的违约行为

□掌握合同进展，提示付款

□向相关人员汇报合同的进展情况

□与对方当事人协商合同变更、补充和终止，并将情况报告给相关负责人

□其他：________ *

14. 您认为贵校“合同监督”这项控制执行情况如何？[单选题]

□非常好　□比较好　□一般　□不太好　□很不好

15. 贵校是否建立了专门的程序或流程处理合同的变更、转让和终止？[单选题]

□是　□否（请跳至第 17 题）

16. 贵校合同变更、转让和终止的控制程序包含哪些？[多选题]

□明确合同变更或转让的相关负责人

□明确变更、转让、终止的审批权限和程序

□明确合同终止的条件

□变更、转让、终止的审批复核手续和复核人

□其他：________ *

□无

17. 合同结算时，财务人员是否对付款执行进一步审核？[单选题]

□是　□否

18. 你认为贵校合同纠纷处理的机制是否完善？[单选题]

□非常完善　□比较完善　□一般　□不太完善　□不存在

19. 您认为贵校的合同保管制度是否健全？[单选题]

□非常健全　□比较健全　□一般　□不太健全　□很不健全

20. 您认为贵校合同保管存在哪些风险？[多选题]

□合同是未分类保管或未连续编号

□合同保密工作不足

□合同借阅随意性大

□未对合同订立、履行和变更等进行详细、明确的登记

□其他：________

9.1.2.6　高校基建项目内部控制的调查问卷

1. 您所在的院校名称是［填空题］：____________________

2. 您所在高校属于以下哪一类型院校？[单选题]

□“985 工程”高校　□“211 工程”高校

□其他部属高校　□其他地方高校

3. 贵校的基建项目是否纳入预算管理，并在立项前进行可行性论证？[单选题]

□是　□否

4. 贵校基建项目的可行性论证一般有哪些部门或人员参与？[多选题]

□基建部门　□使用部门　□纪检监察部门

□财务部门　□主管校领导　□教职工代表

□校内专家　□校外专家　□其他：________

5. 贵校基建项目的可行性论证包括哪些内容？[多选题]

□建设规模是否适度　□是否符合相关制度规定

□是否符合学校发展规划　□投资估算是否准确

□资金筹措安排是否合理　□经济、社会、办学效益分析

□其他：________

6. 您认为贵校基建项目的可行性论证是否充分？[单选题]

□非常充分　□比较充分　□一般　□不充分　□不存在

7. 贵校基建项目决策是否采用集体决策形式？[单选题]

□是　□否（请跳至第 9 题）

8. 若是，基建项目集体决策的形式包括哪些？[多选题]

□校党委会　□校长办公会议　□教职工代表大会

□联签制度　□听证制度　□其他：____________

9. 您认为贵校的基建立项审批决策程序是否合理？[单选题]

□非常合理　□比较合理　□一般　□不合理　□很不合理

10. 您认为贵校基建项目立项审批不合理的原因有哪些？[多选题]

□立项缺乏可行性论证

□可行性论证走形式，未进行专家团队和集体讨论决策

□申请立项项目不在预算范围内，不符合学校整体发展规划要求

□申请项目的责任部门不清，有时是个别领导的意见

□其他：________

11. 您认为贵校基建项目决策过程的透明度如何？[单选题]

□非常透明　□比较透明　□一般　□不够透明　□很不透明

12. 您认为贵校基建项目立项时的审批机构或个人在基建项目中的权责是否明确？[单选题]

□非常明确　□比较明确　□一般　□不够明确　□很不明确

13. 贵校的基建项目是选择自建还是代建？[单选题]

□自建　□代建　□其他：________

14. 您认为贵校基建项目的初步设计和概算是否与可行性研究报告或核准的项目申请报告及估算相符？[单选题]

□完全相符　□比较相符　□一般　□不太相符　□不相符

15. 您认为贵校基建项目初步设计和概算的编制程序和内容是否科学合理？[单选题]

□非常科学　□比较科学　□一般　□不太科学　□不科学

16. 贵校基建项目初步设计和概算编制过程中工程技术、设计、财会等部门的专业人员的参与程度如何？[单选题]

□参与度很高　□参与度较高　□参与度一般

□参与度较低　□没有其他部门人员参与

17. 您认为贵校基建项目概预算审查执行力度如何？[单选题]

□非常严格　□较为严格　□一般　□不太严格　□不严格

18. 贵校是否采用招投标的方式选择勘察、设计、施工及监理单位？[单选题]

□是　□不完全是　□否（请跳至第 27 题）

19. 您认为贵校招投标规章制度健全吗？[单选题]

□非常健全　□比较健全　□一般　□不太健全　□很不健全

20. 您认为贵校基建项目招投标程序是否规范？[单选题]

□非常规范　□比较规范　□一般　□不够规范　□不规范

21. 您认为贵校基建项目招标程序是否透明？[单选题]

□非常透明　□比较透明　□一般　□不够透明　□很不透明

22. 贵校基建项目招标过程中是否组织了招标答疑？[单选题]

□组织了充分的招标答疑，且有答疑纪要

□组织了充分的招标答疑，但没有答疑纪要

□有招标答疑，但是只是形式，未有答疑纪要

□未设招标答疑

□不了解

23. 您认为贵校基建项目招标过程中标底的制定是否合理？[单选题]

□非常合理　□比较合理　□一般　□不太合理　□很不合理

24. 贵校是否组建基建项目招投标评标小组？[单选题]

□是　　□否（请跳至第 27 题）

25. 贵校基建项目招投标评标小组由哪些部门人员组成？[多选题]

□基建部门　　□纪检监察部门　　□财务部门

□校内专家　　□校外专家　　□其他：________

26. 您认为贵校基建项目招投标评标小组的专业胜任能力如何？[单选题]

□完全胜任　　□比较胜任　　□一般　　□不太胜任　　□完全不能胜任

27. 贵处是否有专门岗位或科室负责基建合同管理？[单选题]

□有　　□无

28. 贵校签订基建合同时是否需要法律咨询顾问参与？[单选题]

□不需要

□需要，学校有法务部或专门负责法律事务的办公室支援

□需要，基建处下设负责法务的科室

□需要，学校没有相关法务部门，需要时向校外专业法律服务机构购买服务

□其他：________

29. 您认为贵校的基建项目合同管理是否规范？[单选题]

□非常规范　　□比较规范　　□一般　　□不太规范　　□很不规范

30. 你认为贵校基建合同管理还存在哪些问题？[多选题]

□合同主体不合格　　□合同内容不符合相关法规要求

□合同条款不完善　　□当事人权利义务不明确

□不存在问题　　□其他：________

31. 您认为贵校的工程实施监理单位、施工单位、基建部门的职责是否清晰？[单选题]

□非常清晰　　□比较清晰　　□一般　　□不太清晰　　□很不清晰

32. 您认为贵校施工过程中监理单位、基建部门和校监督委员会是否充分履行了各自的义务？[单选题]

□非常充分　　□比较充分　　□一般　　□不太充分　　□很不充分

33. 您认为贵校对基建项目变更的审核控制严格吗？[单选题]

□非常严格　　□较为严格　　□一般　　□不太严格　　□不存在

34. 您认为贵校的基建项目支付工程款是否经过了严密的工程质量和进度审核？[单选题]

□非常严密　　□比较严密　　□一般　　□不够严密　　□不存在

35. 贵校工程验收是分进度验收还是一次完工后验收？[单选题]

□分进度验收　　□一次完工后验收

□不确定　　□不了解

36. 您认为贵校工程竣工验收环节设计、施工、监理、基建部门参与度如何？[单选题]

□参与度很高　　□参与度较高　　□参与度一般

□参与度较低　　□没有其他部门人员参与

37. 您认为学校是否有足够的专业能力完成竣工验收？[单选题]

□完全有能力　□学校能力有限

□学校完全不具备工程建筑专业能力　□不了解

38. 您认为贵校的竣工验收是否有效？[单选题]

□非常有效，能查别出不合设计的工程

□较有效，工程验收后仍有一些不太严重的问题

□一般

□无效，工程验收走形式

□完全无效，且有负面影响，领导一句话通过

39. 贵校项目决算的评价机制是否健全？[单选题]

□非常健全　□比较健全　□一般　□不够健全　□不存在

9.1.2.7　高校资金来源及管理内部控制的调查问卷

1. 您所在的学校（名称）是：[填空题] ____________________

2. 您所在的学校类型是？[单选题]

□教育部直属高校　□地方高校　□民办院校

3. 贵校的资金来源包括：[多选题]

□财政拨款　□事业收入　□银行借款　□社会捐赠　□经营收益

□其他：________

4. 贵校银行借款占资金来源的比重为多少？[单选题]

□10%以下　□10%～20%　□20%～50%　□50%以上

5. 您认为贵校的借款规模是否合适？[单选题]

□合适　□不合适，借款过多，财务风险过大

□不合适，可适当增加借款

6. 贵校是否有拟筹资项目的建设方案（含用款计划）、筹资方案和还本付息方案，并进行可行性论证？[单选题]

□有且进行充分论证　□有但缺乏充分论证

□无

7. 贵校借款方案是否经学校最高决策机构批准，并按规定程序报经教育部和财政部核准？[单选题]

□是　□否

8. 贵校是否严格按照审批用途使用借入资金？[单选题]

□是　□否

9. 贵校是否按照筹资方案或合同约定的本金、利率、期限、汇率及币种，准确计算并按时支付利息？[单选题]

□是　□否

10. 贵校社会捐赠资金在总资金来源中所占的比重如何？[单选题]

□规模较大，是重要的资金来源　□规模一般

☐规模很小，不重要　☐无社会捐赠资金

11. 贵校的社会捐赠是否有专门的用途？[单选题]

☐是　☐否

12. 若是，主要用于哪些方面？[多选题]

☐奖励教职工　☐奖励学生　☐资助教学建设项目

☐资助科研项目　☐其他：________

13. 贵校的社会捐赠在财务上是否单独管理和核算？[单选题]

☐是　☐否

14. 贵校是否对社会捐赠资金的使用进行监督，绩效进行评价？[单选题]

☐既监督资金使用的规范性，又评价资金的使用绩效

☐只监督资金使用的规范性，无使用绩效的评价

☐都没有

9.1.2.8　高校预决算内部控制调查问卷

1. 您所在的院校名称是［填空题］____________________

2. 您所在高校属于以下哪一类型院校？[单选题]

☐“985 工程”院校　☐“211 工程”院校

☐其他部属高校　☐其他地方院校

3. 贵校财务预算的类型包括哪些？[多选题]

☐滚动预算法　☐增量预算法　☐零基预算法

☐固定预算法　☐弹性预算法　☐其他：________

4. 贵校是否执行三年滚动预算？[单选题]

☐有　☐没有（请跳至第 6 题）

5. 您认为三年滚动预算对年度预算约束力如何？[单选题]

☐约束力非常强　☐约束力比较强　☐约束力一般

☐约束力比较弱　☐约束力非常弱

6. 贵校是否设立预算管理委员会或类似机构？[单选题]

☐是　☐否

7. 您认为贵校预算编制、审批、执行、评价等不相容岗位分离分离情况如何？[单选题]

☐非常好　☐比较好　☐一般　☐不太好　☐非常差

8. 您认为贵校的预算管理岗位有哪些需要改进的地方？[多选题]

☐岗位设置合理，无须改进　☐预算管理岗位人员太少，工作量太大

☐预算管理人员专业胜任能力不足　☐预算管理岗位职能不清

☐没有单独设置预算管理岗　☐其他：________

9. 贵校预算编制是否实行“二上二下”？[单选题]

☐严格执行　☐执行比较好　☐执行一般

☐执行不太好　☐尚未执行

10. 贵校各二级单位预算数“一上”一般何时提交给财务部门？[单选题]

□每年 9 月初至 9 月底　　□每年 10 月初至 10 月底

□每年 11 月初至 11 月底　　□每年 12 月初至 12 月底

□其他：________

11. 您认为贵校预算编制与学校发展规划、资产配置计划是否一致？[单选题]

□完全一致　□比较一致　□一般　□存在差异　□差异较大

12. 您认为贵校在编制预算过程中财务部门与各二级单位是否进行了充分的沟通？[单选题]

□非常充分　□比较充分　□一般　□不充分　□很不充分

13. 贵校采购、基建、修缮等重大项目预算是否进行方案可行性、计划科学性、实施必要性及金额合理性方面的综合论证评审？[单选题]

□论证非常充分　□论证较为充分　□一般

□论证不够充分　□完全缺乏论证

14. 贵校是否利用预算管理信息系统或相关软件进行预算申报、批复、执行？[单选题]

□有相关系统或软件，并且应用成熟

□有相关系统或软件，但应用仍在探索学习中

□正在系统调试和检验期，还未正式投入使用

□正在考虑采用相关系统或软件

□未考虑或无须采用相关系统或软件

15. 您认为贵校预算管理信息系统的优点或缺点有哪些？[多选题]

□便于二级单位提交预算申报数，节省预算编制时间

□信息系统通过授权和限额设置提高了预算的刚性

□系统或软件开发成本太高

□上新系统或软件的培训工作量巨大

□其他：________

16. 贵校各二级单位提交预算计划数（“一上”）时上报的预算是否详细？[单选题]

□详细，细致到具体项目及金额

□比较详细，会说明具体项目内容，但不会具体到金额分配

□只有大致工作计划框架，只做总额预算

□无须详细列出具体项目

□其他：________

17. 贵校是否建立健全预算审批制度，明确预算审批权限，严格执行“三重一大”程序，逐级审批？[单选题]

□审批程序非常完善　□审批程序比较完善　□审批程序一般

□审批程序不够完善　□审批程序很不完善

18. 您认为贵校对上级批复的预算指标分解是否合理？[单选题]

□非常合理　□比较合理　□一般　□不合理　□很不合理

19. 您认为贵校预算下发到各二级单位是否及时？[单选题]

□非常及时　□比较及时　□一般　□不及时　□非常不及时

20. 您认为造成预算下发到二级单位不及时的原因有哪些？[多选题]

□二级单位预算申报不合规　□教育部预算下达太晚

□学校层面预算分解工作复杂，耗时长　□其他：________

21. 贵校各二级单位收到获批的预算指标后是否制定了详细的资金使用计划？[单选题]

□重新制定了详细的资金使用计划　□重新制定了粗略的资金使用计划

□对原计划进行了简单修改　□沿用原计划

22. 您认为贵校预算执行情况如何？[多选题]

□严格按照预算的类型、性质及额度执行　□存在额度超标的情况

□存在改变预算项目的情况　□存在无预算开支的情况

□其他：________

23. 贵校是否存在预算追加调整的情况，如有，是如何处理的？[单选题]

□不允许预算追加调整

□由预算追加单位进行追加申请论证审批后可追加

□向财务部门申报即可执行

□无须再次审批，只需学校仍有预算额度，即可执行

□其他：________

24. 贵校是否存在预算外的列支项目？[单选题]

□非常普遍　□比较普遍　□一般　□不普遍　□没有这种现象

25. 贵校是否设置了一定比例预备费以应对新增事项和突发事件？[单选题]

□是　□否

26. 贵校是否定期进行预算执行情况分析，并提出解决问题的建议方案？[单选题]

□定期分析并提出解决方案　□定期分析但未提出相应的解决方案

□偶尔进行分析　□从不进行分析

27. 您认为贵校预算绩效目标考核机制是否健全？[单选题]

□非常健全　□比较健全　□一般　□不太健全　□很不健全

28. 您认为现行高校会计核算科目设置与预算收支项目不一致的这种情况对于决算评价的不利影响是否严重？[单选题]

□十分严重　□较严重　□一般　□不太影响　□无影响

29. 您认为贵校的决算编制是否及时？[单选题]

□非常及时　□及时　□一般　□不及时　□很不及时

30. 您认为贵校决算报表数据是否完整、准确，是否能够全面、真实地反映学校财务状况？[单选题]

□非常完善　□比较完善　□一般　□不够完善　□很不完善

31. 您认为贵校对决算的评价规则或奖惩体系是否合理健全？[单选题]

□非常健全　□比较健全　□一般　□比较不健全

□缺乏奖惩措施

32. 您认为贵校决算评价存在什么缺陷?（可多选，可补充填写）[多选题]

□缺乏明确合理的决算制度规章

□有决算规章但是决算评价专业性不强，结果不合理

□评价受到权力部门的干扰，人为因素影响评价公允

□缺乏奖惩措施

□未进行决算结果的讨论与交流，决算评价未能应用于下一年度预算的编制

□其他：________

□不存在缺陷

33. 贵校是否制定政策盘活学校二级单位结余资金，建立统筹预算或收回学校使用等机制?[单选题]

□是　　□否

34. 您认为贵校预算信息共享程度如何?[单选题]

□在学校各部门充分共享　　□共享程度较高　　□一般

□共享程度不太高　　□共享程度很低

9.1.2.9　高校收入内部控制的调查问卷

1. 您所在学校[填空题]：______________________

2. 您所在学校类型[单选题]

□教育部直属　　□地方高校　　□民办院校

（一）收入内部控制的总体情况

3. 您认为贵校收入方面内部控制总体情况如何?[单选题]

□非常好　　□比较好　　□一般　　□不太好　　□非常差

4. 您认为贵校收入业务主要存在哪些风险?[多选题]

□收费不规范或乱收费

□未由财务部门归口管理收入业务

□收入业务岗位设置不合理，不相容岗位未有效分离

□违反“收支两条线”管理规定，收入不入账或设立账外账

□未设置票据专管员和票据管理制度

□未建立收入分析和对账制度

□其他：________

5. 您认为贵校收入业务流程的哪些环节风险相对较大?[多选题]

□编制预算阶段　　□申请审批阶段　　□实际收款阶段

□缴库及记账阶段　　□分析对账阶段　　□其他：________

6. 您认为贵校收入业务岗位设置是否合理?[单选题]

□非常合理　　□比较合理　　□一般　　□不太合理　　□很不合理

7. 您认为贵校收入业务与预算是否符合?[单选题]

□完全相符　　□基本相符　　□一般　　□大多不相符　　□完全不相符

8. 您认为贵校与收入相关的票据管理情况如何？[单选题]

□非常好　□比较好　□一般　□不太好　□非常差

9. 您认为贵校在收入缴库和记账过程中按相关制度的执行情况如何？（例如收入是否由财务部归口管理、执行收支两条线规定）[单选题]

□非常好　□比较好　□一般　□不太好　□非常差

（二）财政补助收入内部控制情况

10. 贵校财政补助收入拨付方式主要是以下哪一种？[单选题]

□财政直接支付　□财政授权支付（请跳至第18题）

□财政实拨资金（请跳至第23题）

11. 若为财政直接支付，请问您认为以下哪个环节风险较大？[多选题]

□请购　□审批　□集中采购　□验收

□收到《财政直接支付到账通知书》　□记账

□其他：________

12. 采购是否都由需求部门递交申请，由采购部门核对？[单选题]

□是　□否

13. 采购申请是否都报分管校领导批准？[单选题]

□是　□否

14. 是否由财务部门检查采购申请连续编号且均通过政府采集？[单选题]

□是　□否

15. 采购货物是否均已验收入库？[单选题]

□是　□否

16. 已支付货款是否均已记录？[单选题]

□是　□否

17. 已记录的付款是否均已支付？[单选题]

□是（请跳至第29题）　□否（请跳至第29题）

18. 若为财政授权支付，您认为以下哪个环节风险较大？[多选题]

□用款递交申请

□审批

□收到《财政授权支付额度到账通知书》集中采购

□记账

□其他：________

19. 用款申请是否符合预算，且由财务核算？[单选题]

□是　□否

20. 用款申请是否报分管校领导批准？[单选题]

□是　□否

21. 已授权款项均已正确记录且由财务定期（如按月）与财政部门、代理银行进行核对？[单选题]

□是　　　　　　□否

22. 已记录的款项均已得到授权且由财务定期（如按月）与代理银行进行核对？[单选题]

□是（请跳至第 29 题）　　　　　　□否（请跳至第 29 题）

23. 若为财政实拨资金，您认为以下哪个环节风险较大？[多选题]

□用款递交申请　　　　　　□审批　　　　□收款　　　　□记账

□其他

24. 请问用款申请是否符合预算，且由财务核算？[单选题]

□是　　　　　　□否

25. 用款申请是否都报分管校领导批准？[单选题]

□是　　　　　　□否

26. 已拨入款项均已正确记录且由财务定期（如按月）与财政部门、代理银行进行核对？[单选题]

□是　　　　　　□否

27. 已记录的款项均已得到到账且由财务定期（如按月）与代理银行进行核对？[单选题]

□是　　　　　　□否

28. 贵校对财政拨款收入是否进行了专项管理？执行情况如何？[单选题]

□非常好　　　□比较好　　　□一般　　　□不太好　　　□不存在

29. 贵校是否对财政拨款按照财政部门和主管部门的要求及时编制了相关预算？[单选题]

□是　　　　　　□否

30. 您认为贵校对财政补助收入用款控制制度的执行情况如何？[单选题]

□非常好　　　□比较好　　　□一般　　　□不太好　　　□不存在

31. 您认为贵校财政补助收入存在哪些风险？[多选题]

□预算不合理　　　　　　　　　　　　□未建立用款控制机制

□未对财政补助收入进行专项管理　　　□存在私吞公款

□对于错误和舞弊，没有完善的处理机制　　□其他：________

（三）事业收入内部控制的执行情况

32. 您认为贵校事业收入管理制度设计如何？[单选题]

□非常好　　　□比较好　　　□一般　　　□不太好　　　□不存在

33. 您认为贵校事业收入内部控制制度执行情况如何？[单选题]

□非常好　　　□比较好　　　□一般　　　□不太好　　　□不存在

34. 贵校是否取得了收费许可证且经有关部门年检？[单选题]

□是　　　　　　□否

35. 贵校收费项目、收费办法、收费标准是否及时向社会公示？[单选题]

□是　　　　　　□否

36. 您认为贵校是否存在未按照法定项目和标准征收？[单选题]

□不存在　□偶尔发生　□经常发生

37. 贵校对于非税收收入是否都开具了非税收票据，并且及时、全额上缴财政专户？[单选题]

□是，及时上缴专户　□是，单位及时上缴专户

□未开发票

38. 贵校对于税收收入是否都及时开具了相关的税务票据？[单选题]

□全部开票　□部分开票　□从不开票

39. 贵校有无不需要上缴的事业收入？如果有，如何管理？[单选题]

□无　□有，单独进行专项管理

□有，与经营收入一同管理　□其他：________

（四）经营收入内部控制的执行情况

40. 贵校经营收入的比重如何？[单选题]

□无　□5%以下　□5%～20%　□20%～40%　□40%以上

41. 您认为贵校经营收入内部控制制度设计如何？[单选题]

□非常好　□比较好　□一般　□不太好　□不存在

42. 您认为贵校经营收入内部控制制度执行情况如何？[单选题]

□非常好　□比较好　□一般　□不太好　□未执行

43. 贵校经营收入是否纳入预算管理？[单选题]

□全部纳入预算管理　□部分纳入预算管理

□未纳入预算管理

44. 贵校是否领取了营业执照，并且按规定的审批程序办理报批手续？[单选题]

□是，严格执行审批程序　□是，审批程序较为严格

□是，审批程序执行一般　□是，审批程序执行不够好

□否

45. 贵校经营收入和事业收入界限划分是否清晰？[单选题]

□非常清晰　□比较清晰　□一般　□不太清晰　□很不清晰

46. 贵校对于经营收入是否都开具了相关的税务票据、及时缴纳了税款？[单选题]

□是　□部分开具　□否

（五）附属单位缴款内部控制的执行情况

47. 贵校附属单位缴款的比重如何？[单选题]

□无　□5%以下　□5%～10%　□10%～20%　□20%以上

48. 您认为贵校附属单位缴款的管理制度设计如何？[单选题]

□非常好　□比较好　□一般　□不太好　□不存在

49. 您认为贵校附属单位缴款内部控制制度执行情况如何？[单选题]

□非常好　□比较好　□一般　□不太好　□未执行

50. 您认为贵校附属单位缴款和投资收益的界限划分是否清晰？[单选题]

□非常清晰　□比较清晰　□一般　□不太清晰　□很不清晰

51. 您认为贵校对于附属单位缴款专项管理的情况如何？[单选题]

□非常好　□比较好　□一般　□不太好　□不存在

52. 您认为贵校对于附属单位缴款的用款是否合理？[单选题]

□完全合理　□基本合理　□一般　□不太合理　□不合理

（六）上级补助收入内部控制的执行情况

53. 贵校上级补助收入的比重如何？[单选题]

□无　□5%以内　□5%～10%　□10%～20%　□20%以上

54. 您认为贵校上级补助收入的管理制度设计如何？[单选题]

□非常好　□比较好　□一般　□不太好　□不存在

55. 您认为贵校上级补助收入内部控制制度执行情况如何？[单选题]

□非常好　□比较好　□一般　□不太好　□未执行

56. 贵校财政补助收入和上级补助收入的界限划分是否清晰？[单选题]

□非常清晰　□比较清晰　□一般　□不太清晰

□很不清晰

57. 贵校对于上级补助收入是否进行了专项管理，管理的情况如何？[单选题]

□非常好　□比较好　□一般　□不太好　□不存在

（七）其他收入内部控制的执行情况

58. 贵校其他收入的比重如何？[单选题]

□无　□5%以下　□5%～10%　□10%～20%　□20%以上

59. 贵校其他收入主要以下包括哪些？[多选题]

□投资收益

□银行存款利息收入

□租金收入

□捐赠收入

□现金盘盈收入、存货盘盈收入

□收回已核销应收及预付款项、无法偿付的应付及预收款项

□其他：________

60. 您认为贵校其他收入的管理制度设计如何？[单选题]

□非常好　□比较好　□一般　□不太好　□不存在

61. 您认为贵校其他收入内部控制制度执行情况如何？[单选题]

□非常好　□比较好　□一般　□不太好　□未执行

62. 贵校其他收入是否都由财务部门统一办理？[单选题]

□是　□否

63. 贵校各项其他收入是否分别有相应的管控流程？[单选题]

□是　□否

64. 贵校是否存在其他部门和个人未经批准办理收款业务等舞弊现象？[单选题]

□经常发生　□偶尔发生　□从未发生

9.1.2.10　高校支出内部控制的调查问卷

（一）您的基本情况

1. 您的任职情况［单选题］

□部门主管领导　□普通行政人员

2. 您的最高学历、学位［单选题］

□大专及其以下　□本科　□研究生及其以上

3. 您的现有职称［填空题］____________________

4. 您有会计、财务管理或审计等相关专业的学历学位吗？［单选题］

□有　□没有

5. 您在本单位工作的时间或从事高校财务工作的时间为？［单选题］

□2 年以下　□3 ~ 5 年　□5 ~ 10 年　□10 年以上

（二）高校支出内部控制的总体情况

6. 您对贵校支出方面的内控是否了解？［单选题］

□完全了解　□大部分了解　□部分了解　□很少了解　□完全不了解

7. 贵校支出方面内控制度是否公开？［单选题］

□完全公开　□大部分公开　□部分公开　□很少公开　□完全不公开

8. 您认为贵校支出方面内控流程设计如何？［单选题］

□很好　□较好　□一般　□较差　□不存在

9. 您认为贵校支出标准和具体实施细则设计如何？［单选题］

□很好　□较好　□一般　□较差　□不存在

10. 如果贵校存在与支出业务相关的控制制度，您认为实际执行情况如何？［单选题］

□很好　□较好　□一般　□较差　□不存在

11. 您认为贵校支出业务主要存在哪些风险点？［多选题］

□用款不符合预算　□未经过恰当审批

□票据报销审核不严　□不相容岗位未有效分离

□缺乏分析和监控　□其他：________

12. 您认为贵校支出业务的哪些环节最需要改进？［多选题］

□编制预算环节　□实际支出环节

□签字审批环节　□报销环节

□分析监控环节　□其他：________

13. 您认为贵校哪些支出业务的内部控制最需要改进？［多选题］

□基建支出　□科研经费支出

□薪酬支出　□“三公经费”支出

□后勤支出　□其他：________

14. 您认为贵校支出业务是否与前期预算项目相符？［单选题］

□完全符合　□较符合　□一般　□较不符合　□完全不符合

15. 您认为贵校支出授权审批的执行效果如何？[单选题]

□很好　□较好　□一般　□较差　□不存在

16. 您认为贵校实际支出过程中，按照有关规定的执行情况如何？[单选题]

□完全按照规定　□基本按照规定　□一般按照规定

□基本未按规定　□完全未按规定

17. 您认为贵校报账环节控制效果如何？[单选题]

□很好　□较好　□一般　□较差　□很差

18. 您认为贵校出现报账困难的主要原因是什么？[多选题]

□支出标准和规范制定不合理　□报账流程设计不合理

□未按规定发生实际支出　□报账人使用不真实发票

□财务部门人员不够　□其他：________

19. 您认为贵校资金支付环节控制情况如何？[单选题]

□很好　□较好　□一般　□较差　□不存在

20. 您认为贵校对支出的监督情况如何？[单选题]

□很好　□较好　□一般　□较差　□不存在

21. 您认为贵校收支两条线执行情况如何？[单选题]

□很好　□较好　□一般　□较差　□很差

（三）薪酬支出内部控制的执行情况

22. 您认为贵校薪酬核算的标准和实施细则的设计是否合理？[单选题]

□很合理　□较合理　□一般　□不合理　□不存在

23. 贵校岗位类别包括哪些？[多选题]

□专业技术岗位（主要是教职工）　□管理岗位

□工勤技能岗位　□其他：________

24. 贵校教职工的工资薪酬由以下几个部分构成？[多选题]

□岗位工资　□绩效工资　□劳务费　□福利津贴　□其他______

25. 绩效工资包含哪些内容？[多选题]

□科研奖励　□超教学工作量酬金　□管理责任津贴

□地方性津补贴　□其他：________

26. 贵校是否定期对员工进行岗位考核？[单选题]

□是　□否

27. 贵校是否有专门的考核小组，负责本单位教职工的考核工作？[单选题]

□是　□否

28. 岗位考核的内容包括哪些？[多选题]

□思想政治表现　□职业道德　□工作态度

□工作进展　□绩效情况　□工作业绩

□德、能、勤、绩、廉　□其他：________

29. 岗位考核结果分为________级，分____________ [填空题]

30. 考核结果是否纳入岗位异动、奖惩、工资晋升和聘期考核重要依据？[单选题]

□是　□否

（四）科研经费支出内部控制的执行情况

31. 请问贵校财务部门是否单独设置了科研经费管理岗位？[单选题]

□是　□否

32. 请问贵校对与科研经费管理有关人员的培训情况如何？[单选题]

□经常培训　□偶尔培训　□很少培训　□从不培训

33. 您认为贵校科研项目预算编制的论证是否充分？[单选题]

□很充分　□比较充分　□一般　□不太充分　□很不充分

34. 您认为贵校科研项目的预算审核是否严格？[单选题]

□很严格　□比较严格　□一般　□不太严格　□很不严格

35. 贵校是否将各类科研经费均作为学校收入，全部纳入学校财务统一管理？[单选题]

□是　□否

36. 您认为贵校科研经费支出的审核是否严格？[单选题]

□很严格　□比较严格　□一般　□不太严格　□很不严格

37. 您认为贵校科研经费支出审核中是否存在注重票据合法性而忽视支出内容是否合规的问题？[单选题]

□是　□否

38. 贵校是否严格按照科研经费预算约束科研经费支出？[单选题]

□是　□否

39. 您认为贵校是否重视防范科研经费腐败问题？[单选题]

□很重视　□比较重视　□一般　□不太重视　□很不重视

40. 您认为贵校的科研经费内部监督机制是否有效？[单选题]

□很有效　□比较有效　□一般　□不太有效　□无效

41. 贵校科研项目结题后能否做到及时结账？[单选题]

□很及时　□比较及时　□一般　□不太及时　□很不及时

42. 请问贵校对科研项目结项后结余资金的管理是否严格？[单选题]

□很严格　□比较严格　□一般　□不太严格　□很不严格

43. 您认为贵校的科研经费考核制度能否有效激励教师的科研积极性？[单选题]

□很有效　□比较有效　□一般　□不太有效　□无效

44. 您认为贵校当前的科研经费管理是否合理？[单选题]

□是　□否

45. 如果管理不合理，您认为主要的原因是什么？[多选题]

□科研制度不合理　□科研报销制度不合理

□科研经费结构安排不合理　□其他：________

46. 您认为贵校的科研经费中劳务费的设置比例是否合理？[单选题]

□是　□否

47. 如果比例设置不合理，您认为劳务费比重占多少比较合适？[单选题]

□10%～30%　□30%～50%　□50%～70%　□70%～90%

48. 您认为科研经费以什么形式发放比较合适？[单选题]

□报销　□奖励　□报销加奖励　□其他：________

49. 请问贵校是否存在科研经费报销难的问题？[单选题]

□是　□否

50. 如果存在报销难，您认为导致高校的科研经费报销难的主要原因是什么？[多选题]

□报销流程过于繁琐　□会计人员数量不足

□会计人员业务能力不强　□申请报销准备材料过多

□报销时间安排不合理　□其他：________

51. 在线网络预审可以提高报账效率，但是对报账老师财务知识要求较高，您是否愿意接受这种报账方式？[单选题]

□很愿意　□比较愿意　□一般　□不太愿意　□很不愿意

52. 您认为什么样的报销方式能够提高报销效率？[单选题]

□人工预约、人工报账　□网上预约、人工报账

□网上预约、网上报账　□其他：________

53. 您认为科研经费管理如何改革才能既保障规范又提高效率？[填空题] ________

（五）“三公经费”支出内部控制的执行情况

54. 贵校对“三公经费”的范围界定有无具体文件或规定？[单选题]

□有具体规定　□有较具体规定　□有一般框架性规定

□有模糊规定　□不存在

55. 您认为贵校对于“三公经费”项目审批控制情况如何？[单选题]

□很好　□较好　□一般　□较差　□很差

56. 您认为贵校对于“三公经费”的公开程度如何？[单选题]

□很好　□较好　□一般　□较差　□很差

57. 您认为贵校对于“三公经费”的预算编制是否合理？[单选题]

□很合理　□较合理　□一般　□较不合理　□很不合理

58. 您认为贵校是否注重对二级单位的“三公经费”进行控制？[单选题]

□非常重视　□较重视　□一般重视　□较不重视　□很不重视

59. 贵校对于二级学院和职能部门发生的“三公经费”，全部作为校级“三公经费”列支反映吗？[单选题]

□全部反映在学校财务报表“三公经费”中

□基本计入“三公经费”，超额时学校财务统一分流调整

□二级单位发生的全部计入二级单位办公经费和学科建设经费

□二级单位发生的主要计入“三公经费”，超出部分二级部门自行确定列支渠道

□部分反映在报表“三公经费”中，实行总额控制弹性管理

□其他处理方式____________________

60. 您认为贵校对于“三公经费”的监控效果如何？[单选题]

□很好　□较好　□一般　□较差　□不存在

61. 您认为“三公经费”控制中主要存在哪些风险？[多选题]

□支出标准不明确　□预算制定不合理　□经费审批不严格

□报销审核不规范　□披露制定不完善　□其他：________

9.1.2.11　高校资产内部控制调查问卷

（一）总体性调查

1. 贵校的资产管理为以下哪种模式？[单选题]

□由资产管理部门统一集中管理　□不同的资产分不同部门管理

2. 您认为贵校资产管理模式如何？[单选题]

□很好　□较好　□一般　□较差　□不存在

3. 如果资产由不同的部门分别管理，涉及的部门主要包括哪些？[多选题]

□后勤部门　□房产管理部门

□实验室与设备管理部门　□基建管理部门

□图书馆　□其他：________

4. 您认为贵校资产管理的责任划分是否明确？[单选题]

□很明确　□较明确　□一般　□较模糊　□很模糊

（二）高校货币资金内部控制的调查

1. 您认为贵校对货币资金的管理制度或学校相关政策的执行情况如何？[单选题]

□非常好　□比较好　□一般　□不太好　□不存在

2. 您认为贵校货币资金业务流程最需要改进的是哪些环节？[多选题]

□支付申请　□支付审批　□支付复核　□支付环节

3. 您认为贵校货币资金内部控制存在哪些风险？[多选题]

□不相容岗位未有效分离

□出纳和会计人员职业道德和业务能力不足

□资金支付申请未经过专人进行复核

□支付的审批不够严格

□未建立规范的分级审批制度或有越权审批

□出纳支付现金之后登账不及时

□监督检查机制缺乏

□其他：________

4. 您认为贵校在资金支付环节哪些岗位未做到不相容岗位相分离？[多选题]

□出纳与审核、会计档案保管以及收支、债权债务账目登记未分离

□批准支付、编制付款申请与记录付款的职责未分离

□银行票据的购买、保管、注销未分离

□结算的印章未由多人分开保管

□货币资金的保管和清查

□其他：________

5. 您认为贵校对出纳和相关会计岗位职责的划分是否清晰，执行情况如何？[单选题]

□清晰，且执行很好　□清晰，但执行情况一般

□清晰，但执行情况较差　□不清晰

□未对相关岗位职责进行划分和界定

6. 贵校是否明确规定用款审批权的额度、支出范围，执行情况如何？[单选题]

□是，且执行情况较好　□是，但执行一般

□是，但执行情况较差　□无相关规定

7. 您认为贵校货币资金清点或监盘程序的执行情况如何？[单选题]

□非常好　□比较好　□一般　□不太好　□不存在

8. 贵校对重大货币资金支出是否进行集体决策和审批？[单选题]

□是　□否，其他人员审批____________________

□与一般货币资金支付的审批程序相同

9. 贵校现金、银行存款日记账是否定期与总账核对，不一致时及时查找原因？[单选题]

□是　□否

10. 贵校所有收付的货币资金是否均及时、完整地入账？[单选题]

□是　□否

（三）高校房产管理内部控制调查

1. 贵校房产由哪个部门主管？[单选题]

□专门的房管部门　□资产管理部门

□后勤管理部门　□其他：________

2. 您认为贵校新建房产的验收、交接程序是否规范？[单选题]

□非常规范　□比较规范　□一般　□不太规范　□很不规范

3. 您认为贵校房产档案管理是否规范？[单选题]

□非常规范　□比较规范　□一般　□不太规范　□很不规范

4. 贵校房屋的维修由哪个部门负责？[多选题]

□房管部门　□后勤保障部门　□基建部门　□其他：________

5. 您认为贵校房产的物业管理情况如何？[单选题]

□非常好　□比较好　□一般　□比较差　□非常差

6. 您认为贵校房屋的维修养护制度是否健全？[单选题]

□非常健全　□比较健全　□一般　□不太健全　□很不健全

7. 贵校是否存在以下情况？[多选题]

□擅自进行房屋调配　□擅自改变公房结构和使用性质

□转让或出租　□进行投资、入股、抵押

□其他：________

8. 您认为贵校对房产的清理、盘点工作执行得如何？[单选题]

□非常好　□比较好　□一般　□不太好

□没有执行相关工作

9. 贵校是否对房产计提折旧？[单选题]

□全部计提折旧　□部分计提折旧　□从不计提折旧

10. 您认为贵校房产管理信息系统是否完善？[单选题]

□非常完善　□比较完善　□一般　□不太完善　□很不完善

11. 您认为贵校房产的处置程序是否完善？[单选题]

□非常完善　□比较完善　□一般　□不太完善　□很不完善

（四）高校一般物资设备内部控制的调查

1. 您认为贵校对物资设备相关的控制制度，执行情况如何？[单选题]

□很好　□较好　□一般　□较差　□不存在

2. 您认为贵校物资设备管理的哪些环节存在风险？[多选题]

□物资设备的预算管理　□物资设备的请购与审批

□物资设备的采购　□物资设备的验收

□物资设备的领用　□物资设备的处置

□其他：________　□无风险

3. 您认为贵校物资设备内部控制的主要问题有哪些？[多选题]

□不相容岗位未分离　□预算不当

□采购审批制度不完善　□采购过程控制不严

□固定资产验收程序不规范　□领用审批制度不完善

□保管不当　□清查不及时、责任未明确

□其他：________

4. 您认为贵校与物资设备相关的不相容岗位职责分离情况如何？[单选题]

□非常好　□比较好　□一般　□不太好　□非常差

5. 贵校资产建设有无采用 OT 业务模式？[单选题]

□有　□无

6. 贵校如存在 OT 业务模式，主要是哪些资产？[多选题]

□空调　□热水　□暖气　□其他：________

7. 您如何评价贵校资产建设的 OT 模式？[单选题]

□运行非常好　□运行比较好　□运行一般　□运行不太好　□运行非常差

8. 您认为贵校物资设备采购的预算管理制度执行情况如何？[单选题]

□非常好　□比较好　□一般　□不太好　□非常差

9. 您认为贵校重大资产投资的可行性论证是否完善？[单选题]

□非常完善　□比较完善　□一般　□不太完善　□很不完善

10. 如果进行可行性论证，有哪些部门或人员参与？[多选题]

□资产管理部门　□资产使用部门　□财务部门

□审计部门　□如有需要，聘请独立的中介机构或专业人士

□其他：________

11. 您认为贵校物资设备采购的分级审批制度是否完善？[单选题]

□非常完善　□比较完善　□一般　□不太完善　□很不完善

12. 物资设备请购单需要哪些部门或人员签字？[多选题]

□请购人　□请购部门负责人

□资产管理部门负责人　□审计部门负责人

□财务部门负责人　□采购部门负责人

□其他：________

13. 贵校物资设备采购的方式包括哪些？[多选题]

□招标方式采购　□直接安排采购

□自行零星采购　□其他：________

14. 一般金额在多少以上，就要求招标方式采购？[单选题]

□1 万元以上　□2 万～5 万元以上

□5 万～10 万元以上　□10 万元以上

□任何金额采购都要通过招标方式

15. 贵校物资设备的验收有哪些部门参与？[多选题]

□资产管理部门　□资产使用部门　□财务部门

□审计监督部门　□其他：________

16. 物资设备的验收主要关注哪些方面？[多选题]

□数量　□质量　□规格

□相关技术要求　□其他：________

17. 您认为贵校物资设备的分配和调配标准和程序是否规范？[单选题]

□非常规范　□比较规范　□一般　□不太规范　□很不规范

18. 贵校物资设备日常管理采取哪种模式？[单选题]

□两级管理模式（资产管理部门和使用单位联合管理）

□资产管理处统一管理

□二级单位管理

□其他：________

19. 贵校物资设备使用部门是否设置专人分管本单位的物资设备？[单选题]

□是　□否

20. 使用部门对本部门物资设备的日常管理职责包括哪些？[多选题]

□根据学校的规章制度，制定本单位物资设备的管理实施细则

□建立健全本单位物资设备的档案

□建立健全本单位物资设备账目，做好物资设备的增减登记和统计工作

□定期组织物资设备账、物的核对工作，对存在的问题按规定及时处理

□负责本单位物资设备的日常管理，如拆除、报损、报废等申报工作

□定期向资产管理部上报本单位物资设备增减变动情况

□其他：________

21. 您认为贵校物资设备日常管理存在哪些问题？[多选题]

□领导对资产管理不够重

□资产管理人员配置不合理

□物管员离任时的交接程序不完善

□物资设备出现毁损、丢失，缺乏相关的责任追究机制

□存在闲置浪费、公物私化、私自转让、丢弃等行为

□其他：________

22. 资产管理部门是否定期检查物资设备的使用情况，对其定期维护保养？[单选题]

□是　　□否

23. 是否有专门的部门负责物资设备维修？[单选题]

□是　　□否

24. 您认为贵校对于各项物资设备维修养护的责任划分是否明确？[单选题]

□很明确　　□较明确　　□一般　　□不明确　　□不存在

25. 对物资设备的重大维修养护计划是否列入年度预算？[单选题]

□是　　□否，无须列入年度预算，实报实销

26. 您认为贵校物资设备维修的分级审批制度是否完善？[单选题]

□非常完善　　□比较完善　　□一般　　□不太完善　　□很不完善

27. 物资设备维修的分级审批单位或领导有哪些？[多选题]

□使用部门主管领导　　□维修管理部门主要负责人

□分管校领导　　□其他：________

28. 物资设备的维修是否及时做好相关资料的归档工作？[单选题]

□是　　□否

29. 年度终了，资产管理部门是否会同财务部门、技术部门，对物资设备计提折旧？[多选题]

□长期计提折旧　　□近期才开始计提折旧

□对大多数物质设备都计提折旧　　□只对极少数物质设备计提折旧

□从未对任何物资设备计提折旧

30. 年度终了，是否对物资设备进行减值测试？[单选题]

□是，执行较好　　□是，偶尔执行

□否，从未专门执行过类似工作

31. 您认为贵校物资设备报废的处置程序是否规范？[单选题]

□非常规范　　□比较规范　　□一般　　□不太规范　　□很不规范

（五）高校实验室及其设备管理内部控制调查

1. 贵校是否成立专门的职能部门来管理实验室及其设备？[单选题]

□是　　□否

2. 您认为贵校实验室管理部门与资产管理部门、实验室使用部门的职责划分是否清晰？[单选题]

□非常清晰　　□比较清晰　　□一般　　□不太清晰　　□很不清晰

3. 贵校是否有实验室发展规划，并列入学科建设计划？[单选题]

□是　　□否

4. 您认为贵校实验室建设项目的申报、立项、管理、验收流程是否完善？[单选题]

□非常完善　　□比较完善　　□一般　　□不太完善　　□很不完善

5. 贵校实验室建设项目经费来源有哪些？[多选题]

□校内预算　　□专项经费　　□贷款　　□其他：________

6. 贵校实验室建设项目包括哪些？[多选题]

□实验教学改革

□新建、扩建或改造实验室

□大型精密贵重仪器设备的购置、维修、改造及功能开发

□其他：________

7. 贵校实验仪器设备的采购是否严格执行预算管理？[单选题]

□严格执行　　□比较严格　　□一般　　□不太严格

□预算执行非常差

8. 贵校实验仪器设备购置的可行性论证是否完善？[单选题]

□非常完善　　□比较完善　　□一般　　□不太完善　　□很不完善

9. 您认为贵校实验仪器设备的采购和验收流程是否完善？[单选题]

□非常完善　　□比较完善　　□一般　　□不太完善　　□很不完善

10. 贵校是否有进口实验仪器设备？如有，如何进行采购？[单选题]

□无　　□有，通过外贸代理公司进行采购

□有，自行进行采购　　□其他：________

11. 贵校实验仪器设备日常管理采取哪种模式？[单选题]

□两级管理模式（实验室管理部门和使用单位联合管理）

□实验室管理部门统一管理

□使用部门自行管理

□其他：________

12. 贵校仪器设备使用部门是否实行仪器设备保管人责任制？[单选题]

□是　　□否

13. 您认为贵校实验仪器设备的保管和使用制度是否完善？[单选题]

□非常完善　　□比较完善　　□一般　　□不太完善　　□很不完善

14. 对于仪器设备的损坏或丢失，贵校的责任追究制度是否完善？[单选题]

□非常完善　　□比较完善　　□一般　　□不太完善

□缺乏相关制度

15. 您认为贵校实验仪器设备管理信息化程度如何？[单选题]

□非常高　　□比较高　　□一般　　□不太高

□没有实现信息化管理

16. 贵校是否建立仪器设备技术档案，对仪器设备的种类、数量、金额、分布、使用状况、维修情况等记录是否完善？[单选题]

□是，记录非常完善　　□是，记录比较完善

□是，记录一般　　□是，记录不太完善

□没有建立相关技术档案

17. 贵校仪器设备是否在校内各单位之间借用，您认为相关程序是否完善？[单选题]

□是，程序非常完善　　□是，程序比较完善

□是，程序执行一般　　□是，程序不太完善

□是，程序很不完善　　□不存在相互借用的情况

18. 贵校仪器设备是否实行对外有偿服务，您认为管理是否规范？[单选题]

□是，管理非常规范　　□是，管理比较规范

□是，管理一般　　□是，管理不太规范

□是，管理很不规范　　□不存在对外有偿服务

19. 您认为贵校对仪器设备的维修和养护制度是否完善？[单选题]

□非常完善　　□比较完善　　□一般　　□不太完善　　□缺少相关制度

20. 你认为贵校实验仪器设备报废的流程是否规范？[单选题]

□非常规范　　□比较规范　　□一般　　□不太规范　　□很不规范

21. 贵校是否对大型仪器设备使用效益进行年度考核？[单选题]

□是　　□否

22. 贵校大型仪器设备使用效益考核的内容包括哪些？[多选题]

□使用率　　□完好率　　□功能利用与开发

□人才培养　　□其他：________

23. 针对考核结果是否有一定的奖惩制度？[单选题]

□是　　□否

24. 您认为贵校是否重视实验室安全管理？[单选题]

□非常重视　　□比较重视　　□一般　　□不太重视　　□很不重视

25. 您认为贵校实验室安全管理制度是否完善？[单选题]

□非常完善　　□比较完善　　□一般　　□不太完善　　□很不完善

26. 您认为贵校是否重视实验室人员队伍建设？[单选题]

□非常重视　　□比较重视　　□一般　　□不太重视　　□很不重视

27. 贵校是否给实验室工作人员提供充分的进修、培训、考察交流等学习机会？[单选题]

□是　　□否

（六）高校无形资产内部控制的调查

1. 贵校无形资产包括哪些？[多选题]

□校誉权　　□专利等知识产权

□商标及商标权　　□作品及其著作权

□非专利技术及其权益　　□土地使用权

□购置与自建的网络文献数据库　　□教学及科研软件________

□其他

2. 贵校无形资产的来源包括哪些？[多选题]

□外购　□自行研发　□上级调拨　□捐赠　□其他：________

3. 贵校是否分类制定无形资产管理办法，落实无形资产管理责任制促进无形资产有效利用？[单选题]

□是　□否

4. 您认为贵校对无形资产相关的控制制度，总体执行情况如何？[单选题]

□很好　□较好　□一般　□较差　□不存在

5. 您认为贵校无形资产内部控制的主要问题有哪些？[多选题]

□高等学校校标和各种服务标记的滥用　□专利权权属不清

□技术秘密和商业秘密被剽窃、泄露　□土地使用权被侵害

□其他：________

6. 贵校无形资产采购是否进行可行性论证，形成可行性报告并存档管理？[单选题]

□是　□否

7. 如果进行可行性论证，有哪些部门或人员参与？[多选题]

□资产管理部门　□资产使用部门

□财务部门　□审计部门

□如有需要，聘请独立的中介机构或专业人士　□其他：________

8. 您认为贵校无形资产购置预算执行情况如何？[单选题]

□非常好　□比较好　□一般　□不太好　□很不好

9. 贵校无形资产请购单需要哪些部门或人员签字？[多选题]

□请购人　□请购部门负责人

□资产管理部门负责人　□审计部门负责人

□财务部门负责人　□采购部门负责人

□其他：________

10. 贵校是否由专门部门验收无形资产？[单选题]

□是　□否

11. 贵校无形资产的验收主要关注哪些方面？[多选题]

□无形资产性能　□相关技术参数　□其他：________

12. 您认为贵校无形资产购置申请、批准、采购和验收等职责分离情况执行如何？[单选题]

□非常好　□比较好　□一般　□不太好　□很不好

13. 您认为贵校科技成果鉴定、验收（评审）制度执行情况如何？[单选题]

□非常好　□比较好　□一般　□不太好　□很不好

14. 您认为贵校促进科技成果转化的制度或措施执行情况如何？[单选题]

□非常好　□比较好　□一般　□不太好

□没有相关措施

15. 贵校科技成果转化的渠道有哪些？[单选题]

□与企业合作　□与科研机构合作

□自己设立科技成果转化的机构　□其他：____________

16. 贵校捐赠、投资转入的无形资产是否有相应手续（如评估报告、捐赠或投资协议）？[单选题]

□是　□否

17. 贵校是否对无形资产进行编号并设置无形资产明细账或无形资产卡片？[单选题]

□是　□否，其他方式管理：____________________

18. 贵校是否对无形资产的增减变动情况进行详细登记？[单选题]

□是　□否

19. 您认为贵校无形资产相关的哪些制度最需要加强？[多选题]

□现行制度很完善　□无形资产的摊销

□无形资产的盘盈、盘亏　□无形资产的处置或出售

□无形资产的转移　□无形资产的报废

□无形资产的调拨、出租、出借　□其他：____________

20. 贵校是否定期对无形资产进行清查盘点，并将结果与明细记录核对？[单选题]

□是　□否

21. 您认为贵校无形资产的清查盘点制度执行是否有效？[单选题]

□非常有效　□比较有效　□一般　□不太有效　□不存在

22. 贵校对无形资产处置、转移和报废的相关依据是否齐全？[单选题]

□是　□否，主要问题为：____________________

23. 您认为贵校处置（出售）无形资产的程序是否完善？[单选题]

□非常完善　□比较完善　□一般　□不太完善　□很不完善

24. 您认为贵校无形资产调拨、出租、出借相应的审批程序是否完善？[单选题]

□非常完善　□比较完善　□一般　□不太完善　□很不完善

25. 贵校对技术性强的无形资产处置是否有技术签定程序？[单选题]

□是　□否

26. 您认为贵校承接科技项目、开展科研协作、转让科技成果、进行科技咨询等收入相关的管理制度是否完善？[单选题]

□非常完善　□比较完善　□一般　□不太完善

□没有相关制度

（七）高校经营性资产内部控制的调查

1. 贵校是否存在经营性资产？[单选题]

□是　□否

2. 是否设置了专门的部门（如经营性资产管理委员会或管理公司等）主管经营性资产？[单选题]

□是　　　　　□否

3. 经营性资产主管部门的职责主要包括哪些？[多选题]

□制定经营性资产管理的规章制度，并监督实施

□产权界定、登记、统计、评估、检查、学校收益的催缴等产权管理工作

□调查研究学校各类经营性资产的现状和变动情况

□负责非经营性资产转作经营性资产的相关工作

□其他：________

4. 非经营性资产转为经营性资产是否进行可行性论证？[单选题]

□是　　　　　□否

5. 非经营性资产转为经营性资产需要经过哪些部门的审批？[多选题]

□资产管理部　　　　　□主管校领导　　　　　□校务会

□资产管理委员会　　　□教育部

6. 经营性资产的管理、使用和处置是否建立分级审批制度？[单选题]

□是　　　　　□否

7. 是否定期或不定期地对经营性资产进行清查？[单选题]

□是　　　　　□否

8. 贵校是否对经营资产进行分类管理？[单选题]

□是　　　　　□否

9. 贵校将经营性资产分为哪些类别？[填空题]

____

10. 您认为贵校资产经营公司的法人治理结构是否完善？[单选题]

□很完善　　□比较完善　　□一般　　□不太完善　　□很不完善

11. 贵校资产经营公司的收入支出是否独立于高校？[单选题]

□完全独立　　□基本独立　　□一般　　□不太独立　　□很不独立

12. 贵校资产经营公司是否重视风险管理与控制？[单选题]

□很重视　　□比较重视　　□一般　　□不太重视　　□很不重视

13. 您认为贵校资产经营公司的人事管理制度是否规范？[单选题]

□很规范　　□比较规范　　□一般　　□不太规范　　□很不规范

14. 贵校经营性资产产权管理包括哪些内容？[多选题]

□产权登记　　□产权界定　　□产权纠纷　　□产权转让

15. 贵校是否定期对经营性资产进行清理、检查？[单选题]

□是　　　　　□否

16. 您认为资产经营公司在哪些方面腐败问题比较严重？[多选题]

□高校资产流失严重　　　　□私设小金库

□收受贿赂　　　　　　　　□利用职务之便为他人谋利

□其他：________

17. 您认为造成资产经营公司腐败问题严重的主要原因是什么？[多选题]

□管理者权力过于集中　　□法人治理结构形同虚设

□外部监管不力　　□监管制度不健全

□其他：________

18. 您认为应该如何完善资产经营公司的法人治理？[多选题]

□选聘具有专业知识、技能和经验的董事、监事

□增加董事会中独立董事所占比例

□引入其他投资者促进股权多元化

□其他：________

19. 贵校是否制定了学校名号、标识的使用管理办法？[单选题]

□是　　□否

20. 贵校是否制定了资产经营公司经营业绩考核制度？[单选题]

□是　　□否

21. 贵校是否对资产经营公司的主要领导干部进行经济责任审计？[单选题]

□是　　□否

22. 贵校是否制定了资产经营公司的收益分配方案？[单选题]

□是　　□否

9.1.2.12　高校招标采购内部控制的调查问卷

一、基本情况

1. 您所在的学校［填空题］：____________________

2. 您所在学校类型［单选题］

□教育部直属　□地方高校　□民办院校

3. 贵校货物、服务、工程的采购模式是怎样的？[单选题]

□设立了专门的采招中心进行采购

□各职能部门下设采购科进行采购

□部分由采招中心负责，部分职能部门自行采购

□其他：________

4. 贵校采招部门的职责有哪些？[多选题]

□制定学校有关采购与招投标的制度　　□审批采购申请

□组织招投标　　□组织采购合同签订

□组织验收　　□其他：________

5. 您认为贵校采招部门的组织结构是否完善？[单选题]

□非常完善　□比较完善　□一般　□不太完善　□很不完善

6. 贵校采购前期准备环节有哪些流程？[多选题]

□编制采购预算和计划　　□提出采购申请　　□项目技术论证

□项目审批　　□其他：________

7. 您认为贵校采购预算和计划的编制和执行情况如何？[单选题]

□非常好　□比较好　□一般　□不太好　□非常差

8. 您认为贵校采购项目的论证情况如何？[单选题]

□非常好　□比较好　□一般　□不太好　□没有论证

9. 您认为贵校采购项目的审批制度是否健全？[单选题]

□非常健全　□比较健全　□一般　□不太健全　□很不健全

10. 贵校采购申请需要哪些部门参与授权审批？[多选题]

□项目负责或使用部门　□采购管理部门　□资产管理部门

□财务部门　□审计部门　□其他：________

11. 对于重大的采购项目，是否上校务会进行集中讨论决策？[单选题]

□是　□否

12. 您认为政府采购政策法规在高校执行难的主要原因包括哪些？[多选题]

□高校采购项目繁多

□高校采购项目技术性要求较高，不适合大规模集中采购

□高校采购经费来源复杂

□预算经费下达滞后

□高校教学、科研活动时间与采购时间不匹配

□其他：________

13. 贵校采购的平台包括哪些？[多选题]

□中央的集中采购平台　□地方的集中采购平台

□自建或借用其他高校的网上竞价系统　□京东、淘宝等网购平台

□其他：________

14. 您认为贵校现有的采购平台是否能够满足业务需求？[单选题]

□是　□否

15. 贵校主要的采购方式包括哪些？[单选题]

□公开招标　□邀请招标　□竞争性谈判

□竞争性磋商　□单一来源采购　□询价

□协议供应商　□其他：________

16. 对于纳入政府集中采购的项目，贵校实际采购过程中是否严格按照规定进行集中采购？[单选题]

□严格执行集采　□大部分执行　□灵活处理

□小部分执行　□全部自行采购

17. 贵校招标采购项目的技术方案由谁来做？[单选题]

□使用单位　□委托其他人　□其他：________

18. 您认为贵校在招投标过程中下列工作做得如何？[矩阵量表题]

	很好	较好	一般	较差	很差
招标文件制作	□	□	□	□	□
招标信息公开	□	□	□	□	□
投标人资格审查	□	□	□	□	□
专家库建设	□	□	□	□	□

19. 在订立合同前，是否调查供应商的主体资格、履约能力、资信情况等情况，并形成资料？[单选题]

□是，尽职调查　□是，但调查不够详尽，流于形式

□否

20. 采购合同谈判和签订过程中需要哪些部门人员的参与？[多选题]

□项目负责单位　□采购管理部门　□财务部门

□审计部门　□法律事务部门　□资产管理部门

□其他：________

21. 贵校在招投标过程中有人为干预的情况出现吗？[单选题]

□不存在　□较少　□有时出现　□经常发生　□非常多

22. 您认为贵校进行政府采购的价格是否合理？[单选题]

□非常合理　□比较合理　□一般　□不太合理　□非常不合理

23. 您认为贵校在采购和招投标过程中主要存在哪些问题？[多选题]

□信息公开不足　□相关人员未回避

□决策机制不完善　□实际操作流程不规范

□价格不合理　□其他：________

24. 您认为贵校在采购后期下列工作做得如何？[矩阵量表题]

	很好	较好	一般	较差	很差
合同管理	□	□	□	□	□
项目验收	□	□	□	□	□
款项支付	□	□	□	□	□

25. 贵校对采购与招投标活动中出现的事故、投诉、检举和控告等有无专门机构受理？[单选题]

□有　□无

26. 贵校是否实行项目生命周期（项目启动、施工、验收、交付使用、后期评估等）全过程控制？[单选题]

□是　□否

9.1.2.13　高校信息管理内部控制调查问卷

1. 您所在的学校是：[填空题] ____________________

2. 您所在的学校类型为以下哪种？[单选题]

□教育部直属　□地方院校　□民办院校

3. 你认为贵校的信息化程度如何？[单选题]

□非常高　□比较高　□一般　□不太高　□非常低

4. 您认为贵校的信息化建设是否完善？[单选题]

□非常完善　□比较完善　□一般　□不太完善

□很不完善

5. 贵校信息化建设主要体现在哪些方面？[多选题]

□网上办公系统　□网上教学系统　□资产管理系统

□后勤管理系统　□科研管理系统　□财务信息系统

□其他：________

6. 贵校各个信息系统的共享程度如何？[单选题]

□非常高　□比较高　□一般　□不太高　□非常低

7. 贵校信息管理部门的职责包括哪些？[多选题]

□负责全校网络基础设施的规划、建设、管理、运行与维护

□负责全校通讯基础设施的规划、建设、管理、运行与维护

□负责全校公共数据平台的规划、建设、管理、运行与维护

□开展信息技术培训、提升信息化应用水平

□其他：________

8. 您认为贵校信息管理部门与其他职能部门、二级学院之间的职责划分是否清晰？[单选题]

□非常清晰　□比较清晰　□一般　□不太清晰　□很不清晰

9. 您认为贵校信息管理部门与其他职能部门、二级学院之间的协调沟通机制是否健全？[单选题]

□非常健全　□比较健全　□一般　□不太健全　□很不健全

10. 您认为贵校信息系统建设的预算管理情况如何？[单选题]

□非常好　□比较好　□一般　□不太好　□非常差

11. 贵校是否根据事业发展需要，统筹规划、有序进行信息化建设？[单选题]

□是　□不全是　□否

12. 贵校信息化建设方面是否存在重复建设的情况或真空区域？[单选题]

□时常发生　□偶尔发生　□从未发生

13. 贵校信息化管理的授权审批和不相容职责分离情况履行如何？[单选题]

□非常好　□比较好　□一般　□不太好　□很不好

14. 贵校是否通过对以往教务、科研、就业、资产管理等数据的挖掘，建立数据模型以帮助学校或相关职能部门决策？[单选题]

□经常利用数据分析为决策提供参考　□偶尔利用数据分析为决策提供参考

□从未利用数据分析为决策提供参考

15. 您认为贵校信息系统的安全性如何？[单选题]

□非常好　□比较好　□一般　□不太好　□非常差

16. 贵校是否出现过信息泄露或毁损，系统无法正常运行，影响高校经济活动正常开展的情况？[单选题]

□经常出现　□偶尔出现　□从未出现

17. 您认为贵校信息管理部门队伍建设情况如何？[单选题]

□非常好　□比较好　□一般　□不太好　□非常差

9.1.2.14　高校工会经费内部控制的调查问卷

1. 您所在的学校[填空题] ____________________

2. 您所在学校类型[单选题]

□教育部直属　□地方高校　□民办院校

3. 您认为贵校工会经费管理制度设计如何？[单选题]

□很好　□较好　□一般　□较差　□不存在

4. 贵校工会是否下设专门的财务？[单选题]

□是（请跳至第6题）　□否

5. 如未设专门的财务，贵校工会经费是否单独开设银行账户，独立核算？[单选题]

□是　□否

6. 贵校工会经费收支是否全部纳入预算管理？[单选题]

□全部纳入　□部分纳入　□不纳入

7. 贵校工会经费来源途径有哪些？[多选题]

□工会会员缴纳的会费　□学校向工会拨缴的经费

□上级工会补助　□对外投资取得的收益

□其他：________

8. 贵校的工会经费支出范围主要包括哪些？[多选题]

□职工教育、文体及宣传活动　□职工集体福利支出

□维护职工权益支出　□工会资本性支出

□工会日常业务活动支出　□其他：________

9. 您认为贵校工会经费支出的控制情况如何？[单选题]

□非常完善　□比较完善　□一般　□不太完善　□不完善

10. 您认为贵校工会经费开支范围和标准执行情况如何？[单选题]

□非常好　□比较好　□一般　□不太好　□未执行

11. 您认为贵校工会经费审批控制情况如何？[单选题]

□非常好　□比较好　□一般　□不太好　□不存在

12. 工会购买各项物品，是否走政府采购？[单选题]

□全部走政府采购　□重大资本性支出走政府采购

□全部不走政府采购

13. 贵校工会经费使用是否存在超预算开支的现象？[单选题]

□不存在　□较少存在　□有时存在　□存在较多　□时常发生

14. 您认为贵校工会经费使用公开情况如何？[单选题]

□非常好　□比较好　□一般　□不太好　□不公开

15. 贵校工会是否向教代会报告经费使用情况？[单选题]

□是　□否

16. 您认为贵校工会受监督的情况如何？[单选题]

□非常好　□比较好　□一般　□不太好　□很差

9.1.2.15 高校后勤服务部门内部控制的调查问卷

1. 您所在的高校（名称）是：[填空题] ____________________

2. 您所在的高校类型是？[单选题]

□部属高校　□地方高校　□民办院校

3. 贵校后勤服务的业务范围包括哪些？[多选题]

□教学保障服务　□经营性活动

□维修工程　□其他：________

4. 贵校后勤服务的管理体制是怎样的？[单选题]

□后勤服务部门统一管理　□针对餐饮、运输、修缮等服务设立单独的部门

□其他：________

5. 贵校是否将后勤服务范围区分为区分服务型实体和经营型实体进行管理？[单选题]

□是　□否

6. 贵校后勤服务部门合同用工人员所占的比重如何？[单选题]

□25%以下　□25%～50%　□50%～75%　□75%以上

7. 后勤服务部门是否存在劳务纠纷等问题？[单选题]

□不存在　□偶尔存在　□经常发生

8. 贵校后勤部门财务管理模式如何？[单选题]

□由学校统一管理　□财务独立核算　□其他：________

9. 贵校后勤部门财务是否全部纳入学校预算管理？[单选题]

□是　□否

10. 贵校后勤服务经营型实体（如餐饮）是否实行价格补偿机制？[单选题]

□是　□否

11. 贵校后勤部门薪酬管理方式是怎样的？[多选题]

□由学校统一发放薪酬　□具有一定的自主权

□部分实行企业工资制度　□其他：________

12. 贵校后勤产业化和社会化程度如何？[单选题]

□非常高　□比较高　□一般　□不太高　□非常低

13. 贵校后勤服务部门和资产管理部门之间职责划分是否清晰？[单选题]

□非常清晰　□比较清晰　□一般　□不太清晰
□存在严重职能交叉

14. 贵校后勤部门和资产管理部门如果存在职能交叉，主要体现在哪些方面？[多选题]

□资产管理　□资产维修　□其他：________　□不存在

15. 贵校后勤服务部门的经营性资产包括哪些？[多选题]

□经营性房屋　□经营性土地　□其他：________　□不存在

16. 贵校后勤业务是否存在外包？[单选题]

□是　□否（请跳至第 18 题）

17. 贵校后勤外包业务的质量、价格控制措施执行如何？[单选题]

□非常好　□比较好　□一般　□不太好　□缺乏相关措施

18. 贵校后勤服务部门和校园建设部门之间职责划分是否清晰？[单选题]

□非常清晰　□比较清晰　□一般　□不太清晰
□存在严重职能交叉

19. 贵校后勤服务部门和校园建设部门如果存在职能交叉，主要体现在哪些方面？[多选题]

□工程维修　□校园绿化　□其他：________　□不存在

20. 您认为贵校后勤服务部门存在的主要问题包括哪些？[多选题]

□各部门职责混乱、界限划分不清　□自主性差、流程冗长、效率低下
□缺乏责任追究机制　□其他：________

9.1.2.16 高校内部审计的调查问卷

（一）您的基本情况

1. 您所在的高校（名称）是：[填空题] ____________________

2. 您所在的高校类型是？[单选题]

□教育部直属高校　□地方高校　□民办高校

3. 您的专业背景：[单选题]

□财务、会计或审计　□金融或财税　□经济管理
□信息技术　□土木工程　□其他：________

4. 您的职称：[单选题]

□高级　□中级　□初级　□其他：________

5. 您的最高学历：[单选题]

□大专及其以下　□本科生　□研究生及其以上

6. 您从事类似工作的时间：[单选题]

□2 年以下　□2 ~ 5 年　□5 ~ 10 年　□10 年以上

（二）内部审计的组织状况

7. 您认为贵校领导是否重视内部审计工作？[单选题]

□非常重视　□比较重视　□一般　□不太重视　□完全不重视

8. 你认为贵校内部审计的独立性如何？[单选题]

□非常好　□比较好　□一般　□不太好　□非常差

9. 贵校内部审计工作的第一责任人是？[单选题]

□校长　□分管副校长　□其他：________

10. 贵校是否设置了独立的内部审计机构？[单选题]

□是（请跳至第 12 题）　□否

11. 如否，审计机构与下列哪个部门合署办公？[单选题]

□财务处　□纪监部门　□其他：________

12. 贵校审计部门专职审计人员有多少？[单选题]

□2 人以下　□2～5 人　□5～10 人　□10 人以上

13. 贵校内部审计部门工作人员的专业背景包括？[多选题]

□财务、会计或审计　□金融或财税　□经济管理

□信息技术　□土木工程　□其他：________

14. 您认为贵校内部审计人员的数量和专业技能是否与审计工作匹配？[单选题]

□完全匹配　□比较匹配　□基本匹配　□不太匹配　□完全不匹配

15. 贵校是否重视内审人员综合素质的提升？[单选题]

□非常重视　□比较重视　□一般　□不太重视　□完全不重视

16. 贵校提升内审人员综合素质的方法包括？[多选题]

□定期后续教育　□针对性的业务培训　□实务工作锻炼

□高校间联审、互审　□其他：________

17. 您认为贵校内部审计相关的制度规范是否健全？[单选题]

□非常健全　□比较健全　□一般　□不太健全　□很不健全

（三）内部审计的工作执行情况

18. 贵校内部审计部门主要履行了哪些职责？[多选题]

□预算管理审计

□经济责任审计

□内部控制审计

□重点领域审计（如科研经费、建设工程、三公经费、校办企业）

□重大项目、重要政策跟踪审计

□其他专项审计

19. 内部审计部门在经济业务活动的哪个阶段开始介入？[单选题]

□决策阶段　□执行阶段　□监督阶段

20. 针对预算管理的审计，主要活动包括：[多选题]

□提前介入预算的编制和调整，列席有关决策会议

□预算执行过程审计

□预算执行绩效审计

□其他：________

21. 通过预算管理审计，发现的问题主要包括：[多选题]

□预算编制不科学，没有经过充分的可行性论证

□预算及调整方案没有严格的审批程序

□资金使用单位没有根据预算指标编制详细的资金使用计划

□预算执行不到位，资金实际使用与预算不符

□没有对及时进行决算

□其他：________

22. 针对内部控制的审计，主要活动包括：[多选题]

□内部控制自我评估　　□单位层面内部控制审计

□业务层面的内部控制审计　　□其他：________

23. 通过内部控制审计，发现的问题主要包括：[多选题]

□对内部控制不够重视

□内部控制制度不完善、机制不健全

□内部控制关键岗位及人员设置不合理

□没有定期开展风险评估

□上下级之间、不同部门之间信息沟通不顺畅

□其他：________

24. 贵校是否建立了经济责任审计工作联席会议机制？[单选题]

□是　　□否

25. 如建立了经济责任审计工作联席会议机制，有哪些部门参与：[多选题]

□纪检监察　　□组织人事　　□内部审计　　□其他：________

26. 贵校的经济责任审计要点包括哪些？[多选题]

□重大决策及执行情况　　□法律法规和制度遵循情况

□廉洁从业情况　　□学科发展情况

□其他：________

27. 贵校针对经济责任审计是否建立了明确的责任追究机制？[单选题]

□是　　□否

28. 责任追究机制的执行情况怎么样？[单选题]

□很好　　□较好　　□一般　　□较差　　□很差

29. 贵校是否将任中审计与离任审计相结合？[单选题]

□是，既开展离任审计又开展任中审计　　□是，但主要是离任审计，任中审计极少

□否，只有离任审计，没有任中审计　　□否，均未开展

30. 针对公务支出和公款消费的审计，主要关注：[多选题]

□预算编制是否合理　　□支出是否经过审批

□支出是否超标　　□名目是否清晰

□是否厉行节约　　□是否及时披露相关信息

31. 通过公务支出和公款消费的审计，发现的主要问题包括：[多选题]
□预算编制不合理
□支出未经过审批
□支出严重超标
□“三公”经费以及行政会议、培训支出名目混乱，随意调节
□浪费现象严重
□信息披露不及时或未披露
32. 贵校是否专门执行科研经费审计？[单选题]
□是　　　　□否
33. 针对科研经费管理审计，主要关注的环节有哪些？[多选题]
□科研经费预算编制与执行情况
□科研经费的支出管理情况
□项目单位及负责人的责任落实情况
□科研经费使用的绩效
□其他：________
34. 通过科研经费管理审计，发现的主要问题有哪些？[多选题]
□科研经费预算编制不合理　　□科研经费开支范围和标准不合规
□科研经费报销程序效率低下　□科研经费使用效率低下
□科研项目责任落实不到位　　□其他：________
35. 贵校是否实行基建工程项目全过程跟踪审计？[单选题]
□是　　　　□否
36. 针对基建工程项目审计，主要关注哪些环节？[多选题]
□项目的可行性论证　　□预算编制及审批　　□项目招标程序
□工程造价管理　　□施工过程管理　　□竣工决算管理
37. 通过基建项目审计，发现的主要问题有哪些？[多选题]
□项目立项不科学，未经过充分的可行性论证
□预算编制不合理，未经过严格审批
□项目招标程序不规范
□施工工程控制不严格、影响项目质量
□合同随意变更
□未经过审计即办理竣工决算
38. 针对贵校非经营性资产的审计，主要关注哪些？[多选题]
□资产的增加是否合理合规　　□资产的管理是否规范，责任是否落实
□资产的使用效益　　□资产的处置是否合规
□其他：________
39. 通过非经营性资产审计，发现的主要问题有哪些？[多选题]
□资产的增加未纳入预算管理、未经过充分的可行性论证

□资产的采购未经过公开招标程序，没有经过资产管理部门验收

□资产管理部门没有很好地履行日常维护和管理职责

□资产闲置、浪费情况严重，使用效益低下

□资产的处置没有经过严格审批

□资产的增加、折旧摊销及减值、减少账务处理不及时

40. 贵校是否存在经营性资产（如产业集团或资产经营公司所经营的资产等）？[单选题]

□是　　　　□否

41. 针对贵校经营性资产的审计，主要关注哪些？[多选题]

□校办企业国有资产监管职责是否履行到位

□校办企业国有资产清产核资、评估备案和产权登记等程序是否符合规定

□校办企业财务收支是否真实

□资产经营绩效

□其他：________

42. 通过对经营性资产的审计，发现的主要问题有哪些？[多选题]

□对校办企业的监管不到位，未设置专门的监管机构

□校办企业法人治理结构不完善

□对校办企业的资金投入、收益、撤出方式不完善

□国有资产被侵占、流失现象严重

□校办企业的人事管理不完善

□其他：________

43. 贵校是否对重大项目、重要政策（如学生资助政策落实情况）进行跟踪审计？[单选题]

□是　　　　□否

44. 贵校是否开展“985 工程”“211 工程”等专项经费审计？[单选题]

□是　　　　□否

（四）其他问题

45. 贵校内部审计工作是否实现了计算机联网审计，执行程度如何？[单选题]

□非常高　　□较高　　□一般　　□比较低　　□完全没有

46. 贵校内审部门在开展审计工作时，能否及时与被审计部门和人员进行沟通？[单选题]

□完全能及时沟通　　□大多数情况下能及时沟通

□执行一般　　□极少数情况下能及时沟通

□完全未做到及时沟通

47. 贵校内审部门的审计结果公开情况如何？[单选题]

□全部公开　　□大多数公开　□执行一般　　□极少公开　　□完全不公开

48. 针对审计结果，贵校的责任追究和落实整改制度执行如何？[单选题]

□有相关制度，而得到严格执行

□有相关制度，大多数能执行

□有相关制度，但极少执行

□有相关制度，但完全未执行

□不存在相关制度

49. 审计结果是否作为考核、任免、奖惩被审计领导人员的重要依据？[单选题]

□作为重要依据　　□大多数情况下参考　　□执行一般

□极少参考　　□完全不参考

50. 贵校是否存在审计业务外包的情况？[单选题]

□是　　□否

51. 贵校一般将哪些审计业务外包？[多选题]

□基建项目审计　　□后勤部门审计

□经营性资产审计　　□财务收支审计

□经济责任审计　　□预算管理审计

□其他：________

52. 审计业务外包是否采取招投标的方式选择事务所？[单选题]

□是　　□否

53. 贵校选择事务所主要考虑哪些方面的因素？[多选题]

□审计收费　　□事务所资质

□长期合作关系　　□其他：________

54. 审计业务外包，审计部门采取哪些控制措施？[多选题]

□由审计部门传递审计资料　　□由审计部门负责沟通协调

□复核外包的审计工作　　□其他：________

□无任何控制措施

55. 您认为贵校审计业务外包质量是否有保障？[单选题]

□是　　□否

9.2 高校内控缺陷库

基于对高校内控调研和对相关文献、报道、公开信息的阅读，将高校内控既有缺陷整理建库如表 9 - 2 所示。

表 9－2　　高等院校内部控制缺陷库

涉及领域	内部控制缺陷	缺陷分类	缺陷来源	缺陷后果
组织架构	组织框架与发展规划不协调	设计缺陷	调研	不利于发展战略、内控规则和流程的落实
	治理结构不完善，权力分配与制衡存在缺陷	设计与执行缺陷	调研	影响治理效果
	部分职能部门（如校长办公室）行政授权过大，缺乏制约	设计与执行缺陷	调研	可能使权力失去监督
	组织结构和治理结构未进行定期评估与调整	执行缺陷	调研	组织架构及权力制约隐患不能及时发现并整改
	教授会的设立、运行及作用发挥不到位	设计与执行缺陷	文献	影响高校治理结构
	教职工代表大会及工会会员代表大会的产生与运作不规范	执行缺陷	调研	影响民主管理（决策与监督）作用发挥
	组织架构的运行效率不高，相关部门职能划分不清	设计与执行缺陷	调研	办事拖沓，部门之间相互推诿
	校系（学院）两级管理职责权限不清	设计缺陷	调研	影响组织架构基本效用最大化实现
	个别岗位职责和制度未能及时跟进组织架构的变化	执行缺陷	调研	机构职能老化
	组织架构及部门设置未充分体现权力制衡原则，且存在因人设岗现象	设计缺陷	调研	不相容职务未较好分离，人员冗余
	组织构架和部门职责存在缺位和交叉现象	设计缺陷	调研	关键职能不能完全正常履行
	未按组织架构的要求完整配备相应的岗位人员	执行缺陷	调研	工作落实不下去
	各专门委员会设置不全	设计缺陷	调研	职能无法正常履行
	专门委员会运行规则不完善，职能作用未达预期	设计与执行缺陷	调研	职能无法正常履行
	制度没有随组织机构调整而进行及时对接调整、更新	设计缺陷	调研	职能无法正常履行
	内控组织领导机构缺失，未专设内控部门，亦未指定承担相关职责的部门	设计缺陷	调研/高校信息公开	导致内控建设协调、推进困难
	未设立突发事件应急处置工作机构及机制	设计缺陷	高校公开信息/调研	增大突发事件处置失当风险
	机构设置或调整未履行必要审查与批准流程	设计缺陷	调研	机构设置、调整不严谨
	党委会与校务会存在“两张皮”现象	设计与执行缺陷	调研	内耗大，决策效率降低
	高校章程有漏洞	设计缺陷	调研	影响整个治理架构设计
	部分“三重一大”未集体决策或联签	执行缺陷	调研	可能出现决策失误，权力滥用

续表

涉及领域	内部控制缺陷	缺陷分类	缺陷来源	缺陷后果
组织架构	“三重一大”的认定标准不明晰，执行随意性较大	设计与执行缺陷	调研	三重一大决策范围和内容因事因时而异，前后执行较混乱
	存在“先斩后奏”，先实施后决策现象	执行缺陷	调研	决策牵制和流程流于形式
	“三重一大”决策不及时性，错失重大和重要机遇	执行缺陷	调研	影响局部发展或大局
	对“三重一大”决策过程的监督不力	执行缺陷	调研	决策监督执行力弱
	应由教职代会、工会或教授会等决定的事项未正常提交其审议并决议	执行缺陷	调研	民主决策、教授治校机制落空
	决策程序不合规，决策过程无记录或记录不全	执行缺陷	调研	决策执行效果差
	中层领导决策权限不明晰，决策能力差	执行缺陷	调研	影响上层决策的执行效果
	未形成支撑决策的风险识别评估报告机制、风险预警机制和危机处理机制	执行缺陷	调研	决策基础偏弱，应急处置决策能力差
日常行政事务	部分会议无记录或记录、签字不完整	执行缺陷	调研	重要决定不可查
	未建立印章使用台账，用印记录内容不完整	执行缺陷	调研	印章使用风险过高
	档案归档、移交不及时、流程不严谨	设计与执行缺陷	调研	档案可能遗漏风险高
	出国或出差审批表审批程序不完善	执行缺陷	调研	出国出差事由把关不严，有违规风险
	行政事务工作流程烦琐，效率低下，教职工反映强烈	设计与执行缺陷	调研	风险控制目标可能无法实现
	对停用印章未按程序封存或销毁	执行缺陷	调研	印章使用风险过高
	“业财”融合度差，后续的复核控制运行不到位	设计与执行缺陷	媒体公开	财务与职能、后勤保障部门相互支持力度小
	对《重大信息内部报告制度》重视程度不够	执行缺陷	调研	重大信息并不受重视
	授权机制执行不严格	执行缺陷	文献	授权可能不合理
	行政管理制度和内控职责培训、指导不到位，实施结果与目标差异大	执行缺陷	文献	行政效力和管控效果受影响
	管理制度和流程执行的检查监督不及时	执行缺陷	文献	制度可能流于形式
	运营目标责任的层层分解与落实，考核评价工作不到位	执行缺陷	调研	各项管理目标可能无法及时实现
	关键岗位未完全实现定期轮岗	执行缺陷	调研	岗位可能存在舞弊

续表

涉及领域	内部控制缺陷	缺陷分类	缺陷来源	缺陷后果
日常行政事务	业务办理在操作过程中未完全依照流程规定执行或未得到一贯严格执行	执行缺陷	调研	业务办理可能不符合规定
	重大事项报告制度执行不到位	执行缺陷	文献	事务风险加大
	管理制度制订不够细化，可操作性不强	设计与执行缺陷	文献	制度流于形式
	办公会议记录与保管不全	执行缺陷	文献	重要决定不可查
	管理流程漏洞（滞后、疏漏等）的反馈、收集渠道不畅	设计与执行缺陷	文献	流程优化、更新不及时
	尚未建立重大事项报告和审议程序	执行缺陷	调研	重大事项可能没有受到应有的重视
	行政事务流程控制点设计不全面或不合理	设计缺陷	调研	可操作性差
	管理人员超越审批，伪造授权签字	执行缺陷	调研	存在舞弊风险
	存在管理制度空白点或盲区	设计缺陷	调研	相关管理无据可依
	管理制度不完整，未定期修订完善	设计与执行缺陷	调研	相关管理无据可依
	管控流程不符合实际，未定期梳理、优化或再造	设计与执行缺陷	调研	制度可执行力差
	个别管理制度与流程未能做到一一挂钩、对应	设计缺陷	调研	制度可执行力差
	行政事务流程缺乏系统规划，存在空白和局部冲突	设计与执行缺陷	调研	先天控制不足，影响行政处理效力
	个别控制点的人员变换比较频繁，管理人员素质低	执行缺陷	调研	业务执行稳定性受影响
	制度的执行与绩效考核、责任追究机制的衔接不紧	执行缺陷	调研	考核和追究制度执行效力差
	整体缺乏关键岗位员工的强制休假制度和定期岗位轮换制度	设计与执行缺陷	审计报告	关键岗位人性关怀不够，舞弊风险增高
	行政管理制度与内控手册对接不完整	设计缺陷	审计报告	内控实施依据缺失
	未定期开展风险评估并出具报告	执行缺陷	调研	可能导致既有风险控制措施失效
	未建立并实施完整的高等教育运营分析控制制度	设计与执行缺陷	调研	影响高校整体目标的实现
	印章登记簿和合同专用章登记簿没有订本连续编号	执行缺陷	调研	印章管理存在漏洞
	未建立可操作的问责条例及运行机制	设计与执行缺陷	调研	制度执行效力低下
	某些业务流程过于复杂，未注重成本效益原则	设计缺陷	调研	导致管理成本高
	制度执行过程书面记录不完整	执行缺陷	调研	执行效果不可查

续表

涉及领域	内部控制缺陷	缺陷分类	缺陷来源	缺陷后果
日常行政事务	管理体系应对突发事件的能力弱	设计与执行缺陷	调研	可能因突发事件而陷入困境
	制度的延续性和执行力弱	设计与执行缺陷	调研	影响制度的权威性
	管理制度及流程不专业、不科学	设计缺陷	调研	制度执行效力低下
	执行上级巡视组整改意见不力，被通报批评	执行缺陷	调研	政治风险高，影响学校声誉
	制度管理形式和内容不符合要求	设计缺陷	调研	制度管理的权威性弱
	发文管理不规范	设计与执行缺陷	调研	导致管理工作混乱
	运用现代办公手段不力，文山会海	设计与执行缺陷	调研	行政办公效率低下
	会议通知不规范	执行缺陷	文献	会议组织效果差
	精细化管理的覆盖率不高，还有许多盲点	执行缺陷	文献	管理目标无法实现
	对管理制度及流程宣传学习不到位，部分员工对制度理解存在偏差	执行缺陷	文献	不利于制度执行
	未建立法律与诉讼事务管理制度	执行缺陷	文献	可能增大法律风险和诉讼、纠纷
	行政管理制度版本格式不一致、内容不统一	执行缺陷	文献	导致管理标准不足
	校友管理不科学规范，相关档案未及时维护和更新	设计与执行缺陷	文献	校友管理较混乱，削弱了学校的社会资源及影响
	公务招待标准把控不严，次数或规格超标	执行缺陷	调研	有违“三公”管理规则，政策风险高
战略管理	发展战略与国家相关政策及战略导向不协调	设计缺陷	文献	错失“211”“985”“双一流”“双万”工程等重要战略机遇
	高校办学战略方向模糊，战略规划方案迟迟不能出台	设计缺陷	调研	导致错过赢得高校竞争的黄金时期
	总体战略目标落地路径、保障体系设计不够，分支战略的构成与制定未跟上	设计缺陷	调研	影响后续战略实施
	高校管控模式与办学战略目标需求之间，存在缝隙	设计缺陷	调研	导致目标无法实现
	对于高校战略规划的制定、审批、调整尚未建立起完善的管理流程并缺乏有效的制度支撑	设计缺陷	调研	导致战略规划难出台
	在激烈的高校竞争中没有依据自身优势制定相应的国际化合作战略作为其学科发展的方向	设计缺陷	调研	易陷入竞争中被动落后局面

续表

涉及领域	内部控制缺陷	缺陷分类	缺陷来源	缺陷后果
战略管理	战略风险评估体系不完整	设计缺陷	调研	难以对战略制定提供有力支撑
	无专门或指定机构和人员长期关注和研究学校战略问题，并定期提交战略研究报告	设计与执行缺陷	调研	战略管理缺乏连续性
	学科与专业布点、申报、调整与国家及地方的发展战略与产业结构调整脱节	设计与执行缺陷	文献/调研	影响学校发展战略、学科与专业建设布局
	未按照规定的权限和程序对发展战略方案进行审议和批准	设计与执行缺陷	调研	导致战略方案制定程序与正当性缺失
	未制定出明确的中长期战略规划文本	设计缺陷	调研	管理注重短期效应
	发展战略分解无法落实，战略实施保障措施无效	设计缺陷	调研	不能确保发展战略顺利实施
	对战略实施的监控及评估不及时、不充分	执行缺陷	调研	导致无法获得对办学效果的客观反馈
	战略实施监控不到位，致使战略执行不力	执行缺陷	调研	战略实施监控结果未能有效利用
	没有定期进行战略风险识别、评估，并提交相关风险评估报告	执行缺陷	调研	缺乏对战略风险的跟踪研究
	发展战略执行监控及评价环节管控薄弱，未实现闭环管理	设计缺陷	调研	影响实施效果和后续调整
	高校发展规划与日常计划未能协调统一	设计缺陷	调研	中长期目标无法实现
	高校发展战略目标年度分解工作没有落实到部门	执行缺陷	调研	战略执行力差
	战略实施效果不佳，学校综合办学水平下滑，社会影响下降	执行缺陷	高校公开信息	综合排名下降，影响可持续发展
	战略规划不能根据内外部环境变化及时更新与修正	设计与执行缺陷	调研	影响战略管理的导向作用发挥
	未按照规定的权限和程序对发展战略调整方案进行审议和审批	执行缺陷	调研	致使战略方案实施缺乏正当性
	战略调整或转型前的调研、论证不充分，未充分征求教学单位及重点学科对发展战略规划调整的意见	设计缺陷	调研	调整的科学性受到挑战
文化建设	核心价值偏离，缺乏积极向上的高校文化	设计与执行缺陷	调研	可能导致师生员工丧失对学校或专业的信心和认同感
	缺乏校园文化建设的整体规划方案，文化建设未能有计划有步骤地稳步推进	设计与执行缺陷	调研	影响文化建设有序进行和成效

续表

涉及领域	内部控制缺陷	缺陷分类	缺陷来源	缺陷后果
文化建设	校园文化建设的组织领导不到位，主体责任不明确，牵头与协同部门不明确	设计缺陷	调研	影响文化建设有序进行和成效
	不求真务实浮躁，教风、学风和研风不正，缺乏凝聚力和竞争力	设计与执行缺陷	文献	影响学校声誉和发展后劲
	诚信缺失，发生重大违法乱纪，徇私舞弊案件	设计与执行缺陷	文献/调研	造成学校利益和声誉受损
	学校标识及文化元素管理混乱	设计缺陷	调研	影响学术形象，也会导致滥用或商业性利用
	校园文化活动审批与监管不到位，校园内借用公益名义开展营利性活动的现象时有发生	执行缺陷	调研	影响学术形象，也会导致商业性利用
	社会责任感不强，社会服务、对口支教及精准扶贫工作不达标	执行缺陷	高校公开信息/调研	影响高校社会形象
	校园规划建设不合理，管理服务意识差，脏乱差现象突出	设计缺陷	调研	影响校园环境
	忽视文化差异、理念冲突，在多校区、跨地区或海外办学中的文化协同融合不到位	设计与执行缺陷	调研	影响协同和谐发展
	对校内社团及其活动（含出版物、论坛、比赛等）、广播台、网站、宣传窗、文化产品及其服务疏于管理，舆论导向不正	设计与执行缺陷	文献/调研	增大办学政治风险
	未充分发挥既有校史馆、文博馆、艺术馆、科技馆、体育馆、纪念馆等的文化载体功能	设计与执行缺陷	文献/调研	造成资源闲置浪费
	未将校园文化建设纳入相关领导及职能部门的责任考核体系	设计与执行缺陷	文献/调研	不利于文化建设的长效机制建立
	未编制并实施高校统一的《师生员工行为规范》等规范	设计与执行缺陷	调研	员工难以形成统一的价值认同
	群体事件频发，安全隐患较大	设计与执行缺陷	文献/调研	影响学校环境、声誉和可持续发展
	高校特色文化建设措施不得力，成效差	设计与执行缺陷	调研	无法突显学校发展的比较优势和特色
	廉政文化缺位，权力制衡乏力，发生贪腐事件	设计与执行缺陷	调研/媒体曝光	导致学校形象与经济损失，影响事业发展
	没有形成重制度、重程序的良好管理文化	执行缺陷	调研	影响高校治理的环境的优化

续表

涉及领域	内部控制缺陷	缺陷分类	缺陷来源	缺陷后果
人力资源管理	人力资源规划不符合高校发展战略，亦未经过正当审批	设计缺陷	调研	不利于学校实现发展战略和后续人力资源的合理配置
	聘用人员不符合标准与流程	执行缺陷	媒体曝光	导致员工队伍的质量不佳
	高端和紧缺教学与科研人员流失严重	执行缺陷	调研	给学校发展带来损失和隐患
	人才储备不足，师资结构不合理性	执行缺陷	调研	不能完全满足学校发展的需求
	师资和员工的后续教育、进修、访问、培训缺乏中长期规划和年度落实计划	设计缺陷	调研	不利于教职工成长和履职
	教职工业绩评价考核规章制度不完善，考核流于形式	设计与执行缺陷	调研	不利于教职工成长和履职
	特殊人才的引进及薪酬待遇管理方法与当前面临人才市场状况及校内需求不匹配，引不进，留不住	设计缺陷	调研	影响学科建设队伍结构改善
	薪酬制度及绩效管理改革创新不力，分配大锅饭问题突出	设计与执行缺陷	调研	员工积极性与创造性不发挥，工作效率低下
	职称职务晋升晋级管理办法落后，公平竞争机制缺失	设计与执行缺陷	调研	影响教职工队伍公平竞争与健康成长的内部环境的良性发展
	干部考察遴选制度落实不到位，流程及操作存在漏洞	设计与执行缺陷	调研	影响干部队伍建设
	领导干部考核量化指标体系不科学完整，考核结果有失公允	设计与执行缺陷	调研	影响领导干部的考评结果和业绩评价
	纪检监察未形成合力，违纪违规事件频发	执行缺陷	调研/媒体曝光	影响内部监督环境优化
	教员工考勤松懈，结果与薪酬挂钩有限	执行缺陷	调研	影响薪酬发放的公平性
	未建立有效的高端人才的激励约束机制	设计缺陷	调研	高端人才引进可能会遇到阻碍
	人事档案借阅的流程操作存在漏洞	执行缺陷	调研	人事档案的安全性受影响
	对部分紧俏专业人员储备不足，与高校相应的发展战略有差距	执行缺陷	调研	影响高校办学发展的速度
	人事管理流程过繁，工作效率低下	执行缺陷	调研	易引起员工的不满从而带来风险
	重要、关键岗位的人员轮岗制度贯彻落实不彻底	执行缺陷	调研	影响学校内部控制制度的大局

续表

涉及领域	内部控制缺陷	缺陷分类	缺陷来源	缺陷后果
人力资源管理	教职员工招聘、录用、待遇、离职等人力资源管理相关的制度未定期检讨与修订	设计缺陷	调研	影响人力资源制度的时效性
	岗位的设置缺乏统一、规范的规划；岗位职责、工作关系的界定存在漏洞	设计缺陷	调研	学校内部的行政能力弱
	《教职员工手册》内容没有及时进行修订和补充	执行缺陷	调研	影响手册指导性和约束效果
	中高层完成目标的考核未与其晋职、晋级、奖金系数相关联	设计缺陷	调研	中高层管理者积极性受影响
	薪酬绩效考核结果存在部门间不平衡现象	执行缺陷	调研	各部门考核指标没有进行整体均衡设计
	干部经济责任考核、人事任免、薪酬政策等重要信息公开制度落实不到位	执行缺陷	调研	可能出现重大的经济责任事故及人事任免问题
	引进和留住人才条件死板，缺乏吸引与激励机制	设计缺陷	调研	导致高校人才引进困难，流失严重
	未编制年度人力资源需求计划	设计缺陷	调研	导致人才需求急切而找不到人的情况出现
	没有对新入职员工进行校情教育与上岗培训	执行缺陷	调研	可能出现重大的教学事故
	人事档案的调动缺少审批手续	执行缺陷	调研	人事流动随意
	与教职工无竞业限制协议或知识产权保护协议性设计	设计缺陷	文献	可能造成教职员工离职对本校发展造成不利影响或经济损失
	对外招聘岗位及人数与院系需求脱节	设计与执行缺陷	调研	影响急需人才的引进
	部分薪酬制度未经教职工大会审议通过	执行缺陷	文献	薪酬制度可能引起员工不满
	考勤记录缺乏部门负责人签字，也缺少其他的监督程序	执行缺陷	文献	制度执行效力低下
预算管理	预算编制工作缺乏制度规范，目标设定不合理	设计缺陷	调研	可能会造成该项工作无法规范、有效的开展
	预算编制方法不科学或内容不完整，审核审批流程缺失或不完善	设计缺陷	调研	无法保证学校预算编制质量
	预算编制涉及的资料未妥善保管或丢失	执行缺陷	调研	可能造成该项工作无法追溯
	预算执行缺乏相应的监督，预算控制进度不合理	执行缺陷	调研	可能会弱化预算管理的严肃性和约束力，造成预算目标无法及时、有效地达成

续表

涉及领域	内部控制缺陷	缺陷分类	缺陷来源	缺陷后果
预算管理	实际使用预算资金没有与预算内容及时比对，存在项目资金挪用等现象	执行缺陷	调研	使得预算流于形式
	财务决算报表编制与上报流程不全，缺乏监督	设计与执行缺陷	文献/调研/高校信息公开	可能会造成该项工作无法有效、规范地开展
	重大的工程项目，没有根据实际情况的变化及时修订项目预算	执行缺陷	调研	预算可能不符合实际
	工程项目支出的计划和预算控制制度不衔接	设计缺陷	调研	预算无法实际发生控制作用
	部分收支未纳入全面预算体系	设计缺陷	调研	全面预算控制流于形式
	全面预算管理的偏差分析走过场	执行缺陷	调研	事实上预算没有发挥作用
	预算调整的具体调整条件与程序不明确	设计缺陷	调研	导致预算调整随意化
	财务预算执行不到位	执行缺陷	调研	财务预算形同虚设
	部门预算工作基础不实，预算过程及调整未实行痕迹管理	执行缺陷	调研	预算不扎实，调整随意性强
	总额控制在预算、计划范围内，但部分明细支出项大量超预算、计划	执行缺陷	调研	预算控制不严格
	维修与改良的相关预算实施执行不到位	执行缺陷	调研	维修和改良预算执行效果差
	未配置相应的人员进行预算管理，主要工作侧重在核算方面	设计缺陷	调研	预算可能形同虚设
	预算编制所依据的相关信息不足或存在虚报预算现象	执行缺陷	调研	可能导致预算目标与战略规划、经营计划相背离
	事中预算控制预警不及时，超预算支出时有发生	执行缺陷	调研	预算易于失效
	全面的预算体系与成本费用控制系统及实物资产管理系统未对接	设计缺陷	调研	成本费用及相关资产易于失去预算控制
	对预算的执行结果未建立完善的考核和奖惩制度	设计缺陷	调研	会形成事实上的预算失效
	全面预算管理组织领导机构不健全，职责不够明确	设计缺陷	调研	影响全面预算管理协调与推进能力
	预算编制缺少有效的复核机制，“二上二下”执行不力	执行缺陷	调研	预算编制质量存疑
	预算管理不随时间延续呈较均匀分布，下半年集中花钱的现象突出	执行缺陷	调研	预算管理事实上失控
收入业务	学校财政收入相关工作的规章制度缺失或不完善	设计缺陷	调研	导致该项工作缺乏制度依据
	财政收入核算操作不规范，入账不及时，分类不准确	执行缺陷	调研	可能降低预算执行的效率和效果
	收费依据与标准不合法，程序不规范，存在漏收费或重复收费的现象	执行缺陷	调研	造成投诉增多，影响形象和信誉

续表

涉及领域	内部控制缺陷	缺陷分类	缺陷来源	缺陷后果
收入业务	科研经费收入未及时审核确认，分类核算管理不合规	执行缺陷	调研	导致经费长期挂账，管理错位，影响科研活动开展
	收据、发票管理工作（申领、使用、注销和保管等）缺乏规章制度规范	设计与执行缺陷	调研与媒体曝光	影响票据使用效率或可能会造成虚开发票
	经营收入入账不及时或不准确，审核把关不到位	执行缺陷	调研	可能会造成经营收入归类不真实
	附属单位上缴收入入账工作的规章制度缺失或不完善	设计缺陷	调研	导致该项工作缺乏制度依据
	附属单位上缴收入入账不及时或不准确	执行缺陷	调研	可能降低预算执行的效率和效果
	上级补助收入入账工作的规章制度缺失或不完善	设计缺陷	调研	导致该项工作缺乏制度依据
	上级补助收入入账不及时或不准确	执行缺陷	调研	可能降低预算执行的效率和效果
支出业务	未建立、健全支出业务内部管理制度，未按照国家相关法律法规和有关文件要求制定符合本单位情况的业务支出细则	设计缺陷	调研	导致单位支出业务管理无章可循、无据可依，管理混乱
	没有根据工作计划、工作任务结合预算指标进行大额支出事项进行集体审批或联签	执行缺陷	调研	影响三重一大合同制落实
	资金支付审批权限不明晰，审批程序不规范，存在越权审批	执行缺陷	调研	资金安全受影响
	业务借款制度不完善，缺少对借款条件和范围的约束、借支金额的限定，缺乏对借款办理程序的指引	设计缺陷	调研	可能导致借款行为混乱、控制流于形式
	支出凭据与资料不全，真实性、合法性审核不到位，存在套取财政资金、票据不合规、重复支付，甚至贪腐等情形	执行缺陷	调研	可能导致支付不当，造成本单位财政资金流失
	单位支出核算违反会计制度	执行缺陷	调研	账务处理滞后，财务信息质量受影响
	缺少对支出情况的定期分析，缺乏对异常问题的应对措施	执行缺陷	调研	可能导致支出规划不合理、资金管理失控
	公务卡使用失控，存在少数公款私用行为	执行缺陷	调研	资金安全受影响
	财务部门资金结算部门未根据资金预算表编制资金支付计划	执行缺陷	调研	资金安全受影响
	付款审批操作不严，流程过于烦琐，稽核审查不力	执行缺陷	调研	影响资金安全与使用效率
	工程采购付款未按权限审批或签字审批不规范	执行缺陷	调研	资金安全受影响

续表

涉及领域	内部控制缺陷	缺陷分类	缺陷来源	缺陷后果
政府采购管理	政府采购计划与采购预算不一致	执行缺陷	调研	可能出现无用采购或超预算采购
	政府集中采购外的资产采购的询价程序没有得到有效贯彻	设计缺陷	调研	导致采购超预算或者缺乏充分的预算依据
	采购活动中产生的询价表、采购订单等资料没有妥善保管	执行缺陷	调研	不能良好地反映采购管理制度的执行情况
	遗漏供应商资质评审环节	执行缺陷	调研	不合格供应商入围，采购质量无法保证
	采购合同台账信息不全、客商遗漏	执行缺陷	调研	供应商数量不足，影响招标程序实施
	供方的报价书没有盖章	执行缺陷	调研	不具有法律效应
	有些采购没有申请程序	执行缺陷	调研	可能出现不需要的采购
	对供应商的资质考核不够全面	执行缺陷	调研	影响供应商评分
	对紧急采购的规定不细化	设计缺陷	调研	影响紧急采购实施效果
	重大设备采购申请未附可行性报告	执行缺陷	调研	采购可行性不充分或无据可依
	物资采购计划提请不准确，存在延迟或提前	执行缺陷	调研	造成物资短缺或积压
	固定资产购置管理、合同审核签订、固定资产验收结算、购置费用支付未明确权限申请与审批制度	设计缺陷	调研	可能出现不需要的采购
	对物资采购供应商日常表现的评价未能在供应商分级管理中体现	执行缺陷	调研	导致供应商评价没有分类从而影响采购质量
	物资实际采购价格与高校发布价格不相符	执行缺陷	调研	影响成本控制分析和采购业务审查
	采购项目交货延期	执行缺陷	调研	影响项目建设和交付使用
	个别学院部门未按实际情况编写请购需求，有临时采购、紧急性采购现象	执行缺陷	调研	会导致采购超出成本控制
	个别学院部门采购计划编制不够科学严谨，物资类别划分有误	设计缺陷	调研	物资分类混乱，条理性差
	采购定价没有实行归口管理	执行缺陷	调研	采购定价分类杂乱，无法利用
	资产管理部门未有序开展市场调研工作，调研频次不足	执行缺陷	调研	可能导致资产或服务采购信息发布与管理失序
	供应商资质审核不严	执行缺陷	调研	可能影响采购商品质量
	临时购置固定资产无相关部门审批文件	执行缺陷	调研	临时采购可能并不是需要的采购
	中标单位与合同单位不一致	执行缺陷	调研	加大采购风险

续表

涉及领域	内部控制缺陷	缺陷分类	缺陷来源	缺陷后果
政府采购管理	评标现场及评标过程无财务或审计人员的参与及监督	执行缺陷	调研	可能忽视中标单位的成本效益
	对未掌握或已掌握的客户资信资质变动情况，没能及时进行档案信息维护	执行缺陷	调研	客户资信资质过时而出现履约风险
	物资采购的没有计划性	执行缺陷	调研	可能出现随意性采购
	采购询比价操作不规范	执行缺陷	调研	可能出现不实价格
	购置固定资产缺乏请购流程	执行缺陷	调研	可能购置不需用固定资产
	供应商、分包商评审不规范	执行缺陷	调研	可能导致不合格供应商入围
	招投标管理制度建设不到位	执行缺陷	调研	招投标管理流程无法标准化
	年度采购计划不符合实际教学需求	执行缺陷	调研	采购计划流于形式
	个别选择不具备资质的供应商办理采购业务	执行缺陷	调研	采购风险加大
	部分零星采购无比价资料	执行缺陷	调研	采购可能不符合成本效益原则
	通过采购订单的形式进行的小额采购交易，存在部分订单的审核、修改、反馈工作以电话口头方式操作的情形	执行缺陷	调研	可能导致确认项表述不准确或有遗漏等，并为以后订单的执行、存档和查阅造成困难
	日常采购业务信息记录不完善，对供应商的评价没有书面依据	执行缺陷	调研	可能导致供应商资质不达标
	个别大额物资采购未签订合同	执行缺陷	调研	采购风险高
	对采购订单档案的管理不到位，与供应商对账不及时	执行缺陷	调研	采购风险加大
	未按期开展合格供应商评审，存在向非合格供应商采购货物的行为	执行缺陷	调研	采购商品质量可能存在风险
	未提前编制采购计划	执行缺陷	调研	采购可能存在失控风险
	没有及时将供应商资信证明材料分类、整理归档	执行缺陷	调研	可能影响采购商品质量
	在采购管理中未建立采购人员轮岗制度	执行缺陷	调研	采购价格可能偏高
	政府采购招标程序不规范，公告文件内容不详细，制定的技术规格要求有针对性、倾向性	设计缺陷	调研	导致招标范围缩小、缺乏竞争力

续表

涉及领域	内部控制缺陷	缺陷分类	缺陷来源	缺陷后果
政府采购管理	评审专家确定不合规，或未采用随机抽取的方式从评审专家库中选择专家，或通过推荐评审专家时的流程或资质审查不到位等	执行缺陷	调研	造成评标效果不佳
	中标公告没有在指定的媒体上公开，或公告内容不全，公告期限太短	执行缺陷	调研	无法起到公众监督的作用
	固定资产采购资料不全，无购置设备申请表、采购需求报告，无签订合同及其评审表	执行缺陷	调研	固定资产采购评审可能流于形式
	部分采购申请单未及时归档	执行缺陷	调研	采购可能是不需用商品
	采购业务不相容岗位未分离，关键岗位没有实施定期轮岗	执行缺陷	调研	可能会出现权力滥用和寻租
	未建立客户信用档案，未及时更新合格供应商名录	执行缺陷	调研	可能有不合格供应商入围
	个别小额采购合同使用对方版本，未经相关部门或科室审核	执行缺陷	调研	采购合同履约风险高
	采购业务中的招标流程和中标执行存在漏洞	执行缺陷	调研	可能采购不到质量高价格低的产品
	供应商评价资料保存不完整	执行缺陷	调研	招标效果受影响
	招标档案管理不规范	执行缺陷	调研	招标效果受影响
	针对指定的供应商缺少相应的质价管控流程	设计缺陷	调研	供应商可能串通抬价
	采购验收入库不及时，没有对证明文件进行必要的、专业性的检查，采购验收书内容缺失，未及时备案归档	执行缺陷	调研	影响采购关键环节的风险控制
	采购验收问题处理不当，存在供应商合同履行与投标承诺不一致，采购物资存在以次充好、降低标准等问题	执行缺陷	调研	由此可能导致账实不符、采购物资损失，影响政府采购的公开、公正和公平性
	采购招标评标工作的规章制度缺失或不完善	设计缺陷	文献	导致该项工作缺乏制度依据
	招标需求公开发布的信息不准确、不全面	设计与执行缺陷	文献	可能引来一些不具备相应资质的单位来参与，无法满足采购需求
资产管理	未定期对库存现金进行清查盘点，库存现金存在账实不符、白条抵库、挪用等现象	设计与执行缺陷	调研	导致相关制度流于形式
	银行对账走过场，没有及时核对，或者发现不符未进一步追查原因	执行缺陷	调研	导致银行对账制度流于形式

续表

涉及领域	内部控制缺陷	缺陷分类	缺陷来源	缺陷后果
资产管理	货币资金未全部纳入统一核算管理，存在账外设账，私存“小金库”现象	执行缺陷	调研	可能导致账外资产，隐藏腐败风险
	货币资金不相容岗位未能有效分离	设计缺陷	调研	可能导致利益冲突或舞弊
	募集资金大量闲置	执行缺陷	调研	资金利用效率低下
	募集资金管理、使用不透明	执行缺陷	调研	募集资金使用存在风险
	超限额库存现金	执行缺陷	调研	违反现金管理规则
	货币资金的收付业务的稽核及审查的力度不到位	执行缺陷	审计报告	影响货币资金收付的安全完整性
	应收款项未及时对账、催收和预警	执行缺陷	调研	影响债权资产的真实性和安全性
	应收款项长期挂账，回款率低	执行缺陷	调研	影响债权资产回收性效率
	应收款项的催收记录、结果记载不全，台账不规范	执行缺陷	调研	应收账款减值情况无法合理估计
	其他应收款金额巨大，部分款项不能按期收回	执行缺陷	调研	对合理估计减值影响明显
	银行存款余额调节表没有复核流程或流程虚位	执行缺陷	调研	影响银行存款真实性核查
	“银行存款余额调节表”由出纳编制，不符合内部牵制制度	执行缺陷	调研	银行存款管理风险高
	存货取得验收程序不规范，验收部门和人员专业性不强	设计缺陷	调研	可能导致实际数量和验收数量不一致，发生贪污舞弊现象
	存货内部领用管理松懈，领用理由、用途及额度无人审核把关	执行缺陷	调研	可能导致资源浪费
	长期不对存货进行实地盘点和账实核对	执行缺陷	调研	导致账实不符、挪用浪费严重
	存货未实施条码管理	执行缺陷	调研	影响管理效率
	存货未及时入账	执行缺陷	调研	财务信息完整性准确性受影响
	存货账实不符，收发手续不细致	执行缺陷	调研	存货安全受影响
	存货入库送检单无人签名	执行缺陷	调研	存货管理流于形式
	存货领用不规范，存在领用单一次填写，存货多次出库现象	执行缺陷	调研	存货结存数目可能不准确
	通用存货物资在各学院部门之间没有共享调拨	执行缺陷	调研	存货管理可能混乱
	实物保管、账务记录职责未分离，由一人负责	执行缺陷	调研	存货管理存在风险

续表

涉及领域	内部控制缺陷	缺陷分类	缺陷来源	缺陷后果
资产管理	对出入库业务流程规定不严密，制单人和保管人为同一人	设计与执行缺陷	调研	可能造成账物不符的现象
	存货未分类存放，没有清单	执行缺陷	调研	存货核算困难
	物资验收环节，供货产品与合同约定出现不符，且不能准确发现供货物资名称、生产厂家与合同不符	执行缺陷	调研	存货与账目不相符
	实物资产盘点资料保存不完整、及时性也差	执行缺陷	调研	实物资产不实
	固定资产维修及护理、保养活动频繁，但手续不齐全	执行缺陷	调研	存在舞弊风险
	固定资产转移交接单据填写存在遗漏、不完整现象	执行缺陷	调研	固定资产入账可能不完整
	固定资产账实不相符	执行缺陷	调研	固定资产核算管理不到位
	基建工程转固定资产不及时，手续不齐	执行缺陷	调研	真实性及计量金额存在隐患
	内部固定资产转移台账变更记录的及时性欠缺	执行缺陷	调研	固定资产管理责任不清
	固定资产证照与合格证、台账编号均不相符	执行缺陷	调研	固定资产管理混乱
	存在无固定资产盘点表或盘点表未经财务主管领导批准后备案	执行缺陷	调研	固定资产的安全完整受影响
	公务车辆保养维修申请及审批流程不合规	执行缺陷	调研	可能存在不合规的维修保养
	财务部门和资产管理部门对固定资产的编码不一致	执行缺陷	调研	固定资产相关账目容易出错
	固定资产大修及更新技改项目资料不齐全	执行缺陷	调研	修缮可能不真实，成本核算偏高
	实物保管、账务记录职责未分离，由一人负责	执行缺陷	调研	实物安全受影响
	教学用贵重固定资产投保过程未经公开评审，无评审和审批	执行缺陷	调研	投保程序可能不公允
	部分物资符合固定资产确认条件且已投入使用但未作为固定资产管理，未进入国有资产管理系统	执行缺陷	调研	形成账外资产
	存在账外房产	执行缺陷	调研	账目核算不完整
	国有资产管理系统固定资产明细与财务系统明细不相同	执行缺陷	调研	国有资产管理系统与财务无法对账
	教学用房修缮加固未进行工程项目后评价	执行缺陷	调研	项目立项目标是否达成没有客观数据
	未贴固定资产编号条形码，未明确管理使用责任人	执行缺陷	调研	固定资产安全性和完整性受影响

续表

涉及领域	内部控制缺陷	缺陷分类	缺陷来源	缺陷后果
资产管理	固定资产定期盘点的记录不全，签字不到位	执行缺陷	调研	无法核实固定资产的安全性和完整性
	部分固定资产采购未见购置设备申请表、采购需求报告、未签订合同及未见合同评审表	执行缺陷	调研	采购可能为遵循采购流程，导致产生浪费
	部分固定资产结转验收资料未及时归档	执行缺陷	调研	固定资产档案不全
	新购入日常使用的固定资产的投资预算管理不完善	执行缺陷	调研	固定资产采购可能预算失控
	在建工程入账不及时	执行缺陷	调研	在建工程成本核算不清
	在建工程分类不科学不统一	执行缺陷	调研	导致固定资产明细分类的基础资料不完备
	未建立健全固定资产处置的相关制度	执行缺陷	调研	固定资产处理不规范，导致固定资产账面金额账实不符
	固定资产盘点中实物标签没有与资产账的编号一一核对	执行缺陷	调研	固定资产盘查易流于形式
	维修与改良的相关预算和实施执行不到位	执行缺陷	调研	维修与改良易超标
	办公设备的调拨未办理调拨签转手续	执行缺陷	调研	办公设备管理混乱
	土地使用权的产权过户手续不全，产权关系不清	执行缺陷	调研	无形资产产权易发生纠纷
	设备存在大量闲置现象	执行缺陷	调研	增加了设备使用成本
	未建立专门的《固定资产管理制度》	设计缺陷	调研	固定资产管理依据不足
	固定资产累计折旧使用年限与实际执行不一致	执行缺陷	审计报告	账面折旧速度过快或过慢
	实物管理部门的固定资产台账与财务账面的固定资产台账不符	执行缺陷	调研	固定资产安全与完整性受影响
	存在违规处置资产情况	执行缺陷	调研	资产使用成本被认为增加
	存在实物资产的被盗、偷拿、毁损和重大流失情形	执行缺陷	调研	资产安全与完整性受影响
	对废旧物资的回收管理规定存在漏洞	执行缺陷	调研	增加了资产处置中操作风险
	固定资产报废审批权限不明	设计与执行缺陷	调研	固定资产减少合规性受到影响
	单位实物资产管理岗位设置不合理，职责权限不明确，未实现不相容岗位和职务相互分离	执行缺陷	调研	导致舞弊和贪污腐败事件频发

续表

涉及领域	内部控制缺陷	缺陷分类	缺陷来源	缺陷后果
资产管理	资产配置不规范，不符合单位资产状况和实际需求，超标配置，未经恰当审核和审批的配置普遍	执行缺陷	调研	导致资产配置违规违法
	实物资产缺乏内部调剂制度，相关流程缺失	设计与执行缺陷	调研	导致资产长期闲置，资产使用价值下降、资源浪费
	资产出售程序不合规，没有严格执行审核审批程序	执行缺陷	调研	造成国有资产利用率低甚至导致实物资产流失
	资产处置方式不恰当，报废程序不规范，未经过审批即报废实物资产	执行缺陷	调研	造成实物资产流失
工程项目管理	基建项目备案工作缺乏制度规范	设计缺陷	调研	可能会造成该项工作的失序或违规
	基建项目备案工作缺乏审核或审核不严	设计与执行缺陷	调研	可能会造成基建项目管理失序
	基建项目备案工作所涉及的资料未妥善保管或丢失	设计缺陷	调研	可能会造成该项工作不具有可追溯性
	基建管理部分资料填写有遗漏	执行缺陷	调研	项目信息不完整
	项目部安全培训计划未按业务流程经项目部经理和学校分管领导签字	执行缺陷	调研	流程设计可能不科学或责任无法落实
	基建项目个别施工设计未进行技术交底	执行缺陷	调研	项目施工可能存在安全隐患
	工程合同的档案管理不完整	执行缺陷	调研	档案不全可能造成信息不可查
	基建项目管理缺乏制度规范	设计缺陷	调研	可能会造成该项工作管理失据、低效、不规范
	基建项目的设计实施不符合基建建设规划要求	设计缺陷	调研	可能会影响学校发展大局和目标实现
	校级基建规划方案编制缺乏制度规范	设计缺陷	调研	可能会造成该项工作的开展低效、不规范
	缺乏校级基建建设整体规划或规划不当	设计缺陷	调研	可能导致重复建设，影响学校发展目标的实现
	基建施工现场出现严重安全隐患或发生安全事故	执行缺陷	媒体曝光	学校声誉等受影响
	基建工程竣工交付、竣工结算和产权办理手续不及时	执行缺陷	调研	影响及时转为固定资产管理
	工程立项和选取供应商流程控制存在漏洞	设计缺陷	调研	可能选取低效项目
	工程物资到货，仓库提出的质检申请迟迟得不到基建管理部及时响应	执行缺陷	调研	基建物资质检可能延迟而影响工程需要
	没有对重点建设工程项目进行后评估	执行缺陷	调研	工程项目的管理隐患可能被忽略
	在建工程未及时转固，固定资产台账更新不及时	执行缺陷	调研	影响相关账务处理
	现场安全管理责任制不明确	执行缺陷	调研	安全风险加大

续表

涉及领域	内部控制缺陷	缺陷分类	缺陷来源	缺陷后果
工程项目管理	工程相关单据内部流转不够及时	执行缺陷	调研	工程相关手续办理时间延迟
	工程结算工作不及时	执行缺陷	调研	影响合同执行进度
	工程项目核算上存在错误	执行缺陷	调研	影响在建工程入账价值
	项目精细化管理水平不高，招投标评审不到位	执行缺陷	调研	项目建设效益低下，浪费学校资金
	个别项目部日建设计划未能按照现场实际情况和周计划编排	执行缺陷	调研	计划不符合实际，形同虚设
	项目实施部门提供项目结算清单等资料滞后	执行缺陷	调研	导致验收手续办理推迟，影响竣工决算进度
	工程项目现场物资管理不完善	执行缺陷	调研	工程成本核算不全
	工程项目没有后期回访及评价等环节	执行缺陷	调研	工程立项效益评价不到位
	项目部仓储管理流程中，出、入库单据未及时录入系统	执行缺陷	调研	单据缺失而导致成本核算不完整
	项目工程变更手续未及时办理	执行缺陷	调研	可能导致项目各项工作持续滞后
	项目资金计划的审批流程不完善	执行缺陷	调研	资金使用不安全
	工程档案归档不完整	执行缺陷	调研	影响未来核查与利用
	安全管理方面的检查监督不到位	执行缺陷	调研	可能出现安全事故带来严重后果
	工程项目结算进度过于滞后	执行缺陷	调研	可能引起因为支付而产生的消极因素
	基建项目工程管理制度过时	设计缺陷	调研	制度过时管理效应低下
	未建立项目分类成本控制数据库	设计缺陷	调研	项目分类成本核算不清
	现场安全施工管理存漏洞	执行缺陷	媒体曝光	安全存在隐患
	在优质合作伙伴选择、施工标准化管理、物资采购的过程管理、施工人员的安全生产管理等方面的管理不到位	执行缺陷	调研	工程成本核算不准及管理环节存在漏洞
	缺乏专门部门和专门人员对基建项目进行管理，对于工程的前期招标、施工过程、验收及交接使用缺乏相关制度及有效控制	执行缺陷	调研	基建项目实施风险较高
	工程施工项目风险没有应急处置预案	设计缺陷	调研	导致应对突发事件能力低
	项目监理过程管理不到位	执行缺陷	调研	不能合理控制项目建设质量与成本

续表

涉及领域	内部控制缺陷	缺陷分类	缺陷来源	缺陷后果
工程项目管理	项目监督工作记录痕迹保存不完整	执行缺陷	调研	监督工作没有痕迹，无法评价
	对新的基建项目没有建立会计系统评价体系	设计缺陷	调研	可能不能得到财务系统的有效支持
	实物保管环节存在漏洞，有资产流失	设计缺陷	调研	基建成本加大
	项目前瞻性弱，计划不严谨，管理不善	设计缺陷	调研	项目可能很快面临减值
	建设管理人员责任心不强、作风不实、办事效率低	执行缺陷	调研	人浮于事，工程风险加大
	新建工程及在建工程量大，招标管理、采购管理不达标	执行缺陷	调研	工程存在安全及成本失控隐患
	投资项目的跟踪审计和监督职能到位	执行缺陷	调研	投资项目各方面的风险偏高
	项目后评价机制不健全	设计缺陷	调研	项目效益评价可能不到位
	个别技改项目立项、工程造价、验收资料保存不够完整	执行缺陷	调研	会导致相关信息不可查
	工程项目供应商选择不合规	执行缺陷	调研	存在徇私和质量隐患
	工程项目的建设管理方面缺少安全管理明细条款	设计缺陷	调研	安全管理隐患较高
	工程施工进度管控和重大合同履行监督缺失	执行缺陷	文献	工程施工进度受影响
学科及专业建设	未设立或明确学科建设的组织领导机构和日常主管部门	设计缺陷	文献/调研	使得学科建设缺乏常态组织、协调及监督保证
	学科建设总体效果不佳，在国家或地方组织的专家评估中不达标	设计与执行缺陷	文献/调研/高校信息公开	影响学校声誉和可持续发展
	无与学校发展战略相衔接的学科建设整体规划方案，近、中、远期目标不明，责任不落实	设计缺陷	文献/调研/高校信息公开	使得学科建设在无序、盲目中推进
	未实行学科与专业建设与国家要求的对标管理，未定期对相关工作进行总结、研讨	设计与执行缺陷	文献/调研	使得工作难以找到正确的努力方向
	国家及地方级“双一流”“重点学科”“优势学科”及其他工程项目的申报工作的规章制度及机制缺失或不完善	设计缺陷	调研	丧失入选国家及地方重大学科建设工程系列的机遇
	学科与专业建设要素不全，重点不突出，措施脱离自身实际	设计与执行缺陷	调研	可能影响学科与专业建设成效与水平
	追踪世界一流、国内先进学科建设举措不到位，改革创新意识不强，重点学科、优势学科建设成效乏善可陈	设计与执行缺陷	调研	导致专业建设的成效不显著

续表

涉及领域	内部控制缺陷	缺陷分类	缺陷来源	缺陷后果
学科及专业建设	专业设立、调整与经济社会发展脱节，贪多求全	设计缺陷	调研	导致专业建设与人才需求脱节，就业率不高
	专业特色不突出，培养方案长期不检视、修订	设计与执行缺陷	调研	不能突出学校学科与专业优势，影响人才培养质量
	学术梯队建设（队伍结构、教学与科研能力、创新意识及团队精神等）与学科与专业建设不匹配	设计与执行缺陷	调研	严重拖学科与专业建设的后腿
	人才培养模式、层次与自身实力与条件不匹配，本、硕、博培养规格及比例不合理	设计缺陷	文献/调研	难以达到预期培养目标
	专业课程建设滞后，课程结构及知识结构、内容与专业培养目标、学科发展现状不匹配	设计与执行缺陷	文献/调研	影响人才培养方案的落实效果
	教材陈旧过时，无法支撑、配合课程建设及人才培养方案的落实	设计与执行缺陷	文献/调研	影响课程建设进程及效果
	改革创新意识不强，教学研究项目及成果少	执行缺陷	文献/调研	专业建设缺乏成果支撑
	实验室、产学研基地、实习基地建设与学科及专业建设要求不协调	设计与执行缺陷	调研	可能影响校级重点学科、优势学科和特色专业的发展与评估
教务管理	教室及课表安排不严谨，屡次发生矛盾、冲突事故	设计缺陷	高校公开信息	人才培养方案的先进性受影响
	教师与学生的教学沟通、互动渠道狭窄	设计与执行缺陷	文献/调研	影响教学质量
	课堂管理松懈，教学秩序差	执行缺陷	文献/调研	影响教学质量
	缺少评教的书面记录和公开机制	设计与执行缺陷	高校公开信息	影响教学质量评价
	教学管理规章制度的归口管理不到位	设计缺陷	文献	管理制度实施效果不佳
	标准化建设、制度更新、流程优化等方面存在薄弱环节	设计缺陷	文献	导致管理基础差
	各专业委员会的工作不够具体和深入	执行缺陷	文献	影响专业委员会的职能作用发挥
	教务管控模式与高校办学战略目标需求之间差距	设计缺陷	高校公开信息	影响战略目标落地
	教学工作量计算办法不完善，业绩考核办法落后	设计缺陷	文献	难以起到公正评价作用
	教务部与院系教务管理职责分工不明晰	设计缺陷	调研	纠纷、推诿甚至事故频发
	考试试卷泄密	执行缺陷	文献/调研	影响考风及学风

续表

涉及领域	内部控制缺陷	缺陷分类	缺陷来源	缺陷后果
教务管理	课程试卷批阅、成绩评定及公开不及时	执行缺陷	调研	影响课程后续管理及学生及时知情
	考场管理松懈，考试舞弊多发	执行缺陷	媒体曝光	影响考风及学风
	对多校区办学的教学监管差异大，有的出现明显漏洞	执行缺陷	媒体曝光	影响整体办学效果
	教学质量体系未进一步系统化、具体化和标准化，具体操作环节的质量控制没有到位	设计缺陷	调研	教学质量无法具体把控
	课程教学计划未走必要的审批程序即行实施并公开	设计缺陷	高校公开信息/调研	课程教学计划合理性存在隐患
	毕业论文标准偏低、答辩流程过于简单，与培养规格不匹配	设计缺陷	调研	导致学生论文质量和学术水平偏低
	教学档案的归档、检查、维护、销毁不符合相关规范要求和流程，职责不清	设计与执行缺陷	文献/调研	相关内控痕迹管理不落实
科研日常管理	未建立本校科学研究的中长期规划或中长期规划不切合实际	设计缺陷	高校公开信息/调研	导致科学研究开展依据不足
	科研考评制度不健全	设计与执行缺陷	调研	难以保证科研出精品、出人才
	对科研机构的设立及运作、网站及内容、学术活动及对外交流缺乏必要的审批、监督与指导	执行缺陷	调研	容易产生科研机构设立与运作混乱风险
	对学术研究和教学研究的思想性及政治性缺乏正确引导	执行缺陷	文献/调研	增大科研政治风险
	科研成果统计及归档工作不严谨、不及时	设计与执行缺陷	文献/调研	影响相关考核及奖励的公平公正性
	引导科研服务经济社会不力	执行缺陷	文献/调研	难以为地方政府的决策提供智力支持和政策建议
	组织申报各级各类优秀科研成果奖励不力	执行缺陷	文献/调研/高校信息公开	影响获奖数量，难以扩大科研社会认可度和影响力
	组织、争取、协调与管理各级各类科研项目的工作不力	执行缺陷	高校公开信息/调研	获取的各级各类科研项目数量与学校的科研实力不匹配
	组织和资助校内各级各类学术活动、学术出版工作不力	执行缺陷	高校公开信息/调研	难以提升学校科研活跃度和影响力

续表

涉及领域	内部控制缺陷	缺陷分类	缺陷来源	缺陷后果
科研日常管理	各级学术委员会的职能作用流于形式	执行缺陷	调研	对科研管理和学术水平的整体提升极为不利
	科研道德和作风管理不到位，发生抄袭、作假事件	执行缺陷	高校公开信息/调研	影响学校形象和声誉
	对外学术交流的规模与频率不达标	执行缺陷	高校公开信息/调研	科研平台狭窄，学术氛围不浓
科研项目管理	横向科研项目合同签订工作的规章制度缺失或不完善	设计缺陷	调研	导致该项工作缺乏制度依据，存在知识产权纠纷隐患
	缺乏对横向项目合同的审查或审查不充分	执行缺陷	调研	可能导致合同无法全面约定各方权利义务
	横向项目合同用章程序及使用不规范	设计与执行缺陷	调研	可能导致合同管理风险
	未及时完整归档保存横向科研项目合同资料	执行缺陷	调研	可能导致后续核查管理和利用隐患
	横向科研经费到账、使用管理不规范	执行缺陷	调研	导致项目推进困难或经费管理不合规
	横向科研项目协作及经费外转工作的规章及流程缺失或不完善	设计缺陷	调研	导致该项相关工作缺乏制度依据，操作出现混乱
	纵向科研项目申报的制度保障和工作机制存在缺陷	设计缺陷	调研	影响申报规模、级别和最终立项数量
	纵向科研项目立项申报审核把关不严，存在弄虚作假	执行缺陷	调研	可能会造成该项工作的开展低效、不规范
	纵向科研项目经费预算及使用不合相关规定要求	执行缺陷	调研	可能造成致科研经费被滥用、影响项目推进
	使用科研经费购置和形成固定资产未按规定统一核算管理	执行缺陷	设计缺陷	导致科研资产核算管理违规
	科技专项纵向科研项目申报、立项、经费使用、中期检查及结项工作存在严重瑕疵	设计与执行缺陷	调研	可能会造成该项研究无法规范、有效的开展
	没有建立纵向科研项目外协单位库，对外协单位甄选、核实和监管不力	设计与执行缺陷	调研	可能因外协单位的工作质量影响项目实施
	纵向科研项目结项流程不到位，准备不充分	执行缺陷	调研	可能导致不能按期结项或被撤项
	纵向科研项目绩效支出支撑凭据不完整、审批程序不合规、相关文档归档不及时	执行缺陷	调研	可能会导致该项工作不具有可追溯性
	科研奖励申报工作的规章制度缺失或不完善	设计缺陷	调研	导致该项工作缺乏制度依据

续表

涉及领域	内部控制缺陷	缺陷分类	缺陷来源	缺陷后果
科研项目管理	科研奖励申报提交资料未经审核或审核不当	执行缺陷	调研	可能导致科研奖励申报提交资料缺乏完备性，内容填写缺乏规范性，或部分被选中项目未达到相关标准等
财政专项管理	以套取更多资金为目的，虚构申报材料或申报项目与事业发展规划之需脱节	设计与执行缺陷	媒体曝光	会造成套取资金和资金浪费
	项目执行进度缓慢	执行缺陷	文献/媒体曝光	会造成学校资金沉淀，降低资金使用效率
	核算、预算与监督管理不到位，预算脱离实际，存在挪用、滥用资金现象	执行缺陷	媒体曝光/调研	会造成项目资金浪费，目标难实现
	重投入、轻产出，绩效不达标	执行缺陷	调研	会造成项目资金浪费，难以实现目标
	项目资金沉淀严重，结余清理不及时	执行缺陷	媒体曝光	会造成资金浪费
	项目绩效考核标准及管理不合理	执行缺陷	调研	项目评价结论不客观公正
合同管理	未建立法人授权委托书相关制度，或制度不完善	设计缺陷	调研	可能导致该工作无章可循、无据可依
	授权委托书开具程序不规范	设计缺陷	调研	可能导致授权委托书权限不恰当、期限不合理
	授权委托书管理工作相关资料归档不及时	执行缺陷	调研	可能导致相关资料缺失或工作不可查
	学校未制定基建项目施工、监理和技术服务类项目合同编制与审批的流程	设计缺陷	调研	可能导致不恰当的合同条款未被及时发现与修正，给公司造成资金损失
	合同内容和条款不完整、表述不准确，或存在重大疏漏和欺诈	执行缺陷	调研	可能导致学校合法利益受损
	合同用印流程缺乏恰当约束，用印流程不规范	设计缺陷	调研	影响合同管理关键节点控制有效性
	学校未制定合同评审与签订管理的相关书面政策和程序	设计缺陷	调研	可能导致合同审核缺乏操作指引
	合同签订不满足学校规定的必备条件，合同签订人不具备合同签订资格	执行缺陷	调研	可能影响合同的法律效力及学校的合法权益
	纵向科研项目外协类合同签订工作缺乏制度规范	设计缺陷	调研	可能会造成该项工作的开展低效、不规范
	纵向科研项目外协类合同未经相应人员审核	执行缺陷	调研	可能会造成合同不真实、不合规或不具有可操作性
	纵向科研项目外协类合同签订过程中涉及的资料未妥善保管或丢失	执行缺陷	调研	可能会造成该项工作不具有可追溯性

续表

涉及领域	内部控制缺陷	缺陷分类	缺陷来源	缺陷后果
合同管理	横向科研项目合同签订工作的规章制度缺失或不完善	设计缺陷	调研	导致该项工作缺乏制度依据
	缺乏对合同的法律性及文字性审查或审查不充分	执行缺陷	调研	可能导致合同无法全面约定科研项目事项各方面要求或内容，不利于后续合同的顺利履行
	盖章前未复核合同内容及审查程序	执行缺陷	调研	可能导致合同未经审查即申请盖章，违反学校规定
	未及时完整归档保存横向科研项目合同资料	执行缺陷	调研	可能导致日后使用不便
	未制定采购合同编制与审批的流程	设计缺陷	调研	可能导致不恰当的合同条款未被及时发现与修正，给公司造成资金损失
	合同内容和条款不完整、表述不准确，或存在重大疏漏和欺诈	设计缺陷	调研	可能导致学校合法利益受损
	用印流程缺乏恰当约束，用印流程不规范	执行缺陷	调研	影响合同用印的有效性
	采购合同台账信息不全、客商遗漏	执行缺陷	调研	可能导致重要的供应商信息遗漏
	采购合同预付资金比重大大超过了相关文件要求	执行缺陷	调研	采购商品质量无法把控
	合同内容不完整，评审内容不充分，法律审查缺位	执行缺陷	调研	合同内容可能不合乎规范性要求，存在违约风险
	没有合同管理的权限申请与审批专门制度或流程规定	设计缺陷	调研	合同业务风险较高
	中标单位与合同单位不一致	执行缺陷	调研	招投标流于形式
	遗漏了重要的合同生效条款	执行缺陷	调研	导致出现了合同纠纷
	合同结束验收工作的时效性差	执行缺陷	调研	可能存在质量纠纷
	对执行完毕合同的验收、存档管理等工作不到位	执行缺陷	调研	可能存在质量纠纷及核查缺陷
	合同管理部门未能按要求填报《合同统计情况表》报风险管控部门	执行缺陷	调研	导致合同执行存在风险
	归口部门与责任模糊，合同管理责任追究制度缺失	设计缺陷	调研	合同管理风险高
	部分合同缺少公章及签字	执行缺陷	调研	合同履约风险高
	未取得授权委托资质的人员越权签订合同	执行缺陷	调研	合同可能不有效
	小额采购合同使用对方版本，未经政策法律室审核	执行缺陷	调研	合同风险较高

续表

涉及领域	内部控制缺陷	缺陷分类	缺陷来源	缺陷后果
合同管理	跟踪合同执行情况存在管理上的重要缺陷	执行缺陷	调研	合同履行风险高
	合同管理分类授权，编号代码不一致，不容易辨识	设计缺陷	调研	合同管理混乱
	未对合同履行情况进行跟踪监督与评估	执行缺陷	调研	合同履行效果有风险
	合同管理分散于各职能部门，缺乏统一管理的责任主体	执行缺陷	调研	合同风险可能无人担责
	未定期检查和评估合同履行情况，未形成书面的评估报告	执行缺陷	调研	未能做到全方位管理并切实保护
	未按照合同类别进行分类审核	执行缺陷	调研	一定程度上影响了管理效率
	非格式合同未经法务人员审核，未完全履行合同审批程序	执行缺陷	调研	合同内容可能不合法
	已履行完毕的采购合同未统一归档保管	执行缺陷	调研	可能导致合同的后续事项不可查
	合同分包管理规则过于粗糙	执行缺陷	调研	合同管理不够细化
	大多合同以传真方式签订，少部分未获取盖章确认原件	执行缺陷	调研	存在一定的法律风险
	个别大额物资采购未签订合同	执行缺陷	调研	校方权益无法保障
	个别采购合同缺少必要的核准程序	执行缺陷	调研	采购随意造成浪费
	合同修改及补充合同书未经书面审核、批准	执行缺陷	调研	合同存在有效性和履约风险
	没有建立合同管理问责制	设计缺陷	调研	合同问责无法落实
	合同未进行统一编号，部分合同存在要素不全	执行缺陷	调研	合同安全完整性受影响
	合同变更未按照公司控制程序填写《合同变更通知单》	执行缺陷	调研	合同变更无据可查
信息管理	信息管理工作缺乏总目标及总体建设规划方案	设计与执行缺陷	调研	可能会造成该项工作无法规范、有效开展
	信息化建设实际偏离上总体目标及既定	执行缺陷	调研	导致总体目标落空
	各个部门纷纷盲目上马实际使用价值不高、功能多而不切实际、价格昂贵的信息系统项目	执行缺陷	调研	偏离总体规划与实际需要，造成资源浪费
	信息项目开发、采购偏离既定流程，采购招投标违规	执行缺陷	媒体曝光	产生贪腐隐患
	信息系统运行与维护管理制度不全或执行不到位	设计与执行缺陷	调研	系统运行与维护风险增高
	关键硬件设备运行的物理环境不佳，设备专人巡检、接触人员权限设置或执行不到位	设计与执行缺陷	调研	权限混乱，管理隐患高

续表

涉及领域	内部控制缺陷	缺陷分类	缺陷来源	缺陷后果
信息管理	信息系统应用培训不够及时和高效	执行缺陷	调研	相关人员对系统不熟，无法熟练操作系统而产生错误
	信息系统建设与内部控制体系建设不相融合	设计缺陷	调研	内控目标无法实现
	信息系统审批流程滞后	执行缺陷	媒体曝光	影响业务的及时性
	信息系统采购、开发环节不相融职务未分离	设计与执行缺陷	审计报告	采购开发贪腐及管理风险高
	信息化建设没有得到重视，组织领导及归口管理机构职责不明确	执行缺陷	调研	信息化管理缺乏组织保证
	信息管理系统尚未覆盖到所有学院的所有业务	设计缺陷	调研	信息系统覆盖范围窄
	信息系统安全管理缺乏相应的管理制度和强力措施	设计缺陷	调研	信息系统安全风险高
	信息系统在人机功效以及在数据的提取和汇总方面不够快捷，过于烦琐，工作效率低	执行缺陷	高校公开信息	信息系统易过时低效
	病毒查杀及系统检查记录缺失	执行缺陷	高校公开信息	信息系统工作效率受影响
	未及时对离职人员使用过的共享帐号密码进行修改，且未定期对账号授权人员情况进行审核	执行缺陷	调研	可能出现不相容职务未真正分离，导致信息安全隐患
	缺少信息系统数据备份和数据恢复的机制	执行缺陷	调研	导致部分数据丢失
	信息系统林立，彼此相互独立，没有实现互联互通与数据共享，没有相互对接支撑与监督校正	设计与执行缺陷	调研	信息“孤岛效应”明显，影响数据的共享性、实时性和准确性
	信息系统标准化接口管理不到位，不能实现互享互通互联	执行缺陷	审计报告/调研	偏离建设总目标，导致系统总体效应降低
	没有根据各用户岗位的级别明确规定有关系统管理员的访问权限，相关留痕控制缺失	设计缺陷	调研	有导致越权现象出现，导致系统监管失据
	管理信息化程度不高，信息传递速度慢	设计与执行缺陷	调研	信息成本高，管理效果差
	信息系统运行不稳定	执行缺陷	调研	系统易崩溃，信息管理成本高
	预算管理系统、人力资源系统等系统之间的数据交互的自动化程度低	执行缺陷	调研	数据交互自动化程度不高，交互成本高

续表

涉及领域	内部控制缺陷	缺陷分类	缺陷来源	缺陷后果
信息管理	内部信息流转不畅、重复报送、信息共享不充分	执行缺陷	调研	影响信息内部传递效率
	内部信息报告制度、内部信息沟通不完善	设计缺陷	调研	信息沟通成本高
	信息系统建设管理制度档案管理不完整	设计缺陷	调研	容易遗漏管理记录
	信息系统缺乏整体规划，存在信息系统权限分工不明确的情况	设计缺陷	调研	信息质量受影响
	信息系统升级不及时，公司管理信息化程度不高，信息传递速度慢	设计与执行缺陷	文献/调研	沟通效率低
	信息系统防火墙、防毒软件等安全措施的安全性定期检测评估不到位	执行缺陷	调研	安全措施隐患高
	财务人员账号存在多个客户端登录现象	执行缺陷	调研	账户安全受影响
	人员岗位变动信息未及时更新，系统权限未能及时收回	执行缺陷	调研	信息安全受影响
	对离职人员在信息系统中的使用权限取消不及时，有时间差	执行缺陷	调研	信息安全受影响
	在信息系统规划、信息安全组织架构、备份策略、系统开发与变更等管理制度方面存在漏洞	设计缺陷	调研	影响信息系统开发与运行水平
	教职员工离职信息没有及时与实际人事记录核对	执行缺陷	调研	授权账号不能及时收回，影响系统安全
	信息集成平台落后，共享程度低	设计与执行缺陷	调研	信息利用率低
	内部控制体系与信息化管理数据库中的流程、数据嵌入、整合与对接不够	执行缺陷	调研	内控易流于形式
	同一系统用户名会被不同级别的员工使用	执行缺陷	调研	不相容职务可能没有分离，信息错报率高
	IT 职能部门机构不健全	设计缺陷	调研	全面信息化进程受影响，管理水平低
	财务报告信息化编制软件不能适应业务需要	设计缺陷	调研	财务报告信息可能不可比
	内控监控信息系统建设尚未完成，不能及时地发现内控制度中存在的问题，并及时跟踪纠正	设计缺陷	调研	信息系统风险高
	未按规定建立信息披露管理制度和重大信息内部报告制度	设计缺陷	调研	信息公开化程度低，不能接受公众监督
	信息系统部分权限的申请及核准未留下书面记录	执行缺陷	调研	信息系统安全受影响
	数据备份不完整	执行缺陷	调研	数据安全风险高
	信息化的工作尚没有覆盖到各个业务线的相关细节	设计与执行缺陷	调研	信息化覆盖率低

续表

涉及领域	内部控制缺陷	缺陷分类	缺陷来源	缺陷后果
信息管理	尚未建立统一的计算机信息公共管理平台	设计缺陷	调研	信息管理水平低下
	信息披露质量和信息披露的主动性有不足	执行缺陷	调研	信息公开化程度低，不能接受公众监督
	机房设备运行记录表无领导审核签字，部分单位无系统主机房中心出入登记记录	执行缺陷	调研	信息安全受影响
	仓储管理未对接信息化管理系统	设计缺陷	调研	信息管理未能全覆盖
	信息管理责任不落实，泄密事件时有发生	设计与执行缺陷	调研/媒体曝光	信息安全受影响
	未按规定建立信息公开披露管理和重大信息内部报告制度	设计与执行缺陷	调研	影响监督效力
	信息披露流程不够细化，披露不及时	执行缺陷	文献	信息披露流程不具可执行力
债务管理	贷款方案脱离发展实际，不合情、偿还风险高	设计缺陷	调研	可能会导致资源浪费、增加学校债务风险
	合同不合法不合规、权利义务不对等	设计与执行缺陷	调研/媒体曝光	导致学校法律纠纷，利益受损
	负债规模与结构不合理	执行缺陷	审计报告	增大财务风险
	举债审批控制制度与流程缺失 ，大额贷款未纳入“三重一大”管理	设计与执行缺陷	审计报告/调研	导致决策风险
	债务担保及抵押不合规，后续管理责任不落实	执行缺陷	调研	导致诉讼风险高，易造成经济损失
	未建立债务台账，各类贷款来源、本金、利息、还款方式、还款时间及违约罚则等信息管理不落实，缺失归还本息的规划和具体计划安排	设计与执行缺陷	审计报告/调研	相应的财务风险、诉讼风险高
	申请或解除代管款项及其流程不合法不合规	设计与执行缺陷	调研	导致债务可能不真实
对所属企业的管理	对所属企业缺乏合法的、全面系统的管控制度设计	设计缺陷	文献/调研	导致对所属企业的管控失据
	未以出资者身份在所属企业治理结构中占据应席位，履行正当投票、决策与监督权力	设计与执行缺陷	文献/调研	导致出资者的权利缺位
	对所属企业在资产、资金使用、工程项目、合同管理、采购等方面的内部控制体系不健全或者存在的重大缺陷失察	执行缺陷	调研	可能发生腐败和舞弊问题，高校因此承担监管责任或承受经济损失

续表

涉及领域	内部控制缺陷	缺陷分类	缺陷来源	缺陷后果
对所属企业的管理	未履行出资人职责，依法依规采取切实有效措施对所属企业经济活动进行干预和管控	执行缺陷	调研	可能导致未及时发现所属企业经济活动中存在的问题，由此而承担监管责任或连带责任
	违规为所属企业进行担保，且金额超限	执行缺陷	媒体曝光	高校可能因此而增加自身的财务风险
	与企业间的大额股权转让、购销业务和资金往来等关联交易管理不透明	执行缺陷	媒体曝光	高校财务风险加大
	对与所属企业发生的重大交易缺乏合法合规的参与决策或审批控制机制	设计与执行缺陷	调研	高校可能受到企业的业务牵连
	企业挤占高校资金或相反	执行缺陷	调研	高校资金风险高
	高校未能有效执行对所属公司股权的管理控制	执行缺陷	媒体曝光	导致所属公司投资安全完整的控制存在重大缺陷
	校方主导或参与的董事会在所属企业“三重一大”决策中不作为，失去主导权或重大影响力	执行缺陷	调研	可能投资失败
	未对所属业绩快报进行审计或必要监督	执行缺陷	调研	业绩快报可能不实
	未对所属企业重大项目进行专项审计或必要的监督	执行缺陷	调研	项目的风险较高
	所属企业未将重要的对外投资、购买和出售资产、关联交易、信息披露事项纳入年度审计计划	设计缺陷	调研	导致对所属企业的审计监督缺陷
	校方未专门制定对所属公司借款和借后的管理制度	设计缺陷	调研	企业财务风险可能较高
	高校对所属企业管理人员授权范围较大、对被授权人员的监督管理不到位	设计缺陷	调研	企业管理人员可能超越授权
	对下属企业的款项收付的监控及稽核不到位	执行缺陷	调研	企业财务风险可能较高
	对所属企业的新增或变更投资审批方面尚存在缺陷	设计缺陷	调研	企业可能涉及高风险投资领域
	派出董事未经学校薪酬委员会批准即在所属公司领取考核奖	执行缺陷	调研	侵占公司利益，加重公司财务负担
	对所属企业的投资后期跟踪控制未能有效实施	执行缺陷	调研	投资风险加大
	在对所属企业履行股东职责方面不完善	执行缺陷	调研	企业运营风险加大
	对所属企业的检查和监督未形成正式的书面文件	执行缺陷	调研	对企业的管理随意性强
	校方对所属企业的管理机构设置、分工和职责不明确	设计缺陷	调研/高校信息公开	导致对所属企业的管理缺乏组织保证

续表

涉及领域	内部控制缺陷	缺陷分类	缺陷来源	缺陷后果
其他附属单位管理	附属单位在内部治理体系、组织架构、关键岗位设置与权责分配、经济活动决策与运行机制等单位层面的内部控制体系不健全或者存在重大缺陷	设计缺陷	调研	可能导致附属单位内部管理混乱，影响附属单位正常运行，高校因此遭受经济损失，承担监管或连带责任
	附属单位在资产、财务收支、工程项目、合同管理、采购等业务方面的内部控制体系不健全或者存在重大缺陷	设计缺陷	调研	可能导致附属单位发生腐败和舞弊问题，高校因此承担监管责任
	对附属单位经济活动无控制或采取的控制措施无效	设计与执行缺陷	文献	可能导致因发现附属单位经济活动中存在的问题不及时而承担监管责任或连带责任
	附属单位未能建立完整的成本费用控制系统及预算体系，未能及时开展成本费用和预算执行情况分析，并与奖惩挂钩	设计缺陷	文献	成本效益低下，易成为学校的负担
	对附属单位的管理机构设置、分工和职责不明确	设计缺陷	调研/高校信息公开	导致对附属单位的管理缺乏组织保证
	对附属单位的经济活动及财务报表未建立并实施审计监督制度	设计与执行缺陷	调研/高校信息公开	导致监督缺位
	对附属单位的产权关系模糊，利益关系不明	设计与执行缺陷	审计报告/调研	导致管控模式混乱
内部审计	内部审计工作缺乏管理制度规范	设计缺陷	文献	可能会造成相关工作无序无据状态
	审计实施过程中涉及的资料未妥善保管或丢失	执行缺陷	文献	可能会造成审计工作流于形式，不具有可追溯性
	审签程序不合理，或复核不到位，未能如实记录审签过程中的发现	设计缺陷	文献	可能导致审签结论偏离实际
	内审人员的业务能力与职业素养不足	执行缺陷	文献	内审工作质量受影响
	经济责任审计及干部离任审计走过场	执行缺陷	调研	审计监督乏力
	审计委员会和内部审计部门对内部控制的监督无效	执行缺陷	文献	内审流于形式
	内部审计人员的配备不到位	执行缺陷	文献/调研	审计水平受影响
	未及时审核关账清单	执行缺陷	文献	账目混乱

续表

涉及领域	内部控制缺陷	缺陷分类	缺陷来源	缺陷后果
内部审计	未全面推行事业单位管理内部控制风险调查	设计缺陷	文献	不利于风险管理和内审重点确定
	内审制度建设滞后	设计缺陷	文献	内审工作水平低
	对内部监督的认识不足，内审职能执行的不力	执行缺陷	文献	内审目标无法实现
	内审部每季度向纪律监察委员会进行工作情况的口头汇报但未形成书面记录	执行缺陷	文献	没有实施痕迹管理，真实性受影响
	内审部门独立性不足	执行缺陷	文献	审计效果差
	缺乏管理审计和财务审计具体管理办法	设计缺陷	文献	审计实施指导性差
	内审未将内部控制评价或审计纳入工作计划范围	设计与执行缺陷	文献/调研	内审职能转换不到位
	内审仅限于基础账项审计，还未对信息系统开展全面审计	执行缺陷	文献	账目出现不实财务信息
	采购合同评审、工作计划审批等控制活动缺乏可验证的记录	执行缺陷	文献	控制活动真实性待查
	全面管控体系框架下的治理机制不全	设计缺陷	文献	高校治理效果不显著
	未建立以风险为导向的内控机制及相关审计制度	设计缺陷	文献	风险意识薄弱
	内部审计未能始终贯穿整个业务流程	执行缺陷	文献	整体实施效果差
	内部审计的内容主要集中在财务报告，对重大投资项目、内控制度执行、内部控制缺陷、日常管理等方面的内部审计关注度不够	执行缺陷	文献	风险意识薄弱
	审计监督部门工作力度不到位	执行缺陷	文献	监督工作力度不到位
	财务总监兼任审计部门领导	执行缺陷	文献	审计职能被弱化
教育发展基金会	未设立或指定基金会的日常管理机构	设计缺陷	文献/调研	不利于基金会工作的日常管理与运作
	基金的募集存在强行摊派或者变相反派	设计与执行缺陷	调研/媒体曝光	增大法律风险，影响学校形象和声誉
	学校及各二级单位接受社会捐赠的有关手续不全，分类核算与管理不到位	设计与执行缺陷	审计报告/调研	导致管理失范
	基金资助项目的申请、立项、专家评估及理事会审批工作不规范	执行缺陷	文献/调研	导致基金使用存在不合规风险

续表

涉及领域	内部控制缺陷	缺陷分类	缺陷来源	缺陷后果
教育发展基金会	基金会缺乏科学决策和良性运行机制，基金会内部权责分配不合理	设计缺陷	调研	导致既定的发展目标难以实现，以及可能导致机构重叠、职能交叉、运行效率低下
	基金的资金保值增值与运作决策失误	执行缺陷	文献	能导致增值率低、流动性不足或资金链断裂
	资金使用未做到专款专用，公开透明，存在被挪用、侵占或抽逃风险	执行缺陷	文献/媒体曝光	资金的效用及安全无保证
	限定性基金的使用未尊重捐赠者意愿，亦无相关信息沟通	执行缺陷	调研/媒体曝光	措伤捐赠者的积极性
	基金的筹措与使用与学校目标、学科发展及战略规划不匹配	执行缺陷	文献	导致基金会发展方向偏离基金会章程规定，或出现重大失误
	拒绝或不主动接受教育发展基金会业务主管部门和审计部门的年度检查和审计	执行缺陷	文献/媒体曝光	导致基金监督管理不到位
	未按规定于每年初向理事会提交上年度基金执行和使用情况的报告	执行缺陷	文献/调研/高校信息公开	导致相应规则流于形式
财务核算与管理	财务人员业务判断能力不足	设计与执行缺陷	审计报告	账务出错，报表出错
	财务人员变动频繁，导致财务规范性和收付款环节出现差错	执行缺陷	文献	财务队伍不稳定，账目错报风险高
	原始单据手续不齐全，要素不完整	执行缺陷	文献	单据证明力弱
	出纳与会计职责未完全分离	执行缺陷	高校公开信息	财务风险加大
	会计凭证附件不完整	执行缺陷	高校公开信息	账务处理不规范
	出纳盗取、挪用库存现金	执行缺陷	高校公开信息	现金管理不够严密
	财务信息系统的管理未实现不相融职务的分离	执行缺陷	文献	财务系统漏洞大，风险高
	未制定敏感或关键岗位员工定期轮岗制度	设计缺陷	调研/高校公开信息	财务会计人员牵制机制容易失效
	无筹资业务的管理制度或制度不全	设计缺陷	高校公开信息	筹资管理有漏洞
	备用金科目核算内容名实不符	执行缺陷	媒体曝光	资金性质不明，资金管理有漏洞

续表

涉及领域	内部控制缺陷	缺陷分类	缺陷来源	缺陷后果
财务核算与管理	部分银行账户虽纳入财务报表但未编制余额调节表	执行缺陷	审计报告	银行账户风险高
	对外借款、担保等特殊事项无制度化控制措施	设计缺陷	调研	可能存在风险失控
	新会计制度培训落实不到位	执行缺陷	调研	导致报表信息与现行制度不符
	职工的薪酬和社保费未按时发放和缴纳，未按规定履行纳税义务	执行缺陷	调研	职工利益受影响，税务风险高
	日常往来对帐未形成纸质记录	执行缺陷	调研	未实现痕迹管理
	采购业务的原始凭证审核把关不严，相关票据签字不到位	执行缺陷	媒体曝光	存在管理漏洞
	对供应商应付账款的核对工作未能定期进行	执行缺陷	调研	应付账款可能不实
	招待费报销审核把关不到位，单据与资料不全	执行缺陷	调研	导致相关报销业务失控
	月度资金计划以电子版本形式报出，未进行相应审批并留痕	执行缺陷	调研	资金使用过于随意
	会计档案管理不规范，归档、借阅及销毁无台账记录	执行缺陷	调研	易造成档案管理混乱
	未及时清缴员工借支	执行缺陷	调研	挤占学校资金，支出入账不及时
	财务及管理人员未严格履行监督职责，未严格执行公司制定的《财务印鉴管理办法》《银行存款管理办法》和《票据管理办法》等制度	设计缺陷	审计报告	财务风险加大
	存在用个人卡支付零星费用的情况，且票据使用较多，存在票据置换的情况	执行缺陷	调研	业务活动真实性受影响
	财务信息报送、披露不及时	执行缺陷	审计报告	影响会计信息的时效性
	公务卡迟迟未能在校内实施	执行缺陷	调研	报销业务风险高
	开票申请单上未由各机构负责人签核，财务部审核时未留下痕迹	执行缺陷	调研	业务活动真实性受影响
	银行存款余额调节表由出纳编制	执行缺陷	调研	银行存款风险高
	应收账款账龄分析表未按制度要求经适当人员审核	执行缺陷	审计报告	坏账估计可能不实
	未专门对对账函进行收集管理	执行缺陷	审计报告	对应收款项的真实性有影响
	未对无法收回的应收账款询证函进行跟进或实施其他替代程序以确保达到对账目的	执行缺陷	审计报告	应收账款余额的真实性和可收回性受影响
	支付基建工程款时，支付申请单没有附完工进度表	执行缺陷	调研	可能存在超进度付款现象

续表

涉及领域	内部控制缺陷	缺陷分类	缺陷来源	缺陷后果
财务核算与管理	财务印鉴章和法人章由一人保管	执行缺陷	调研	资金安全风险高
	对存储介质保存的会计档案未定期检查	执行缺陷	调研	档案的安全性和可读性受影响
	财务部门对设备维护、工程物资等监督职能不到位，没有定期复核和跟踪监督	执行缺陷	调研	长期资产的形成和维修账目不实
	随意变换入账时点	执行缺陷	调研	账务处理随意性大
	已离职员工备用金未及时清理	执行缺陷	调研	资金完整性受影响
	会计凭证摘要叙述不清	执行缺陷	调研	会计事项真实性受影响
	财务资产账目与资产管理部门的账目不对接，不核对相符	设计缺陷	调研	存在一定的资产账实不符的风险
	没有对一些复杂的以及新出现的业务，建立会计核算指引	设计缺陷	调研	会计信息质量可能受影响
	对年终一次性奖金的账务处理存在一定的涉税风险	执行缺陷	调研	个人所得税申报存在风险
	债权维护、资产周转率及对外担保风险控制薄弱	设计缺陷	调研	财务风险高
	财务信息披露的内控制度不完善	执行缺陷	调研	财务信息公开透明度差，信息质量不受监督
	会计处理事项不符合相关会计准则规定	执行缺陷	调研	会计信息不具可比性
	出现各种肆意占用学校资金的现象	执行缺陷	调研	学校资金出现高风险
	付款基本由财务部主任签字，无特制请款单，无书面授权	执行缺陷	调研	款项支出控制过于简单
	没能切实做到“专款专用，专款专户”管理	执行缺陷	调研	资金使用管理不严格
	借款和财务审批手续不够齐全	执行缺陷	调研	财务事项发生的客观性受影响
	预算资金审批记录经常遗失	执行缺陷	调研	资金使用的客观性受影响
	未履行相关审批程序就进行大额资金支付	执行缺陷	调研	资金支出随意
	擅自向所属单位出借多余资金、向职工集资、甚至私设银行账户	执行缺陷	调研	资金安全受影响
	催款回笼责任制执行不力	执行缺陷	调研	款项回收周期长
	工程项目及财务基础资料填制要素不完整	执行缺陷	调研	财务核算遇到问题
	科研费用未按照费用归集要求进行辅助核算	执行缺陷	调研	科研费用核算不清
	未根据应收账款的回收风险建立相应的催款策略制度	设计缺陷	调研	应收款回收可能性受影响

续表

涉及领域	内部控制缺陷	缺陷分类	缺陷来源	缺陷后果
财务核算与管理	外购固定资产、工程支出、费用等报账不及时	执行缺陷	调研	账务处理滞后
	少部分已报废车辆未及时下账	执行缺陷	调研	资产核算不实
	对差旅费报销单据审核不严	执行缺陷	调研	费用开销过大
	未严格执行日清月结的记账要求	执行缺陷	调研	财务工作条理性差
	由于筹资安排不当，未能及时归还贷款	执行缺陷	调研	还款压力大，资金流动性受影响
	对重大会计事项的判断存在偏差	执行缺陷	调研	影响财务报表的公允性
	未能及时处理长时间挂账的预付账款	执行缺陷	调研	可收回性受影响
学生招生培养	本、硕、博招生制度有漏洞，缺乏完善机制	设计缺陷	调研/媒体曝光	影响相关招生工作开展
	每年的本硕博招生政策与流程调整大，不透明	设计与执行缺陷	调研/高校公开信息	社会反响不佳，潜存违规风险
	招生组织不严密，监督不到位，发生泄题、舞弊等事件	执行缺陷	调研/媒体曝光	影响学校社会形象
	入学教育不到位，对特困生、少数民族学生的关怀不够	执行缺陷	调研	影响对学校、专业和社会的认识、兴趣或热爱度
	理想信念教育缺失，自私、偏执、厌学等倾向较突出	设计与执行缺陷	调研/高校公开信息	影响正确的三观形成
	培养方案不科学，重专业，轻综合素质与能力培养	设计与执行缺陷	调研/高校公开信息	影响培养目标实现
	学生心理教育与疏导缺失，发生多起暴力、自杀事故	设计与执行缺陷	调研/高校公开信息	导致学生抗压能力弱
	学生安全卫生教育不到位发生多起安全卫生事故	设计与执行缺陷	调研/高校公开信息	导致学生人身安全和生命受到威胁
	职业规划指导缺乏	设计与执行缺陷	高校公开信息	影响学生明确自身发展方向，合理制定自身职业规划
	学生培养质量低，与社会需求脱节，就业率低	设计与执行缺陷	调研	影响声誉与持续发展

续表

涉及领域	内部控制缺陷	缺陷分类	缺陷来源	缺陷后果
后勤健康安全保障	健康医疗卫生保障缺乏总体设计与规划	设计缺陷	调研/高校公开信息	导致师生员工基本保障缺乏制度依据
	校园环境卫生差，排污、垃圾处理等不达标，多次受到社区及环卫部门的差评、警告或罚款	执行缺陷	调研/媒体曝光	潜藏健康、疾病隐患
	校医院管理不规范，防病治病工作综合评估不达标	设计与执行缺陷	高校公开信息/调研	师生健康保障风险增大
	对疫情监控处置不力，出现师生较大面积感染责任事件	设计与执行缺陷	调研/媒体曝光	导致疫情失控，健康受损，恐慌弥漫
	食品安全把控不严，食堂卫生条件差，从业人员定期体检不到位	设计与执行缺陷	调研/媒体曝光	导致饮食安全风险高
	校园安全保卫工作不力，社会闲杂人员及车辆管理失控，时有偷窃、车祸、斗殴事件发生	设计与执行缺陷	文献/调研	导致校园安全受威胁
	校园摆渡车辆管理失序，存在安全隐患	设计与执行缺陷	文献/调研	学生校内出行安全受影响
	后勤保障人员的服务与责任意识缺失	设计与执行缺陷	调研	导致纠纷和管理责任事故不断发生
	学生宿舍管理不到位，到访登记管理松懈，卫生条件差，用电安全隐患大	设计与执行缺陷	调研	对学生健康、人身与财产安全等构成威胁
	校园商业活动管控不力，饮食摊点、文印，商超及速递等无序发展	设计与执行缺陷	调研	影响校园教学科研环境，存在安全隐患
其他	档案归档范围、时间、要求、分类等不明确或未经过相应审核	执行缺陷	调研	导致企业档案管理无序混乱
	重要档案的借阅或复印没有经过适当的审批与执行流程	执行缺陷	调研	导致学校重要信息外泄或不当利用，造成学校利益损失
	档案销毁未经适当鉴定及审批，监销过程签字记录不全	设计缺陷	调研	可能导致档案资料的销毁不当
	档案逾期未移交档案管理部门统一归档	执行缺陷	调研	重要档案可能易丢失
	校友管理不科学规范	设计与执行缺陷	调研	导致校友资源的浪费或流失
	人防工程维护不当，利用有限	设计与执行缺陷	调研	造成资源闲置浪费

参考文献

[1] 别敦荣. 论现代大学制度之现代性 [J]. 教育研究, 2014 (8): 60 - 66.

[2] 伯顿·克拉克 (Burton R. Clark) 主编. 王承绪等译. 高等教育新论——多学科的研究 [M]. 杭州: 浙江教育出版社, 2001.

[3] 陈静. 基于一卡通的高等院校财务报账流程再造设计 [J]. 东北大学学报 (社会科学版), 2015, 17 (5): 481 - 487.

[4] 陈霞. 高校科研经费管理中的问题及对策探析 [J]. 会计之友, 2015 (24): 69 - 71.

[5] 陈乳燕. 浅析内部控制在高校科研经费管理中的应用 [J]. 经济师, 2016 (5): 88 - 89.

[6] 陈贤平. 政府科技投入对高校科技支出影响的实证研究——基于 GMM 估计的动态面板数据分析 [J]. 科技管理研究, 2012, 32 (9): 78 - 80, 86.

[7] 蔡洋宏. 吉林省地方高校财务风险与控制研究 [D]. 吉林大学, 2017.

[8] 蔡毅强. 高校立德树人的生态环境生成与优化问题分析 [J]. 福建医科大学学报 (社会科学版), 2017 (2).

[9] 杜俊萍. 关于高校内部控制自我评估的思考 [J]. 会计之友, 2015 (15): 114 - 116.

[10] 财政部. 企业内部控制规范 [M]. 北京: 中国财政经济出版社, 2010.

[11] 财政部. 行政事业单位内部控制规范 (试行) [Z]. 财会〔2012〕21 号.

[12] 财政部. 财政部关于全面推进行政事业单位内部控制建设的指导意见 [Z]. 财会〔2016〕24 号.

[13] 财政部. 关于开展行政事业单位内部控制基础性评价工作的通知 [Z]. 财会〔2016〕11 号.

[14] 陈向明. 质的研究方法与社会科学研究 [M]. 北京: 教育科学出版社, 2000.

[15] 陈国顺, 李英明. "定位": 大学发展目标的理性思考 [J]. 高等农业教育, 2003 (4): 14 - 16.

[16] 陈静漪, 仲洁. 教育部直属高校科研绩效动态评价——基于 58 所高校 2004 ~ 2012 校级面板数据的分析 [J]. 现代教育管理, 2016, 313 (4): 80 - 85.

[17] 陈关亭, 黄小琳, 章甜. 基于企业风险管理框架的内部控制评价模型及应用 [J]. 审计研究, 2013 (6): 93 - 101.

[18] 曹树青, 张忠. 高校科研经费腐败的成因及对策研究 [J]. 中国科学基金, 2015, 29 (4): 265 - 269.

[19] 杜莉, 徐磊. 高校财务走出沉重外部负债"泥潭"的反思 [J]. 管理世界, 2013

(12): 180-181.

[20] 付晔，杨军．论高校科研经费使用问题产生的根源与治理［J］．研究与发展管理，2014，26 (4): 116-121.

[21] 方芸，李建元．高校内部控制评价研究——模糊层次综合评价法的运用［J］．财会通讯，2013 (34): 40-42.

[22] 高娟．高校风险管理研究综述［J］．财会通讯，2015 (16): 43-46.

[23] 龚运芳．浅谈高校财务前台报账问题及规范措施［J］．行政事业资产与财务，2014 (10): 50-51.

[24] 郝永红．高等学校内部控制研究［D］．厦门大学，2007.

[25] 郝振平．COSO委员会新版《内部控制整合框架》的主要内容和实施策略［J］．中国内部审计，2014 (3): 20-24.

[26] 韩东海．高校内部控制建设现状、问题与对策探析——以河北省H大学为例［J］．会计之友，2015 (15): 115-117.

[27] 何大安．厂商参与约束和激励约束之相容——一个关于地方政府与流通厂商之委托代理的理论探讨［J］．财贸经济，2007 (11): 71-76，129.

[28] 湖北省财政厅课题组．湖北省省属高校预算管理创新研究［J］．经济研究参考，2014 (4): 40-55+63.

[29] 胡为民，龙洁．厉行节约反对浪费的实施路径——基于政府治理的行政事业单位内部控制［M］．北京：中国财政经济出版社，2014.

[30] 黄青山，帅毅．基于信息化的高校财务报账流程优化研究［J］．会计之友，2013 (23): 119-121.

[31] 韩梦洁，李洋帆，赵明明．系统构建高校内部权力运行制约和监督机制“大学风险防控：权力运行制约与监督”学术研讨会综述——“大学风险防控：权力运行制约与监督”学会研讨会综述［J］．复旦教育论坛，2018 (1): 93-97.

[32] 姜颖．机制设计理论在高校社科成果转化中的应用研究［J］．中国高教研究，2014 (4): 74-77.

[33] 蒋芳．科研经费管理陷“恶性博弈”：花不动、赶紧花、胡乱花［EB/OL］．http://www.chinacourt.org/article/detail/2016/05/id/1853566.shtml，2016-05-09.

[34] 姜书燕．论高校内部控制与风险管理［J］．财会学习，2019 (5): 242-243.

[35] 教育部办公厅．教育部直属高校经济活动内部控制指南（试行）［Z］．教财厅［2016］2号.

[36] 贾明春，张鲜华．高校科研绩效影响因素分析及对审计工作的启示［J］．审计研究，2013 (3): 28-33.

[37] 姜琳，孙经纬，李勇．系统动力学视角下高校内部控制的研究分析［J］．会计之友，2016 (3): 91-95.

[38] 李昕．论公立大学法人治理目标与功能的变迁［J］．中国教育法制评论，2011，9 (10): 88-100.

[39] 李钊．民办高校办学风险防范研究［D］．华中科技大学，2008.

[40] 刘罡．基于内部控制视角的高校预算管理体系研究［J］．会计之友，2018（1）：150－152.

[41] 禄喆．浅谈高校财务报账工作存在的不足及对策［J］．上海理工大学学报：社会科学版，2013（2）：181－184.

[42] 李珊珊．我国高校风险控制研究［D］．中南民族大学，2013.

[43] 李连华．国有企业内部控制效率分析与政策建议［J］．财会月刊，2012（21）：2－6.

[44] 李望平．国内高校风险管理研究述评［J］．当代教育论坛（上半月刊），2009（12）：37－39.

[45] 刘海滨．高校创业教育生态系统构建策略研究［J］．中国高教研究，2018（2）：42－47.

[46] 刘霄仑．风险控制理论的再思考：基于对 COSO 内部控制理念的分析［J］．会计研究，2010（3）：36－43，96.

[47] 刘文蓓．高校科研经费管理绩效评价问题研究［D］．首都经济贸易大学，2017.

[48] 刘纪波．高校财务内部控制问题探讨［J］．财会通讯，2015（23）：126－127.

[49] 刘军民．以深化科研经费管理制度改革落实创新驱动战略［J］．地方财政研究，2014（1）：44－52.

[50] 刘宁荣．新冠病毒全球大流行：我们缺乏的只是疫苗？［EB/OL］．http://www.xici.net/d5e87e30493d07a26d62ddea4，2020.04－04

[51] 刘正兵．基于财务风险管控视角的高校内部控制框架体系构建研究［J］．苏州大学学报（哲学社会科学版），2013，34（2）：120－124.

[52] 林晓丹．我国高校风险管理探究［D］．福建师范大学，2008.

[53] 陆正艳．高校科研经费管理现状与改革研究［J］．当代经济，2015（12）：102－103.

[54] 罗伯特·K. 殷（Robert K. Yin）著．周海涛主译．案例研究 设计与方法［M］．重庆：重庆大学出版社，2004.

[55] 陆兴凤，翟志华．基于公立高校自身的科研经费规范化管理探析［J］．会计之友，2016（13）：77－80.

[56] 李万明，孙亚军．高校内部控制框架体系构建研究［J］．财会通讯，2012（14）：76－77.

[57] 李光，武丽娜．高校继续教育人才培养的生态环境解析［J］．职教论坛，2017（3）：49－52.

[58] 李华丽，王瑞龙．高校内部审计新发展：参与高校风险管理［J］．财会月刊，2017（13）：119－124.

[59] 李奎，郑秋生．我国科研经费改革面临的制度困境研究——基于科研事业单位管理制度视角［J］．科技管理研究，2016（16）：50－54.

[60] 李连华，唐国平．内部控制效率：理论框架与测度评价 [J]. 会计研究，2012 (5)：16－21.

[61] 刘永泽，唐大鹏．关于行政事业单位内部控制的几个问题 [J]. 会计研究，2013 (1)：57－62.

[62] 刘永泽，况玉书．美国联邦政府内部控制准则：比较与借鉴 [J]. 会计之友，2015 (13)：75－79.

[63] 刘永泽，况玉书．行政单位内部报告体系研究——基于预算管理的角度 [J]. 南京审计学院学报，2013，10 (3)：24－32.

[64] 刘配欢，李望平．高校发展风险与院校研究 [J]. 当代教育论坛，2006 (7)：112－113.

[65] 卢中伟，韩秀明．SOX 法案给中国公司治理的启示 [J]. 财会通讯（学术版），2005 (8)：51－54.

[66] 林丽，郭兆颖，王智博．我国高校内部控制的现状、问题及其转型 [J]. 教育探索，2017 (1)：97－100.

[67] 李美杰，尹顺达，刘爱实．完善高校科研经费监管体系的探讨 [J]. 会计之友，2014 (25)：116－117.

[68] 李现宗，毕治军，颜敏．高校预算管理转型研究 [J]. 会计研究，2012 (12)：68－73.

[69] 李连华，杨忠智，唐国平．企业内部控制效率提升路径研究——基于传化股份公司的经验与借鉴 [J]. 会计研究，2014 (7)：82－88.

[70] 李思宏，罗瑾琏，田瑞雪．科技人才评价与选拔体系构建思路 [J]. 科技进步与对策，2009，26 (14)：148－150.

[71] 李维春，吴穗川，谢开勇．R&D 投入对高校科技创新产出影响的区域差异分析——基于省际面板数据的实证 [J]. 中国高校科技，2015 (6)：11－14.

[72] 陆文斌，颜端阳，吴杰．高校内部控制评价体系构建问题探讨 [J]. 会计之友，2014 (9)：82－85.

[73] 刘延平，郑晓东，李晨如．构建我国高校内部控制精细化管理体系 [J]. 中国高等教育，2015 (10)：32－34.

[74] 李燕萍，吴绍棠，郜斐，张海雯．改革开放以来我国科研经费管理政策的变迁、评介与走向——基于政策文本的内容分析 [J]. 科学学研究，2009，27 (10)：1441－1447，1453.

[75] 卢宝周，潘国刚，张涛，胡波．新媒体环境下高校教学生态系统的构建 [J]. 中国石油大学学报（社会科学版），2016，32 (3)：98－102.

[76] 陆根书，席酉民，梁磊，刘蕾，顾丽娜．建立基于效率的高校科研管理体系与运行机制 [J]. 研究与发展管理，2007 (2)：119－123.

[77] 马丹．我国事业单位内部控制制度问题及优化研究 [D]. 江西财经大学，2017.

[78] 马尚敏，李卫中．高校科研经费管理内部控制审计重点研究——基于 COSO 内

部控制框架［J］．中国内部审计，2015，197（11）：22－25.

［79］缪启军，王跃堂．风险导向视角下高校科研经费的内部审计［J］．财会月刊，2015（7）：65－68.

［80］毛洪涛，程军，邓博夫．预算报告编制参与、调整及其决策价值［J］．会计研究，2013（8）：81－88，97.

［81］美国COSO著．方红星，王宏译．企业风险管理：整体框架（2017年修订版）［M］．东北财经大学出版社，2017.

［82］潘迎．新媒体视域下高校文化生态环境建设［J］．教育现代化，2019，6（10）：137－139.

［83］潘峰．浅析高校如何优化报账方式、提高报账效率、解决报账难的问题——以华南理工大学为例［J］．中国总会计师，2014（7）：52－54.

［84］乔春华．我国高校预算存在10大问题的理论思考［J］．教育财会研究，2013，24（4）：30－37，46.

［85］乔春华．高校内部控制研究［M］．苏州：苏州大学出版社，2014.

［86］覃冯，杨宁．政治生态视野下高校廉政生态园建设探析［J］．云南开放大学学报，2015，17（4）：51 55.

［87］秦斐，温珂．构建有效的高校创新创业生态系统——制度安排与动力机制［J］．科学学研究，2018，36（4）：601－608.

［88］斯坦利·麦克里斯特尔，坦吐姆·科林斯，戴维·西尔弗曼，克里斯·富塞尔等合著．林爽喆译．赋能——打造应对不确定性的敏捷团队［M］．北京：中信出版社，2017.

［89］孙萍．高校科研经费内部控制制度建立的目标和途径［J］．经济师，2015（2）：121－122.

［90］隋玉明．以全面预算管理为核心的企业内部控制研究［J］．金融理论与教学，2014（1）：60－64.

［91］孙学会．高校科研经费内部控制机制失灵问题研究——以A高校为例［D］．复旦大学，2014.

［92］孙友文．海外合规才是重点：《企业境外经营合规管理指引》评述与解读［J］．新产经，2019，102（4）：57－59.

［93］孙凌峰．高校科研经费内部控制框架体系的构建研究［J］．管理观察，2017（26）：85－88.

［94］石英华．完善预算管理的深层次思考——项目支出预算执行的问题与对策［J］．财贸经济，2012（10）：41－47.

［95］斯科特．制度与组织 思想观念与物质利益 第3版［M］．北京：中国人民大学出版社，2010.

［96］孙支南，王超辉．论高校内部控制与风险管理［J］．高教探索，2016（1）：16－19.

［97］宋达，郑石桥．政府审计对预算违规的作用：抑制还是诱导？——基于中央部

门预算执行审计数据的实证研究 [J]. 审计与经济研究, 2014, 29 (6): 14 - 22.

[98] 沈烈. 论高校内部控制的转型与创新 [J]. 高等教育研究, 2010 (12): 68 - 72.

[99] 沈烈, 孙德芝, 康均. 论人本和谐的企业内部控制环境构建 [J]. 审计研究, 2014 (6): 108 - 112.

[100] 田祥宇, 王鹏, 唐大鹏. 我国行政事业单位内部控制制度特征研究 [J]. 会计研究, 2013 (9): 29 - 35, 96.

[101] 王昊. "课题制" 背景下高校科研经费绩效评价 [J]. 财会通讯, 2016 (20): 58 - 60.

[102] 王江. 采用修正的权责发生制完善高校科研经费管理 [J]. 财会月刊, 2010 (35): 79 - 81.

[103] 吴冬冬. AM 大学内部控制现状及改进研究 [D]. 安徽财经大学, 2017.

[104] 吴清林. 科研经费绩效审计评价体系构建及调研分析 [J]. 财会通讯, 2018, 783 (19): 94 - 97.

[105] 吴东霖. 行政事业单位内部控制效率的测度与评价 [J]. 西部金融, 2015 (8): 79 - 82.

[106] 汪惠兰. 高校内部控制缺陷浅析 [J]. 财会通讯, 2010 (8): 98 - 99.

[107] 威廉·N. 邓恩 (William N. Dunn) 著; 谢明等译. 公共政策分析导论 [M]. 北京: 中国人民大学出版社, 2002.

[108] 万丽华, 龚培河. 高校科研经费腐败的形式、根源与对策研究 [J]. 科学管理研究, 2014, 32 (5): 40 - 43.

[109] 王悦, 孙文清. 地方高校校园生态环境文化建设研究 [J]. 绿色科技, 2017 (17): 222 - 223.

[110] 王超辉, 孙支南. 高校内部控制的现状、弊端与突围 [J]. 教育评论, 2016 (5): 56 - 59.

[111] 王楚鸿, 杨干生. 全国高校科技人员投入产出效率分析——基于 1992 ~ 2007 年面板数据的研究 [J]. 华南师范大学学报 (自然科学版), 2010, 30 (3): 115 - 120.

[112] 韦宁生, 侯海洋. 科研项目资金管理内部控制建设探讨 [J]. 科技经济导刊, 2015 (15): 11 - 12.

[113] 文涛, 马宁, 刘伟波. 新形势下高校廉政风险防控管理工作的长效机制研究 [J]. 西安建筑科技大学学报 (社会科学版), 2017, 36 (4): 97 - 100.

[114] 温晓云, 张界新, 马丽蓉, 陈成. 高校科研经费内控管理对策的构思 [J]. 会计之友, 2013 (27): 108 - 111.

[115] 王炜, 梁文娟, 韦志贤. 新形势下高校预算管理体制探究——以浙江大学城市学院为例 [J]. 教育现代化, 2016, 3 (17): 117 - 119, 122.

[116] 王静静, 崔玉卫, 张海芹, 王艳秋, 程群. 基于可持续发展的民办高校财务风险预警系统研究 [J]. 市场周刊 (理论研究), 2011 (2): 51 - 53.

[117] 徐显明. 大学理念论纲 [J]. 中国社会科学, 2010 (6): 36 - 43, 220 - 221.

[118] 徐耀琪. 优化高校财务前台报销的新思路 [J]. 会计之友, 2012 (27): 96-97.

[119] 徐耀琪. 高校财务报销流程环节问题浅析 [J]. 财会通讯, 2012 (32): 61-62.

[120] 徐祥军. 高校社会稳定风险评估与治理研究 [D]. 南昌大学, 2015.

[121] 徐建华. 共建式高校课堂生态环境研究 [D]. 哈尔滨师范大学, 2016.

[122] 肖美凤. 高校科研管理部门内部控制评价体系 [J]. 时代经贸, 2016 (9): 53-55.

[123] 谢卫华, 徐建科. 高校科研经费内部控制审计研究 [J]. 商业会计, 2010 (23): 37-38.

[124] 谢青洋, 应黎明, 祝勇刚. 基于经济机制设计理论的电力市场竞争机制设计 [J]. 中国电机工程学报, 2014, 34 (10): 1709-1716.

[125] 余灿. 新 COSO 报告视角下高校科研经费内部控制系统优化问题研究 [J]. 民营科技, 2016 (5): 222-223, 249.

[126] 阎雨. 文化视角下的政府管理战略思维模式更新 [J]. 文化学刊, 2011 (1): 40-47.

[127] 袁贵仁. 建立现代大学制度推进高教改革和发展 [J]. 中国高等教育, 2000 (3): 21-23.

[128] 杨晓慧. 高校创业教育生态系统建设的国际比较和中国特色 [J]. 中国高教研究, 2018 (1): 48-52.

[129] 燕廷淼. 高校培养成本核算实务操作研究 [J]. 郑州航空工业管理学院学报, 2014, 32 (4): 134-140.

[130] 尹之海. 高校内部控制问题浅析 [J]. 财会通讯, 2011 (32): 109-111.

[131] 尹小娟. 高校科研经费管理的内部控制探析 [J]. 商业会计, 2014 (11): 43-45.

[132] 于志刚. 加强高校科研经费管理的对策研究 [J]. 现代商业, 2012 (12): 249-250.

[133] 余鹏, 李艳. 基于教育大数据生态体系的高校智慧校园建设研究 [J]. 中国电化教育, 2018 (6): 8-16.

[134] 杨从印, 刘晓华. 高校内部控制制度建设情况调查分析——以教育部直属高校为例 [J]. 财会通讯, 2016 (4): 71-73.

[135] 杨光, 蓝宗遂. 基于数字校园的高校财务报账流程再造 [J]. 财会月刊, 2013 (20): 95-96.

[136] 于亚利, 梁贤庭. 基于风险导向的高校科研经费全过程审计管理 [J]. 会计之友, 2017 (24): 114-117.

[137] 杨航, 武金陵, 徐相莉, 王蕙, 陈林, 熊欣. 高校科研经费内部控制审计的评价与确认 [J]. 重庆科技学院学报: 社会科学版, 2016 (5): 45-47.

[138] 张勇. 移动环境下高校图书馆知识生态系统服务模式研究 [D]. 吉林大学, 2017.

[139] 张臻. 我国科研经费管理政策研究 [D]. 上海交通大学, 2011.

[140] 朱慧. 机制设计理论——2007 年诺贝尔经济学奖得主理论评介 [J]. 浙江社会

科学, 2007 (6): 188 - 191.

[141] 周琳. 以风险为导向的高校科研经费内部审计研究 [J]. 教育财会研究, 2015 (4): 77 - 84.

[142] 周弘. 内部控制视角下高校科研经费管理的改进研究 [J]. 财经界 (学术版), 2016 (3): 84.

[143] 周旭芳. 高校财务风险问卷调查与分析 [J]. 财会通讯, 2016 (20): 112 - 115.

[144] 钟劲松. 基于产学研合作视角的高校科研经费管理 [J]. 财会通讯, 2015 (28): 76 - 78.

[145] 曾宝成. 地方高校应勇担"培根铸魂"职责使命 [N]. 湖南日报, 2019 - 04 - 16 (5).

[146] 曾萍, 符刚. 浅析中国高校负债的风险、异因与对策——基于高等教育大发展背景下的思考 [J]. 经济研究导刊, 2012 (4): 100 - 101.

[147] 朱晓婷, 刘利琼. 高校内部控制现状及存在问题研究 [J]. 中国行政管理, 2017 (1): 155 - 157.

[148] 张应强, 蒋华林. 关于中国特色现代大学制度的理论认识 [J]. 教育研究, 2013 (11): 35 - 43.

[149] 张龙, 王波. 高校货币资金内部控制管理研究 [J]. 中国管理信息化, 2018, 21 (11): 16 - 17.

[150] 张西萍, 沈烈. 高校风险新特征及应对策略探析 [J]. 财政监督, 2012 (31): 59 - 62.

[151] 张浩, 王瑞龙. 基于风险导向的高校科研经费内部审计研究 [J]. 财会通讯, 2016 (34): 78 - 80.

[152] 赵涓, 周阳. 美国公立高校内部控制的主要特点及其借鉴意义 [J]. 北京交通大学学报 (社会科学版), 2014, 13 (3): 40 - 45.

[153] 朱建育, 赵红军, 方曦. 基于面板数据模型的上海高校科研绩效评价的实证研究 [J]. 研究与发展管理, 2013, 25 (2): 115 - 119.

[154] 张云, 史仕新, 谭安富. 公办高校内部控制构建路径研究——基于现代大学制度视域 [J]. 会计之友, 2018, 593 (17): 88 - 91.

[155] 郑克强, 林星, 沐得力. 关于高校科研经费内部控制审计的思考 [J]. 福建师大福清分校学报, 2015 (1): 53 - 55, 60.

[156] 张艳, 杨允仙, 唐安, 焦艳. 新形势下科研经费管理评价研究 [J]. 科研管理, 2016, 37 (S1): 296 - 300.

[157] 赵立雨, 徐艳, 张琼, 张彦海. 我国财政性科研经费柔性化管理研究 [J]. 科技进步与对策, 2016, 33 (22): 1 - 6.

[158] Ahn T, Charnes A, Cooper W W. Some statistical and DEA evaluations of relative efficiencies of public and private institutions of higher learning [J]. Socio - Economic Planning

Sciences, 1988, 22 (6): 259 - 269.

[159] Aviles Sacoto S, Gueemes Castorena D, Cook W D, et al. Time - staged outputs in DEA [J]. Omega, 2015, 55 (sep.): 1 - 9.

[160] COSO. Internal Control - Integrated Framework [R]. New York: the COSO report, 1992.

[161] COSO. Enterprise Risk Management—Integrated Framework [R]. New York: Application Techniques, 2004.

[162] England H E F C F. Funding higher education in England: how the HEFCE allocates its funds [M]. 1998.

[163] Geuna, A., & Piolatto, M. Research Assessment in the UK and Italy: Costly and Difficult, But Probably Worth (at Least for a While) [J]. SSRN Electronic Journal, 2015.

[164] Hurwicz L. Studies in Resource Allocation Processes: Optimality and informational efficiency in resource allocation processes [M] // Studies in resource allocation processes /. Cambridge University Press, 1977.

[165] Hicks D. Performance - based university research funding systems [J]. Research policy, 2012, 41 (2): p. 251 - 261.

[166] ISO31000, 2018 Risk management—Guidelines [S]. Geneva, Switzerland: ISO, 2018.

[167] Jensen M C. Corporate Budgeting is Broken, Let's Fix it [J]. social science electronic publishing, 2001, 79 (10): 94 - 101.

[168] Jensen M C. Paying People to Lie: the Truth about the Budgeting Process [J]. European Financial Management, 2003, 9 (3): 379 - 406.

[169] Jensen P, Webster E. Funding Research in Universities: The Watt Report 2015 [J]. Australian Economic Review, 2016, 49 (2): 184 - 191.

[170] Lang D W. Formulaic Approaches to the Funding of Colleges and Universities [M] // International Handbook of Educational Policy. 2005, 13 (1): 371 - 391.

[171] Marginson D, Ogden S. Coping with ambiguity through the budget: the positive effects of budgetary targets on managers' budgeting behaviours [J]. Accounting Organizations & Society, 2005, 30 (5): 0 - 456.

[172] Parker R J, Kyj L. Vertical information sharing in the budgeting process [J]. Accounting Organizations & Society, 2006, 31 (1): 0 - 45.

[173] Schubert T. Empirical observations on New Public Management to increase efficiency in public research - Boon or bane? [J]. Research policy, 2009, 38 (8): 1225 - 1234.

[174] Yun J H J, Kim B T, Schlossstein D F. Evaluating R&D management systems: strengths and weaknesses of universities and government - funded research institutes [J]. International Journal of Technology Policy & Management, 2009, 9 (3): 235.